100 %
BTS

BTS
Tertiaires

Entraînements à l'épreuve U3.1

Économie - Droit

Ben El Arbi SABBAR
Professeur agrégé d'économie et gestion

ellipses

ISBN 9782340-006188

32, rue Bargue 75740 Paris cedex 15

www.editions-ellipses.fr

Avant-propos

Cet ouvrage est conçu pour permettre aux étudiants de **préparer en autonomie l'épreuve U3.1 Economie-Droit**, commune aux BTS tertiaires : Assistant de gestion PME-PMI, Commerce international, Communication, Management des unités commerciales, Négociation et relation client, Assistant de manager, Comptabilité et gestion des organisations, Transport.

L'épreuve d'économie-droit se décompose, depuis la session 2011, en deux parties totalement distinctes : une partie économique et une partie juridique.

Le candidat dispose de quatre heures pour traiter les deux sujets, sachant que chaque sujet est conçu pour être traité en deux heures. La note de l'épreuve sera la moyenne de la note obtenue sur la partie économique et la note obtenue sur la partie juridique.

La partie économique de l'épreuve porte sur un ou plusieurs thèmes figurant dans le référentiel du diplôme. Le sujet remis au candidat se présente sous la forme d'un dossier documentaire, décrivant une ou plusieurs situations économiques, et comportant un questionnement destiné à caractériser et analyser la ou les situations présentées. Cette partie économique vise à évaluer la maîtrise des savoirs et les compétences spécifiques indiquées dans le programme ainsi que les capacités du candidat à :

- identifier et mobiliser les mécanismes et les théories économiques qui s'appliquent à la situation analysée ;
- synthétiser une documentation économique ;
- exposer ses analyses et ses propositions de manière cohérente et argumentée ;
- produire un écrit utilisant le vocabulaire économique approprié et témoignant d'une réflexion construite par rapport aux questions posées.

La partie juridique de l'épreuve porte sur un ou plusieurs thèmes figurant dans le référentiel du diplôme. Elle vise à évaluer les capacités du candidat à :

- analyser des documents juridiques et qualifier une situation juridique contextualisée ;
- déterminer les éléments de droit positif qui s'appliquent à cette situation et les mobiliser dans le cadre d'un raisonnement ou d'une argumentation juridique ;
- expliciter, dans le contexte proposé, le sens et la portée d'une règle de droit et/ou d'une décision de justice ;
- produire un écrit utilisant un vocabulaire juridique approprié et témoignant d'une réflexion construite par rapport aux questions posées.

Organisation de l'ouvrage

Cet ouvrage est divisé en deux sections, la première est consacrée à la partie économique, la seconde à la partie juridique de l'épreuve. Chacune des deux sections est divisée en trois parties.

Dans la première partie, vous trouverez des synthèses de cours qui présentent de façon claire et structurée le résumé des savoirs à maîtriser pour réussir l'examen. Ces synthèses sont accompagnées de schémas conceptuels qui constituent une aide précieuse à la mémorisation des notions essentielles.

Dans la seconde partie, vous trouverez des schémas méthodologiques qui présentent les conseils à suivre pour construire des réponses pertinentes aux questions posées.

Enfin, vous trouverez dans la troisième partie les annales corrigées pour vous entrainer dans les conditions de l'examen.

Table des matières

PARTIE ÉCONOMIQUE

PARTIE
JURIDIQUE

Entrainements à l’épreuve U3.1 Économie-Droit

PARTIE ÉCONOMIQUE

THÈME 1

La coordination des décisions économiques par l'échange

1. Le prix et les décisions des agents économiques

Qu'est-ce que l'échange économique ?

L'échange économique est un acte de cession avec contrepartie entre deux unités économiques. Il peut prendre la forme d'un troc ou d'un échange monétaire.

- Il y a **troc** lorsqu'il y a échange d'une marchandise contre une autre marchandise.
- Il y a **échange monétaire** lorsqu'il y a échange d'une marchandise contre de la monnaie et échange de cette monnaie contre une autre marchandise.

Dans les sociétés modernes, la plupart des échanges s'effectuent en utilisant la monnaie. **Le prix est alors la quantité de monnaie fournie en contrepartie d'un bien.**

Pourquoi échange-t-on ?

Dans une économie basée sur la division du travail et la spécialisation des hommes, **l'échange marchand est devenu nécessaire et indispensable**. En effet, aucun individu ne peut produire la totalité des biens et services nécessaires à la satisfaction de ses besoins.

L'échange marchand pacifie les relations sociales : chacun renonce à la violence pour l'appropriation des biens produits par les autres individus.

Qu'est-ce qu'un marché ?

L'échange s'opère sur différents marchés qui, pour nombre d'entre eux, ont aujourd'hui une dimension internationale. **Un marché est un lieu de confrontation entre l'offre et la demande d'un bien où se déterminent les quantités échangées et le prix de leur cession.** Les quantités et les prix peuvent être déterminés en la présence physique des coéchangistes (marché du village) ou sans leur présence au moyen de réseau d'information et de communication à distance (marché boursier).

Quels sont les différents types de marchés ?

On distingue :

- **Les marchés des biens et services** (échange de biens et services contre de la monnaie).
- **Le marché du travail** (échange de la force du travail contre un salaire monétaire).
- **Les marchés des capitaux** (des fonds sont offerts en échange de titres : actions, obligations...).

Des intermédiaires plus ou moins nombreux s'intercalent souvent entre les producteurs (**offre**) et les consommateurs d'un bien (**demande**).

Quelles sont les règles qui assurent le bon fonctionnement du marché ?

Le bon fonctionnement du marché repose sur des **règles qui visent à sécuriser les transactions.** L'ensemble de ces règles constitue un **cadre institutionnel** qui peut être défini par les intervenants eux-mêmes ou par les pouvoirs publics. Les principales règles nécessaires au bon fonctionnement d'un marché sont :

- **Le respect des règles de la concurrence**
- **La garantie de la bonne exécution des contrats**
- **L'accès à l'information** des intervenants sur le marché
- **La confiance mutuelle entre les intervenants** sur le marché

Quel est le rôle des prix en économie de marché ?

Le prix est l'expression monétaire de la valeur d'un bien. Il est le résultat de la rencontre de l'offre et de la demande sur un marché.

- Le prix est un **indicateur de rareté d'un bien ou d'un service** : un prix élevé signale que le produit existe en quantité limitée.
- Le prix est un **signal sur la situation du marché** : un prix élevé, signale que l'activité est rentable. Cela encourage d'autres entreprises à rejoindre le secteur.
- Le prix est un **mécanisme incitatif** : si la demande pour un bien augmente, le prix va donc augmenter incitant les entreprises existantes à produire plus.
- Le prix est un **processus de rationnement** : si la demande pour un bien augmente, le prix va donc augmenter et la quantité demandée va être réduite (rationnement).
- Le prix est souvent une **variable déterminante dans la prise de décision.** Pour prendre des décisions, les agents économiques tiennent compte des **coûts** de l'opération envisagée, des **avantages** qu'ils escomptent obtenir de cette décision et du **risque** que les avantages obtenus ne soient pas à la hauteur du coût.

Qu'est ce que la "loi" de l'offre et de la demande ?

Les économistes considèrent que le prix d'un bien suit généralement une "loi" dite de l'offre et de la demande. Cette "loi" peut s'exprimer ainsi : **lorsque la quantité offerte d'un bien est supérieure à la quantité demandée, le prix de ce bien baisse. Inversement, quand la quantité demandée est supérieure à la quantité offerte, le prix augmente.**

Quelle est l'influence du prix sur le comportement des producteurs ?

- **Les producteurs font un choix entre les biens à produire en fonction du prix**. Si le prix d'un bien est suffisamment élevé pour qu'ils dégagent un profit suffisant, ils produiront ce bien.
- **Les prix orientent les producteurs vers l'utilisation des facteurs de production les moins chers**. Ainsi, ils peuvent substituer du capital au travail s'ils jugent le prix du travail trop élevé par rapport à celui du capital.
- **Lorsque le prix d'un bien augmente, les offreurs sont incités à augmenter leur offre pour augmenter leur profit**. De nouveaux offreurs sont attirés sur le marché, d'où une augmentation des quantités offertes.
- **Lorsque le prix d'un bien baisse, les producteurs dont les coûts de revient sont élevés par rapport au prix du marché ne produiront plus ce bien.**

Quelle est l'influence du prix sur le comportement des consommateurs ?

Les effets de la variation du prix d'un bien sur le comportement du consommateur sont :

- **L'effet de substitution :** face à l'augmentation du prix d'un bien, le consommateur substitue le produit le moins cher au produit le plus cher.
- **L'effet revenu :** la baisse du prix augmente le pouvoir d'achat du revenu du consommateur. Cette hausse de revenu peut être consacrée à augmenter la consommation d'autres produits.

Qu'est-ce que l'élasticité de la demande par rapport au prix ?

L'élasticité permet de mesurer la sensibilité de réaction de la demande à une variation de prix. C'est le rapport entre la variation de la quantité demandée en pourcentage et la variation du prix en pourcentage.

Exemple : si une hausse de prix de 1% d'un bien entraîne une baisse de la demande de 5%, l'élasticité est de - 5%/+1% = -5.

- La demande des biens de première nécessité et ne comportant pas de substitut, est faiblement élastique (élasticité comprise entre -1 et 0).
- La demande des biens ayant des substituts proches est relativement élastique (élasticité inférieure à -1).
- La demande des biens de luxe reste fixe quelle que soit la variation de prix (élasticité égale à 0).

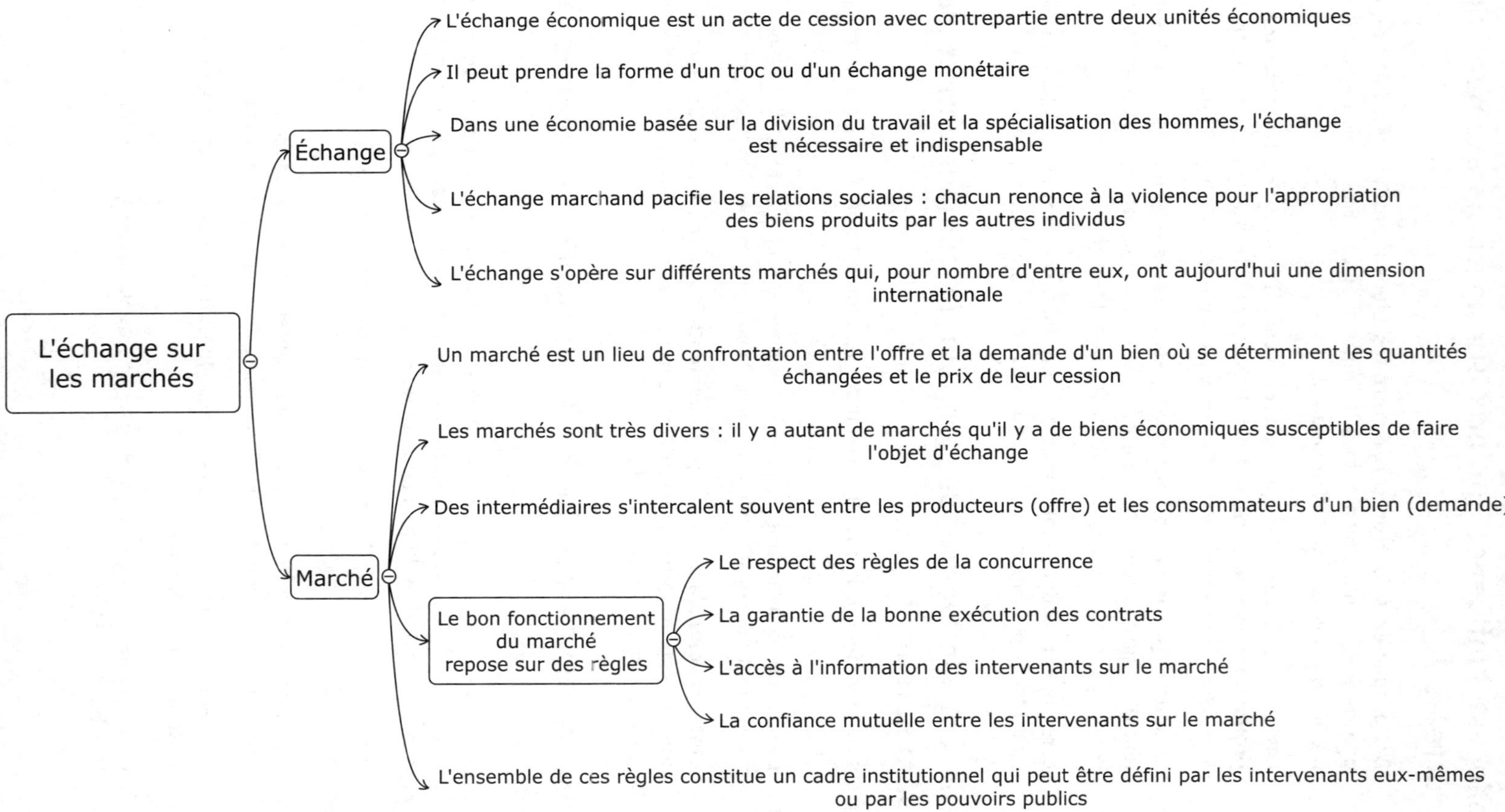
L'échange sur les marchés
Échange
L'échange économique est un acte de cession avec contrepartie entre deux unités économiques
Il peut prendre la forme d'un troc ou d'un échange monétaire
Dans une économie basée sur la division du travail et la spécialisation des hommes, l'échange est nécessaire et indispensable
L'échange marchand pacifie les relations sociales : chacun renonce à la violence pour l'appropriation des biens produits par les autres individus
L'échange s'opère sur différents marchés qui, pour nombre d'entre eux, ont aujourd'hui une dimension internationale
Marché
Un marché est un lieu de confrontation entre l'offre et la demande d'un bien où se déterminent les quantités échangées et le prix de leur cession
Les marchés sont très divers : il y a autant de marchés qu'il y a de biens économiques susceptibles de faire l'objet d'échange
Des intermédiaires s'intercalent souvent entre les producteurs (offre) et les consommateurs d'un bien (demande)
Le bon fonctionnement du marché repose sur des règles
Le respect des règles de la concurrence
La garantie de la bonne exécution des contrats
L'accès à l'information des intervenants sur le marché
La confiance mutuelle entre les intervenants sur le marché
L'ensemble de ces règles constitue un cadre institutionnel qui peut être défini par les intervenants eux-mêmes ou par les pouvoirs publics

Le prix

- **Prix** → Le prix est l'expression monétaire de la valeur d'un bien. Il est le résultat de la rencontre de l'offre et de la demande sur un marché
- **Caractéristiques**
  - Indicateur de rareté d'un bien ou d'un service → Un prix élevé signale que le produit existe en quantité limitée
  - Signal sur la situation du marché → Un prix élevé, signale que l'activité est rentable → Cela encourage d'autres entreprises à rejoindre le secteur
  - Mécanisme incitatif → Si la demande pour un bien augmente → Le prix va donc augmenter → Incitant les entreprises existantes à produire plus
  - Processus de rationnement → Si la demande pour un bien augmente → Le prix va donc augmenter et la quantité demandée va être réduite (rationnement)
- **Loi de l'offre et de la demande**
  - Lorsque la quantité offerte d'un bien est supérieure à la quantité demandée, le prix de ce bien baisse
  - Inversement, quand la quantité demandée est supérieure à la quantité offerte, le prix augmente
- **Prix et comportement des producteurs**
  - Si le prix d'un bien est suffisamment élevé pour que les producteurs dégagent un profit suffisant, ils produiront ce bien
  - Les producteurs peuvent substituer du capital au travail s'ils jugent le prix du travail trop élevé par rapport à celui du capital
  - Lorsque le prix d'un bien augmente
    - Les offreurs sont incités à augmenter leur offre pour augmenter leur profit
    - De nouveaux offreurs sont attirés sur le marché, d'où une augmentation des quantités offertes
  - Lorsque le prix d'un bien baisse → Les producteurs dont les coûts de revient sont élevés par rapport au prix du marché ne produiront plus ce bien
- **Prix et comportement des consommateurs**
  - Effet de substitution → Face à l'augmentation du prix d'un bien, le consommateur substitue le produit le moins cher au produit le plus cher
  - Effet revenu
    - La baisse du prix augmente le pouvoir d'achat du revenu du consommateur
    - Cette hausse de revenu peut être consacrée à augmenter la consommation d'autres produits
  - Élasticité
    - L'élasticité permet de mesurer la sensibilité de réaction de la demande à une variation de prix
    - La demande des biens de première nécessité et ne comportant pas de substitut, est faiblement élastique
    - La demande des biens ayant des substituts proches est relativement élastique
    - La demande des biens de luxe reste fixe quelle que soit la variation de prix

2. La monnaie dans l'échange

Qu'est-ce que la monnaie ?

La monnaie correspond à l'ensemble des moyens de paiement dont disposent les agents économiques pour réaliser leurs échanges. Elle se présente comme un bien intermédiaire, accepté par tous, qui se conserve facilement et va donc faciliter les échanges.

Quelles sont les formes de la monnaie ?

Plusieurs formes de monnaies se sont succédées à travers les âges :

- La **monnaie marchandise** : bétail, sel, coquillages, etc.
- La **monnaie métallique** : or et argent (forte valeur, divisibilité aisée)
- La **monnaie divisionnaire** : composée de pièces de faible valeur nominale
- La **monnaie fiduciaire** : correspond aux billets, émis par la Banque de France
- La **monnaie scripturale** : se présente sous la forme d'écritures comptables
- Le **porte-monnaie électronique** : c'est une carte à puce pouvant être chargée d'un certain montant. Se substituera en partie à la monnaie divisionnaire

Qu'est-ce que la dématérialisation de la monnaie ?

La dématérialisation de la monnaie signifie la suppression progressive de la monnaie «papier» et son remplacement par une monnaie d'écriture. Elle permet de faire circuler la monnaie plus rapidement et avec plus de sécurité.

Quelles sont les fonctions de la monnaie ?

La monnaie est tout à la fois :

- **Un instrument d'échange** : la monnaie facilite les transactions entre les agents économiques

- **Un instrument de mesure de la valeur** : la monnaie permet d'exprimer le prix des biens en une unité commune. La monnaie est le bien qui permet de nombrer les autres biens

- **Un instrument de réserve de pouvoir d'achat** : la monnaie est "*un lien entre le présent et le futur*". Elle permet une consommation différée par la constitution d'une épargne

Qu'est-ce que la masse monétaire ?

La masse monétaire correspond à la quantité de monnaie en circulation dans une zone déterminée. Elle est mesurée par des agrégats monétaires calculés par la BCE :

- **M1** comprend les pièces de monnaie, les billets et les dépôts à vue
- **M2** = M1 + les dépôts sur livrets
- **M3** = M2 + billets de trésorerie + certificats de dépôts + bons du trésor

Les autorités monétaires ont besoin de suivre l'évolution de la quantité de monnaie en circulation pour être en mesure de la contrôler. L'intérêt de la mesurer est double car son augmentation peut jouer aussi bien sur la croissance économique que sur l'inflation.

Quelle est l'influence de la qualité de la monnaie sur l'activité économique ?

Pour qu'une monnaie soit acceptée sur un territoire, elle doit être de qualité. La qualité d'une monnaie dépend :

- De sa **stabilité interne** (faible inflation)
- De sa **stabilité externe** (taux de change stable)
- De la **confiance des agents** économiques dans le système bancaire

Quelle est l'influence de la quantité de monnaie sur l'activité économique ?

Les banques créent de la monnaie quand elles distribuent des crédits aux entreprises et aux ménages.

Conséquences :

- Si les taux d'intérêt sont élevés, les agents économiques vont diminuer leurs investissements et leur consommation d'où une baisse de l'activité économique
- Si les banques rationnent le crédit, les agents économiques qui ont des projets à financer renoncent à ces projets d'où stagnation ou baisse de l'activité économique
- L'augmentation des liquidités en circulation dans l'économie encourage la consommation et l'investissement et stimule la croissance
- La restriction des liquidités en circulation dans l'économie déprime la consommation et l'investissement et constitue un frein à la croissance économique

Trop de monnaie dans une économie entraîne l'inflation des prix dont les conséquences sont néfastes pour l'activité économique :

Réduction de la valeur interne de la monnaie et baisse du pouvoir d'achat

- Réduction de la valeur externe de la monnaie et baisse de la compétitivité des biens nationaux
- Les dettes et les créances en monnaie nationale perdent de leur valeur.

La monnaie dans l'échange

- **Monnaie**
  - La monnaie correspond à l'ensemble des moyens de paiement dont disposent les agents économiques pour réaliser leurs échanges
  - La dématérialisation de la monnaie signifie la suppression progressive de la monnaie « papier » et son remplacement par une monnaie d'écriture
- **Formes**
  - Divisionnaire → Composée de pièces de faible valeur nominale
  - Fiduciaire → Correspond aux billets, émis par la Banque de France
  - Scripturale → Se présente sous la forme d'écritures dans les comptes
  - Electronique
    - Carte à puce pouvant être chargée d'un certain montant
    - Se substituera en partie à la monnaie divisionnaire
- **Fonctions**
  - Instrument d'échange → La monnaie facilite les transactions entre les agents économiques
  - Mesure de la valeur
    - La monnaie permet d'exprimer le prix des biens en une unité commune
    - La monnaie est le bien qui permet de nombrer les autres biens
  - Réserve de pouvoir d'achat
    - La monnaie est "un lien entre le présent et le futur"
    - Elle permet une consommation différée par la constitution d'une épargne
- **Masse monétaire**
  - La masse monétaire correspond à la quantité de monnaie en circulation dans une zone déterminée
  - Les autorités monétaires ont besoin de suivre l'évolution de la quantité de monnaie en circulation pour être en mesure de la contrôler
  - L'intérêt de la mesurer est double car son augmentation peut jouer, aussi bien sur la croissance économique que sur l'inflation
  - La masse monétaire est mesurée par des agrégats monétaires calculés par la BCE

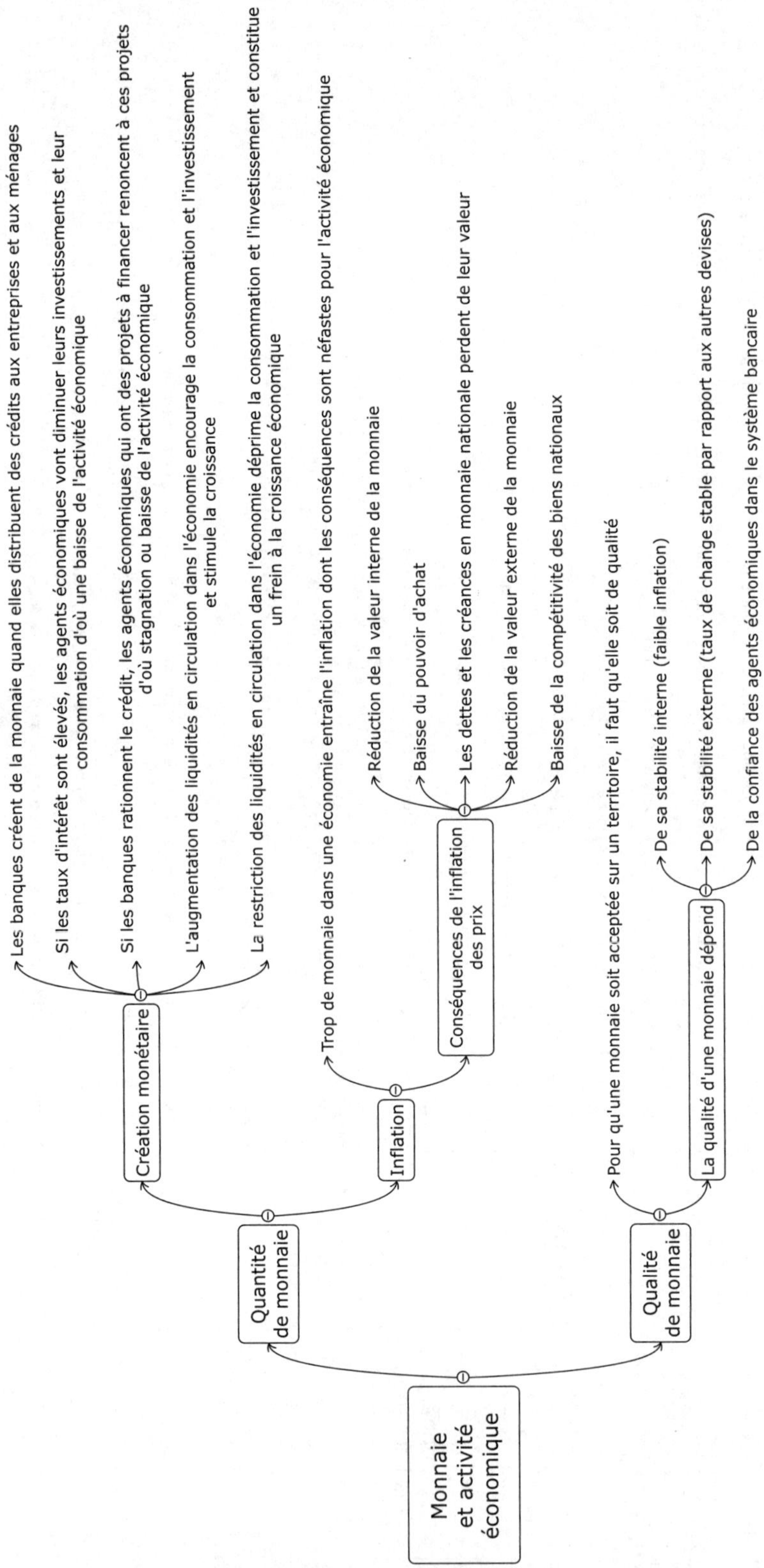

Monnaie et activité économique
Quantité de monnaie
Création monétaire
Les banques créent de la monnaie quand elles distribuent des crédits aux entreprises et aux ménages
Si les taux d'intérêt sont élevés, les agents économiques vont diminuer leurs investissements et leur consommation d'où une baisse de l'activité économique
Si les banques rationnent le crédit, les agents économiques qui ont des projets à financer renoncent à ces projets d'où stagnation ou baisse de l'activité économique
L'augmentation des liquidités en circulation dans l'économie encourage la consommation et l'investissement et stimule la croissance
La restriction des liquidités en circulation dans l'économie déprime la consommation et l'investissement et constitue un frein à la croissance économique
Inflation
Trop de monnaie dans une économie entraîne l'inflation dont les conséquences sont néfastes pour l'activité économique
Conséquences de l'inflation des prix
Réduction de la valeur interne de la monnaie
Baisse du pouvoir d'achat
Les dettes et les créances en monnaie nationale perdent de leur valeur
Réduction de la valeur externe de la monnaie
Baisse de la compétitivité des biens nationaux
Qualité de monnaie
Pour qu'une monnaie soit acceptée sur un territoire, il faut qu'elle soit de qualité
La qualité d'une monnaie dépend
De sa stabilité interne (faible inflation)
De sa stabilité externe (taux de change stable par rapport aux autres devises)
De la confiance des agents économiques dans le système bancaire

3. L'Etat et le fonctionnement du marché

Quels sont les dysfonctionnements que connaissent certains marchés ?

Les dysfonctionnements des marchés sont **coûteux pour les consommateurs** en termes de **quantités** de biens disponibles et en terme de **prix à payer**.

Les dysfonctionnements peuvent concerner **l'information relative aux biens échangés ou le comportement des offreurs.**

- **L'insuffisance d'information** : sur la plupart des marchés, l'information du consommateur est limitée. La publicité ne véhicule pas des informations fiables.
- **L'asymétrie d'information** : certains marchés sont caractérisés par une asymétrie d'information. **C'est une situation où les acheteurs connaissent mal la qualité d'un bien qu'ils envisagent d'acquérir**. Les vendeurs vont tenter de leur proposer le bien à un prix excessif. Dans ces conditions, les acheteurs ne font plus confiance aux vendeurs puisqu'un prix élevé n'est plus synonyme de qualité. D'où l'élimination des bons produits et la réduction des échanges.
- **Les concentrations excessives** : les concentrations sont des **regroupements d'entreprises concurrentes dans le but de réduire le nombre de concurrents sur un marché**. Elles peuvent conduire à la constitution d'un **monopole** (un seul offreur qui contrôle le marché) ou d'un **oligopole** (un nombre réduit de concurrents qui se partagent un marché). Dans ces deux cas, le prix est défini par l'offre et non par le marché.
- **Les ententes sont des arrangements entre entreprises concurrentes, destinés à limiter ou à éliminer la concurrence s'exerçant entre elles**. Le but des ententes est d'augmenter les prix et les bénéfices des entreprises participantes.

Quelles sont les défaillances que connaissent certains marchés ?

Les défaillances du marché concernent les **externalités** et les **biens publics**.

- **Une externalité (ou effet externe) est une situation par laquelle un agent économique occasionne par son action un impact sur un tiers ou un milieu sans qu'il y ait compensation financière.** Si l'impact est un bienfait, on parle d'**externalité positive** (*Ex : lorsque l'Etat finance des infrastructures, il crée des effets bénéfiques pour l'activité économique*). Si l'impact est un dommage, on parle d'**externalité négative.**

Une externalité négative est une défaillance du marché. Ce concept s'est largement développé dans les années récentes pour rendre compte des nuisances entraînées par l'activité économique. *Exemple : la pollution engendrée par une usine chimique entraîne des effets externes négatifs sur le territoire dans lequel elle est située. Les dégâts causés aux riverains, à la faune, à la flore et aux nappes phréatiques ne sont pas pris en compte financièrement par l'entreprise polluante.*

- **Un bien public (ou collectif) est un bien susceptible d'être consommé par plusieurs consommateurs en même temps.** (*Exemples : l'éclairage public, l'eau d'une fontaine, la défense nationale ; la justice…*).

  Un bien public présente deux caractéristiques :

  - Il est **indivisible** : la consommation d'un individu ne réduit pas la quantité disponible pour les autres. Il n'existe pas de rivalité entre les consommateurs.
  - Il est **non excluable** : il est impossible d'exclure un consommateur de l'accès à ce bien par un mécanisme de prix

  Les biens publics ne peuvent être satisfaits par le marché pour deux raisons :

  - Du coté de l'offre : **aucune entreprise privée ne serait en mesure de les produire avec profit.**
  - Du coté de la demande : **les consommateurs adopteraient le comportement de passager clandestin** *(profiter d'un bien sans payer).*

  C'est donc l'Etat qui doit assumer la fourniture des biens publics en faisant supporter le coût à la collectivité par l'intermédiaire de la fiscalité.

Pourquoi l'Etat intervient-il dans le fonctionnement du marché ?

L'activité économique est prise en charge par le marché qui coordonne l'offre (production) et la demande (consommation et investissement). Mais certains marchés connaissent des dysfonctionnements tandis que d'autres connaissent des défaillances. L'Etat va donc intervenir pour :

- **Mettre en place un cadre institutionnel qui assure le bon fonctionnement des marchés**
- **Se substituer aux marchés, pallier leurs défaillances et corriger leurs inefficacités**

Quel cadre institutionnel pour assurer le bon fonctionnement des marchés ?

Le fonctionnement du marché repose sur des règles qui visent à sécuriser les transactions. **L'ensemble de ces règles constitue le cadre institutionnel.** Objectifs recherchés :

- Promouvoir une **concurrence loyale**
- Garantir la **qualité de l'information**
- Assurer la **transparence des marchés**
- Etablir **la traçabilité des produits**
- Contrôler **les campagnes publicitaires**

L'Etat, l'UE ou les Autorités indépendantes (CSA, AMF...) contrôlent l'application des règles et, le cas échéant, sanctionnent les infractions commises.

Comment l'Etat se substitue au marché pour pallier ses défaillances et corriger ses dysfonctionnements ?

En raison des **externalités positives** qu'ils génèrent, c'est l'Etat qui prend en charge la **production des biens publics**, seul ou en partenariat avec un organisme privé. L'Etat peut également encourager les activités produisant des externalités positives en prenant des **mesures incitatives** : exonérations fiscales, subventions.

A l'inverse, l'Etat peut **contrôler les activités génératrices d'externalités négatives** par :

- **La réglementation (ex : normes)**
- **Des incitations fiscales**
- **La création d'un marché particulier (ex : marché du CO2)**

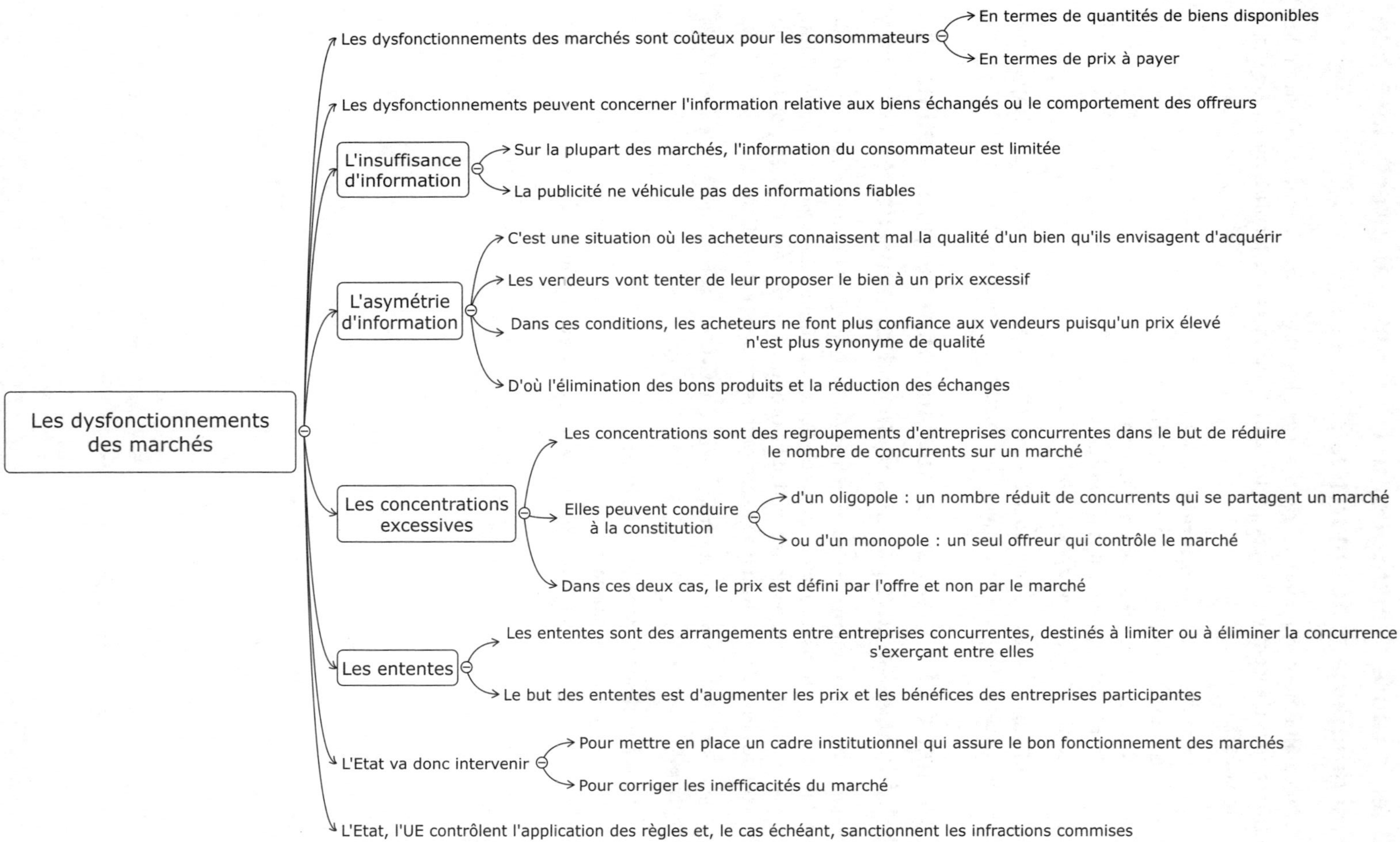
Les dysfonctionnements des marchés
Les dysfonctionnements des marchés sont coûteux pour les consommateurs
En termes de quantités de biens disponibles
En termes de prix à payer
Les dysfonctionnements peuvent concerner l'information relative aux biens échangés ou le comportement des offreurs
L'insuffisance d'information
Sur la plupart des marchés, l'information du consommateur est limitée
La publicité ne véhicule pas des informations fiables
L'asymétrie d'information
C'est une situation où les acheteurs connaissent mal la qualité d'un bien qu'ils envisagent d'acquérir
Les vendeurs vont tenter de leur proposer le bien à un prix excessif
Dans ces conditions, les acheteurs ne font plus confiance aux vendeurs puisqu'un prix élevé n'est plus synonyme de qualité
D'où l'élimination des bons produits et la réduction des échanges
Les concentrations excessives
Les concentrations sont des regroupements d'entreprises concurrentes dans le but de réduire le nombre de concurrents sur un marché
Elles peuvent conduire à la constitution
d'un oligopole : un nombre réduit de concurrents qui se partagent un marché
ou d'un monopole : un seul offreur qui contrôle le marché
Dans ces deux cas, le prix est défini par l'offre et non par le marché
Les ententes
Les ententes sont des arrangements entre entreprises concurrentes, destinés à limiter ou à éliminer la concurrence s'exerçant entre elles
Le but des ententes est d'augmenter les prix et les bénéfices des entreprises participantes
L'Etat va donc intervenir
Pour mettre en place un cadre institutionnel qui assure le bon fonctionnement des marchés
Pour corriger les inefficacités du marché
L'Etat, l'UE contrôlent l'application des règles et, le cas échéant, sanctionnent les infractions commises

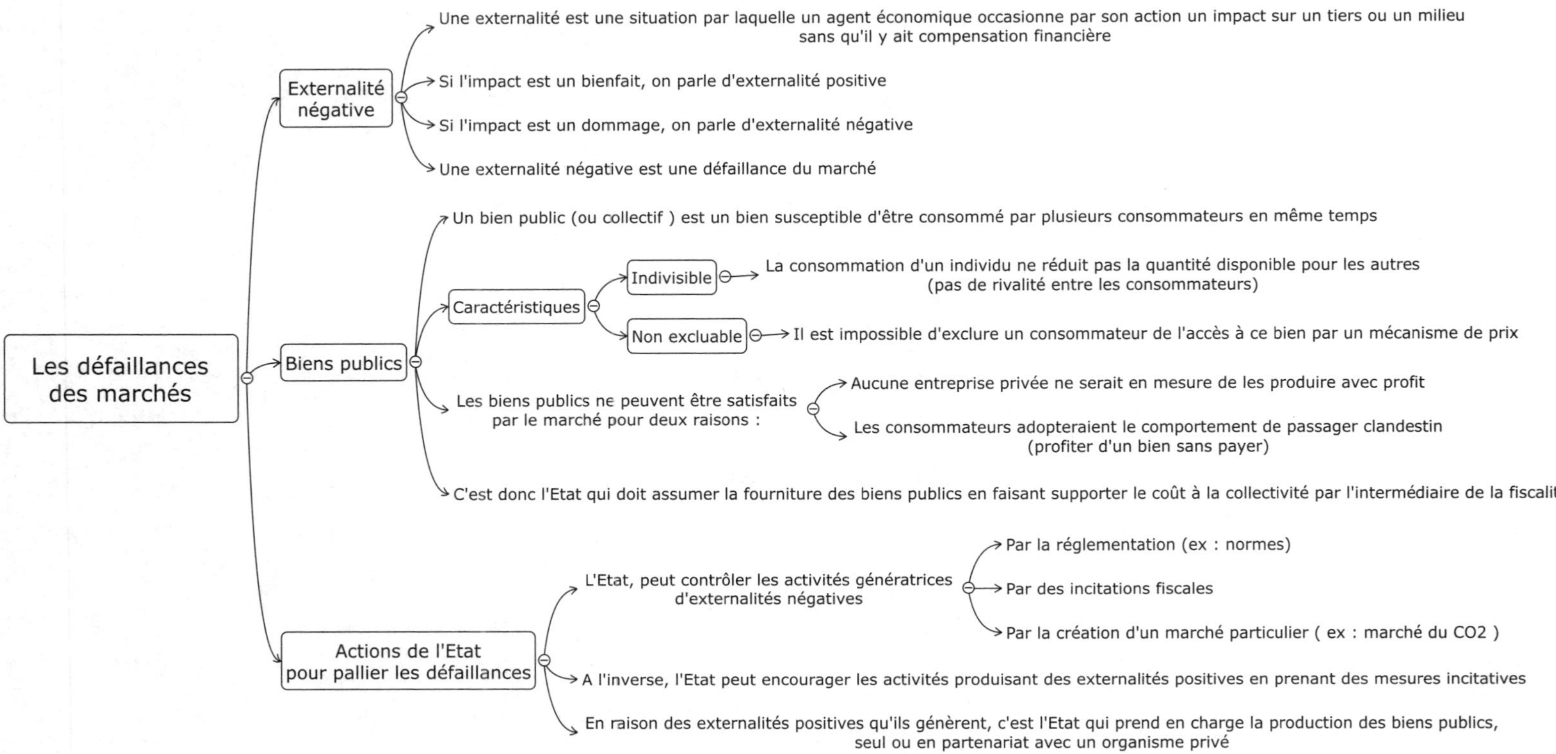
Les défaillances des marchés
Externalité négative
Une externalité est une situation par laquelle un agent économique occasionne par son action un impact sur un tiers ou un milieu sans qu'il y ait compensation financière
Si l'impact est un bienfait, on parle d'externalité positive
Si l'impact est un dommage, on parle d'externalité négative
Une externalité négative est une défaillance du marché
Biens publics
Un bien public (ou collectif) est un bien susceptible d'être consommé par plusieurs consommateurs en même temps
Caractéristiques
Indivisible
La consommation d'un individu ne réduit pas la quantité disponible pour les autres (pas de rivalité entre les consommateurs)
Non excluable
Il est impossible d'exclure un consommateur de l'accès à ce bien par un mécanisme de prix
Les biens publics ne peuvent être satisfaits par le marché pour deux raisons :
Aucune entreprise privée ne serait en mesure de les produire avec profit
Les consommateurs adopteraient le comportement de passager clandestin (profiter d'un bien sans payer)
C'est donc l'Etat qui doit assumer la fourniture des biens publics en faisant supporter le coût à la collectivité par l'intermédiaire de la fiscalité
Actions de l'Etat pour pallier les défaillances
L'Etat, peut contrôler les activités génératrices d'externalités négatives
Par la réglementation (ex : normes)
Par des incitations fiscales
Par la création d'un marché particulier (ex : marché du CO2)
A l'inverse, l'Etat peut encourager les activités produisant des externalités positives en prenant des mesures incitatives
En raison des externalités positives qu'ils génèrent, c'est l'Etat qui prend en charge la production des biens publics, seul ou en partenariat avec un organisme privé

4. L'ouverture des économies

Qu'est-ce que l'ouverture sur l'extérieur d'une économie ?

L'ouverture d'une économie se traduit par une forte progression de ses échanges avec l'étranger et son interdépendance avec le reste du monde.

Le degré d'ouverture d'une économie est mesuré par le rapport de la valeur des échanges extérieurs au PIB.

Tous les pays ne sont pas ouverts sur l'extérieur de manière égale. Généralement, les pays dont le marché intérieur est développé (États-Unis, Japon) ont un degré d'ouverture peu élevé. A l'inverse, certains pays comme la Chine sont très ouverts sur l'extérieur, son industrie produit surtout pour l'exportation.

Tous les secteurs d'une économie ne sont pas ouverts au même degré sur le reste du monde. Dans chaque pays, il existe des secteurs abrités et des secteurs exposés à la concurrence mondiale.

Quels sont les principaux courants d'échange ?

Après la Seconde Guerre mondiale, l'essor des échanges est sans précédent. Les biens représentent 80% des transactions courantes contre 20% pour les services.

Le commerce mondial est principalement **intrabranche** (échange de produits similaires) et **intrazone** (plus de 50% du commerce mondial s'effectue à l'intérieur des zones économiques).

Les pays développés à économie de marché (P.D.E.M.) assurent 70 % du commerce mondial. On assiste cependant aujourd'hui à une **mondialisation des économies**, phénomène qui renforce l'**interdépendance des pays.**

Quels sont les points forts des échanges extérieurs de la France ?

- Au niveau géographique, les parts de marché de la France en Asie et en Amérique latine sont très insuffisantes. En revanche, ses parts de marché sont nettement plus élevées en Europe et en Afrique.
- Les secteurs les plus performants à l'exportation sont : l'**aéronautique**, l'**industrie pharmaceutique**, le secteur **agroalimentaire**, l'industrie **automobile** et le **tourisme**.
- Les **grands groupes industriels** français réalisent d'assez bonnes performances à l'exportation (Airbus industrie - PSA - Renault).

Quels sont les points faibles des échanges extérieurs de la France ?

- La **spécialisation de la France n'est pas très poussée** dans le domaine des services et des nouvelles technologies
- Les **PME ne sont pas suffisamment présentes** sur les marchés extérieurs
- Une grande **dépendance énergétique**.

Quels sont les instruments de mesure des échanges ?

Trois instruments sont utilisés pour mesurer les échanges extérieurs : le degré d'ouverture, le degré de couverture et le compte des transactions courantes.

Le degré d'ouverture d'une économie : ce taux mesure le taux de participation d'un pays au commerce international de biens et de services. En France, il est passé de 11 % en 1960 à **25 % aujourd'hui**.

Degré d'ouverture = [(Importations + Exportations)/2] / PIB x 100

Le taux de couverture : ce taux permet de comparer, pour une économie ou un secteur, les exportations avec les importations. Un taux de couverture de 100 % signifie qu'un pays exporte autant qu'il importe.

Taux de couverture = (Valeur des exportations / valeur des importations) x 100

Le compte des transactions courantes : c'est un document qui constate les échanges de biens et services entre un pays et le reste du monde.
Il se décompose en 4 postes :

- **Les opérations sur biens :** ce sous-compte permet de dresser la balance commerciale et son solde. Solde commercial = Exportations de marchandises - Importations de marchandises
- **Les opérations sur services** : tourisme, transports, services bancaires, assurance etc...
- **Les revenus** : ce sous-compte retrace les revenus des facteurs de production implantés à l'étranger.
- **Les transferts courants** : correspondent à des transferts de fonds sans contrepartie. *Ex : contribution au budget européen....*
  Le solde du compte des transactions courantes appelé balance des transactions courantes est la différence entre les exportations et les importations.
  - **Si le solde est positif, cela signifie que le pays a une capacité de financement**. Il peut placer son épargne à l'étranger ou bien augmenter ses réserves de change.

- **Si le solde est négatif, cela traduit un besoin de financement du pays.** Celui-ci doit emprunter à l'étranger ou puiser dans ses réserves de change.

Qu'est-ce que le taux de change ?

Les échanges internationaux de biens, services et capitaux nécessitent des échanges de monnaies entre elles. **Le change consiste à convertir une monnaie en une autre, appelée « devise ».**

- **Le marché des changes est un marché interbancaire** qui fonctionne 24 heures sur 24. Il s'agit d'un réseau mondial reliant par télécommunications toutes les banques et tous les intermédiaires financiers.
- **Le taux de change est le prix d'une monnaie exprimé par rapport à une autre**. Ce prix est déterminé par les lois du marché c'est à dire l'offre et la demande sur le marché des changes.
- **Un taux de change en euro est la quantité d'une devise étrangère nécessaire à l'obtention d'un euro**. A tout instant, il y a plusieurs taux de change : € versus $, € versus Yen, € versus £....
- **La demande d'euros** est constituée par tous ceux qui désirent acheter de l'euro (changer une devise en euros) dans le but : d'acheter des biens et services dans la zone euro, d'épargner dans les banques de l'Euroland ou de spéculer sur l'euro avec l'espoir que celui-ci s'appréciera dans le futur.
- **L'offre d'euros** est constituée par tous ceux qui désirent vendre de l'€ pour acquérir des devises dans le but d'acheter des produits étrangers, voyager à l'étranger, d'épargner dans des institutions financières à l'étranger ou de spéculer sur la devise étrangère dans l'espoir que celle-ci s'apprécie.

Quelle est l'influence du taux de change sur l'activité économique ?

- Le taux de change influence la production, la consommation, la compétitivité d'un pays ainsi que son commerce extérieur.
- **Le taux de change influence les décisions de production** : les évolutions des cours du change peuvent amener les entreprises à délocaliser ou importer plutôt que produire.
- **Le taux de change influence la décision du consommateur** : celle-ci dépend de l'élasticité de la demande par rapport au prix. L'élasticité-prix de la demande mesure la taille de la variation de la quantité en réponse à un changement de prix. **L'appréciation du taux de change a un impact plus important sur la décision d'achat du consommateur dans le cas d'un bien élastique.**

- **Le taux de change influence la compétitivité d'un pays. La compétitivité d'un pays est sa capacité à produire des biens et services plus appréciés que ceux produits par ses rivaux étrangers.**

  La compétitivité se décompose en **compétitivité - prix** et **compétitivité hors prix**. Les variations du taux de change affectent la compétitivité - prix d'un pays du fait de la modification de sa parité avec les autres devises. La compétitivité hors prix met le commerce extérieur à l'abri des fluctuations des changes en basant ses exportations sur la qualité plutôt que sur le prix.

- **Le taux de change a un impact sur la performance du commerce extérieur.** Appréciation et dépréciation de la monnaie nationale engendrent des conséquences importantes.

Conséquences d'une appréciation de la monnaie nationale :

  - **Perte de compétitivité des exportations** : les prix des biens et services exportés augmentent, les quantités exportées diminuent
  - **Importations bon marché** : les prix des biens et services importés diminuent, les quantités importées augmentent

Conséquences d'une dépréciation de la monnaie nationale :

  - **Gain de compétitivité des exportations** : les prix des produits et services exportés diminuent, les quantités exportées augmentent
  - **Importations coûteuses** : les prix des biens et services importés augmentent, les quantités importées diminuent.

- **L'ouverture des économies**
  - **Ouverture d'une économie**
    - L'ouverture d'une économie se traduit par une forte progression de ses échanges avec l'étranger
    - Dans chaque pays, il existe des secteurs abrités et des secteurs exposés à la concurrence mondiale
    - Aujourd'hui la mondialisation des économies renforce l'interdépendance des pays
  - **Mesure des échanges**
    - **Degré d'ouverture**
      - [(Importations + Exportations)/2] / PIB x 100
      - Mesure le taux de participation d'un pays au commerce international de biens et de services
    - **Taux de couverture**
      - (Valeur des exportations / valeur des importations) x 100
      - Permet de comparer, pour une économie ou un secteur, les exportations avec les importations
    - **Balance des transactions courantes**
      - Calcule la différence (solde) entre les exportations et les importations
      - Si le solde est positif
        - Cela signifie que le pays a une capacité de financement
        - Il peut placer son épargne à l'étranger ou bien augmenter ses réserves de change
      - Si le solde est négatif
        - Cela traduit un besoin de financement du pays
        - Celui-ci doit emprunter à l'étranger ou puiser dans ses réserves de change
  - **Èchanges extérieurs de la France**
    - **Secteurs performants**
      - L'aéronautique
      - L'industrie pharmaceutique
      - Le secteur agroalimentaire
      - L'industrie automobile
      - Le tourisme
    - **Points faibles**
      - La spécialisation de la France n'est pas très poussée dans le domaine des services et des nouvelles technologies
      - Grande dépendance énergétique de la France
      - Les PME ne sont pas suffisamment présentes sur les marchés extérieurs

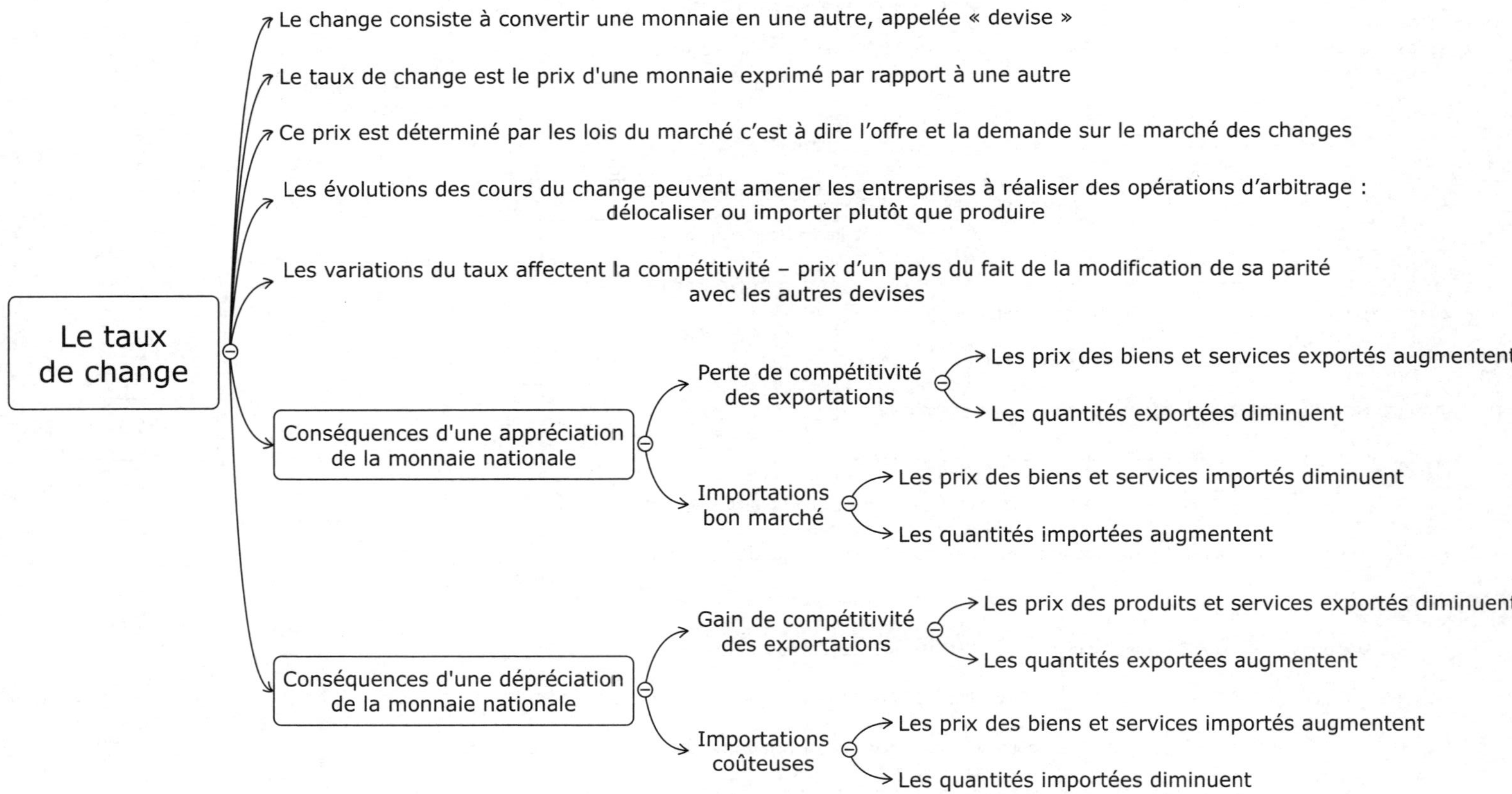
Le taux de change
Le change consiste à convertir une monnaie en une autre, appelée « devise »
Le taux de change est le prix d'une monnaie exprimé par rapport à une autre
Ce prix est déterminé par les lois du marché c'est à dire l'offre et la demande sur le marché des changes
Les évolutions des cours du change peuvent amener les entreprises à réaliser des opérations d'arbitrage : délocaliser ou importer plutôt que produire
Les variations du taux affectent la compétitivité – prix d'un pays du fait de la modification de sa parité avec les autres devises
Conséquences d'une appréciation de la monnaie nationale
Perte de compétitivité des exportations
Les prix des biens et services exportés augmentent
Les quantités exportées diminuent
Importations bon marché
Les prix des biens et services importés diminuent
Les quantités importées augmentent
Conséquences d'une dépréciation de la monnaie nationale
Gain de compétitivité des exportations
Les prix des produits et services exportés diminuent
Les quantités exportées augmentent
Importations coûteuses
Les prix des biens et services importés augmentent
Les quantités importées diminuent

5. Les fondements de l'échange international

Quelle est la principale justification de l'échange international ?

L'échange international se justifie par l'intérêt qu'y trouvent les coéchangistes : **il s'agit de s'approvisionner en biens non disponibles sur le territoire national ou dont la qualité et le coût sont différents de ceux des biens que l'on trouve sur le territoire national.**

Qu'est- ce que le libre échange ?

Le libre-échange est une doctrine économique qui préconise la liberté des échanges internationaux de biens, de services et de capitaux.

Depuis la fin du XVIIIe siècle, la plupart des économistes assurent que le libre-échange est bénéfique pour les nations. Les fondements théoriques de l'échange international sont :

- **Les avantages comparatifs des nations :** pour ***Adam Smith*** (1723-1790), un pays a intérêt à importer un bien quand il ne sait pas le produire ou quand son coût de production est supérieur à son prix à l'importation. Chaque pays a intérêt à se spécialiser dans les productions pour lesquelles il est le plus efficace.
  Pour ***David Ricardo*** (1772-1823), un pays gagne à se spécialiser dans les productions où il est le moins désavantagé. Il doit abandonner les productions de biens pour lesquelles l'écart avec les autres pays est le plus important.

- **Les dotations factorielles différentes :** pour ***Heckscher, Ohlin et Samuelson*** (HOS) (1941), les pays échangent les produits qui incorporent une importante quantité de facteurs de production que l'on trouve en abondance chez eux. Les pays importent les produits qui incorporent le facteur de production dont ils sont moins dotés.

- **La différenciation des productions :** pour ***P. Krugman*** (1983), la demande des consommateurs est de plus en plus ciblée, ce qui amène les firmes à segmenter de plus en plus leur offre de produits.

  Les pays échangent donc de plus en plus des biens similaires (commerce intrabranche).

Qu'est-ce que le protectionnisme ?

Le protectionnisme est à la fois une doctrine et une politique économique prônant la protection de l'économie nationale contre la concurrence étrangère.

- ***Les mercantilistes*** anglais du XVIIe siècle préconisent les exportations et la limitation des importations pour dégager un excédent commercial et augmenter le stock d'or de la nation.
- ***Friedrich List*** : économiste allemand de la seconde moitié du XIXe siècle, considère que les avantages du libre-échange en termes de prix sont indéniables. Néanmoins, les pays qui souhaitent protéger leur industrie naissante peuvent mettre en place des pratiques protectionnistes.

Le libre-échange comporte des effets qui peuvent être néfastes pour l'économie d'un pays : destruction de secteurs productifs, délocalisations, coûts sociaux, baisse de salaires.

Les mesures protectionnistes restent aujourd'hui nombreuses : **dumping social** pratiqué par certains pays à faibles coûts de main-d'œuvre, politiques de **subventions publiques**, exigence de **normes** et de droits de douane élevés sur certains produits…

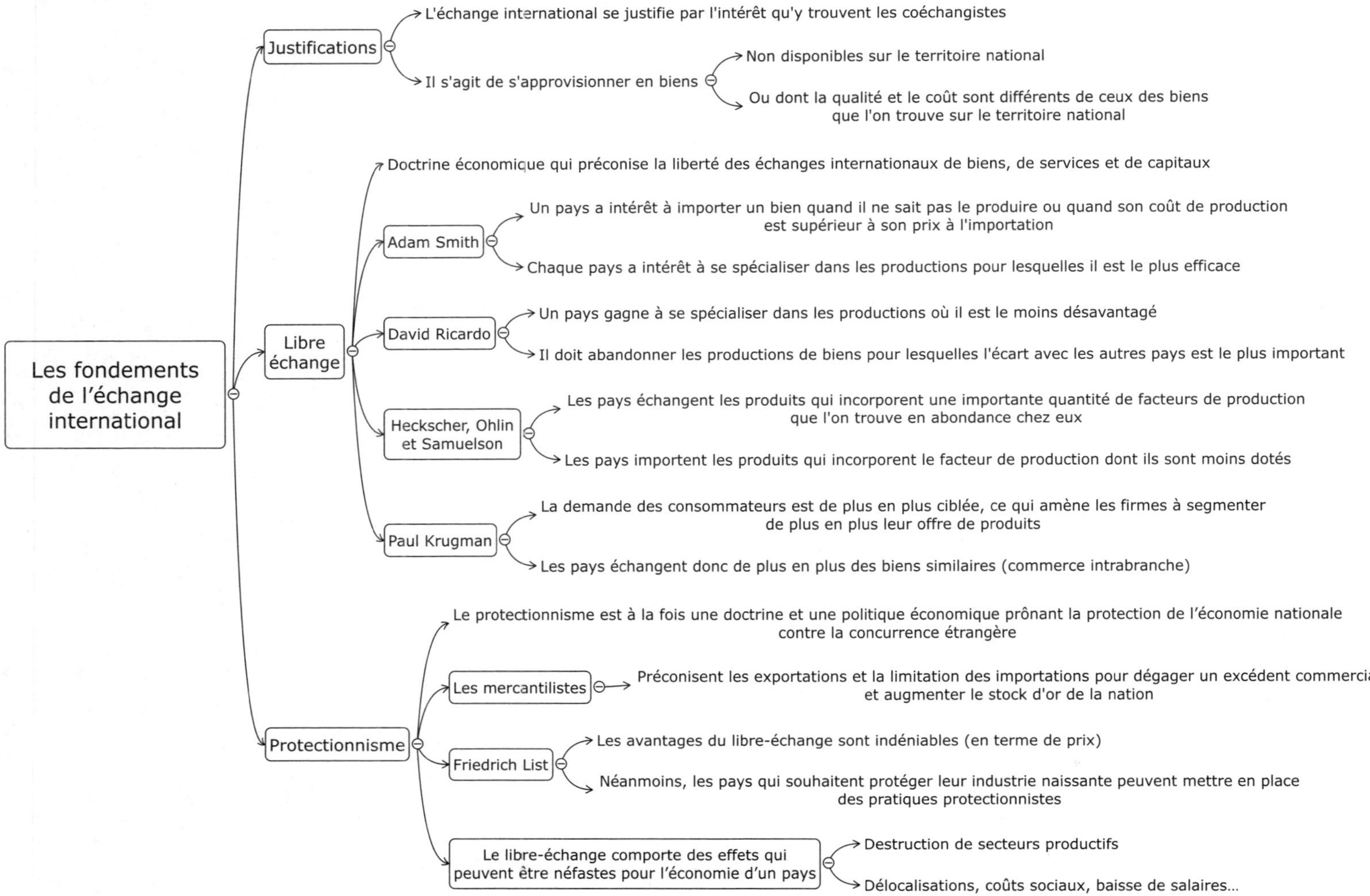
Les fondements de l'échange international
Justifications
L'échange international se justifie par l'intérêt qu'y trouvent les coéchangistes
Il s'agit de s'approvisionner en biens
Non disponibles sur le territoire national
Ou dont la qualité et le coût sont différents de ceux des biens que l'on trouve sur le territoire national
Libre échange
Doctrine économique qui préconise la liberté des échanges internationaux de biens, de services et de capitaux
Adam Smith
Un pays a intérêt à importer un bien quand il ne sait pas le produire ou quand son coût de production est supérieur à son prix à l'importation
Chaque pays a intérêt à se spécialiser dans les productions pour lesquelles il est le plus efficace
David Ricardo
Un pays gagne à se spécialiser dans les productions où il est le moins désavantagé
Il doit abandonner les productions de biens pour lesquelles l'écart avec les autres pays est le plus important
Heckscher, Ohlin et Samuelson
Les pays échangent les produits qui incorporent une importante quantité de facteurs de production que l'on trouve en abondance chez eux
Les pays importent les produits qui incorporent le facteur de production dont ils sont moins dotés
Paul Krugman
La demande des consommateurs est de plus en plus ciblée, ce qui amène les firmes à segmenter de plus en plus leur offre de produits
Les pays échangent donc de plus en plus des biens similaires (commerce intrabranche)
Protectionnisme
Le protectionnisme est à la fois une doctrine et une politique économique prônant la protection de l'économie nationale contre la concurrence étrangère
Les mercantilistes
Préconisent les exportations et la limitation des importations pour dégager un excédent commercial et augmenter le stock d'or de la nation
Friedrich List
Les avantages du libre-échange sont indéniables (en terme de prix)
Néanmoins, les pays qui souhaitent protéger leur industrie naissante peuvent mettre en place des pratiques protectionnistes
Le libre-échange comporte des effets qui peuvent être néfastes pour l'économie d'un pays
Destruction de secteurs productifs
Délocalisations, coûts sociaux, baisse de salaires…

THÈME 2 La création de richesses et la croissance économique

6. L'amélioration du niveau de vie

Qu'est-ce que le niveau de vie ?

Le niveau de vie est l'ensemble des biens et services qu'un individu peut se procurer avec le revenu dont il dispose. Le niveau de vie est une notion qualitative qui prend en compte l'accès à certains biens ou à certains services (soins, éducation, Internet...).

Mots voisins du niveau de vie :

- **Pouvoir d'achat** : on définit le pouvoir d'achat comme la quantité de biens et services qu'on peut acheter avec le revenu disponible. L'évolution du pouvoir d'achat dépend de la croissance relative du revenu et de l'augmentation des prix des biens et services.
- **Mode de vie** : on définit le mode (ou genre) de vie comme l'ensemble des manières de vivre d'un individu ou d'un groupe d'individus. Il dépend des conditions matérielles d'existence, des facteurs sociaux culturels qui déterminent les habitudes de consommation (nourriture, habillement, loisirs..).
- **Qualité de vie** : la qualité de vie exprime le bien-être global des individus. Cette notion recouvre les biens matériels et les éléments immatériels tels que la qualité de l'environnement, la sécurité individuelle et collective, les libertés politiques et économiques.

Le niveau de vie, calculé par l'INSEE, est égal au revenu disponible du ménage divisé par le nombre d'unités de consommation. L'INSEE attribue une unité de consommation au premier adulte du ménage, 0,5 unités de consommation aux autres personnes de 14 ans et plus et 0,3 unités de consommation aux enfants de moins de 14 ans.

La croissance économique est le moyen de l'amélioration du niveau de vie.

Qu'est-ce que la croissance économique ?

La croissance économique se définit comme une augmentation des richesses produites par un pays, sur une période suffisamment longue.

Elle est le plus souvent accompagnée de changements de structures (industrialisation, urbanisation).

Finalités de la croissance économique :

- **Accroître la consommation** des ménages
- Permettre aux ménages d'**épargner** davantage et de **se constituer un patrimoine**

La croissance économique est un **phénomène récent** dans l'histoire de l'humanité. Très lente voire stagnante jusqu'à la révolution industrielle au XIXe siècle, la croissance s'est accélérée depuis. Elle a transformé en profondeur les structures productives et la vie des individus.

La forte croissance des "***Trente glorieuses***" (les années de 1945 à 1975) a permis un accroissement rapide du PIB par habitant et du revenu moyen réel des français. Depuis 1975, le rythme annuel de croissance s'est ralenti dans la plupart des économies occidentales.

Aujourd'hui, les **économies émergentes** comme la Chine ou le Brésil connaissent des rythmes de croissance annuels élevés.

L'histoire économique montre que le rythme de croissance peut être plus ou moins élevé et que la croissance n'est pas un processus linéaire. **Des chocs économiques peuvent déclencher des récessions et des crises,** périodes durant lesquelles le taux de "croissance" est négatif.

Comment mesurer la croissance économique ?

Le Produit Intérieur Brut (PIB) est un indicateur utilisé pour mesurer la création de richesse. Il mesure la production de biens et services dans un pays donné au cours d'une année donnée. Le PIB représente l'ensemble des activités créatrices de revenus.

Selon ***Edmond Malinvaud***, il existe trois façons de mesurer le PIB :

- **Se placer du coté de la production** : le PIB est la valeur de tout ce qui est produit, moins ce qui a été utilisé pour cela. L'activité de chaque agent économique est mesurée à partir de la valeur ajoutée qu'il crée.

  PIB = Somme des valeurs ajoutées de toutes les entreprises sur le territoire national + TVA + Droits de douanes

- **Observer comment ont été utilisé ces produits** : le PIB est la somme de ce qui a été consommé, investi, stocké et exporté, moins les importations.

  PIB = Consommation + investissements + Variation des stocks + exportations – Importations

- **Évaluer les revenus qui sont distribués lors de la production** : le PIB est la somme des revenus des agents économiques qui ont participé à la production.

  PIB = Somme des revenus issus de la production

Le PIB calculé par l'INSEE, est un indicateur synthétique de ces trois mesures. Il est exprimé en euros courants et appelé : PIB en valeur.

Le calcul du PIB suppose donc de prendre en compte la variation des prix au cours d'une année. Pour éliminer les effets de la variation des prix, on calcule le **PIB réel en euros constants, appelé : PIB en volume.**

PIB en volume (€ constants) = PIB en valeur (€ courants) / indice des prix

Le PIB par habitant est égal au rapport du PIB à la population totale d'un pays. Il mesure le revenu moyen d'un habitant dans un pays donné. Le PIB par habitant est un indicateur du niveau de vie, même si cet indicateur ne tient pas compte de la répartition des richesses créées. Le classement des nations est souvent effectué en termes de PIB et de PIB par habitant.

Taux d'augmentation du niveau de vie = Taux de croissance du PIB en volume par habitant

Le taux de croissance de l'économie pour l'année N est égal au :

Taux de variation du PIB = [(PIB(N) - PIB (N – 1)) x 100] / PIB (N - 1)

Un taux de croissance négatif signifie que l'économie d'un pays est moins productive qu'elle ne l'a été au cours de l'année précédente, le chômage augmente et le niveau de vie de la population diminue. Lorsque le taux de croissance est négatif, on dit que l'économie est entrée en **RÉCESSION.**

Quelles sont les limites du PIB ?

Le PIB n'est pas un instrument de mesure idéal pour différentes raisons :

- Le PIB ne mesure que les richesses créées, sans tenir compte des autres facteurs de développement économiques et sociaux
- Il ne prend pas en compte toutes les activités créatrices de richesse *(l'activité des femmes au foyer, l'économie souterraine ou «travail au noir»)*
- Il prend en compte des activités qui n'améliorent pas le bien-être de la population *(ex.: la production d'armes, la production d'alcool).*

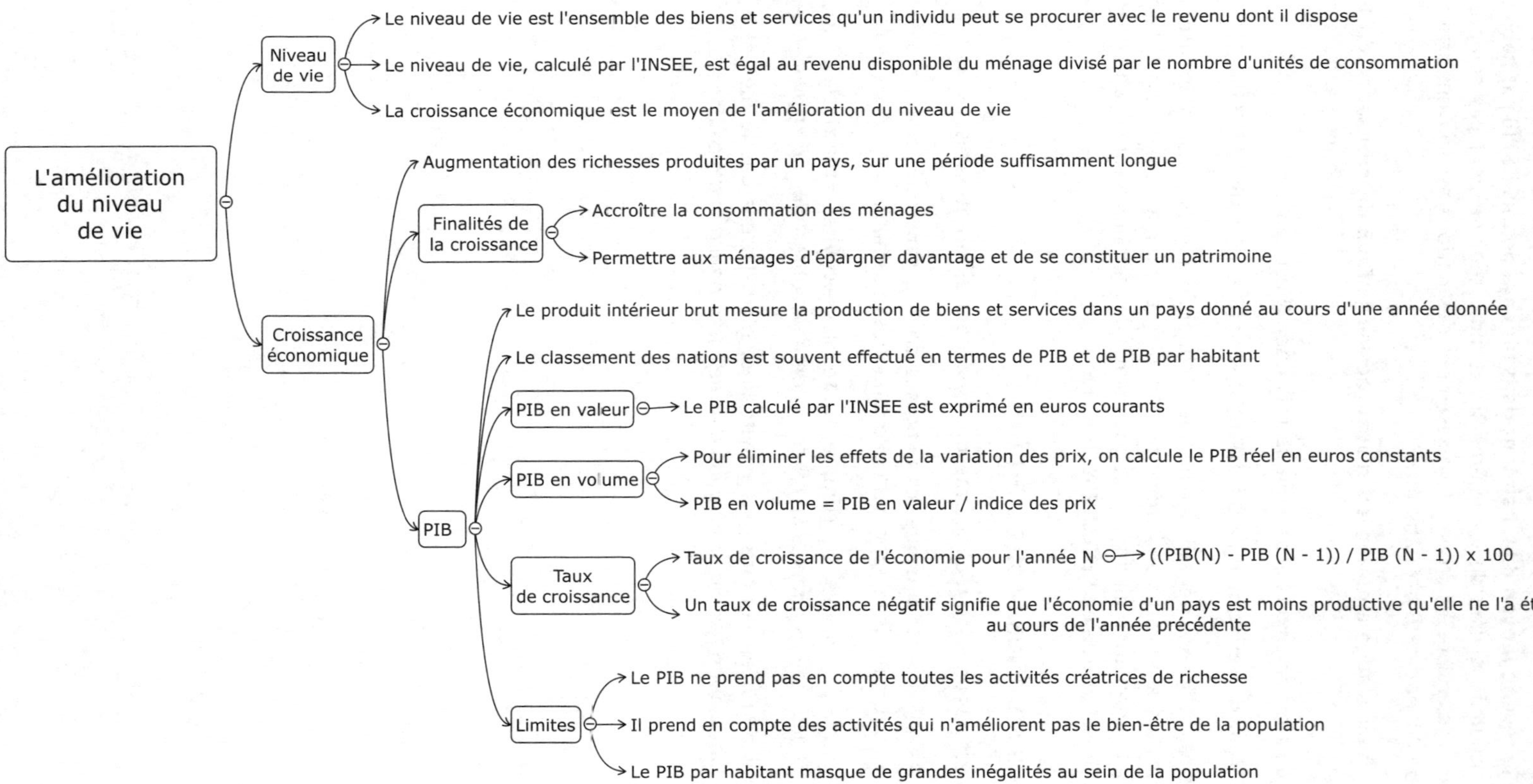

L'amélioration du niveau de vie
Niveau de vie
Le niveau de vie est l'ensemble des biens et services qu'un individu peut se procurer avec le revenu dont il dispose
Le niveau de vie, calculé par l'INSEE, est égal au revenu disponible du ménage divisé par le nombre d'unités de consommation
La croissance économique est le moyen de l'amélioration du niveau de vie
Croissance économique
Augmentation des richesses produites par un pays, sur une période suffisamment longue
Finalités de la croissance
Accroître la consommation des ménages
Permettre aux ménages d'épargner davantage et de se constituer un patrimoine
PIB
Le produit intérieur brut mesure la production de biens et services dans un pays donné au cours d'une année donnée
Le classement des nations est souvent effectué en termes de PIB et de PIB par habitant
PIB en valeur
Le PIB calculé par l'INSEE est exprimé en euros courants
PIB en volume
Pour éliminer les effets de la variation des prix, on calcule le PIB réel en euros constants
PIB en volume = PIB en valeur / indice des prix
Taux de croissance
Taux de croissance de l'économie pour l'année N
((PIB(N) - PIB (N - 1)) / PIB (N - 1)) x 100
Un taux de croissance négatif signifie que l'économie d'un pays est moins productive qu'elle ne l'a été au cours de l'année précédente
Limites
Le PIB ne prend pas en compte toutes les activités créatrices de richesse
Il prend en compte des activités qui n'améliorent pas le bien-être de la population
Le PIB par habitant masque de grandes inégalités au sein de la population

7. Le développement économique

Qu'est-ce que le développement économique ?

La notion de développement est très différente de celle de croissance. Le développement est un ensemble de transformations qualitatives qui accompagnent une croissance durable : évolution des structures économiques, sociales et culturelles d'un pays donné.

Le développement économique se traduit par :

- La hausse du taux d'alphabétisation
- Le développement du système de santé
- La construction d'infrastructures
- L'urbanisation

Comment mesurer le développement économique ?

Le développement économique possède plusieurs dimensions et nécessite à ce titre plusieurs indicateurs pour le mesurer. Les indicateurs les plus usuels sont :

- **Le PIB par habitant** : cet indicateur permet de mesurer la richesse produite par la nation et par individu
- **L'indicateur de développement humain (IDH)** : développé par *Amartya Sen*, cet indicateur prend en compte le niveau de vie, l'espérance de vie à la naissance, l'alphabétisation des adultes
- **L'indicateur de pauvreté humaine (IPH)** : cet indicateur mesure les privations ou exclusions fondamentales que peut supporter une partie de la population

Quels liens entre croissance et développement économiques ?

Croissance et développement économiques sont des notions interdépendantes :

- Le développement est une fin dont la croissance économique est le moyen.
- La croissance économique ne peut durablement s'installer que si elle s'appuie sur un développement robuste.

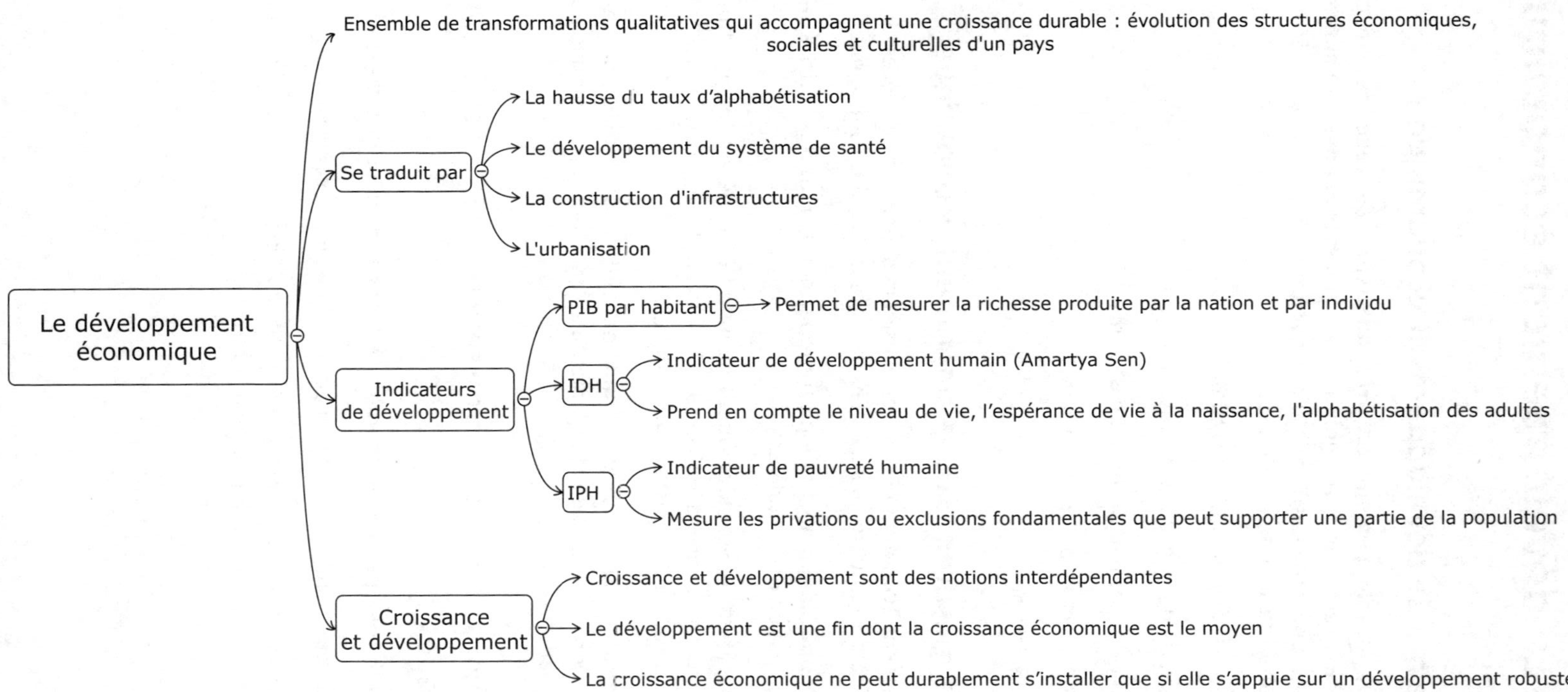
Le développement économique
Ensemble de transformations qualitatives qui accompagnent une croissance durable : évolution des structures économiques, sociales et culturelles d'un pays
Se traduit par
La hausse du taux d'alphabétisation
Le développement du système de santé
La construction d'infrastructures
L'urbanisation
Indicateurs de développement
PIB par habitant
Permet de mesurer la richesse produite par la nation et par individu
IDH
Indicateur de développement humain (Amartya Sen)
Prend en compte le niveau de vie, l'espérance de vie à la naissance, l'alphabétisation des adultes
IPH
Indicateur de pauvreté humaine
Mesure les privations ou exclusions fondamentales que peut supporter une partie de la population
Croissance et développement
Croissance et développement sont des notions interdépendantes
Le développement est une fin dont la croissance économique est le moyen
La croissance économique ne peut durablement s'installer que si elle s'appuie sur un développement robuste

8. Le développement durable

Quelles sont les limites de la croissance économique ?

La croissance économique, source d'enrichissement et de progrès, engendre en parallèle des externalités négatives : pollution, nuisances, gaspillages, réduction de la biodiversité, déforestation, épuisement des ressources non renouvelables (ex: pétrole, gaz naturel...). La volonté de produire et de consommer toujours plus, d'améliorer sans cesse la croissance, peut amener l'humanité dans une impasse.

Le concept de développement durable est né de la prise de conscience de la gravité des effets pervers de la croissance et de la nécessité d'en limiter les impacts.

Qu'est-ce que le développement durable ?

Le concept de développement durable est apparu en 1987 dans un rapport commandé par les Nations Unis à l'ancien Premier ministre norvégien *Groharlem Brundland*. **Le développement durable se définit comme un développement qui doit répondre aux besoins du présent sans compromettre la capacité des générations futures à répondre aux leurs.**

Le développement durable comporte trois dimensions :

- **Économique** : lutte contre la pauvreté, réduction des déséquilibres régionaux
- **Sociale** : protection des droits fondamentaux, promotion de la parité entre les hommes et les femmes
- **Écologique** : protection de la biodiversité, promotion des énergies renouvelables

Quels sont les indicateurs de mesure du développement durable ?

Pour quantifier et mesurer chacune des dimensions du développement durable, on utilise des indicateurs tels que « l'empreinte écologique » et « les PIB verts ».

- **L'empreinte écologique mesure la pression qu'exerce l'homme sur la nature**. Elle évalue la surface productive nécessaire à une population pour répondre à ses besoins de consommation de ressources et d'absorption de déchets. *C'est la taille minimale que devrait avoir l'île de Robinson Crusoë pour lui permettre de vivre, manger, cultiver, disposer d'eau potable et traiter ses déchets.*
- **Les PIB verts visent à exprimer le PIB de manière plus juste** en soustrayant tous les coûts liés à la dégradation de l'environnement et en ajoutant les activités non évaluées (*ex: bénévolat*).

Quels sont les principes des politiques de développement durable ?

Les mesures prises par les pouvoirs publiques pour intégrer les objectifs du développement durable se sont multipliées ces dernières années (*ex : le protocole de Kyoto, le Grenelle de l'environnement...*).

Ces politiques reposent sur trois principes :

- **Le principe de solidarité** recouvre la solidarité entre les personnes d'une même génération et la solidarité intergénérationnelle. Ils mettent en avant les dimensions sociale et écologique du développement durable et affirment le rôle de l'État dans ces domaines
- **Le principe de précaution** postule que l'on s'abstient de toute action lorsqu'un dommage sur l'environnement ou la santé humaine reste incertain dans l'état actuel des connaissances scientifiques. Il concerne les OGM par exemple
- **Le principe de participation** postule que pour être légitime, le développement doit prendre en compte l'avis de chacun, en s'appuyant sur des organisations représentatives et démocratiques

Quels sont les instruments des politiques de développement durable ?

Trois instruments sont utilisés par les pouvoirs publics pour la mise en œuvre des politiques de développement durable : la réglementation, la taxation et le marché des droits à polluer.

- **La réglementation** fixe un certain nombre de règles relatives aux activités polluantes. *Exemples : étiquetage des produits polluants, obligation de recyclage des déchets industriels et ménagers*
- **La taxation** consiste à instaurer des taxes sur les activités polluantes afin que les pollueurs supportent le coût de leur pollution
- **Le marché des droits à polluer** : un certain nombre de droits à polluer sont distribués gratuitement aux entreprises par les pouvoirs publics. Ces droits sont échangeables : les entreprises qui polluent moins pourront revendre leurs droits aux entreprises qui dépassent le niveau de pollution correspondant au montant de leurs droits. Cet échange se traduit par une hausse des coûts de production pour les entreprises polluantes et un bénéfice pour celles qui polluent moins.

Quel est l'impact du développement durable sur les entreprises ?

Le respect des impératifs du développement durable suppose des changements du mode de production des biens et services. Il engendre en parallèle des contraintes et constitue une source d'opportunités pour les entreprises.

- Contraintes pour les entreprises : r**espect des normes** environnementales, obligation de **recyclage, écotaxes...**
- Opportunités pour les entreprises : apparition de **nouveaux marchés porteurs** dans le domaine de l'environnement (*ex : solaire, éolien, géothermie*...)

Quel est l'impact du développement durable sur les ménages ?

Le respect des impératifs du développement durable suppose des changements du mode de consommation des biens et services. Le développement durable engendre, en parallèle, des contraintes et constitue une source d'opportunités pour les ménages.

- Contraintes pour les ménages : **respect des normes** environnementales pour les bâtiments, t**axes sur les véhicules polluants**, t**axe carbone** afin de réduire la consommation énergétique.
- Opportunités pour les ménages : i**ncitations fiscales** pour encourager les économies d'énergie, i**nvestissement dans les énergies renouvelables.**

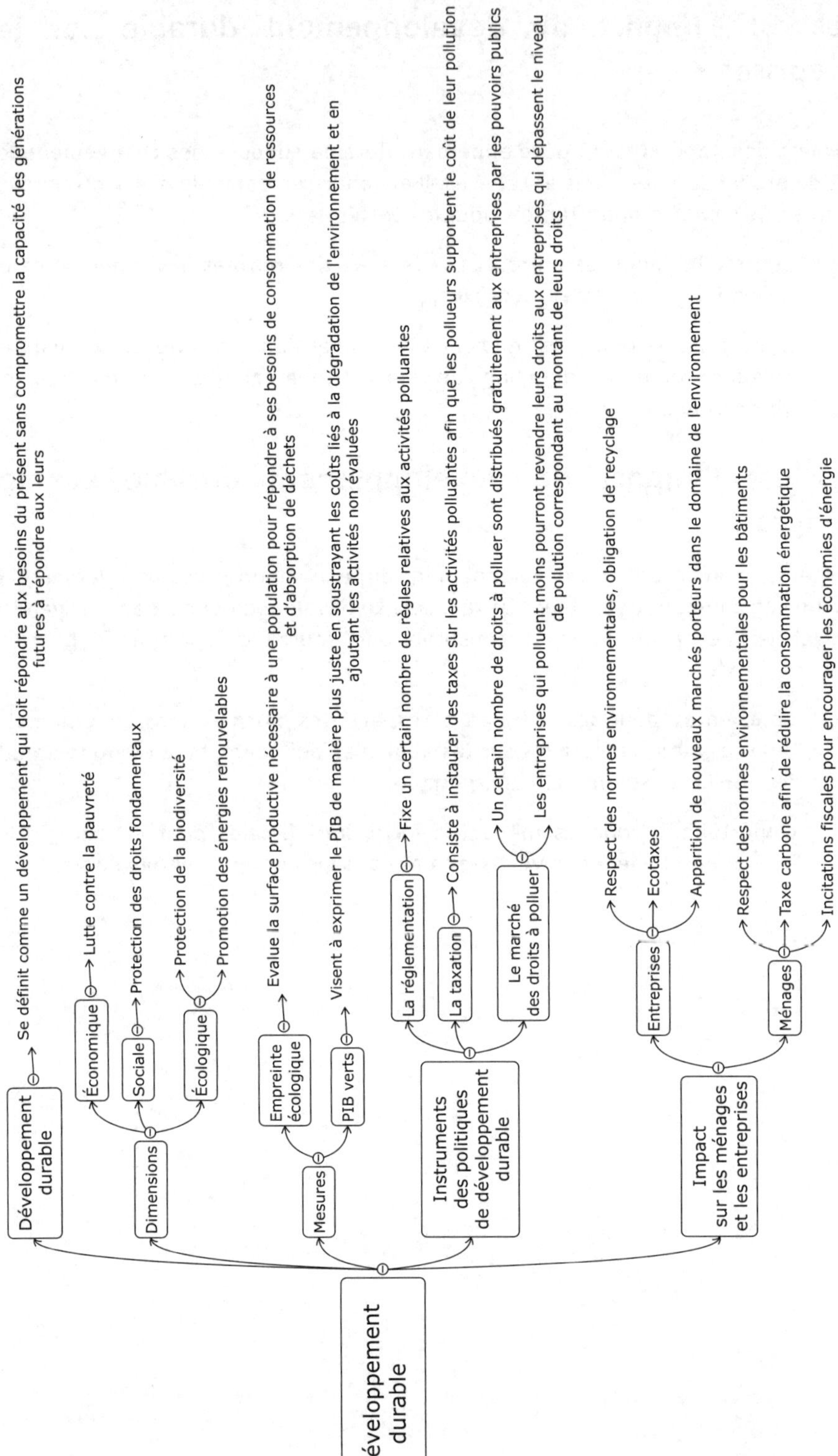

Le développement durable
Développement durable
Se définit comme un développement qui doit répondre aux besoins du présent sans compromettre la capacité des générations futures à répondre aux leurs
Dimensions
Économique
Lutte contre la pauvreté
Sociale
Protection des droits fondamentaux
Écologique
Protection de la biodiversité
Promotion des énergies renouvelables
Mesures
Empreinte écologique
Evalue la surface productive nécessaire à une population pour répondre à ses besoins de consommation de ressources et d'absorption de déchets
PIB verts
Visent à exprimer le PIB de manière plus juste en soustrayant les coûts liés à la dégradation de l'environnement et en ajoutant les activités non évaluées
Instruments des politiques de développement durable
La réglementation
Fixe un certain nombre de règles relatives aux activités polluantes
La taxation
Consiste à instaurer des taxes sur les activités polluantes afin que les pollueurs supportent le coût de leur pollution
Le marché des droits à polluer
Un certain nombre de droits à polluer sont distribués gratuitement aux entreprises par les pouvoirs publics
Les entreprises qui polluent moins pourront revendre leurs droits aux entreprises qui dépassent le niveau de pollution correspondant au montant de leurs droits
Impact sur les ménages et les entreprises
Entreprises
Respect des normes environnementales, obligation de recyclage
Ecotaxes
Apparition de nouveaux marchés porteurs dans le domaine de l'environnement
Ménages
Respect des normes environnementales pour les bâtiments
Taxe carbone afin de réduire la consommation énergétique
Incitations fiscales pour encourager les économies d'énergie

9. Les facteurs de croissance

Quels sont les facteurs de croissance économique ?

La croissance dépend de la mobilisation et de l'efficacité avec laquelle sont combinés les facteurs de production : travail et capital (bâtiments, machines, matériels...). Il existe généralement plusieurs combinaisons possibles du travail et du capital :

- **Croissance extensive** : la croissance provient d'une utilisation d'une plus grande quantité de facteurs de production (capital et travail).
- **Croissance intensive** : la croissance résulte d'une hausse de la productivité de ces facteurs. Elle correspond à une utilisation plus efficace des facteurs de production.

Quel est le rôle du travail dans la croissance économique ?

La contribution et l'efficacité du facteur travail dépendent de sa quantité et de sa qualité.

- **La quantité de travail disponible dépend du volume de la population active et de la durée du travail.** La population active est constituée par l'ensemble des individus exerçant ou déclarant chercher à exercer une activité rémunérée. Elle dépend des variables démographiques (taux de natalité, pyramide des âges...). Son accroissement dépend également de facteurs culturels (*ex: taux d'activité féminin*..). La durée du travail a considérablement diminué au cours du XXe siècle, du fait des évolutions juridiques, sociales et économiques.
- **La qualité du travail dépend du niveau de qualification des travailleurs et de la productivité du travail.** Le niveau de qualification, la formation et l'allongement de la durée des études contribuent à améliorer la qualité du travail. La productivité du travail est le rapport entre les quantités produites et la quantité de travail utilisée.

Quel est le rôle du capital dans la croissance économique ?

Le capital se définit comme un bien produit dans le passé et qui sert à produire d'autres biens dans le futur. En permettant à chaque travailleur d'être plus efficace, plus productif, plus performant, **l'accumulation de capital a un impact fondamental sur la croissance économique.** On distingue :

- **Le capital technique ou physique désigne l'ensemble des moyens de production utilisés pour produire des biens et des services.** Il comprend le capital fixe (brevets, immeubles, machines...) et le capital circulant (stock de matières, de produits finis...).

- **Le capital financier désigne la valeur des capitaux propres d'une entreprise.** Il permet de financer en partie le capital technique.

Le taux de croissance du PIB résulte de l'accroissement quantitatif et qualitatif du facteur capital.

- **L'accroissement de la quantité du capital provient de l'investissement matériel (biens durables) et immatériel (recherche, formation...) destiné à augmenter les capacités de production.** Il résulte de la mobilisation de l'épargne intérieure et des capitaux venant de l'étranger (IDE entrants).

- **La qualité du capital est mesurée par la productivité du capital**, c'est-à-dire par le rapport entre la valeur ajoutée et le stock de capital fixe.

Quel est le rôle du progrès technique dans la croissance économique ?

Selon ***Joseph Schumpeter*** (1883-1950), le progrès technique provient des innovations mises en œuvre par les entrepreneurs et qui se traduisent par :

- La mise au point de produits nouveaux
- La mise en œuvre de nouveaux procédés de fabrication
- La mise en place de nouvelles méthodes d'organisation
- Le développement de nouveaux marchés

A la suite des innovations majeures, un certain nombre d'entreprises disparaissent au profit de celles qui ont innové et un certain nombre de secteurs entrent en expansion tandis que d'autres secteurs connaissent le déclin : c'est le phénomène de ***"destruction créatrice"***. Les périodes de croissance s'expliquent par l'apparition cyclique de grappes d'innovations (machine à vapeur, chemins de fer, automobile, ordinateur..).

Dans les années 1980, les **nouvelles théories de la croissance** considèrent le progrès technique comme le résultat de quatre types d'investissements :

- **L'investissement en capital physique** qui accroît la productivité des autres firmes par un effet d'apprentissage (***Romer***, 1986)

- **L'investissement en recherche et développement** qui accroît le stock de connaissances et permet des innovations cumulatives (***Romer***, 1987)

- **L'investissement en capital humain** : en donnant la priorité à l'éducation, la formation, la santé, on améliore la qualité du travail (***Lucas*** 1988)

- **L'investissement en infrastructures** qui améliore le rendement de l'investissement privé en capital physique (***Barro*** 1990)

Ces quatre types d'investissements sont identifiés comme des **facteurs de croissance endogènes sur lesquels on peut agir**. Ils créent des **externalités positives** qui ne peuvent être prises totalement en charge par le secteur privé.

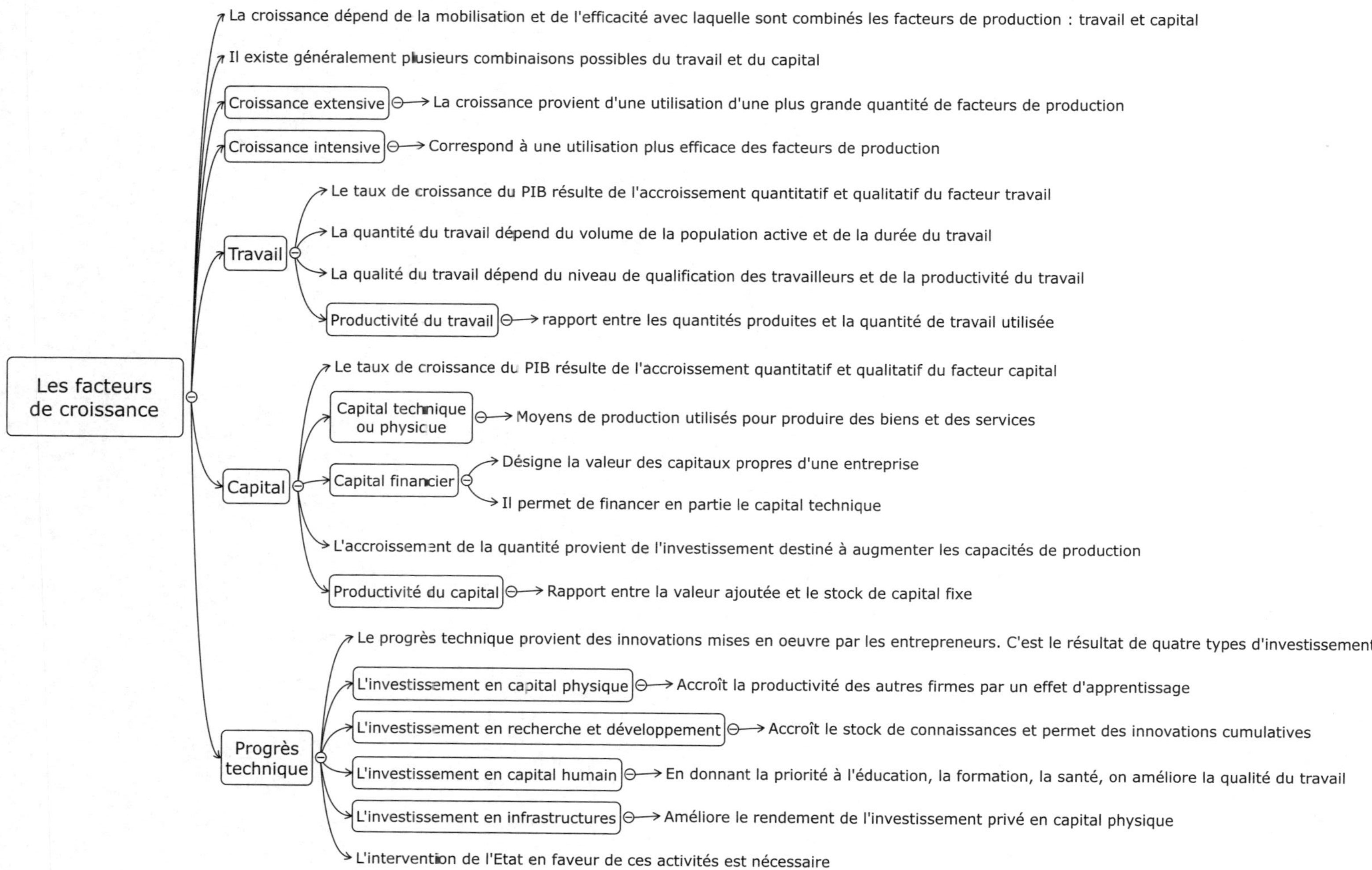
Les facteurs de croissance
La croissance dépend de la mobilisation et de l'efficacité avec laquelle sont combinés les facteurs de production : travail et capital
Il existe généralement plusieurs combinaisons possibles du travail et du capital
Croissance extensive
La croissance provient d'une utilisation d'une plus grande quantité de facteurs de production
Croissance intensive
Correspond à une utilisation plus efficace des facteurs de production
Travail
Le taux de croissance du PIB résulte de l'accroissement quantitatif et qualitatif du facteur travail
La quantité du travail dépend du volume de la population active et de la durée du travail
La qualité du travail dépend du niveau de qualification des travailleurs et de la productivité du travail
Productivité du travail
rapport entre les quantités produites et la quantité de travail utilisée
Capital
Le taux de croissance du PIB résulte de l'accroissement quantitatif et qualitatif du facteur capital
Capital technique ou physique
Moyens de production utilisés pour produire des biens et des services
Capital financier
Désigne la valeur des capitaux propres d'une entreprise
Il permet de financer en partie le capital technique
L'accroissement de la quantité provient de l'investissement destiné à augmenter les capacités de production
Productivité du capital
Rapport entre la valeur ajoutée et le stock de capital fixe
Progrès technique
Le progrès technique provient des innovations mises en oeuvre par les entrepreneurs. C'est le résultat de quatre types d'investissements
L'investissement en capital physique
Accroît la productivité des autres firmes par un effet d'apprentissage
L'investissement en recherche et développement
Accroît le stock de connaissances et permet des innovations cumulatives
L'investissement en capital humain
En donnant la priorité à l'éducation, la formation, la santé, on améliore la qualité du travail
L'investissement en infrastructures
Améliore le rendement de l'investissement privé en capital physique
L'intervention de l'Etat en faveur de ces activités est nécessaire

10. Les firmes multinationales dans l'économie mondiale

Qu'est-ce qu'une firme multinationale ?

Une firme multinationale (FMN) est une firme possédant ou contrôlant des entreprises implantées dans plusieurs pays. On distingue plusieurs types de FMN :

- Les FMN qui exercent la même activité dans plusieurs pays étrangers
- Les FMN qui effectuent une répartition géographique de leurs activités sur la base de la division internationale du travail (*Ex : Nike*)
- Les FMN qui effectuent une répartition selon les différents stades de production (*Ex : Airbus*)

Les FMN réalisent des investissements sous différentes formes :

- Par la création d'entreprise ou le rachat d'une entreprise existante
- Par des **investissements directs à l'étranger (IDE)**, qui consistent en des achats de titres d'entreprises afin d'obtenir la capacité d'exercer une influence dans leur gestion

Quel est l'impact des firmes multinationales sur la croissance économique ?

L'impact des FMN sur la croissance économique du pays d'accueil et du pays d'origine est contrasté :

- **Dans le pays d'accueil** : transferts de technologie, apport de capitaux stables, créations d'emplois
- **Dans le pays d'origine** : délocalisations de sites de production, désertification industrielle, destructions d'emplois

Afin de favoriser la croissance et l'emploi, les États mettent en place de nombreuses mesures pour inciter les FMN à s'implanter dans leur territoire. Cette **politique d'attractivité** peut parfois aller jusqu'au **dumping fiscal et social** (moins d'impôt et moins de charges sociales pour les FMN qui s'implantent sur le territoire national).

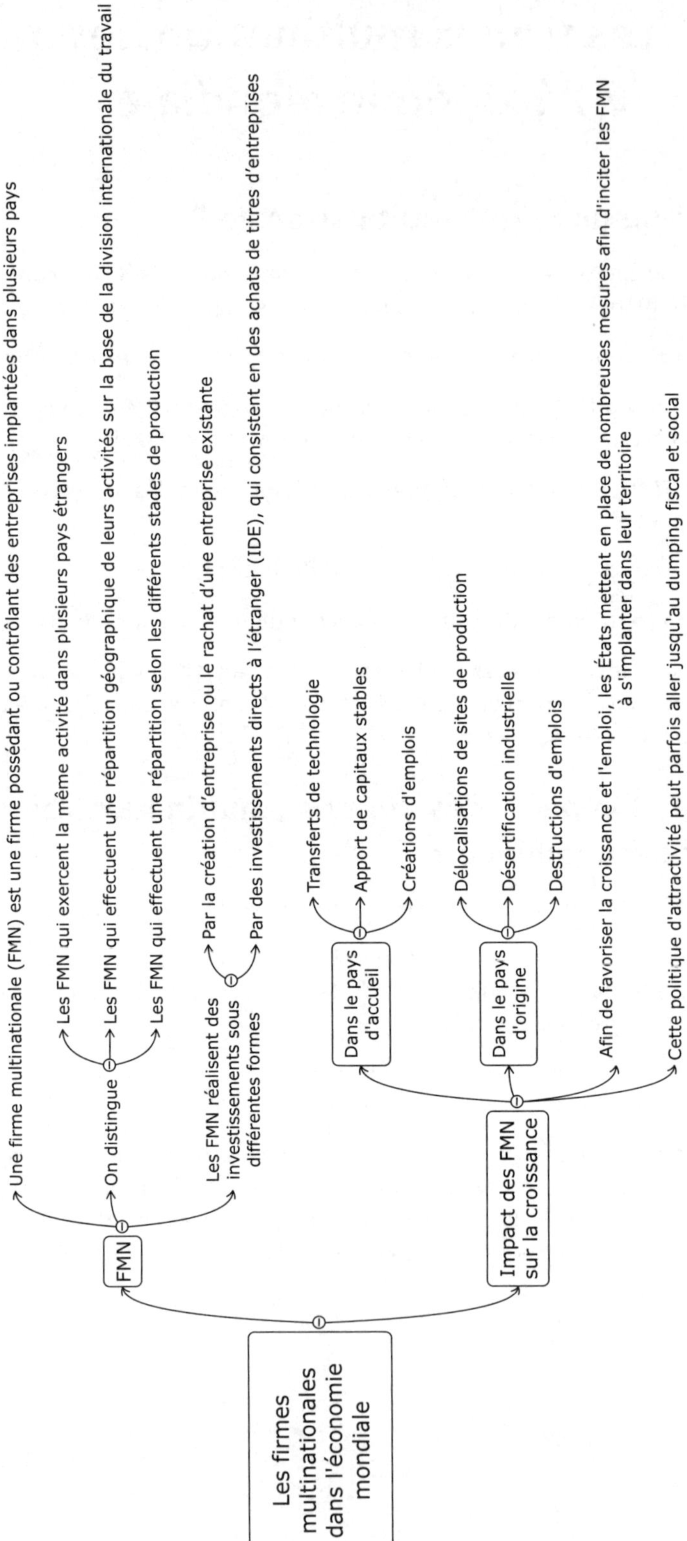
Les firmes multinationales dans l'économie mondiale
FMN
Une firme multinationale (FMN) est une firme possédant ou contrôlant des entreprises implantées dans plusieurs pays
On distingue
Les FMN qui exercent la même activité dans plusieurs pays étrangers
Les FMN qui effectuent une répartition géographique de leurs activités sur la base de la division internationale du travail
Les FMN qui effectuent une répartition selon les différents stades de production
Les FMN réalisent des investissements sous différentes formes
Par la création d'entreprise ou le rachat d'une entreprise existante
Par des investissements directs à l'étranger (IDE), qui consistent en des achats de titres d'entreprises
Impact des FMN sur la croissance
Dans le pays d'accueil
Transferts de technologie
Apport de capitaux stables
Créations d'emplois
Dans le pays d'origine
Délocalisations de sites de production
Désertification industrielle
Destructions d'emplois
Afin de favoriser la croissance et l'emploi, les États mettent en place de nombreuses mesures afin d'inciter les FMN à s'implanter dans leur territoire
Cette politique d'attractivité peut parfois aller jusqu'au dumping fiscal et social

THÈME 3 La répartition des richesses

11. Le partage inégal des revenus et du patrimoine

Quel est le lien entre le revenu et le patrimoine d'un agent économique ?

Le revenu désigne l'argent qu'un individu ou un ménage gagne en une année. Les individus peuvent obtenir leurs revenus de différentes sources : travail et actifs possédés (biens immobiliers ou mobiliers, épargne..)

Le patrimoine d'un agent économique correspond à l'ensemble des biens qu'il possède à un moment donné : biens meubles, immeubles, droits et créances. **Le patrimoine net d'un agent désigne la valeur de ses actifs, moins ses dettes et les engagements financiers qu'il a contractés**.

Le patrimoine d'un individu peut être obtenu par héritage ou par accumulation de revenus salariaux et/ou non salariaux.

Revenu et patrimoine sont liés. Avec des revenus, on peut acquérir des actifs qui sont susceptibles de générer des revenus. Le revenu est un flux. Le patrimoine est un stock. Le flux alimente le stock et le stock génère à nouveau le flux qui alimente encore le stock..

Comment s'effectue la répartition des richesses créées par les activités de production ?

La répartition des richesses créées par les activités de production s'effectue en deux temps. Tout d'abord, la **répartition primaire** rémunère les facteurs de production, puis, dans un second temps, la **répartition secondaire** modifie la répartition primaire par des mécanismes de redistribution destinés à la corriger.

La répartition primaire permet aux ménages de percevoir des revenus en contrepartie de leur participation à l'activité économique. Ces revenus primaires proviennent de la répartition de la valeur ajoutée créée par les entreprises. Parmi ces revenus, on distingue :

- **Les revenus d'activité** : revenus du travail salarié
- **Les revenus de la propriété** (ou du capital) : revenus liés à la détention d'un actif, on les appelle aussi revenus du capital (loyers, fermages, dividendes, intérêts).
- **Les revenus mixtes** : revenus des entrepreneurs individuels

Les revenus primaires des ménages ne correspondent pas aux revenus dont ils disposent effectivement pour consommer ou épargner. Cette répartition primaire est corrigée par des mesures de redistribution des revenus par le biais des prélèvements obligatoires (impôts et cotisations sociales) et des prestations sociales.

Les revenus secondaires ou de transfert sont constitués par l'ensemble des prestations sociales perçues par les ménages en contrepartie de droits reconnus par la société. Cette répartition secondaire des revenus vise essentiellement des objectifs sociaux tels que la lutte contre les inégalités et la pauvreté par exemple.

Le revenu disponible est la somme des revenus primaires et secondaires, diminuée des prélèvements obligatoires. C'est le revenu disponible pour la consommation et l'épargne.

Au terme de ces opérations de redistribution, on observe des inégalités de revenu disponible et de niveau de vie.

Comment mesurer les inégalités de revenus et de patrimoine des ménages ?

Pour mesurer l'inégale répartition des revenus et des patrimoines, trois outils sont utilisés : la courbe de LORENZ, l'indice de GINI et la courbe de KUZNETS.

- **La courbe de Lorenz est une courbe qui représente la répartition des richesses d'une population donnée entre ses différents déciles.**

  Les déciles sont des valeurs qui partagent un effectif ou une population en 10 groupes égaux. Un décile représente donc 10% d'une population. Dans le graphique de Lorenz, le premier décile (D1) regroupe les 10% les plus pauvres. Le neuvième décile (D9) regroupe les 10% les plus riches. La bissectrice du graphique représente une égale répartition des richesses (10 % des agents détiennent 10 % des richesses, 20 % en détiennent 20 %, etc.).

  Toute courbe située sous cette diagonale implique une inégalité de répartition plus ou moins marquée.

  Dans les pays développés, les inégalités se mesurent par le rapport entre le revenu moyen des 10% les plus riches (D9) et celui des 10% plus pauvres (D1). En France, le rapport D9/D1 est de 7 environ contre 16 aux États-Unis.

- **L'indice ou le coefficient de Gini se calcule à partir de la courbe de Lorenz.** Il est compris entre 0 (situation d'égalité parfaite) et 1 (situation la plus inégalitaire). Il est représenté graphiquement par la surface entre la courbe de Lorenz et la diagonale. En France, le coefficient de Gini est de 0,36.

- **Simon Kuznets a montré que lorsque les économies se développent, les inégalités évoluent.** Dans un premier temps, l'expansion économique provoque un creusement des inégalités. Dans un deuxième temps, les inégalités finissent par décliner.

  La courbe de Kuznets montre un graphique en U inversé où l'axe des ordonnées représente les inégalités, et l'axe des abscisses le revenu par habitant. Elle permet de mieux situer le stade de développement d'une nation à un moment donné. Cette "loi de Kuznets" a été pendant longtemps vérifiée : on a constaté une longue période de réduction des écarts entre les riches et les pauvres.

Cependant, cette "loi" est aujourd'hui réfutée : on observe depuis 1980, un accroissement des inégalités dans de nombreux pays développés. Depuis trois décennies, les inégalités de revenus s'aggravent en France et dans les autres pays de l'OCDE. Elles varient fortement d'un pays à l'autre : elles sont assez faibles dans les pays nordiques ; elles sont moyennes en France et dans les pays voisins ; elles sont nettement plus élevées aux États-Unis.

En France, les inégalités de patrimoine sont plus importantes que les inégalités de revenus. En raison du lien entre revenu et patrimoine, les inégalités de patrimoine augmentent les inégalités de revenus entre les ménages.

Comment mesurer la pauvreté ?

On distingue la pauvreté absolue et la pauvreté relative.

- **La pauvreté absolue apparaît quand des êtres humains n'ont plus les moyens de se procurer de quoi satisfaire leurs besoins vitaux**. En France, la pauvreté absolue est limitée.

- **La pauvreté relative signifie que les gens sont pauvres au regard de ce que possèdent les autres.** Dans cette conception, être pauvre, c'est disposer d'un revenu inférieur à un certain seuil. Pour mesurer la pauvreté relative, on utilise une fraction du revenu médian : 50 % pour la France, 60% pour l'Union européenne. Le revenu médian est celui qui partage en deux parties égales la population, une moitié dispose de plus et l'autre de moins.

  Selon une étude de l'INSEE, en France en 2009, 7,5% de la population vivait en dessous du seuil de pauvreté relatif de 50% et 13,5% sous le seuil de pauvreté de 60 %. Pour une personne seule, le seuil de pauvreté relatif est de 795 euros (seuil à 50%) ou de 954 euros (seuil à 60%).

Le partage inégal des revenus et du patrimoine

- **Revenu**
  - Désigne l'argent qu'un individu ou un ménage gagne en une année
  - **Revenus primaires** → Revenus perçus par les ménages, directement ou indirectement, en contrepartie de leur participation à l'activité économique
  - **Revenus secondaires ou de transfert** → Ensemble des prestations sociales perçus par les ménages en contrepartie de droits reconnus par la société
  - **Revenu disponible** → Somme des revenus primaires et secondaires, diminuée des prélèvements obligatoires
- **Patrimoine**
  - Le patrimoine d'un agent économique correspond à l'ensemble des biens qu'il possède à un moment donné
  - Le patrimoine net d'un agent désigne la valeur de ses actifs, moins ses dettes et les engagements financiers qu'il a contractés
- **Inégalités de revenus**
  - Depuis trois décennies, les inégalités de revenus s'aggravent en France et dans les autres pays de l'OCDE
- **Inégalités de patrimoine**
  - En France, les inégalités de patrimoine sont plus importantes que les inégalités de revenus
  - En raison du lien entre revenu et patrimoine, les inégalités de patrimoine augmentent les inégalités de revenus entre les ménages
- **Mesures**
  - **Courbe de Lorenz**
    - Cette courbe représente la répartition des richesses d'une population donnée entre ses différents déciles
    - Les inégalités se mesurent par le rapport entre le revenu moyen des 10% les plus riches (D9) et celui des 10% plus pauvres (D1)
  - **Indice de Gini**
    - L'indice ou le coefficient de Gini se calcule à partir de la courbe de Lorenz
    - Il est compris entre 0 (situation d'égalité parfaite) et 1 (situation la plus inégalitaire)
  - **Courbe de Kuznets**
    - Kuznets a montré que lorsque les économies se développent, les inégalités évoluent
    - Cette "loi" a été pendant longtemps vérifiée : on a constaté une longue période de réduction des écarts entre les riches et les pauvres
    - Cette "loi" est aujourd'hui réfutée : on observe, depuis 1980, un accroissement des inégalités dans de nombreux pays développés
- **Pauvreté**
  - **Pauvreté absolue** → Apparaît quand des êtres humains n'ont plus les moyens de se procurer de quoi satisfaire leurs besoins vitaux
  - **Pauvreté relative** → Signifie que les gens sont pauvres au regard de ce que possèdent les autres
  - Pour mesurer la pauvreté relative, on utilise une fraction du revenu médian : 50 % pour la France, 60 % pour l'Union européenne
  - Le revenu médian est celui qui partage en deux parties égales la population, une moitié dispose de plus et l'autre de moins

12. La formation des salaires

Qu'est-ce que le salaire ?

Le salaire est la rémunération monétaire du facteur travail.

On distingue :

- **Le salaire mensuel de base** : c'est le salaire brut calculé sur la base de 151,67 heures par mois pour un travail 35 heures par semaine ou 169 heures pour 39 heures par semaine.
- **Le salaire net** est le salaire réellement perçu par le salarié. Il est égal au salaire brut diminué des retenues salariales (cotisations salariales, CSG et CRDS...).
- **Le coût global du salaire pour un employeur** est égal à la somme du salaire brut plus les charges sociales patronales.
- **Le pouvoir d'achat du salaire** est la quantité de biens et services que le salaire permet d'acquérir. Lorsque le salaire augmente moins vite que la hausse des prix, le pouvoir d'achat du salarié diminue.

En 2007, en France, les salaires représentent 58% de la valeur ajoutée et les salariés représentent 91% de la population active.

La plus grande partie des inégalités de revenus s'explique par les mécanismes de formation des revenus du travail.

De nombreux facteurs économiques et sociaux expliquent les inégalités salariales : hétérogénéité du facteur travail, productivité, rareté, éducation, progrès technique, mondialisation des échanges...

Quelles sont les inégalités salariales liées à l'hétérogénéité du facteur travail ?

Le capital humain correspond à la somme des connaissances, aptitudes et savoir-faire qui améliorent l'efficacité productive de l'homme au travail.

Le capital humain d'un individu détermine ses aptitudes au travail peu ou très qualifié et sa productivité. Le capital humain explique en partie les écarts de salaire entre individus. Un salarié qualifié a une meilleure productivité qu'un salarié non qualifié. Le premier reçoit un salaire plus élevé que le second.

La différence de rémunération entre individus dépend également de l'âge et du genre. Un salarié ayant de l'ancienneté est considéré comme plus productif : son salaire sera plus élevé que celui d'un novice. A emploi équivalent, les femmes gagnent souvent moins que les hommes.

Quelles sont les inégalités salariales liées aux mécanismes économiques ?

De nombreux facteurs économiques expliquent les inégalités salariales. Parmi ces facteurs on peut citer :

- **L'impact de la productivité** : les salaires reflètent, dans une économie de marché, la contribution des salariés à la production de l'entreprise. La productivité du travail est un déterminant du salaire. L'employeur verse un salaire qui correspond à ce que lui apporte le salarié. Le degré de productivité du secteur d'activité de l'entreprise détermine en partie les salaires : plus les gains de productivité sont élevés, plus les salaires sont élevés.
- **L'impact de la rareté** : lorsque le travail offert nécessite des compétences rares ou peu répandues, les salaires peuvent être très élevés. C'est le cas par exemple des dirigeants de grandes entreprises, sportifs de haut niveau, des stars du cinéma ou de la télévision...
- **L'impact de la taille et de la localisation de l'entreprise** : plus l'entreprise est grande, plus les salaires sont élevés pour un même niveau de qualification. Les salaires sont généralement plus faibles en province qu'à Paris.
- **L'impact de la situation du marché du travail** : un taux de chômage élevé exerce une influence négative sur la rémunération des salariés.
- **Le rôle du progrès technique** : le progrès technique entraîne un besoin de travailleurs qualifiés et une diminution du travail non qualifié. Les salariés à faible qualification sont contraints d'accepter des bas salaires.
- **Le rôle de la mondialisation des échanges** : la mondialisation entraîne une forte concurrence sur le travail non qualifié.

Quelles sont les inégalités salariales liées aux facteurs sociaux ?

De nombreux facteurs sociaux expliquent les inégalités salariales. Parmi ces facteurs on peut citer :

- **L'influence du niveau de formation et d'éducation**. Le capital humain augmente avec les efforts de formation. Les dépenses effectuées pour la formation constituent un facteur d'inégalité puisqu'il varie d'une entreprise à l'autre et d'un individu à l'autre. Le niveau d'éducation varie d'une région à l'autre. Les écarts de niveau qui en résultent entraînent des inégalités salariales. Au niveau international, le capital humain explique aussi les écarts de salaire entre les pays riches et les pays pauvres.
- **L'influence des syndicats** : les syndicats de salariés jouent un rôle important dans la formation des salaires. Des salariés fortement syndiqués peuvent mieux négocier d'éventuelles hausses des salaires. La pression des syndicats

varie d'une entreprise à une autre, c'est donc un facteur d'inégalité salariale.

- **L'évolution des inégalités salariales dans les pays développés** : de manière générale, les revenus salariaux ont stagné depuis 1980. Cette stagnation est liée à la hausse du travail à temps partiel et à la précarisation des emplois. En France, le salaire des cadres progresse plus vite que celui des catégories socioprofessionnelles plus modestes.

Quel est le rôle de l'Etat dans la réduction des inégalités salariales ?

L'intervention de l'Etat a pour objectif de garantir aux "bas salaires" un revenu différent de celui qui résulte du jeu des mécanismes de marché. Dans la majorité des pays développés, l'Etat fixe un salaire minimum horaire, en dessous duquel les salariés ne peuvent être rémunérés, sauf exceptions.

- **En France, depuis 1950, l'Etat a instauré un salaire minimum** qui est revalorisé chaque année en fonction de l'évolution de l'indice des prix à la consommation.
- **L'Etat incite les partenaires sociaux** (syndicats des salariés et employeurs), à négocier des accords favorables à l'augmentation des salaires et à la réduction des inégalités salariales.
- **L'Etat peut agir en tant qu'employeur** avec les salaires de la fonction publique pour réduire les inégalités salariales.

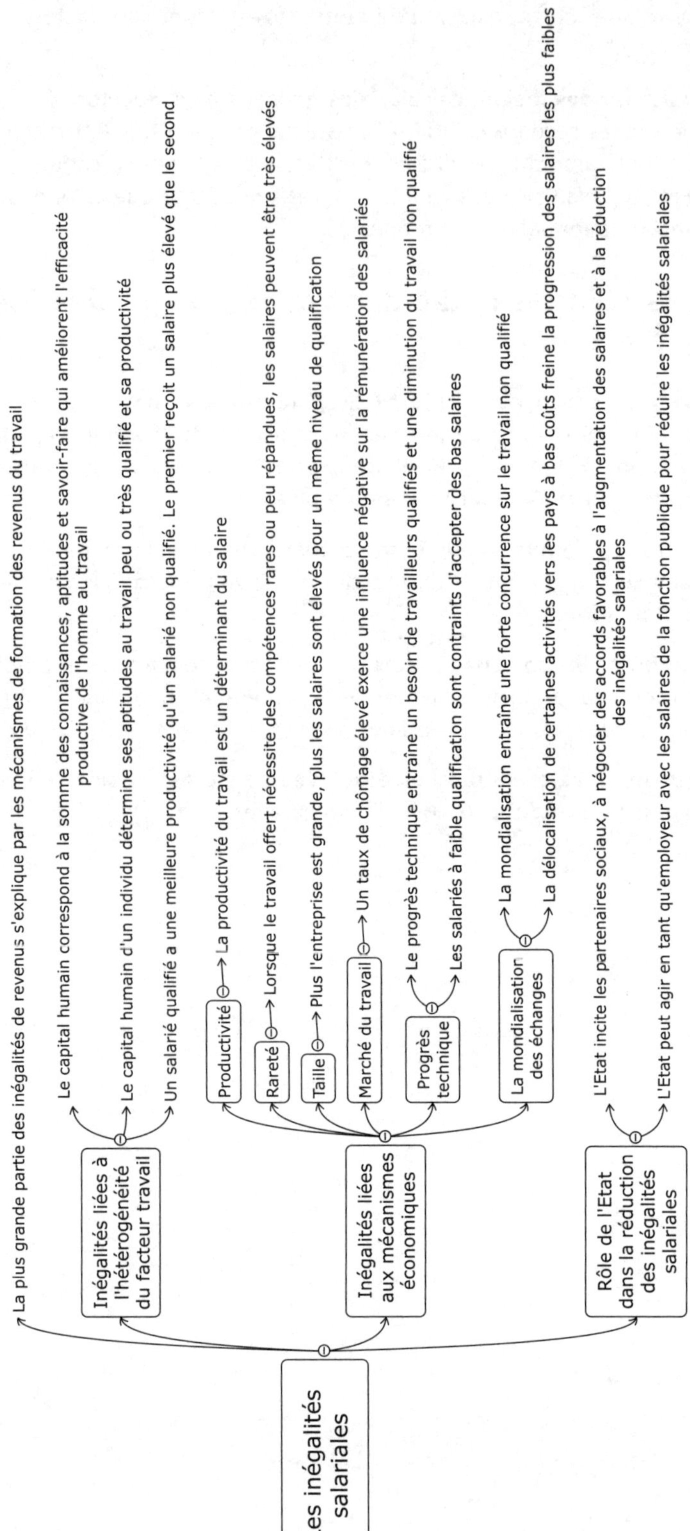
Les inégalités salariales
La plus grande partie des inégalités de revenus s'explique par les mécanismes de formation des revenus du travail
Inégalités liées à l'hétérogénéité du facteur travail
Le capital humain correspond à la somme des connaissances, aptitudes et savoir-faire qui améliorent l'efficacité productive de l'homme au travail
Le capital humain d'un individu détermine ses aptitudes au travail peu ou très qualifié et sa productivité
Un salarié qualifié a une meilleure productivité qu'un salarié non qualifié. Le premier reçoit un salaire plus élevé que le second
Inégalités liées aux mécanismes économiques
Productivité
La productivité du travail est un déterminant du salaire
Rareté
Lorsque le travail offert nécessite des compétences rares ou peu répandues, les salaires peuvent être très élevés
Taille
Plus l'entreprise est grande, plus les salaires sont élevés pour un même niveau de qualification
Marché du travail
Un taux de chômage élevé exerce une influence négative sur la rémunération des salariés
Progrès technique
Le progrès technique entraîne un besoin de travailleurs qualifiés et une diminution du travail non qualifié
Les salariés à faible qualification sont contraints d'accepter des bas salaires
La mondialisation des échanges
La mondialisation entraîne une forte concurrence sur le travail non qualifié
La délocalisation de certaines activités vers les pays à bas coûts freine la progression des salaires les plus faibles
Rôle de l'Etat dans la réduction des inégalités salariales
L'Etat incite les partenaires sociaux, à négocier des accords favorables à l'augmentation des salaires et à la réduction des inégalités salariales
L'Etat peut agir en tant qu'employeur avec les salaires de la fonction publique pour réduire les inégalités salariales

13. Les objectifs et les instruments de la redistribution des revenus

Qu'est-ce que la politique de redistribution des revenus ?

La redistribution des revenus consiste à prélever une partie des revenus primaires de certains agents économiques et à les transférer vers d'autres agents en fonction de considérations sociales.

- Elle est opérée par les administrations publiques (APU) : Etat, collectivité locale, Sécurité sociale
- Les principaux prélèvements obligatoires sont les impôts et les cotisations sociales
- Les principaux transferts sont les prestations sociales et les consommations collectives

Quels sont les objectifs de la redistribution des revenus ?

La politique de redistribution des revenus poursuit à la fois des objectifs de réduction des inégalités, de protection contre les risques sociaux et de stabilisation de la conjoncture économique.

- **La lutte contre les inégalités (*logique de solidarité*)** : la répartition primaire telle qu'elle est réalisée par le marché comporte des inégalités. Pour corriger ces inégalités, l'Etat met en place un transfert des ressources des hauts revenus vers les bas revenus pour organiser une solidarité entre les riches et les pauvres. Cette **redistribution verticale** s'appuie sur une logique d'assistance aux personnes dont les ressources sont insuffisantes. Les financeurs sont les contribuables. Les bénéficiaires sont les personnes dont les ressources sont insuffisantes.

- **La protection contre les risques sociaux (*logique d'assurance*)** : le risque social est un événement qui intervient indépendamment de la volonté des individus et qui occasionne une perte de revenu (maladie, vieillesse, chômage...). Pour assurer les individus victimes de risques sociaux, l'Etat et les autres APU mettent en place un transfert de ressources qui permet d'organiser une solidarité entre les célibataires et les familles nombreuses, les bien-portants et les malades, les actifs et les retraités, les travailleurs et les chômeurs. Cette **redistribution horizontale** s'appuie sur une logique d'assurance dont les cotisations sont calculées en fonction des revenus et non pas en fonction de l'exposition au risque. Les cotisants sont les salariés, les employeurs et les travailleurs indépendants. Les bénéficiaires sont les personnes touchées par les risques assurés : chômeurs, malades et retraités.

- **Le soutien à la croissance (*logique de régulation*)** : lorsque l'Etat diminue les prélèvements obligatoires, il augmente d'autant le pouvoir d'achat des ménages et donc leur consommation. Réciproquement, si les prélèvements augmentent, le pouvoir d'achat diminue et la consommation des ménages diminue. Ces variations du pouvoir d'achat peuvent avoir une influence sur la demande globale adressée aux entreprises et sur le niveau de la production et de l'emploi.
  L'augmentation des prestations des ménages les plus défavorisés a un impact positif sur la demande, car ce sont ces ménages qui ont la propension marginale à consommer la plus élevée.

Quels sont les instruments de la politique de redistribution des revenus ?

Les pouvoirs publics disposent de trois instruments pour mener une politique de redistribution des revenus : la fiscalité, les transferts sociaux et les services publics.

L'Etat peut utiliser la fiscalité pour réduire les inégalités.

- L'impôt progressif dont le taux de prélèvement s'accroît avec l'augmentation du revenu (impôt sur le revenu (IR), impôt sur la fortune (ISF)), exerce un effet important de réduction des inégalités.
- En revanche, l'impôt proportionnel sur le revenu (TVA, TIPP...) n'a aucun effet réducteur d'inégalités.

Les transferts sociaux comprennent trois sortes de prestations :

- **Les prestations d'assurance qui sont versées en fonction du risque social concerné** (indemnités de chômage, pensions de retraites...). Ces prestations dépendent des cotisations passées.
- **Les prestations d'assistance visent à lutter contre la pauvreté et l'exclusion**. Le RMI, mis en place en 1988 est remplacé en 2009 par le revenu de solidarité actif (RSA). La couverture médicale universelle (CMU) permet aux plus pauvres d'accéder aux soins médicaux.
- **Les prestations universelles sont indépendantes des cotisations versées par les bénéficiaires**. *Ex : soins de santé, prestations familiales, aide au logement.*

Les services publics assurés par des APU regroupent un ensemble d'activités qui n'obéissent pas à la logique marchande. Les services publics constituent un moyen important de lutter contre les inégalités et la pauvreté en permettant au plus grand nombre d'accéder à des services essentiels (santé, éducation, logement, justice).

Les objectifs et les instruments de la redistribution des revenus

- **Redistribution des revenus**
  - Consiste à prélever une partie des revenus primaires de certains agents économiques et à les transférer vers d'autres agents en fonction de considérations sociales
  - Les principaux prélèvements (obligatoires) sont les impôts et les cotisations sociales
  - Les principaux transferts sont les prestations sociales et les consommations collectives
- **Objectifs**
  - **Solidarité**
    - La répartition primaire telle qu'elle est réalisée par le marché comporte des inégalités
    - Pour corriger ces inégalités, l'Etat met en place un transfert des ressources des hauts revenus vers les bas revenus
  - **Assurance**
    - La redistribution s'appuie sur une logique d'assurance dont les cotisations sont calculées en fonction des revenus
    - Les bénéficiaires sont les personnes touchées par les risques assurés : chômeurs, malades et retraités
  - **Croissance**
    - Lorsque l'Etat diminue les prélèvements obligatoires, il augmente d'autant le pouvoir d'achat des ménages
    - Réciproquement, si les prélèvements augmentent, le pouvoir d'achat diminue et la consommation des ménages diminue
- **Instruments**
  - **Fiscalité**
    - **Impôt progressif**
      - Impôt dont le taux de prélèvement s'accroît avec l'augmentation du revenu (IR, ISF...)
      - L'impôt progressif exerce un effet important de réduction des inégalités
    - **Impôt proportionnel**
      - Impôt dont le taux est fixe quels que soit les revenus du contribuable (TVA, CSG, TIPP...)
      - L'impôt proportionnel sur le revenu n'a aucun effet réducteur d'inégalités
  - **Transferts sociaux**
    - **Prestations d'assurance** → Sont versées en fonction du risque social concerné : chômage, retraites etc...
    - **Prestations d'assistance** → Visent à lutter contre la pauvreté et l'exclusion
    - **Prestations universelles** → Sont indépendantes des cotisations versées par les bénéficiaires
  - **Services publics**
    - Assurés par des APU, les services publics regroupent un ensemble d'activités qui n'obéissent pas à la logique marchande
    - Constituent un moyen important de lutter contre les inégalités et la pauvreté en permettant au plus grand nombre d'accéder à des services essentiels (santé, éducation, logement, justice)

14. L'efficacité économique et sociale de la redistribution

Quels sont les aspects positifs de la redistribution des revenus ?

La redistribution des revenus, **instaurée en France depuis la fin de la Seconde Guerre mondiale**, comporte de nombreux aspects positifs, tant sur le plan social qu'économique.

Sur le plan social : sur une longue période, on constate une réduction des inégalités de revenus, de niveau de vie et de la pauvreté. On constate un niveau élevé du taux de fécondité, une progression de l'espérance de vie et un accroissement de la population. Des progrès importants en matière d'éducation ont été enregistrés.

Sur le plan économique : deux approches théoriques considèrent la redistribution des revenus comme un outil de soutien à la croissance économique.

- **L'approche keynésienne considère que la politique de redistribution est un outil de soutien à la croissance**, surtout en période de ralentissement économique car elle permet d'accroître la consommation des ménages.

  En prélevant un impôt sur un ménage à revenu élevé, on ne réduit pas sa consommation mais seulement son épargne. En attribuant la somme prélevée à un ménage à revenu faible, on augmente sa consommation. Au total, la consommation globale s'accroît, ce qui soutient la croissance économique.

- **Les théories de la croissance endogène montrent les conséquences positives des services publics d'éducation et de santé sur la formation du capital humain**. P. ROMER montre que le progrès technique, facteur d'innovation, stimule la croissance économique. Or, le progrès technique résulte de l'accumulation du stock de capital humain.

  En investissant dans les services publics de santé et d'éducation, l'Etat contribue donc à l'amélioration du capital humain. En effet, les connaissances accumulées par les individus et l'amélioration de leur santé contribuent à améliorer la productivité et la performance de l'économie.

Quelles sont les limites de la redistribution des revenus ?

Depuis les années 1990, le système de redistribution des revenus connaît un certain nombre de difficultés : poids des prélèvements obligatoires, difficultés financières, persistance des inégalités.

Le poids des prélèvements obligatoires : le taux des prélèvements obligatoires en France est l'un des plus élevés des pays de l'OCDE.

Selon les **économistes libéraux**, cette situation nuit à la l'efficacité économique. Ils avancent les arguments suivants :

- La protection sociale n'incite pas les individus sans emploi à rechercher activement un travail
- Les cotisations sociales augmentent le coût du travail et diminuent la compétitivité des entreprises
- Les entreprises investissent dans les pays où la fiscalité est moins importante. Les individus les plus qualifiés vont travailler dans les pays à faible fiscalité.
- Le surplus de revenu accordé aux ménages peut être dépensé pour acheter des biens importés et dégrader ainsi le solde commercial
- Des prélèvements trop importants constituent un frein à l'activité économique et aux recettes fiscales ("*trop d'impôt tue l'impôt*")

Les difficultés financières de la protection sociale : depuis de nombreuses années, la protection sociale connaît des difficultés financières récurrentes. Le vieillissement de la population et la progression des dépenses de santé ont conduit au déficit de la sécurité sociale. Le ralentissement économique contribue à un accroissement du déficit.

Des inégalités importantes subsistent : les inégalités de revenu qui continuent de se creuser. Les inégalités de patrimoine qui progressent. Les inégalités de niveau de vie qui s'aggravent.

Quelles sont les réformes engagées afin de résoudre les problèmes de la redistribution des revenus ?

Afin de rendre le système de la redistribution plus efficient et résoudre le problème du déficit, de nombreuses réformes ont été engagées ces dernières années en France.

- **Les réformes des systèmes de retraite** ont mis l'accent sur l'allongement de la durée de cotisation, sur l'augmentation des cotisations sociales de retraite et sur l'encouragement de l'emploi des seniors afin de repousser l'âge de départ à la retraite.
- **Les réformes des systèmes de santé** concernent le choix d'un médecin traitant qui oriente le patient dans le parcours de soins, l'encouragement à l'usage des médicaments génériques, la participation financière des patients aux frais d'hospitalisation et le déremboursement de nombreux médicaments.
- **Les réformes des services publics** : l'ouverture des services publics à la concurrence a été décidée dans le cadre de l'Union européenne.

Efficacité de la redistribution des revenus

- **Aspects positifs**
  - Sur le plan social
    - Sur une longue période, on constate une réduction des inégalités de revenus, de niveau de vie et de la pauvreté
    - On constate un niveau élevé du taux de fécondité, une progression de l'espérance de vie et un accroissement de la population
    - Des progrès importants en matière d'éducation ont été enregistrés
  - Sur le plan économique
    - Approche keynésienne
      - En prélevant un impôt sur un ménage à revenu élevé, on ne réduit pas sa consommation, mais seulement son épargne
      - En attribuant la somme prélevée à un ménage à revenu faible, on augmente sa consommation
      - Au total, la consommation globale s'accroît, ce qui soutient la croissance économique
    - Approche croissance endogène
      - En investissant dans les services publics de santé et d'éducation, l'Etat contribue donc à l'amélioration du capital humain
      - Les connaissances accumulées par les individus et l'amélioration de leur santé contribuent à améliorer la productivité
- **Limites**
  - Arguments des économistes libéraux
    - La protection sociale n'incite pas les individus sans emploi à rechercher activement un travail
    - Les cotisations sociales augmentent le coût du travail et diminuent la compétitivité des entreprises
    - Les entreprises investissent dans les pays où la fiscalité est moins importante
    - Des prélèvements trop importants constituent un frein à l'activité économique et aux recettes fiscales
  - Difficultés financières
    - Le vieillissement de la population et la progression des dépenses de santé ont conduit au déficit de la sécurité sociale
    - Le ralentissement économique contribue à un accroissement du déficit
  - Persistance des inégalités
    - Les inégalités de revenu continuent de se creuser. Les inégalités de patrimoine progressent
- **Réformes engagées**
  - Systèmes de retraite
    - Allongement de la durée de cotisation
    - Augmentation des cotisations sociales de retraite
  - Systèmes de santé
    - Encouragement à l'usage des médicaments génériques
    - Déremboursement de nombreux médicaments

15. La répartition des richesses au niveau mondial

Quelles sont les différentes zones économiques dans le monde ?

Les organisations internationales (Banque mondiale, FMI, OMC..) distinguent quatre grandes zones économiques dans le monde :

- **Les pays développés (PD)** : États Unis, Canada, Europe de l'Ouest, Japon, Australie. Ces pays continuent à s'enrichir malgré un taux de croissance devenu faible (négatif en 2009 dans certains pays).
  Ils regroupent 13% de la population mondiale et se partagent 55% de la richesse mondiale. Le revenu moyen annuel est élevé (entre 20 000 à 30 000 $). Le niveau de vie est élevé avec des "poches de pauvreté".

- **Les pays émergents (NPI) :** Corée du Sud, Chine, Inde, Mexique, Brésil, Argentine, Russie. Certains de ces pays ont rattrapé leur retard de développement.
  Ils connaissent un dynamisme industriel et commercial important avec un taux de croissance élevé. Ils ont un faible coût de main d'œuvre et une intervention marquée de l'Etat dans l'économie dans le but d'attirer les capitaux étrangers.
  Cependant, ils enregistrent des inégalités internes particulièrement marquées entres les populations urbaines et les populations rurales.

- **Les pays à revenus intermédiaires (PRI)** : Afrique du Sud, Afrique du Nord, anciens pays de l'Est, pays exportateurs de pétrole.
  Ils sont caractérisés par une vulnérabilité économique et une sensibilité aux crises financières. Le niveau de vie de la population est très hétérogène avec de fortes inégalités internes.

- **Les pays les moins avancés (PMA)** : ce groupe réunit les 50 pays les plus pauvres de la planète. Faiblement industrialisés avec la prédominance d'une agriculture de subsistance. Le revenu annuel par habitant est inférieur à 900$.

Quels sont les effets de la mondialisation sur les inégalités ?

Sous l'effet de la croissance économique liée en grande partie à la mondialisation des échanges, l'ensemble des revenus a fortement progressé au niveau mondial.

Cependant, cette croissance des revenus s'est accompagné d'un accroissement des inégalités internes (entre individus riches et individus pauvres) et externes (entre pays riches et pays pauvres).

Les pays en développement ont connu des évolutions très contrastées. Certains pays émergents sont parvenus à accroître leur PIB par habitant en mettant en place les conditions d'un décollage économique.

D'autres pays (PMA) au contraire restent à l'écart de toute dynamique de croissance et s'enlisent dans la pauvreté et le sous-développement. Selon le FMI, à l'heure actuelle, plus d'un milliard de personnes vivent avec moins d'un dollar par jour et plus de 750 millions d'êtres humains souffrent de malnutrition.

- **La répartition des richesses au niveau mondial**
  - Les pays développés (PD)
    - États Unis, Canada,Europe de l'Ouest, Japon, Australie
    - Regroupent 13% de la population mondiale et se partagent 55% de la richesse mondiale
    - Caractéristiques
      - Pays industrialisés
      - Niveau de vie élevé avec des "poches de pauvreté"
  - Pays émergents (NPI)
    - Corée du Sud, Chine, Inde, Mexique , Brésil, Argentine, Russie
    - Caractéristiques
      - Dynamisme industriel et commercial important avec un taux de croissance élevé
      - Faible coût de main d'oeuvre et intervention marquée de l'Etat dans l'économie
      - Inégalités internes particulièrement marquées entres les populations urbaines et les populations rurales
  - Pays à revenus intermédiaires (PRI)
    - Afrique du Sud, Afrique du Nord, anciens pays de l'Est, Pays exportateurs de pétrole
    - Caractéristiques
      - Vulnérabilité économique, sensibilité aux crises financières
      - Niveau de vie de la population très hétérogène avec de fortes inégalités internes
  - Pays les moins avancés (PMA)
    - Afrique centrale, Madagascar, Haiti, Népal, Myanmar, Afganistan...
    - Caractéristiques
      - Groupe qui réunit les 50 pays les plus pauvre de la planète
      - Faiblement industrialisés et agriculture de subsistance
  - Effets ambigus de la mondialisation sur les inégalités
    - L'ensemble des revenus a fortement progressé au niveau mondial
    - Cette croissance s'est accompagné d'un accroissement des inégalités
      - internes entre individus riches et individus pauvres
      - externes entre pays riches et pays pauvres

THÈME 4 Le financement des activités économiques

16. Les différentes modalités de financement de l'activité économique

Qu'est-ce que le financement de l'économie ?

Le financement peut être défini comme le fait d'apporter des fonds (de la monnaie) à un agent économique. Le financement de l'économie désigne l'ensemble des modalités par lesquelles les agents économiques se procurent les fonds nécessaires à la réalisation de leurs activités.

Pour réaliser leurs activités économiques, tous les agents économiques ont besoin de se financer. Cela est vrai pour les entreprises, mais cela l'est aussi pour les ménages et les administrations publiques. Parmi ces agents non financiers, on distingue deux types d'agents :

- **Les agents à capacité de financement (ACF)** : les ACF sont les agents économiques dont les revenus sont supérieurs aux dépenses. Une fois leurs dépenses courantes et leurs investissements financés, les ACF disposent d'excédents financiers. **Ils s'autofinancent et réalisent une épargne financière, qui peut être placée.**

- **Les agents à besoin de financement (ABF)** : les ABF sont les agents économiques dont les dépenses excèdent les revenus. Ils ne peuvent se financer qu'en faisant appel à d'autres agents. **Ils doivent donc se procurer un financement externe.**

Au niveau macroéconomique, les entreprises et l'Etat sont des ABF alors que les ménages sont des ACF.

L'épargne des ACF va venir couvrir les besoins des ABF en passant par deux canaux : **le canal bancaire** et celui des **marchés monétaires et financiers.**

Quelles sont les modalités de financement des agents économiques ?

Le financement des activités économiques est réalisé de manière interne et / ou externe :

Le financement interne est réalisé par voie d'autofinancement. L'autofinancement correspond au financement de l'investissement d'un agent économique grâce à son épargne.

Le financement externe est réalisé en recourant au système monétaire et financier. Il peut être direct ou indirect :

- **Le financement direct** : on désigne par financement direct le mécanisme par lequel un **ABF obtient des ressources directement auprès d'un ACF sans passer par un intermédiaire**. Pour ce faire, l'ABF émet des titres (actions, obligations..) qui sont acquis par les agents ayant des excédents de financement. La transaction s'effectue sur le marché des capitaux à court terme (**marché monétaire**) ou à long terme (**le marché financier**).

- **Le financement intermédié (ou indirect) : on parle de finance indirecte ou d'intermédiation financière pour désigner le mode de financement par les banques**. Les intermédiaires financiers collectent les fonds des ACF et les prêtent aux ABF. Ils se font rémunérer pour ce service par le biais des intérêts qu'ils font payer aux demandeurs de capitaux.

Le financement externe est qualifié de monétaire lorsque les banques réalisent les opérations de crédit par la création de ressources monétaires nouvelles.

Le financement non monétaire correspond à la transformation de l'épargne de certains agents en financement pour d'autres. Il s'agit d'un financement lié à des ressources préexistantes (l'épargne constituée par les agents économiques).

Quelles sont les modalités de financement utilisables par les entreprises ?

Pour produire, les entreprises ont besoin de trouver des ressources financières car leurs dépenses sont, en général, supérieures à leurs ressources : elles ont un besoin de financement. Trois modalités de financement sont utilisées par les entreprises :

- **L'autofinancement** : les bénéfices non distribués constituent la principale source de l'autofinancement des entreprises. L'autofinancement a le mérite de ne rien coûter à l'entreprise et de préserver son indépendance vis-à-vis des banques.

- **Le financement par le capital** : les entreprises ayant un besoin de financement font appel à leurs propriétaires ou à des nouveaux investisseurs en faisant une augmentation de capital. Les entreprises cotées en bourse se procurent des fonds en émettant des titres de propriété souscrits par des investisseurs.

- **Le financement par l'endettement** : les entreprises peuvent s'endetter en contractant un emprunt auprès des établissements de crédit. Cette opération constitue un financement indirect ou intermédié. Elles peuvent également lancer un emprunt obligataire sur le marché des capitaux, si elles sont cotées sur ce marché. Cette opération constitue un financement direct.

Les grandes entreprises ont un accès aisé au marché financier. Les PME ont une forte dépendance vis-à-vis du crédit bancaire.

Quelles sont les modalités de financement utilisables par les ménages ?

Deux modalités de financement sont utilisées par les ménages :

- **Le financement sur fonds propres** : le revenu disponible et l'épargne accumulée constituent les principales ressources mobilisées par les ménages pour consommer et investir.

- **Le financement par l'endettement** : les ménages s'endettent auprès des institutions financières pour financer des biens de consommation et des biens immobiliers.

Quelles sont les modalités de financement utilisables par l'Etat ?

Les administrations regroupent toutes les organisations dont l'activité principale consiste à produire des services non marchands et à effectuer des opérations de redistribution du revenu et des richesses nationales. Il s'agit principalement des services de l'Etat, des collectivités locales, de la Sécurité sociale…regroupés sous la dénomination : **Etat**.

Deux modalités de financement sont utilisées par l'Etat :

- **Le financement sur fonds propres** : pour financer son budget, l'Etat dispose de ressources constituées à plus de 90 % de recettes fiscales. Le solde budgétaire de l'État permet de déterminer sa situation financière. Si les recettes de l'État sont supérieures à ses dépenses, le budget de l'État est en excédent. En revanche, si les dépenses sont supérieures aux recettes, le solde budgétaire est déficitaire. Dans ce cas, l'État doit s'endetter pour financer son déficit budgétaire.

- **Le financement par l'endettement** : le trésor public émet des titres de dette qui sont achetés par des investisseurs. Les transactions s'effectuent sur le marché obligataire. L'Etat émet deux types d'obligations : les **bons du trésor** qui sont des obligations à court terme et les **obligations assimilables du trésor (OAT)** qui sont des obligations à long terme.

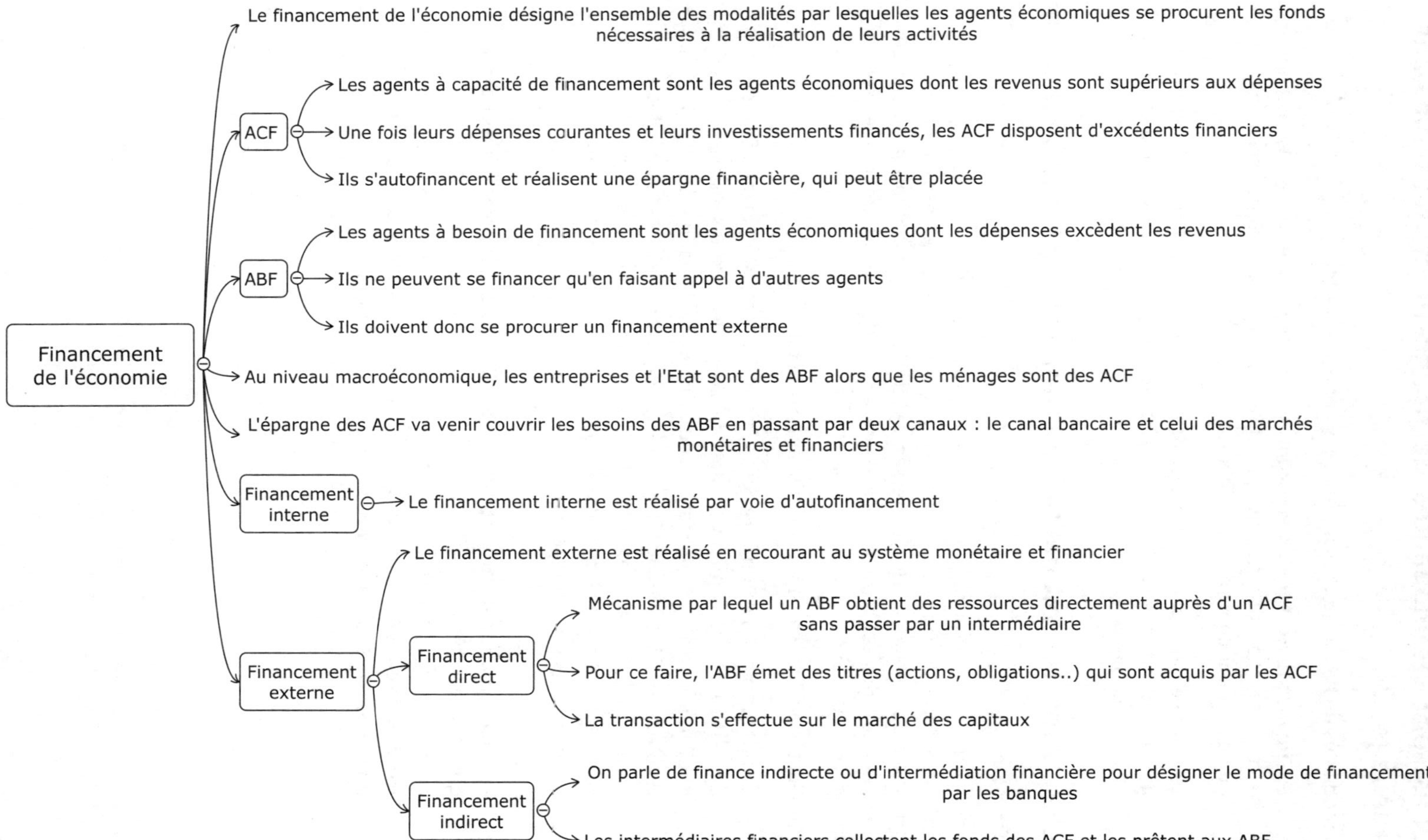
Financement de l'économie
Le financement de l'économie désigne l'ensemble des modalités par lesquelles les agents économiques se procurent les fonds nécessaires à la réalisation de leurs activités
ACF
Les agents à capacité de financement sont les agents économiques dont les revenus sont supérieurs aux dépenses
Une fois leurs dépenses courantes et leurs investissements financés, les ACF disposent d'excédents financiers
Ils s'autofinancent et réalisent une épargne financière, qui peut être placée
ABF
Les agents à besoin de financement sont les agents économiques dont les dépenses excèdent les revenus
Ils ne peuvent se financer qu'en faisant appel à d'autres agents
Ils doivent donc se procurer un financement externe
Au niveau macroéconomique, les entreprises et l'Etat sont des ABF alors que les ménages sont des ACF
L'épargne des ACF va venir couvrir les besoins des ABF en passant par deux canaux : le canal bancaire et celui des marchés monétaires et financiers
Financement interne
Le financement interne est réalisé par voie d'autofinancement
Financement externe
Le financement externe est réalisé en recourant au système monétaire et financier
Financement direct
Mécanisme par lequel un ABF obtient des ressources directement auprès d'un ACF sans passer par un intermédiaire
Pour ce faire, l'ABF émet des titres (actions, obligations..) qui sont acquis par les ACF
La transaction s'effectue sur le marché des capitaux
Financement indirect
On parle de finance indirecte ou d'intermédiation financière pour désigner le mode de financement par les banques
Les intermédiaires financiers collectent les fonds des ACF et les prêtent aux ABF

17. Le marché financier

Quelle est la place du marché financier au sein des marchés de capitaux ?

L'ensemble des "*lieux*" où se rencontrent l'offre et la demande de monnaie forment le marché des capitaux : *marché financier, marché monétaire, marché des produits dérivés et le marché des changes.*

Le marché financier constitue le marché des capitaux à long terme sur lequel se négocient des valeurs mobilières (actions et obligations). Il est composé de deux marchés : le **marché obligataire** et le **marché des actions**.

Le marché monétaire est le marché des capitaux à court terme sur lequel sont négociés des titres financiers dont l'échéance est inférieure ou égale à un an. Il se subdivise en deux compartiments :

- **Le marché interbancaire** : les banques qui ont des liquidités excédentaires viennent placer leurs excédents pour dégager une rémunération. Les banques qui ont besoin de monnaie viennent se procurer des fonds soit auprès des banques excédentaires soit auprès de la banque centrale.
- **Le marché des titres de créances négociables** (TCN) : lieu de rencontre entre les agents disposant de capitaux à court ou à très court terme et des agents ayant besoin de liquidités pour de courte durée. Trois catégories de titres sont négociées : Certificats de dépôts, Billets de trésorerie et Bons du trésor.

Le marché des produits dérivés : l'expansion des marchés financiers est due principalement au succès foudroyant des produits dérivés. La croissance de ces produits a été vertigineuse. Il existe trois grandes catégories de produits dérivés : les **options**, les **swaps** et les **contrats à terme**.

Le marché des changes est un marché sur lequel s'échangent les devises à un prix qui est le cours de change. Marché de gré à gré qui peut être présenté comme un réseau de moyens de communication modernes permettant aux cambistes ("*traders*") d'être reliés entre eux. Il fonctionne 24 heures sur 24.

Quels sont les titres échangés sur le marché financier ?

Un titre (ou valeur mobilière) est un document financier remis par un agent à besoin de financement à un autre agent qui lui a apporté un actif (*monnaie, un autre titre, bien matériel, savoir-faire..*). **Un titre matérialise les droits du détenteur et peut se négocier sur un marché**.

Il existe une grande variété de titres cotés sur le marché financier :

- **Les actions sont des titres d'associés dans les sociétés anonymes et les sociétés en commandite par actions**. Elles sont émises lors de la constitution de la société ou d'une augmentation de capital, en contrepartie des apports effectués par les associés. **Chaque action représente une fraction du capital social et confère à l'actionnaire un ensemble de droits** (dividendes, droit de vote...)

- **Les obligations** : une obligation est un **titre négociable représentant une créance à long terme sur son émetteur** (société, état ou collectivité locale). **Chaque obligation représente une fraction de l'emprunt obligataire émis. Le titulaire de l'obligation** (ou obligataire) **est remboursé du montant de son prêt et perçoit chaque année un intérêt préalablement fixé**. Le remboursement des obligations ou amortissement de l'emprunt, peut s'effectuer en totalité au terme convenu ou par amortissement annuel.

- **Les titres des organismes de placement collectif des valeurs mobilières (OPCVM)** :

  - **Les actions de SICAV sont des sociétés anonymes à capital variable**, généralement créées par des banques. Elles ont pour objet la gestion d'un portefeuille de valeurs mobilières. Les actions d'une SICAV sont émises et rachetées à tout moment par celle-ci, à la demande de ses actionnaires.

  - **Les parts de FCP sont des copropriétés de valeurs mobilières** constituées à l'initiative de banques, de sociétés de bourse. Les parts de FCP sont émises et rachetées selon le même principe que les actions de SICAV.

Depuis la «***dématérialisation***» des titres, un simple virement de compte à compte suffit pour en assurer la transmission.

Quels sont les principaux acteurs du marché financier ?

Emetteurs de titres et investisseurs sont les principaux acteurs du marché financier :

Les émetteurs de titres financiers sont les entreprises cotées, l'Etat et les collectivités locales ainsi que les institutions financières :

- **Les entreprises** : pour se procurer des capitaux longs, les entreprises ont plus souvent recours à l'émission d'actions, moins coûteuse que l'émission d'obligations

- **L'Etat et les collectivités locales** émettent exclusivement des obligations pour se procurer des capitaux à long terme

- **Les institutions financières** : pour se procurer des ressources, les institutions financières, comme les autres agents, ont recours au marché financier

Les investisseurs qui interviennent sur le marché financier sont des investisseurs privés, des investisseurs institutionnels, des investisseurs étrangers ainsi que des institutions financières :

- **Les investisseurs privés** sont les particuliers qui investissent pour faire fructifier leur épargne et les entreprises qui interviennent en tant qu'investisseurs pour gérer leur trésorerie ou prendre des participations dans d'autres entreprises
- **Les investisseurs institutionnels** regroupent les compagnies d'assurance, les caisses de retraite et les organismes de placement collectif (SICAV, FCP). Ils placent les fonds qu'ils collectent auprès d'une multitude de petits épargnants. Les masses des fonds qu'ils ont à gérer font d'eux les principaux acquéreurs de titres sur les marchés
- **Les investisseurs étrangers** sont les investisseurs non résidents qui cherchent à diversifier leurs placements.
- **Les institutions financières** interviennent pour réaliser des placements rémunérateurs

Quel est le rôle de l'autorité de régulation du marché financier ?

La surveillance et la régulation des marchés financiers en France est à la charge de l'autorité des marchés financiers (AMF).
Créée par la loi sur la sécurité financière du 1° août 2003, l'AMF assure trois missions principales :

- Elle doit veiller à la **protection de l'épargne** investie en instruments financiers lorsqu'il y a appel public à l'épargne
- Elle doit veiller à l'**information des investisseurs**
- Elle doit veiller à l'organisation et au **bon fonctionnement des marchés financiers**

L'AMF peut diligenter des enquêtes au terme desquelles elle peut prendre des sanctions.

Quel est le rôle des agences de notation ?

Trois agences de notation financière, appartenant au secteur privé, opèrent au niveau mondial : ***Standard & Poor's, Moody's et Fitch Ratings.***

Elles ont été créées pour permettre aux investisseurs de mieux évaluer leurs risques. Leur mission consiste à évaluer la capacité des émetteurs de titres de dette (Etats, entreprises, institutions financières) à honorer leurs engagements, c'est-à-dire à payer les intérêts et à rembourser le capital emprunté aux conditions prévues.

Ces agences opèrent contre rémunération, à la demande des émetteurs de titres de dette désirant être notés. **La note attribuée** (de *AAA, la meilleure, à D la plus faible*) **dépend du risque d'insolvabilité de l'émetteur.**

Si l'émetteur du titre obtient une bonne note, le taux d'intérêt qu'il devra payer sur ses emprunts sera moins élevé. Inversement, **si la note obtenue est mauvaise, le taux d'intérêt sera élevé**.

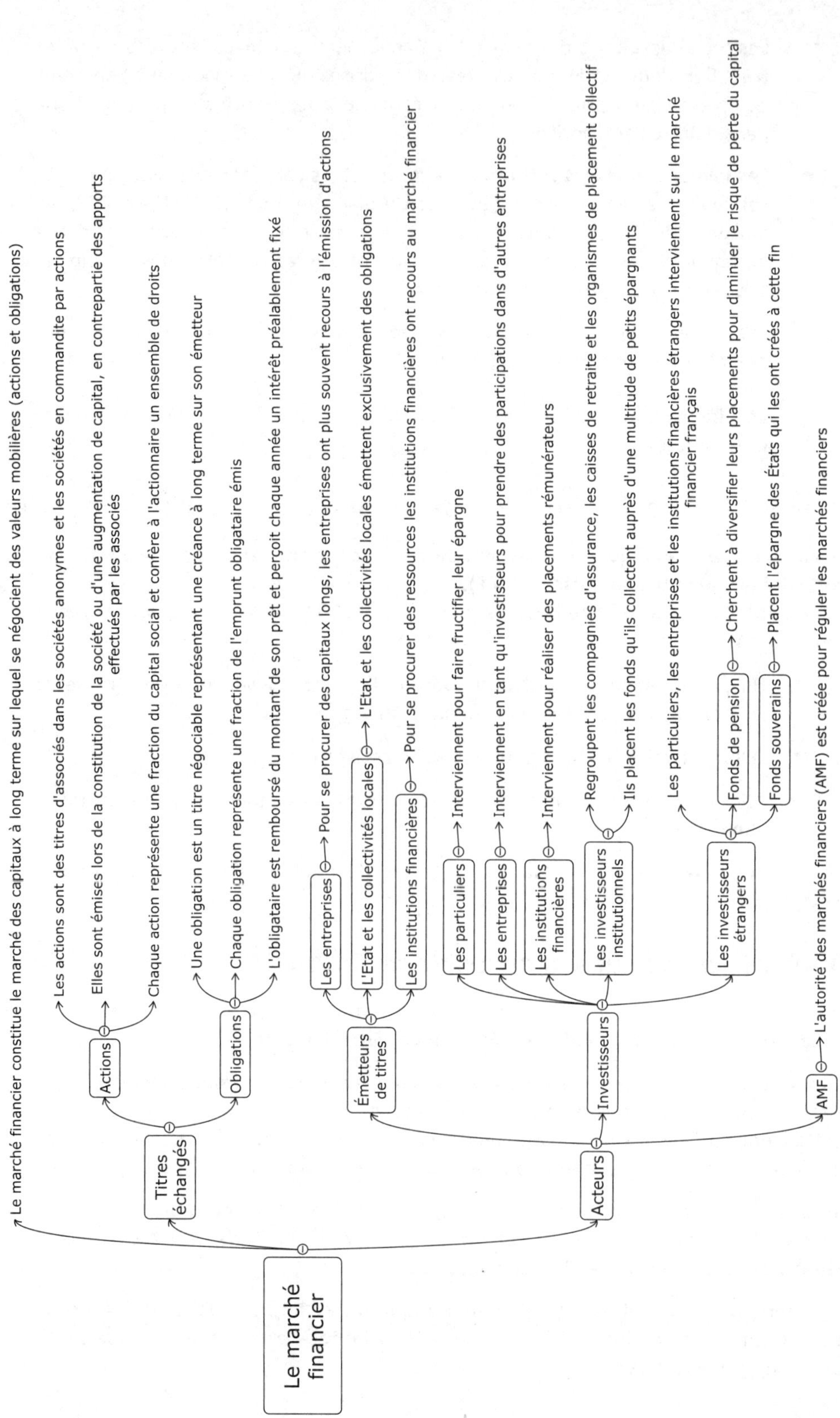

Le marché financier
Le marché financier constitue le marché des capitaux à long terme sur lequel se négocient des valeurs mobilières (actions et obligations)
Titres échangés
Actions
Les actions sont des titres d'associés dans les sociétés anonymes et les sociétés en commandite par actions
Elles sont émises lors de la constitution de la société ou d'une augmentation de capital, en contrepartie des apports effectués par les associés
Chaque action représente une fraction du capital social et confère à l'actionnaire un ensemble de droits
Obligations
Une obligation est un titre négociable représentant une créance à long terme sur son émetteur
Chaque obligation représente une fraction de l'emprunt obligataire émis
L'obligataire est remboursé du montant de son prêt et perçoit chaque année un intérêt préalablement fixé
Acteurs
Émetteurs de titres
Les entreprises
Pour se procurer des capitaux longs, les entreprises ont plus souvent recours à l'émission d'actions
L'Etat et les collectivités locales
L'Etat et les collectivités locales émettent exclusivement des obligations
Les institutions financières
Pour se procurer des ressources les institutions financières ont recours au marché financier
Investisseurs
Les particuliers
Interviennent pour faire fructifier leur épargne
Les entreprises
Interviennent en tant qu'investisseurs pour prendre des participations dans d'autres entreprises
Les institutions financières
Interviennent pour réaliser des placements rémunérateurs
Les investisseurs institutionnels
Regroupent les compagnies d'assurance, les caisses de retraite et les organismes de placement collectif
Ils placent les fonds qu'ils collectent auprès d'une multitude de petits épargnants
Les investisseurs étrangers
Les particuliers, les entreprises et les institutions financières étrangers interviennent sur le marché financier français
Fonds de pension
Cherchent à diversifier leurs placements pour diminuer le risque de perte du capital
Fonds souverains
Placent l'épargne des États qui les ont créés à cette fin
AMF
L'autorité des marchés financiers (AMF) est créée pour réguler les marchés financiers

18. Le rôle économique du marché financier

Quelle est la structure du marché financier ?

Le marché financier repose sur l'activité de deux compartiments dont les fonctions sont différentes et complémentaires : le marché primaire et le marché secondaire.

- **Le marché primaire est le marché du "*neuf*", celui des émissions de titres**. Les épargnants peuvent acquérir, au moment de leur création, des titres par l'intermédiaire des banques ou des sociétés de bourse.
- **Le marché secondaire est le "*marché de l'occasion*", celui où les transactions s'opèrent entre ceux qui souhaitent vendre des titres déjà émis et ceux qui désirent les acquérir**. C'est sur ce marché que les titres anciens sont cotés. Il est organisé sous la forme de ***Bourses de valeurs***. Les échanges qui s'y déroulent ne concernent pas les émetteurs de titres et ne contribuent pas directement à leur financement.

Quel est le rôle du marché financier primaire ?

Le marché primaire assure deux fonctions essentielles dans une économie : le financement des agents économiques et l'allocation des ressources :

A) Le financement des agents : le marché primaire remplit une fonction de financement de l'économie. Il permet de concilier les besoins des prêteurs et des emprunteurs. Trois catégories d'émetteurs de titres (emprunteurs) opèrent sur le marché primaire : les entreprises, l'Etat et les collectivités locales ainsi que les institutions financières :

Les entreprises : le marché primaire permet aux entreprises d'obtenir les capitaux qui leur manquent pour financer un investissement. En contrepartie des capitaux recueillis, les entreprises émettent des titres en recourant à trois modalités : l'introduction en bourse, l'augmentation du capital et l'émission d'obligations :

- **L'introduction en bourse** : l'opération consiste, pour une société qui souhaite accéder au marché boursier, à vendre aux investisseurs une partie des actions composant le capital social.
- **L'augmentation du capital** est une opération qui consiste pour une société, à accroître le montant de son capital social par des apports nouveaux. Pour cela, la société émet des actions nouvelles, vendues à des investisseurs.
- **L'émission d'obligations** : seules les grandes sociétés peuvent émettre des obligations en bourse. Elles doivent offrir des taux plus élevés que les États. Les taux sont d'autant plus élevés que la "notation" donnée par les agences de notation est plus basse.

L'Etat et les collectivités locales : les États émettent des obligations à long terme (au-delà de cinq ans) pour combler leurs déficits budgétaires. Ce sont les **obligations assimilables du trésor** (OAT). De plus, les États émettent des obligations courtes, les **bons du trésor**, pour financer leurs besoins de trésorerie dus au décalage entre leurs recettes et leurs dépenses. Les emprunts des États sont considérés comme les titres les plus sûrs du marché.

Les intermédiaires financiers : pour se procurer des ressources, les intermédiaires financiers ont recours aux marchés de capitaux. Ils peuvent émettre sur le marché financier des obligations, des actions ou des titres hybrides (mélange d'actions et d'obligations). Pour cela, ils recourent aux mêmes modalités que les entreprises.

B) L'allocation des ressources : point de rencontre entre l'offre et la demande de capitaux, le marché primaire permet l'allocation des ressources entre les activités et entre les espaces régionaux et nationaux. Il permet de **mobiliser plus facilement l'épargne** nationale et étrangère des agents à capacité de financement. Il **facilite le financement des investissements et de l'innovation** nécessaires à la croissance économique.

Quel est le rôle du marché financier secondaire ?

Le marché secondaire assure trois fonctions essentielles : la fixation du cours des titres, la liquidité des titres et les restructurations du capital des entreprises cotées :

- **La fixation du cours des titres** : sur le marché secondaire, les transactions s'effectuent après confrontation d'un grand nombre d'offres et de demandes pour établir le cours (**le prix**) des titres qui se fixe selon la **loi de l'offre et de la demande**. Si le titre est plus demandé qu'offert, son cours s'élève; s'il est plus offert que demandé, son cours régresse. Par la fixation du cours, le marché financier contribue à déterminer la valeur des entreprises, c'est-à-dire leur capitalisation boursière (capitalisation boursière = cours de l'action x nombre d'actions).

  Le cours reflète les anticipations des investisseurs sur l'avenir et les résultats des sociétés cotées. Si les investisseurs anticipent une augmentation du résultat d'une société, ils se portent acquéreurs de ses actions, ce qui accroît la demande et fait monter le cours. A l'inverse, si les investisseurs anticipent une baisse des résultats d'une société, ils procèdent à des ventes de ses actions, ce qui accroît l'offre et fait baisser le cours. Cependant **les anticipations des investisseurs sont parfois irrationnelles, ce qui engendre des bulles spéculatives** et une déconnection entre les cours et les résultats des entreprises.

- **La liquidité des titres** : la liquidité est la caractéristique d'un titre qui peut être **acheté et vendu rapidement, sans frais excessifs et sans décote sur le capital.** La possibilité, pour les investisseurs, de vendre facilement leurs titres est un élément déterminant pour les inciter à souscrire lors des émissions de nouveaux titres. Un marché est réputé d'autant plus liquide qu'il accueille un grand nombre de transactions et d'opérateurs.

- **Les restructurations du capital des entreprises cotées** : le marché secondaire permet la croissance externe des entreprises par l'acquisition de paquets d'actions, pour prendre des participations dans d'autres firmes ou fusionner avec elles. Le marché secondaire offre à tout investisseur qui désire prendre le contrôle d'une société cotée trois instruments : le ramassage boursier, l'OPA et l'OPE.

    - ***Le ramassage boursier*** : les transactions en bourse étant libres, il suffit pour prendre le contrôle d'une société cotée, d'acheter la moitié des actions plus une. Cette méthode est longue et coûteuse. Elle est visible, ce qui laisse aux dirigeants de l'entreprise cible le temps de s'organiser

    - ***L'offre publique d'achat*** (**OPA**) est une opération financière permettant à une entreprise de prendre le contrôle d'une autre, avec ou sans l'accord de ses dirigeants, en proposant aux actionnaires de la société cible de racheter leurs titres à un prix supérieur au cours constaté sur le marché. Cette procédure est sévèrement réglementée par l'autorité des marchés financiers (AMF)

    - ***L'offre publique d'échange*** (**OPE**) est proche de l'OPA mais il est proposé aux actionnaires un règlement sous forme de titres, généralement ceux de l'entreprise réalisant l'opération

Outre ces trois fonctions économiques, le marché secondaire assure aux opérateurs la transparence et la sécurité des transactions.

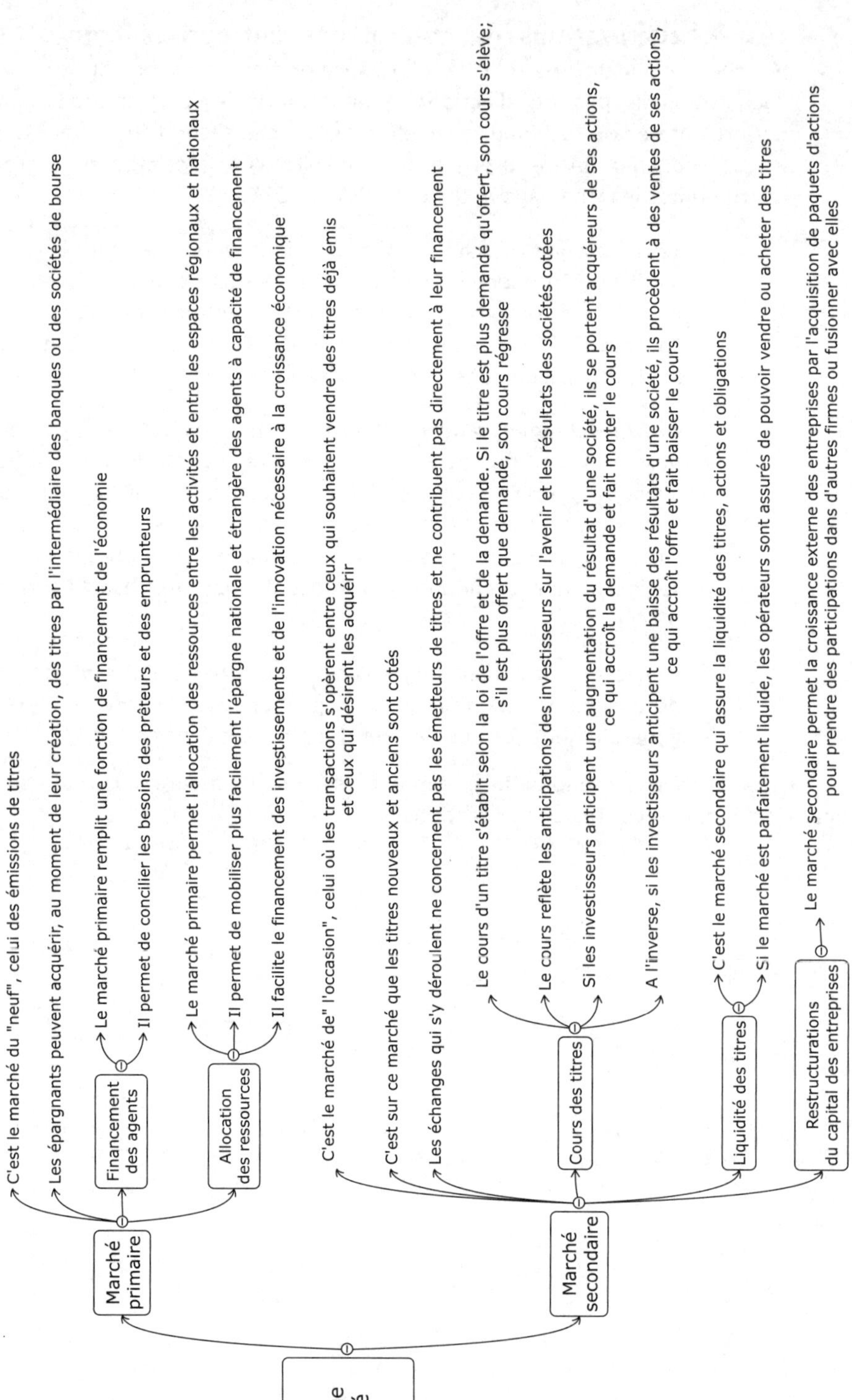
Rôle économique du marché financier
Marché primaire
C'est le marché du "neuf", celui des émissions de titres
Les épargnants peuvent acquérir, au moment de leur création, des titres par l'intermédiaire des banques ou des sociétés de bourse
Financement des agents
Le marché primaire remplit une fonction de financement de l'économie
Il permet de concilier les besoins des prêteurs et des emprunteurs
Allocation des ressources
Le marché primaire permet l'allocation des ressources entre les activités et entre les espaces régionaux et nationaux
Il permet de mobiliser plus facilement l'épargne nationale et étrangère des agents à capacité de financement
Il facilite le financement des investissements et de l'innovation nécessaire à la croissance économique
Marché secondaire
C'est le marché de" l'occasion", celui où les transactions s'opèrent entre ceux qui souhaitent vendre des titres déjà émis et ceux qui désirent les acquérir
C'est sur ce marché que les titres nouveaux et anciens sont cotés
Les échanges qui s'y déroulent ne concernent pas les émetteurs de titres et ne contribuent pas directement à leur financement
Cours des titres
Le cours d'un titre s'établit selon la loi de l'offre et de la demande. Si le titre est plus demandé qu'offert, son cours s'élève; s'il est plus offert que demandé, son cours régresse
Le cours reflète les anticipations des investisseurs sur l'avenir et les résultats des sociétés cotées
Si les investisseurs anticipent une augmentation du résultat d'une société, ils se portent acquéreurs de ses actions, ce qui accroît la demande et fait monter le cours
A l'inverse, si les investisseurs anticipent une baisse des résultats d'une société, ils procèdent à des ventes de ses actions, ce qui accroît l'offre et fait baisser le cours
Liquidité des titres
C'est le marché secondaire qui assure la liquidité des titres, actions et obligations
Si le marché est parfaitement liquide, les opérateurs sont assurés de pouvoir vendre ou acheter des titres
Restructurations du capital des entreprises
Le marché secondaire permet la croissance externe des entreprises par l'acquisition de paquets d'actions pour prendre des participations dans d'autres firmes ou fusionner avec elles

19. Les institutions financières et leur rôle dans le financement de l'économie

Quelles sont les principales institutions financières en France ?

Les institutions financières participent au financement de l'économie par l'octroi de prêts. Les principales institutions financières en France sont :

- ***La Banque de France*** : participe à la mise en œuvre de la politique monétaire sous l'autorité de la Banque centrale européenne. Elle peut créer de la monnaie et détient les réserves obligatoires des banques commerciales. Effectue les opérations de banque pour le compte de différents agents (État, collectivités locales ...)

- ***Les banques commerciales*** : ce sont tous les établissements de crédit habilités à effectuer toutes les opérations de banque (réception des fonds du public, opérations de crédit, gestion des moyens de paiement...). Elles peuvent créer de la monnaie scripturale en accordant des crédits. Elles peuvent intervenir en tant qu'emprunteur et prêteur sur les marchés de capitaux. Elles font du négoce des titres (trading). *Ex. : Société générale, BNP Paribas...*

- ***Les banques mutualistes ou coopératives*** : ce sont des établissements de crédit qui peuvent effectuer les opérations de banque et créer de la monnaie en accordant des crédits. *Ex. : Crédit agricole, Crédit mutuel, Caisses d'épargne...*

- ***Les sociétés financières*** exercent des activités spécialisées : crédit-bail, immobilier, crédit à la consommation...*Ex. : Crédit foncier, Cetelem, Sofinoga...*

- ***Les institutions financières spécialisées*** : *Ex : OSEO (organisme de financement des innovations), CDC (caisse des dépôts et consignations qui gère les fonds collectés par les caisses d'épargne ...).*

A quoi correspond l'intermédiation financière ?

L'intermédiation financière est une fonction assurée par un agent financier, consistant à intervenir comme intermédiaire entre les agents qui disposent d'une épargne à placer et ceux qui souhaitent emprunter.

L'intermédiation financière comporte deux aspects : **intermédiation de marché** et **intermédiation de bilan** :

- ***L'intermédiation de marché est assurée par les entreprises d'investissement***, «*personnes morales, autres que les Établissements* *de crédit, qui ont pour profession habituelle et principale de fournir des services d'investissement* ». Les activités principales de l'intermédiaire de marché sont la transmission et l'exécution d'ordres portant sur les instruments financiers (actions et autres titres).

- ***Les banques commerciales assurent l'essentiel de l'intermédiation de bilan***. Elles accordent des crédits aux agents à besoin de financement à partir de leurs ressources propres et des dépôts collectés auprès des agents à capacité de financement. Les dépôts reçus et les crédits octroyés sont inscrits dans le bilan de la banque, les dépôts comme dettes et les crédits comme créances.

Quelles sont les raisons de l'existence de l'intermédiation bancaire ?

Les institutions financières qui assurent une partie importante du financement des activités économiques, permettent de palier les imperfections et les défaillances du marché financier en transformant l'épargne, en diminuant les coûts de transaction, en limitant les conséquences de l'asymétrie d'information et en assumant le risque lié aux opérations de prêt.

- ***L'intermédiaire opère une transformation de l'épargne*** : l'acte de financement se heurte à l'incompatibilité des préférences des prêteurs et des emprunteurs. Les épargnants-prêteurs souhaitent en général placer leur épargne en limitant les risques et en conservant une certaine liquidité. Les emprunteurs souhaitent souvent obtenir des financements à moyen et long terme pour financer des opérations risquées et qui nécessitent des capitaux immobilisés. Afin de limiter les incompatibilités des préférences des prêteurs et emprunteurs, la banque transforme les caractéristiques (montant, durée, rémunération et liquidité) des dépôts reçus :

    - **Montant** : en organisant la collecte des ressources, l'intermédiaire permet le financement de projets lourds, mobilisant un capital plus important que l'épargne collectée auprès d'un déposant. Il transforme de faibles montants d'épargne en montants élevés de prêts.

    - **Durée** : l'horizon temporel des prêteurs et des emprunteurs n'est pas toujours le même. Les prêteurs ont une préférence pour le court terme. Les emprunteurs ont des projets d'investissement à plus long terme. L'intermédiaire bancaire permet de limiter cette incompatibilité d'échéance entre le prêteur et l'emprunteur. Il transforme des placements à court terme en prêts à long terme : "*Il fait du long avec du court*".

    - **Rémunération** : le banquier reçoit des dépôts de ses clients et emprunte au taux d'intérêt à court terme du moment, pour prêter à moyen et long termes à un taux d'intérêt supérieur. La différence entre le taux de prêt et le taux d'emprunt lui sert de rémunération.

- **Liquidité** : les prêteurs ont une préférence pour la liquidité, c'est-à-dire la possibilité de récupérer les fonds si besoin est. L'intermédiaire financier qui collecte des ressources à court terme et les prête à long terme, fait le pari que tous les épargnants ne viendront pas simultanément récupérer leurs fonds.

- ***L'intermédiaire permet la réduction des coûts de transaction liés à un prêt*** : l'acte de financement génère des coûts de transactions. Si un agent souhaite prêter une certaine somme d'argent à un autre agent, l'opération va entraîner un certain nombre de coûts appelés "**coûts de transaction**" :

  - **Avant le prêt** : coûts de recherche des partenaires potentiels, coûts de recherche de l'information sur les emprunteurs, coûts de négociation des conditions du prêt et de rédaction du contrat....

  - **Après le prêt** : le prêteur doit s'assurer du remboursement du prêt, du recouvrement en cas de défaillance de l'emprunteur...

Afin d'éviter de perdre du temps et de l'argent, prêteurs et emprunteurs préfèrent s'adresser à un intermédiaire pour mener à bien les opérations de financement. L'intermédiaire possède le savoir-faire nécessaire pour mener à bien ce type d'opération. Il accomplit un nombre élevé d'opérations identiques et réalise de fait des économies d'échelle.

- ***L'intermédiaire réduit les asymétries d'information liées à un prêt*** : un épargnant qui désire placer ses capitaux, court le risque de voir son emprunteur devenir insolvable. Le prêteur doit donc évaluer les risques présentés par les différents emprunteurs. Cependant, l'emprunteur peut cacher des informations au prêteur afin d'obtenir les capitaux. L'acte de financement est donc caractérisé par des asymétries d'information. Compte tenu de ces asymétries, le prêteur court le risque de prêter son argent à un emprunteur présentant des risques importants. Lorsque le risque est difficile à apprécier ou apparaît trop fort, le prêteur potentiel s'abstient de prêter ses fonds.

- ***L'acte de financement génère un risque que l'intermédiaire bancaire peut assumer à la place des épargnants***. Il est plus à même d'apprécier le risque et, dans la mesure où il a de nombreux débiteurs, il peut compenser plus facilement l'insolvabilité de l'un d'eux. Il sélectionne les emprunteurs et collecte des informations les concernant. Il ne prête, en principe, qu'aux clients solvables et pour des projets valables. Il met en œuvre des procédures de contrôle afin de suivre les emprunteurs jusqu'au remboursement. Il limite donc le risque d'insolvabilité couru par les prêteurs de capitaux.

Quelle est la spécificité de l'activité bancaire ?

En France, les banques commerciales jouent un rôle majeur dans la distribution de crédit à l'économie. Deux types de financement bancaire sont à distinguer : le financement non monétaire et le financement monétaire.

- ***Le financement non monétaire*** : lorsqu'une banque distribue des crédits en puisant dans une épargne préalablement collectée, elle réalise une simple transformation financière et prête de la monnaie qu'on lui a confiée. Ce type de financement, lié à des ressources préexistantes, est qualifié de financement non monétaire.

- ***Le financement monétaire*** : lorsqu'une banque accorde un crédit sans épargne préalable, elle crée de la monnaie scripturale : dans ce cas, elle inscrit au crédit du bénéficiaire la somme demandée. Ce type de financement qui est une spécificité de l'activité bancaire, est qualifié de financement monétaire. Lorsque le client de la banque rembourse son crédit, il y a destruction de la monnaie scripturale. Les banques voient donc successivement la monnaie qu'elles créent augmenter ou diminuer en fonction des opérations de création et de remboursement.
  Cependant, **la création monétaire opérée par les banques est régulée par la BCE** pour éviter une augmentation excessive de la quantité de monnaie dans l'économie.

Quelles relations de complémentarité entre institutions financières et marché financier dans le financement de l'économie ?

Depuis les années 1990, le rôle des institutions financières dans le financement de l'économie s'est significativement modifié :

- ***Baisse du taux d'intermédiation bancaire*** : le taux d'intermédiation mesure la part prise par les institutions financières dans le financement global des agents non financiers. Cette baisse reflète l'importance croissante prise par les marchés financiers dans le financement de l'économie.

- ***Les interventions des institutions financières sur les marchés financiers se sont développées***. Les banques ne limitent pas leurs activités au crédit. Elles procèdent également à une intermédiation de marché sur titres. Certaines institutions sont devenues des investisseurs très actifs en prenant des participations dans le capital de nombreuses entreprises et en émettant des titres sur les marchés financiers.

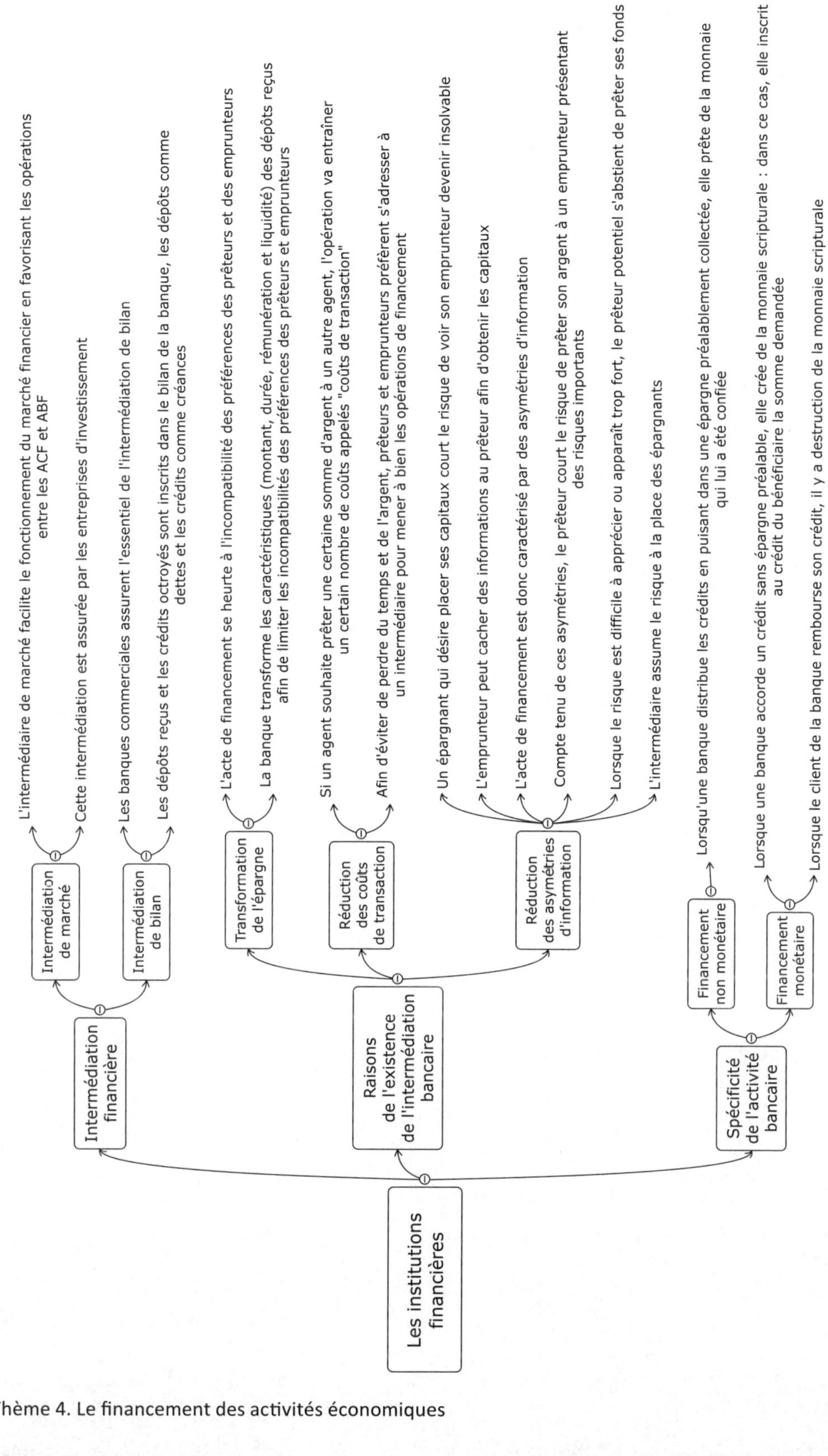

Les institutions financières
Intermédiation financière
Intermédiation de marché
L'intermédiaire de marché facilite le fonctionnement du marché financier en favorisant les opérations entre les ACF et ABF
Cette intermédiation est assurée par les entreprises d'investissement
Intermédiation de bilan
Les banques commerciales assurent l'essentiel de l'intermédiation de bilan
Les dépôts reçus et les crédits octroyés sont inscrits dans le bilan de la banque, les dépôts comme dettes et les crédits comme créances
Raisons de l'existence de l'intermédiation bancaire
Transformation de l'épargne
L'acte de financement se heurte à l'incompatibilité des préférences des prêteurs et des emprunteurs
La banque transforme les caractéristiques (montant, durée, rémunération et liquidité) des dépôts reçus afin de limiter les incompatibilités des préférences des prêteurs et emprunteurs
Réduction des coûts de transaction
Si un agent souhaite prêter une certaine somme d'argent à un autre agent, l'opération va entraîner un certain nombre de coûts appelés "coûts de transaction"
Afin d'éviter de perdre du temps et de l'argent, prêteurs et emprunteurs préfèrent s'adresser à un intermédiaire pour mener à bien les opérations de financement
Réduction des asymétries d'information
Un épargnant qui désire placer ses capitaux court le risque de voir son emprunteur devenir insolvable
L'emprunteur peut cacher des informations au prêteur afin d'obtenir les capitaux
L'acte de financement est donc caractérisé par des asymétries d'information
Compte tenu de ces asymétries, le prêteur court le risque de prêter son argent à un emprunteur présentant des risques importants
Lorsque le risque est difficile à apprécier ou apparaît trop fort, le prêteur potentiel s'abstient de prêter ses fonds
L'intermédiaire assume le risque à la place des épargnants
Spécificité de l'activité bancaire
Financement non monétaire
Lorsqu'une banque distribue les crédits en puisant dans une épargne préalablement collectée, elle prête de la monnaie qui lui a été confiée
Financement monétaire
Lorsque une banque accorde un crédit sans épargne préalable, elle crée de la monnaie scripturale : dans ce cas, elle inscrit au crédit du bénéficiaire la somme demandée
Lorsque le client de la banque rembourse son crédit, il y a destruction de la monnaie scripturale

20. La globalisation financière

Qu'est-ce que la globalisation financière ?

La globalisation financière est un processus d'intégration des différents marchés de capitaux et d'ouverture de tous les marchés nationaux à l'international pour aboutir à un marché mondial unique des capitaux.

Elle est caractérisée par une triple unité : de lieu, de temps et de produits :

- ***Unité de lieu*** : les places financières sont interconnectées les unes aux autres par des réseaux modernes de communication
- ***Unité de temps*** : le marché international des capitaux fonctionne en permanence (24 heures sur 24)
- ***Unité de produits*** : les mêmes produits financiers sont proposés partout

Ce marché mondial des capitaux permet à tout investisseur ou emprunteur de rechercher le meilleur rendement et la meilleure protection en procédant au déplacement de fonds d'un type de titre à un autre ou d'une monnaie à une autre.

Quelles sont les origines de la globalisation financière ?

La globalisation financière est la résultante de trois phénomènes : les réformes introduites dans le système monétaire et financier international, les innovations technologiques, les innovations financières :

Au cours des années 1980, les pays développés suivis par les pays émergents, ont procédé à des réformes qui ont transformé le système financier international. Ces réformes qui visent la **libéralisation des marchés** financiers ont été désignées par le sigle "3 D" : déréglementation, désintermédiation et décloisonnement :

- **La dérèglementation financière** commencée dans les années 1980, avait comme objectif la suppression des règles empêchant la libre circulation des capitaux. Elle a abouti à une grande liberté de circulation des capitaux.
- **La désintermédiation financière** désigne la réduction des financements dit «*intermédiés*» qui obligeaient offreurs et demandeurs de capitaux à passer par un intermédiaire pour être mis en relation. Elle a modifié le mode de financement des entreprises qui accèdent directement aux marchés de capitaux, par émission de titres.
- **Le décloisonnement des marchés** vise à supprimer la segmentation des marchés financiers entre marchés de court terme et marchés de long terme. Elle permet aux investisseurs de placer leurs liquidités sur de nombreux marchés interconnectés. Désormais les investisseurs peuvent passer d'un marché à un autre, à la recherche du placement le plus rémunérateur possible.

Le développement des TIC a permis l'interconnection des marchés et des places financières. Les investisseurs ont la possibilité de déplacer rapidement leurs capitaux d'une place financière à une autre au gré des opportunités de profit.

Au cours des années 1980-1990, les progrès de la théorie financière ont fait naître de nouveaux instruments et de nouveaux marchés. Les investisseurs ont désormais la possibilité de multiplier les opérations de placement, d'endettement, d'assurance et de spéculation.

Quels sont les acteurs de la globalisation financière ?

La globalisation financière est le fait de plusieurs types d'acteurs, parmi lesquels on trouve :

- ***Les firmes multinationales (FMN), acteurs majeurs de la globalisation financière, réalisent des investissements directs à l'étranger*** selon trois modalités : en achetant une entreprise locale, en créant une entreprise à l'étranger, en réalisant des opérations financières entre maison mère et filiales à l'étranger.
- ***Les investisseurs institutionnels*** (compagnies d'assurance, caisses de retraite et organismes de placement collectif) ***placent les fonds qu'ils collectent auprès d'une multitude de petits épargnants***. Ils sont devenus les principaux acquéreurs de titres sur les marchés financiers. Ils diversifient leurs placements pour diminuer le risque de perte du capital.
- ***Les banques d'investissement financent la création et le développement de sociétés par le biais de placements à risque***. Elles exercent également des activités de conseil en matière de fusion et de rachat d'entreprises.
- ***Les Hedge funds sont des fonds spéculatifs non cotés, à la recherche de profits à court terme.*** Ils réalisent une multitude d'opérations sur les actifs financiers et les matières premières.
- ***Les fonds souverains placent l'épargne des États*** qui les ont créés à cette fin.

Quels sont les principaux flux financiers internationaux ?

La globalisation financière a amplifié trois catégories de flux financiers : les investissements directs à l'étranger (IDE), les achats de titres étrangers et les placements à très court terme sur une place financière étrangère.

- ***L'IDE est une opération par laquelle un investisseur basé dans un pays acquiert un actif dans un autre pays avec l'intention de le gérer sur le long terme***. Pour les pays d'origine, les IDE peuvent favoriser la rentabilité des entreprises nationales et accélérer la croissance économique. Pour les pays d'accueil, les IDE améliorent le niveau de l'emploi et le financement du développement économique.

- ***Les achats de titres étrangers sont des placements en actions, obligations ou tout autre produit financier à plus d'un an***. Ces investissements ont enregistré un développement très important ces dernières années.

- ***Les placements à très court terme sur une place étrangère sont des flux très sensibles aux variations des taux d'intérêt et des taux de change***. Ils sont volatils et se déplacent d'une place financière à une autre très rapidement. Ils sont souvent qualifiés de spéculatifs.

Quels sont les effets attendus de la globalisation financière?

Pour ses partisans, la globalisation financière présente **cinq avantages** principaux :

- ***Facteur de croissance économique*** : le déplacement du capital vers les pays où celui-ci est rare, favorise leur croissance économique. Pour certains pays émergents, les entrées de capitaux ont permis de combler l'insuffisance de l'épargne interne. L'achat d'actifs financiers dans les pays à déficit d'épargne, favorise l'investissement dans ces pays, ce qui contribue à la croissance économique. La globalisation accentue la concurrence entre les banques d'où une amélioration des conditions d'emprunts et de placement pour les agents économiques

- ***Couverture contre certains risques*** : la création de produits dérivés permet aux entreprises de se couvrir contre les risques de variation du change, du taux d'intérêt et des fluctuations du cours des matières premières.

- ***Diversification des patrimoines*** : la globalisation financière permet la diversification accrue des actifs internationaux.

- ***Efficience dans l'allocation des ressources*** : le déplacement du capital d'un pays à faible taux de profit vers un pays à taux de profit élevé permet d'optimiser la rentabilité du placement des capitaux à l'échelle du monde.

- ***Amélioration de la liquidité des marchés*** : la globalisation permet d'améliorer la liquidité des marchés financiers. Il est devenu plus facile et plus rapide d'acheter ou de vendre des titres financiers à travers le monde.

Quels sont les risques financiers au niveau mondial ?

Pour ses détracteurs, la globalisation financière comporte des effets pervers et une montée des risques qui génèrent des crises récurrentes.

Les effets pervers sont des conséquences non désirées de la globalisation financière :

- ***Autonomie de la finance*** : les opérations financières sont 40 fois supérieures aux opérations liées à l'achat de biens ou de services. Elles sont de plus en plus liées à la perspective de réalisation de gains spéculatifs. On assiste donc à une déconnexion de la sphère financière vis-à-vis de l'économie réelle.

- ***Perte de pouvoir des États*** : les autorités monétaires ont perdu de leurs pouvoirs au profit d'importants investisseurs privés. Par leurs placements financiers, ces investisseurs influencent les taux d'intérêt et les taux de change.

- ***Asymétrie*** : les statistiques montrent que les capitaux se détournent des pays en développement. Les États-Unis ont attiré les capitaux étrangers pour financer leur consommation, investissements et innovations.

- ***Développement des paradis fiscaux*** : les années 90 se caractérisent par la prolifération des fonds gérés par des paradis fiscaux. Ces paradis fiscaux favorisent le blanchiment d'argent sale et l'évasion fiscale.

La globalisation financière a accru les risques au niveau mondial :

- ***Risques de solvabilité, de crédit*** liés à la défection des débiteurs

- ***Risques de marché*** liés aux variations des cours boursiers

- ***Bulles spéculatives*** : une bulle spéculative est une valorisation excessive des prix des actifs financiers. Les produits dérivés ont favorisé la spéculation.

- ***Risque systémique*** : avec la globalisation financière, les pays sont devenus interdépendants financièrement. Une crise monétaire d'un pays se répercute rapidement sur l'ensemble de la planète (effet domino).

Par comparaison avec les Trente glorieuses, la période qui s'ouvre avec les années 1980 se caractérise par des crises financières récurrentes. Les crises financières peuvent prendre plusieurs formes : krachs boursiers, crises de change, crises bancaires...

Exemples de crises financières récentes :

- *Crise mexicaine de 1984*
- *Crise asiatique des années 1990*
- *Crise monétaire européenne de 1993*
- *Bulle Internet des années 2000*
- *Crise argentine de 2001*
- *Crise des subprimes de 2007-2008*
- *Crise de la dette grecque en 2010*

Pour éviter les crises financières, plusieurs **propositions** ont été récemment faites :

- ***Taxer les mouvements de capitaux*** (taxe Tobin) afin de limiter la spéculation

- ***Fixer des règles prudentielles*** pour mieux surveiller le système bancaire et financier

- ***Donner davantage de moyens aux organismes internationaux*** (BCE, FMI, BRI..)

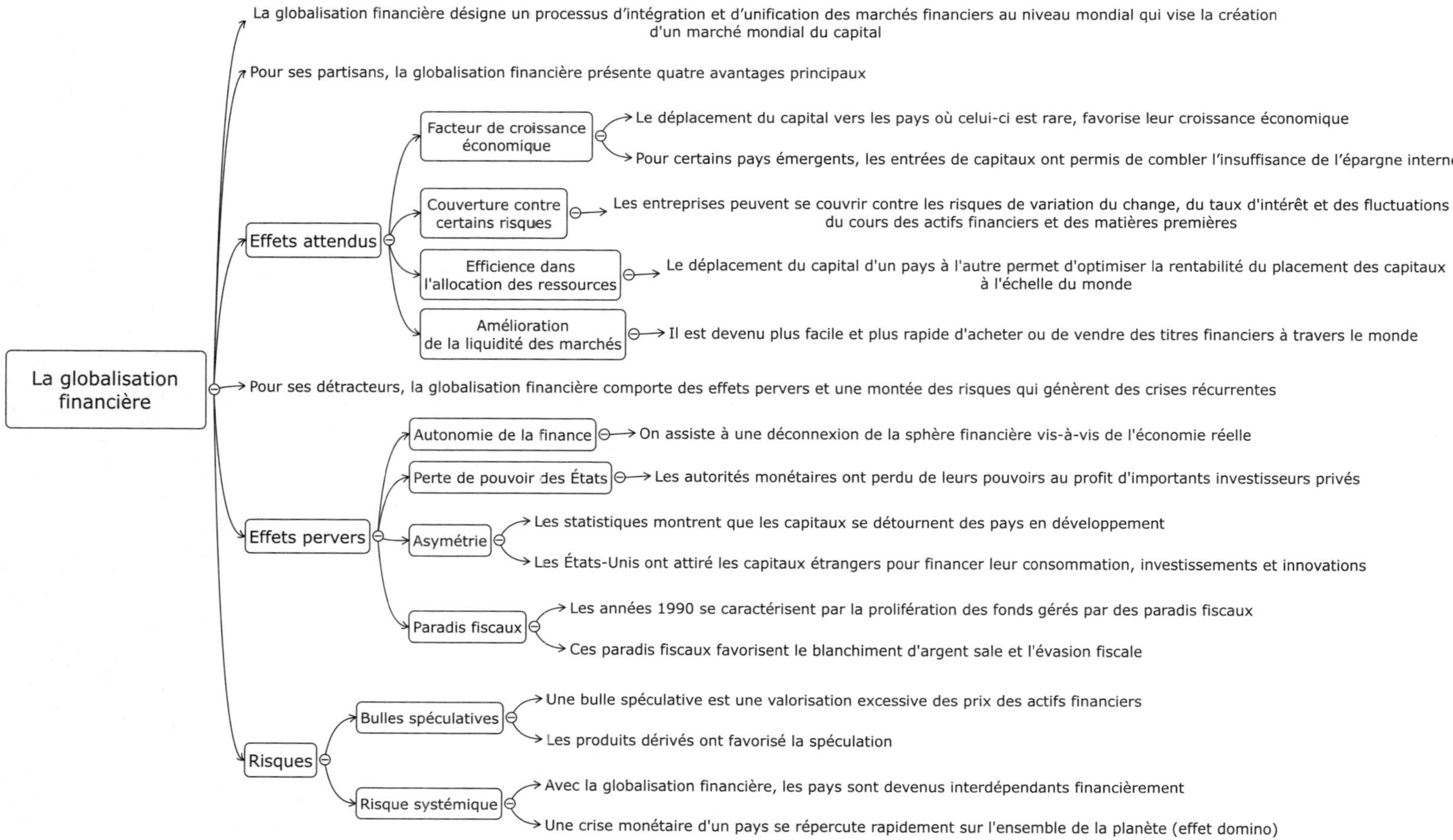
La globalisation financière
La globalisation financière désigne un processus d'intégration et d'unification des marchés financiers au niveau mondial qui vise la création d'un marché mondial du capital
Pour ses partisans, la globalisation financière présente quatre avantages principaux
Effets attendus
Facteur de croissance économique
Le déplacement du capital vers les pays où celui-ci est rare, favorise leur croissance économique
Pour certains pays émergents, les entrées de capitaux ont permis de combler l'insuffisance de l'épargne interne
Couverture contre certains risques
Les entreprises peuvent se couvrir contre les risques de variation du change, du taux d'intérêt et des fluctuations du cours des actifs financiers et des matières premières
Efficience dans l'allocation des ressources
Le déplacement du capital d'un pays à l'autre permet d'optimiser la rentabilité du placement des capitaux à l'échelle du monde
Amélioration de la liquidité des marchés
Il est devenu plus facile et plus rapide d'acheter ou de vendre des titres financiers à travers le monde
Pour ses détracteurs, la globalisation financière comporte des effets pervers et une montée des risques qui génèrent des crises récurrentes
Effets pervers
Autonomie de la finance
On assiste à une déconnexion de la sphère financière vis-à-vis de l'économie réelle
Perte de pouvoir des États
Les autorités monétaires ont perdu de leurs pouvoirs au profit d'importants investisseurs privés
Asymétrie
Les statistiques montrent que les capitaux se détournent des pays en développement
Les États-Unis ont attiré les capitaux étrangers pour financer leur consommation, investissements et innovations
Paradis fiscaux
Les années 1990 se caractérisent par la prolifération des fonds gérés par des paradis fiscaux
Ces paradis fiscaux favorisent le blanchiment d'argent sale et l'évasion fiscale
Risques
Bulles spéculatives
Une bulle spéculative est une valorisation excessive des prix des actifs financiers
Les produits dérivés ont favorisé la spéculation
Risque systémique
Avec la globalisation financière, les pays sont devenus interdépendants financièrement
Une crise monétaire d'un pays se répercute rapidement sur l'ensemble de la planète (effet domino)

THÈME 5 La politique économique dans un cadre européen

21. L'appréciation de la situation économique

Comment s'effectue l'analyse d'une situation économique donnée ?

La situation économique est caractérisée par l'état, à un moment donné, des grandes variables économiques et sociales : production, consommation, épargne, investissement, commerce extérieur, valeur de la monnaie, emploi...Pour évaluer ces variables, **les économistes construisent et observent des indicateurs.**

- Lorsque les indicateurs concernent le **court terme**, on parle d'**analyse économique conjoncturelle.**
- Lorsque les indicateurs concernent le moyen et le **long terme**, on parle d'**analyse économique structurelle.**

Comment s'effectue l'analyse d'une situation économique conjoncturelle ?

La conjoncture économique désigne la situation économique à un moment donné. L'analyse économique conjoncturelle s'effectue en 3 étapes :

- **Décrire** la situation économique à partir d'indicateurs quantitatifs et qualitatifs
- **Expliquer** la signification et la portée des informations recueillies
- **Prévoir** ce qui va se passer dans un proche avenir

L'étude de la situation conjoncturelle d'une branche, d'une région, d'un pays, s'effectue à partir de l'évolution d'indicateurs sur le court terme.

Les principaux indicateurs utilisés sont :

- **Le taux de croissance du PIB** qui indique l'évolution du PIB sur une période donnée. C'est une variable macroéconomique essentielle dans l'analyse qui indique l'état de santé économique d'un pays.
- **Le taux d'évolution de la consommation des ménages** qui renseigne sur l'évolution de la consommation des ménages sur une période donnée.
- **Le taux d'évolution de l'investissement des entreprises** qui renseigne sur l'évolution de l'investissement des entreprises sur une période donnée.
- **Le taux d'inflation** qui mesure l'évolution de l'indice général des prix sur une période donnée. Il permet d'apprécier l'évolution du pouvoir d'achat et le comportement économique des ménages, des entreprises et de l'Etat.

- **Le taux de chômage** qui mesure la part des chômeurs, à un moment donné, dans la population active.
- **Le taux d'évolution de la masse monétaire** qui mesure l'évolution de la masse monétaire sur une période donnée. En le comparant au taux de croissance du PIB, on a une indication sur les tensions inflationnistes présentes dans l'économie.
- **Les soldes de la balance commerciale et de la balance de paiement** qui permettent l'analyse des évolutions du commerce extérieur et du taux de change.
- **La part du déficit public dans le PIB** qui renseigne sur l'évolution future des taux d'intérêt, sur l'évolution de la pression fiscale.
- **La part de la dette publique par rapport au PIB** qui renseigne sur l'endettement de l'Etat et sur les sacrifices qui seront demandés aux générations futures.
- **Les indices boursiers** qui mesurent l'évolution des cours boursiers.

L'appréciation de la situation économique repose sur la qualité des indicateurs et sur leur interprétation. Diverses institutions fournissent ces indicateurs : organisations nationales publiques (INSEE, Banque de France..), banques, entreprises spécialisées dans les enquêtes d'opinion (IPSOS, SOFRES, IFOP....), organisations internationales (BCE, OCDE, Eurostat, FMI, Banque mondiale...).
Ces organismes publient périodiquement (mois, trimestre, semestre) des **notes de conjoncture qui regroupent des statistiques et des commentaires décrivant la situation économique à un moment donné et les perspectives d'évolution possibles**.

Dans l'espace européen, la conjoncture nationale est devenue très sensible à la conjoncture des autres pays partenaires.

Quel est l'impact d'une situation conjoncturelle sur les décisions des agents économiques ?

L'appréciation de la situation économique, conduit les agents économiques à faire des arbitrages (choix) :

- L'évolution du pouvoir d'achat modifie le comportement des **ménages** en matière de consommation et d'épargne.
- L'amélioration prévue du pouvoir d'achat des ménages, incite les **entreprises** à augmenter, à terme, leurs investissements.
- Le volume des crédits accordés par les **institutions financières** aux entreprises et aux ménages dépend de la situation économique.
- Les **pouvoirs publics** interviennent pour corriger les déséquilibres économiques (c'est l'objectif de la politique économique).

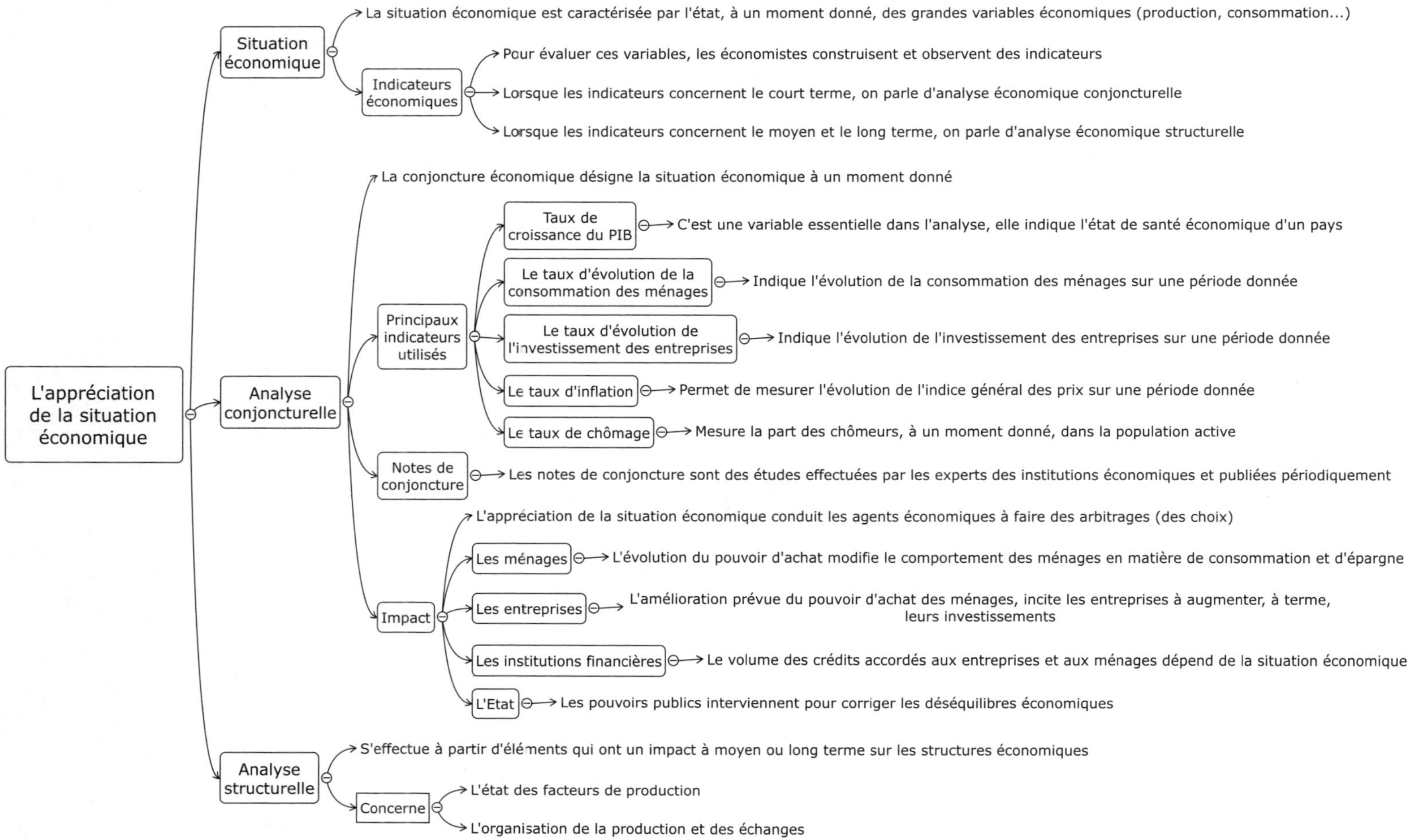
L'appréciation de la situation économique
Situation économique
La situation économique est caractérisée par l'état, à un moment donné, des grandes variables économiques (production, consommation...)
Indicateurs économiques
Pour évaluer ces variables, les économistes construisent et observent des indicateurs
Lorsque les indicateurs concernent le court terme, on parle d'analyse économique conjoncturelle
Lorsque les indicateurs concernent le moyen et le long terme, on parle d'analyse économique structurelle
Analyse conjoncturelle
La conjoncture économique désigne la situation économique à un moment donné
Principaux indicateurs utilisés
Taux de croissance du PIB
C'est une variable essentielle dans l'analyse, elle indique l'état de santé économique d'un pays
Le taux d'évolution de la consommation des ménages
Indique l'évolution de la consommation des ménages sur une période donnée
Le taux d'évolution de l'investissement des entreprises
Indique l'évolution de l'investissement des entreprises sur une période donnée
Le taux d'inflation
Permet de mesurer l'évolution de l'indice général des prix sur une période donnée
Le taux de chômage
Mesure la part des chômeurs, à un moment donné, dans la population active
Notes de conjoncture
Les notes de conjoncture sont des études effectuées par les experts des institutions économiques et publiées périodiquement
Impact
L'appréciation de la situation économique conduit les agents économiques à faire des arbitrages (des choix)
Les ménages
L'évolution du pouvoir d'achat modifie le comportement des ménages en matière de consommation et d'épargne
Les entreprises
L'amélioration prévue du pouvoir d'achat des ménages, incite les entreprises à augmenter, à terme, leurs investissements
Les institutions financières
Le volume des crédits accordés aux entreprises et aux ménages dépend de la situation économique
L'Etat
Les pouvoirs publics interviennent pour corriger les déséquilibres économiques
Analyse structurelle
S'effectue à partir d'éléments qui ont un impact à moyen ou long terme sur les structures économiques
Concerne
L'état des facteurs de production
L'organisation de la production et des échanges

22. Les politiques économiques

Qu'est-ce que la politique économique ?

La politique économique est l'ensemble des décisions prises par l'Etat dans le but d'orienter l'activité économique afin d'atteindre les objectifs économiques et sociaux qu'il s'est fixé.

Deux doctrines économiques s'opposent concernant la justification de la politique économique

- **Pour la doctrine libérale, l'équilibre économique peut s'obtenir sans intervention de l'Etat**. L'objectif de la politique économique doit être d'assurer le **libre fonctionnement des marchés et la libre concurrence.** Ils recommandent une pratique de la politique économique basée sur des règles strictes, pour en limiter le caractère déstabilisant.

- **Pour la doctrine Keynésienne l'Etat doit intervenir pour rétablir les équilibres économiques car le libre fonctionnement de marché ne permet pas de parvenir à une croissance équilibrée**.

Quelles sont les composantes des politiques économiques ?

Toute politique économique se caractérise par un ensemble interdépendant de finalités, d'objectifs, d'instruments et de moyens de contrôle :

- **Les finalités représentent la raison d'être des politiques économiques. Parmi les finalités essentielles on peut citer : l**'amélioration du niveau de vie, l'amélioration de la qualité de vie, la réduction des inégalités, la justice sociale, la solidarité nationale...

- **Les objectifs sont les étapes qui conduisent vers les finalités**. Ils concernent les grandes variables économiques (croissance, emploi, inflation ...).
- **Les instruments représentent les moyens qui permettent d'atteindre les objectifs.** Deux instruments sont utilisés de manière coordonnée par les institutions publiques : le **budget de l'Etat** et la **monnaie en circulation**

- **Les outils de contrôle permettent d'apprécier l'efficacité des politiques économiques**. Les résultats de toute politique économique doivent être évalués au regard des objectifs fixés.

Les politiques économiques s'inscrivent dans un cadre européen et mondial. En conséquence les objectifs, comme les instruments, sont soumis à des contraintes régionales (UE) et internationales (OMC, FMI).

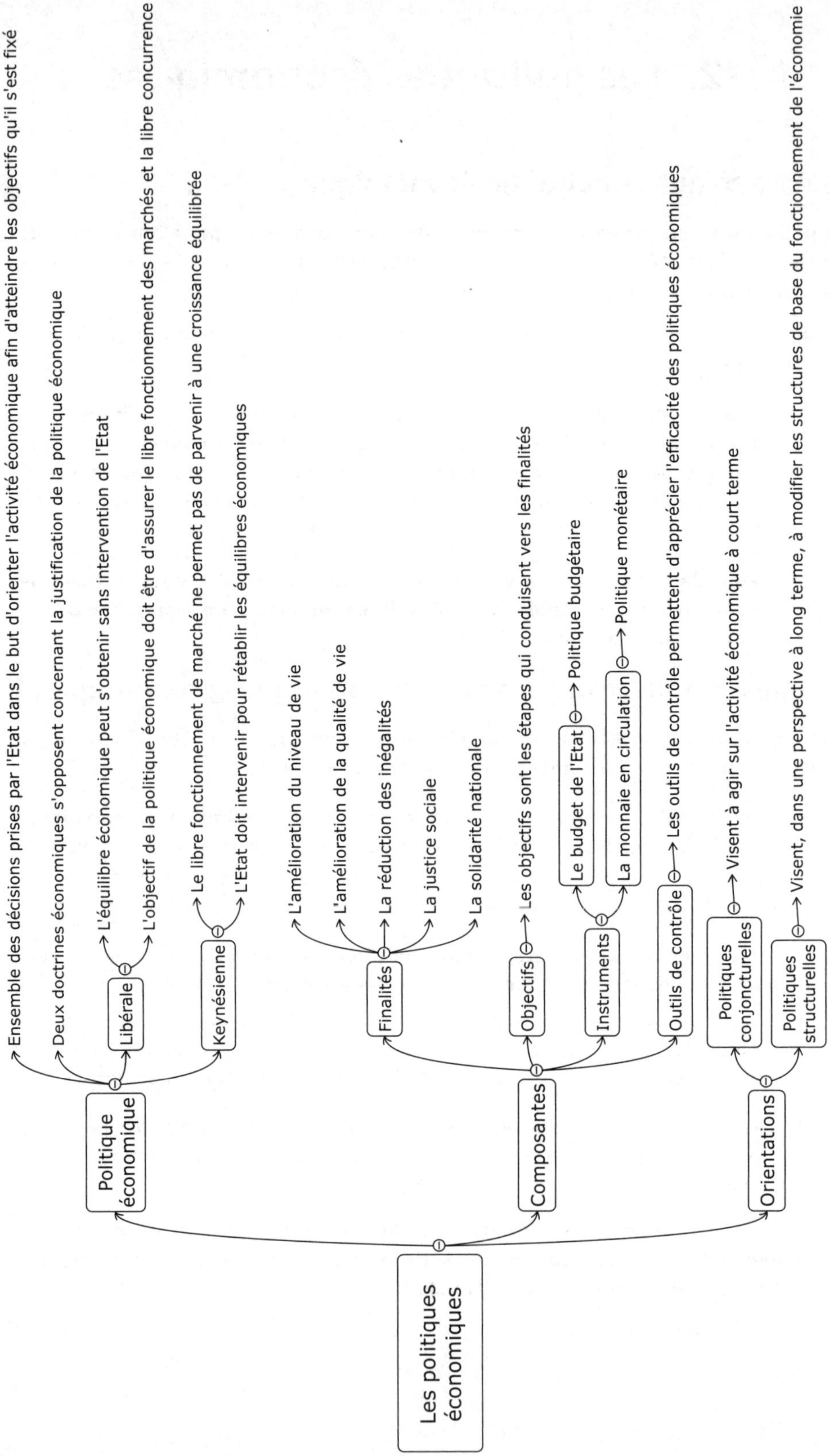
Les politiques économiques
Politique économique
Ensemble des décisions prises par l'Etat dans le but d'orienter l'activité économique afin d'atteindre les objectifs qu'il s'est fixé
Deux doctrines économiques s'opposent concernant la justification de la politique économique
Libérale
L'équilibre économique peut s'obtenir sans intervention de l'Etat
L'objectif de la politique économique doit être d'assurer le libre fonctionnement des marchés et la libre concurrence
Keynésienne
Le libre fonctionnement de marché ne permet pas de parvenir à une croissance équilibrée
L'Etat doit intervenir pour rétablir les équilibres économiques
Composantes
Finalités
L'amélioration du niveau de vie
L'amélioration de la qualité de vie
La réduction des inégalités
La justice sociale
La solidarité nationale
Objectifs
Les objectifs sont les étapes qui conduisent vers les finalités
Instruments
Le budget de l'Etat
Politique budgétaire
La monnaie en circulation
Politique monétaire
Outils de contrôle
Les outils de contrôle permettent d'apprécier l'efficacité des politiques économiques
Orientations
Politiques conjoncturelles
Visent à agir sur l'activité économique à court terme
Politiques structurelles
Visent, dans une perspective à long terme, à modifier les structures de base du fonctionnement de l'économie

23. La politique budgétaire

Que représente le budget de l'Etat ?

Au sens juridique, le budget de l'Etat est un compte de la "loi de finances". Cette loi est débattue et votée par le Parlement qui autorise le gouvernement à engager les ressources et les charges de l'État pour l'année à venir.

Sur le plan économique, le budget de l'Etat est un document comptable et financier qui détermine le montant des dépenses et des recettes prévisionnelles de l'Etat pour l'année à venir.

En France, le budget de l'Etat représente environ 15 % du PIB. Sa structure reflète les priorités économiques du gouvernement. Les recettes proviennent principalement de la fiscalité. Avec ces recettes, l'Etat doit faire face aux dépenses qui lui incombent.

- **Les recettes fiscales** = TVA (45 %) + TIPP (8 %) + IRPP (20 %) + IS (15 %) + ISF (1 %) + Autres (11 %)
- **Les dépenses publiques** = dépenses du personnel (45 %) + dépenses d'intervention (23 %) + charge de la dette (15 %) + dépenses de fonctionnement (12 %) + dépenses d'investissement (5%)

Qu'est-ce que le déficit budgétaire ?

Le solde budgétaire peut être défini comme la différence entre les recettes et les dépenses en fin d'exercice budgétaire. Lorsque les recettes sont supérieures aux dépenses, le solde est positif et l'Etat dégage une capacité de financement pour l'année suivante. Inversement, si les dépenses sont supérieures aux recettes, le solde est négatif et le budget de l'Etat est déficitaire.

Le **déficit budgétaire** se différencie du **déficit public** car il n'englobe pas le solde des recettes et des dépenses des collectivités territoriales et de la sécurité sociale.

Le déficit budgétaire peut être financé par la création monétaire (avances de la Banque centrale) ou par des ressources d'épargne (émission d'emprunts).

- Les avances monétaires de la Banque centrale sont aujourd'hui interdites par le traité de Maastricht parce que génératrices d'inflation : en empruntant à court terme à la Banque centrale, l'Etat contribue à créer de la monnaie sans contrepartie économique réelle.
- Le déficit budgétaire ne peut donc être couvert, aujourd'hui, que par l'émission d'emprunts d'Etat à long et court termes faisant appel à l'épargne publique nationale et étrangère sur le marché financier. Cette solution se traduit par une augmentation de la dette publique.

La France connaît un déficit budgétaire continu depuis plus de 25 ans qui gonfle l'encours de sa dette (montant total des emprunts).

Qu'est-ce que la politique budgétaire de l'Etat ?

La politique budgétaire consiste à utiliser certains instruments budgétaires (dépenses publiques, endettement public, prélèvements fiscaux) pour influer sur la conjoncture économique.

- La **fiscalité** peut être utilisée pour relancer un secteur économique ou orienter les dépenses des agents économiques vers un domaine souhaité. En diminuant le niveau des impôts (IR, IS...) et des taxes (TVA, IRPP..), l'Etat accorde un pouvoir d'achat supplémentaire susceptible de relancer la consommation, l'investissement et donc l'emploi.
- L'augmentation des **dépenses publiques** et, au sein de celles-ci, les dépenses à fort effet d'entraînement sur l'économie (infrastructures, BTP...) est souvent engagée afin d'accélérer l'activité économique.

De fait, le budget peut être utilisé pour relancer la croissance, lutter contre l'inflation ou poursuivre un objectif de cohésion sociale.

Le budget permet au gouvernement d'agir rapidement sur les variables économiques (consommation des ménages, investissement des entreprises, emploi...). Cependant, son utilisation fait l'objet de controverses entre économistes :

- Selon la **doctrine libérale**, le budget doit être équilibré pour ne pas entraver le bon fonctionnement des marchés; l'Etat doit supprimer ou réduire le déficit budgétaire. Les libéraux insistent sur les effets néfastes de l'accroissement de la dette publique. Ils recommandent une pratique de la politique budgétaire basée sur des règles strictes.
- A contrario, la **doctrine keynésienne** considère le déficit budgétaire comme un moyen de soutien à l'activité économique. Pour John Maynard Keynes, le déficit budgétaire peut stimuler la croissance et l'emploi dans une économie en récession. Il préconise en conséquence une politique budgétaire discrétionnaire, modifiable selon les besoins de la conjoncture économique.

Jusqu'à la crise des années 1930, le volume des dépenses de l'État n'était alors pas considéré comme une variable susceptible d'influencer le niveau d'activité de l'économie. L'analyse de Keynes a modifié cette conception en soulignant l'impact de la politique budgétaire sur le niveau d'activité économique d'un pays.

Par conséquent, la plupart des pays développés ont mené depuis les années 1930 des politiques de relance budgétaire lors des périodes de récession ou de moindre croissance.

À compter de la crise consécutive au choc pétrolier de 1973, les économistes libéraux (théoriciens néoclassiques) ont cependant souligné les limites de la politique budgétaire et notamment les effets néfastes des déficits et de la dette publique.

Depuis lors, les politiques budgétaires dans les pays développés ont visé en priorité l'équilibre budgétaire et la stabilité des prix pour juguler durablement l'inflation.

Aujourd'hui le traité de Maastricht et le pacte de stabilité et de croissance limitent l'utilisation de la politique budgétaire en fixant un seuil maximal de déficit des administrations publiques à 3 % du PIB en cas de ralentissement de la croissance.

Qu'est-ce qu'un « stabilisateur budgétaire automatique » ?

Certaines dépenses et certaines recettes publiques dépendent des variations à court terme de l'activité économique. Par exemple, si la croissance économique augmente, les recettes fiscales sont plus importantes (ayant plus de revenus, les agents économiques versent plus d'impôts) et certaines dépenses diminuent naturellement (prestations sociales, aides aux entreprises...), ce qui agit positivement sur le solde budgétaire.

A contrario, si la croissance ralentit, les recettes fiscales diminuent et les revenus de transferts sont plus importants, ce qui provoque une détérioration du solde budgétaire.

Ces variations spontanées et automatiques du solde budgétaire sont appelés "stabilisateurs automatiques" car elles contribuent à amortir les variations conjoncturelles de l'activité économique.

Pour les économistes libéraux, la politique budgétaire doit relever uniquement de ce pilotage automatique.

Qu'est-ce que le « multiplicateur keynésien » ?

Depuis Keynes, **le déficit budgétaire est considéré comme un moyen de relancer l'activité économique et de rétablir le plein emploi**, en augmentant la demande globale (investissement et consommation) pour pallier l'insuffisance de l'investissement privé.

En augmentant ses dépenses et/ou en réduisant les impôts, l'Etat accroit la demande globale par le mécanisme du multiplicateur : **une dépense supplémentaire d'investissement détermine une hausse du revenu national supérieure à la dépense initiale d'investissement.**

En cas de forte dégradation de la conjoncture économique, **Keynes préconise une politique budgétaire volontariste et une augmentation des dépenses publiques à fort effet d'entraînement sur l'économie** (bâtiments et travaux publics....). Une telle politique permet de compenser la faiblesse des dépenses privées et d'engendrer un effet bénéfique sur la croissance.

En effet, l'augmentation des dépenses publiques engendre des revenus supplémentaires qui sont pour partie consommés, pour partie épargnés et pour partie récupérés par les administrations publiques sous la forme d'impôts et de cotisations sociales. Or, la partie de ces revenus supplémentaires qui est consommée vient nourrir la demande adressée aux entreprises. Ces dernières peuvent dès lors augmenter leurs investissements, leurs emplois, et distribuer des revenus supplémentaires.

Le surcroît de dépenses publiques provoque par conséquent un effet multiplicateur qui stimule d'autant plus l'activité économique que les revenus sont peu épargnés, peu imposés et que la demande de consommation s'adresse principalement aux entreprises nationales. La croissance qui en résulte, va contribuer, en retour, à augmenter les recettes fiscales et diminuer le déficit budgétaire.

Quelles sont les orientations principales données à la politique budgétaire ?

Trois orientations principales peuvent être données à la politique budgétaire : une politique expansionniste, une politique de rigueur budgétaire ou la poursuite d'un objectif de cohésion sociale.

- **Politique budgétaire expansionniste** : en cas de croissance faible et de chômage élevé, les pouvoirs publics peuvent mettre en œuvre une politique de relance budgétaire afin d'accélérer l'activité économique. D'inspiration **keynésienne**, cette politique utilise les dépenses publiques pour soutenir la croissance économique. Dans ce cas, les moyens de la politique budgétaire sont : **la hausse des dépenses publiques, la baisse des impôts**, le creusement du déficit budgétaire et l'aide aux secteurs d'activité qui subissent une crise par des subventions ou des allégements fiscaux.

- **Politique budgétaire de rigueur** : d'inspiration **libérale**, cette politique préconise de restreindre la demande globale afin de diminuer les tensions inflationnistes. Elle vise à maîtriser les déficits et assainir les finances publiques. Dans ce cas, les moyens de la politique budgétaire sont : **la réduction des dépenses publiques, la hausse des prélèvements obligatoires et la limitation de l'endettement public.**

- **Politique de cohésion sociale** : la politique budgétaire peut également poursuivre un objectif de cohésion sociale en utilisant la fiscalité, la redistribution, et les services publics.

Quelles sont les contraintes européennes de la politique budgétaire ?

- **La participation de la France à la monnaie unique européenne lui impose le respect d'une discipline économique et budgétaire**. Les termes en ont été fixés par le traité de Maastricht en 1992 et le pacte de stabilité et de croissance, conclu à Amsterdam en 1997 et assoupli en 2005 à Bruxelles.

- **Le déficit public, à savoir le déficit cumulé des administrations publiques (État mais aussi collectivités territoriales et organismes de Sécurité sociale), est jugé excessif à partir d'un seuil de 3 % du produit intérieur brut**. Cette mesure se justifie par la volonté d'éviter qu'un pays fasse porter les effets négatifs de sa politique budgétaire (hausse des taux d'intérêts et du taux de change de l'euro) sur l'ensemble des pays de l'UEM.

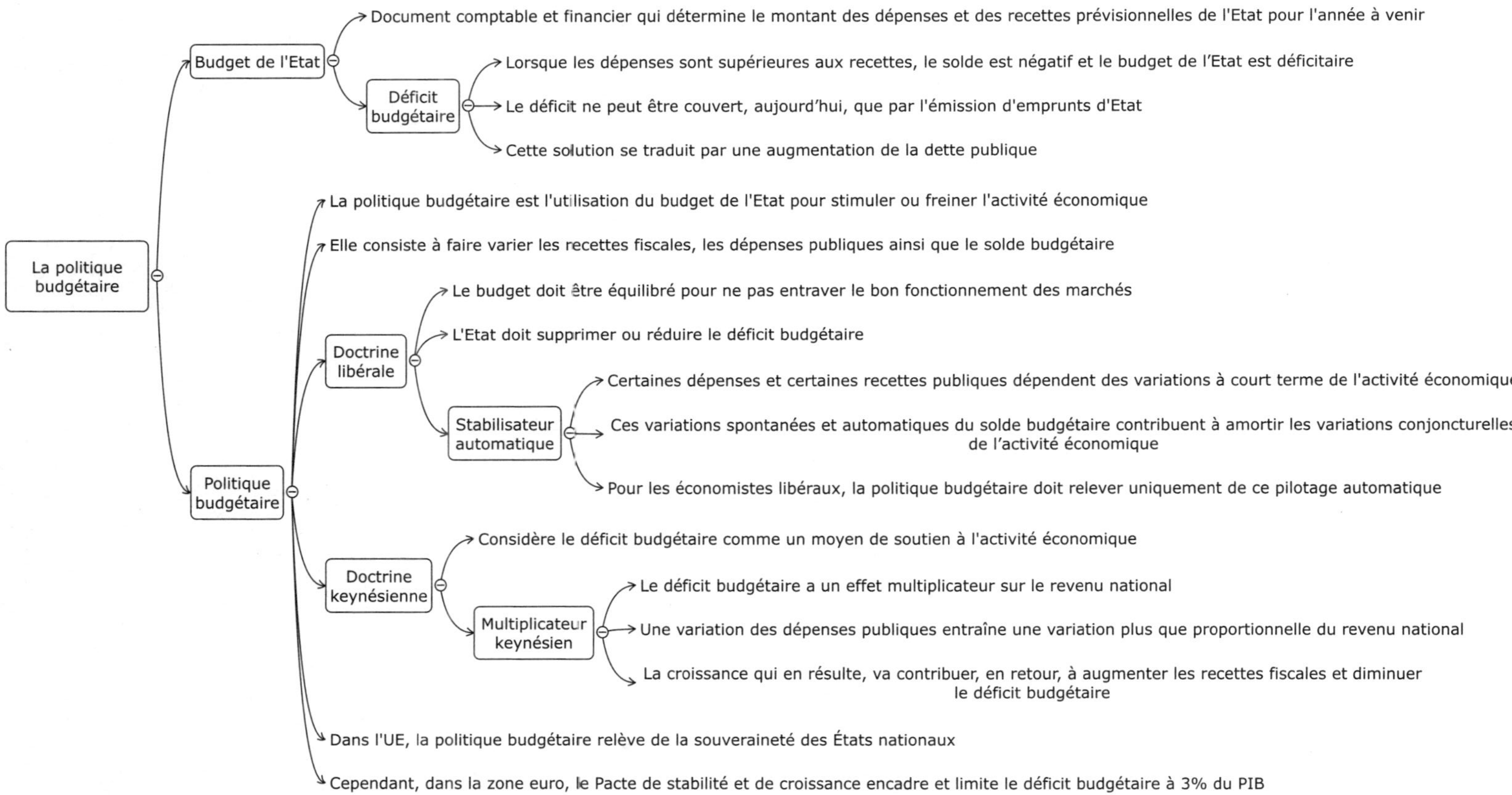
La politique budgétaire
Budget de l'Etat
Document comptable et financier qui détermine le montant des dépenses et des recettes prévisionnelles de l'Etat pour l'année à venir
Déficit budgétaire
Lorsque les dépenses sont supérieures aux recettes, le solde est négatif et le budget de l'Etat est déficitaire
Le déficit ne peut être couvert, aujourd'hui, que par l'émission d'emprunts d'Etat
Cette solution se traduit par une augmentation de la dette publique
Politique budgétaire
La politique budgétaire est l'utilisation du budget de l'Etat pour stimuler ou freiner l'activité économique
Elle consiste à faire varier les recettes fiscales, les dépenses publiques ainsi que le solde budgétaire
Doctrine libérale
Le budget doit être équilibré pour ne pas entraver le bon fonctionnement des marchés
L'Etat doit supprimer ou réduire le déficit budgétaire
Stabilisateur automatique
Certaines dépenses et certaines recettes publiques dépendent des variations à court terme de l'activité économique
Ces variations spontanées et automatiques du solde budgétaire contribuent à amortir les variations conjoncturelles de l'activité économique
Pour les économistes libéraux, la politique budgétaire doit relever uniquement de ce pilotage automatique
Doctrine keynésienne
Considère le déficit budgétaire comme un moyen de soutien à l'activité économique
Multiplicateur keynésien
Le déficit budgétaire a un effet multiplicateur sur le revenu national
Une variation des dépenses publiques entraîne une variation plus que proportionnelle du revenu national
La croissance qui en résulte, va contribuer, en retour, à augmenter les recettes fiscales et diminuer le déficit budgétaire
Dans l'UE, la politique budgétaire relève de la souveraineté des États nationaux
Cependant, dans la zone euro, le Pacte de stabilité et de croissance encadre et limite le déficit budgétaire à 3% du PIB

24. La politique monétaire

Qu'est-ce que la politique monétaire ?

La politique monétaire consiste à agir sur l'activité économique par l'intermédiaire de la quantité de monnaie en circulation et /ou du taux d'intérêt.

Depuis le 1° janvier 1999, la politique monétaire des pays ayant adopté l'euro est placée sous la responsabilité de la **Banque centrale européenne** (BCE) qui décide des mesures destinées à agir sur les conditions de financement de l'économie. Les banques centrales nationales sont chargées d'appliquer ces mesures.

Quels sont les objectifs de la politique monétaire ?

La mission officielle de la BCE est de procurer à l'économie la quantité de monnaie nécessaire pour favoriser la croissance tout en préservant la stabilité et la valeur de la monnaie au niveau interne (prix) et externe (change).

La politique monétaire doit, à la fois, éviter un excès de création monétaire et une insuffisance de liquidités susceptible de freiner l'activité économique (ni trop, ni trop peu). La quantité de monnaie en circulation dans une économie ne doit pas être faible car les agents économiques seront alors obligés de limiter leurs activités économiques : consommation, investissement et production.

A l'inverse, une quantité de monnaie trop abondante met à la disposition des agents économiques un pouvoir d'achat bien supérieur à la quantité de biens disponibles, ce qui peut provoquer une hausse des prix et générer l'inflation.

Considérant que l'inflation résulte d'une création excessive de la monnaie, la BCE se consacre à la maîtrise de la croissance de la masse monétaire. **L'objectif prioritaire qui est assigné à la BCE par le traité de Maastricht : maintenir le taux d'inflation inférieur à 2 %**. Les indicateurs utilisés sont : le taux de croissance de la masse monétaire et le niveau des taux d'intérêt.

Quels sont les instruments de la politique monétaire ?

Afin d'atteindre les objectifs de la politique monétaire, trois instruments sont utilisés: la liquidité bancaire, les taux d'intérêt directeurs et le taux de change.

Pour réguler la masse monétaire, la BCE agit sur la liquidité des banques afin de réduire indirectement les montants des crédits accordés à l'économie. Pour cela, elle privilégie l'utilisation de deux instruments monétaires : les réserves obligatoires et les interventions sur le marché monétaire.

- **Les réserves obligatoires constituent un pourcentage des dépôts que les banques commerciales doivent conserver de manière permanente sur leur compte ouvert auprès de la banque centrale**. En augmentant ce taux, la BCE rend les banques moins liquides, ceci va les inciter à octroyer moins de crédit à leurs clients. Réciproquement, en baissant ce taux, la banque centrale incite les banques à octroyer plus de crédits et à créer plus de monnaie.

- Quotidiennement, l'ensemble des banques se retrouve sur le marché monétaire pour effectuer des opérations de prêts et d'emprunts de monnaie. Une banque qui a un besoin de liquidités peut se financer auprès des autres banques qui ont un excédent de liquidités. **Les interventions de la banque centrale sur ce marché servent à gérer la situation de la liquidité**.

Pour agir sur les taux d'intérêt, les banques centrales utilisent les taux directeurs. Dans la zone euro, les banques qui ont besoin de liquidités à court terme peuvent emprunter auprès de la banque centrale de leur pays. Elles doivent payer un intérêt sur les sommes qu'elles empruntent. Le taux d'intérêt utilisé lors de ces opérations est appelé « **taux directeur** ». Les banques appliquent ce taux directeur plus une marge aux crédits qu'elles accordent à leurs propres clients. Ce taux a par conséquent une importance primordiale dans la distribution du crédit aux entreprises et aux ménages.

Schématiquement, lorsque la BCE augmente son taux directeur, le coût du crédit sera plus élevé car il faudra payer plus d'intérêt. Le résultat, en principe, est que les banques accorderont moins de crédit, ce qui freinera la croissance de la consommation et de l'investissement. La demande globale baissera et l'économie ralentira ainsi que l'inflation. Si au contraire la BCE diminue son taux directeur, le crédit sera moins cher, ce qui incitera les ménages et les entreprises à emprunter pour consommer et investir, ce qui accélérera la croissance économique ainsi que l'inflation.

La BCE est amenée à surveiller la position de l'euro sur le marché des changes par rapport aux devises étrangères.

Quels sont les effets de la politique monétaire sur l'économie réelle ?

Les agents économiques sont confrontés à des besoins de financement pour consommer et investir. Les conditions auxquelles ces agents pourront trouver leur financement sont fixées via la politique monétaire. Celle-ci exerce des effets sur l'activité et le comportement des agents économiques à travers **quatre canaux de transmission** : le taux d'intérêt, le crédit, l'effet de richesse et le taux de change.

- **Le taux d'intérêt** : lorsque la banque centrale augmente ou diminue ses taux directeurs, le coût du crédit augmente ou diminue. En rendant le coût du capital moins cher, la baisse des taux d'intérêt dynamise l'investissement des entreprises et la consommation des ménages.

- **Le crédit** : en rendant l'accès au crédit plus ou moins facile et plus ou moins coûteux, la politique monétaire agit sur l'offre et la demande de biens et de services. Durant la crise financière de 2007-2008, ce canal a mal fonctionné dans les pays touchés par la crise, entraînant un "***crédit crunch***". Le crédit crunch désigne un phénomène selon lequel les banques rationnent quantitativement leur offre de crédit, quel que soit le taux auquel l'emprunteur est prêt à prendre le crédit. Le crédit crunch est difficile à appréhender et à gérer pour les autorités monétaires.

- **L'effet de richesse** traduit la variation de la demande consécutive à la variation de la valeur du patrimoine des agents économiques. Lorsque les patrimoines enregistrent des moins-values, cela incite les agents économiques à consommer moins et à épargner plus. Inversement, lorsque les patrimoines enregistrent des plus-values, cela les incite à consommer plus et à épargner moins.
- **Le taux de change** : les fluctuations des taux de change ont une influence directe sur les coûts des importations et des exportations.

Quelles sont les orientations de la politique monétaire ?

C'est autour de cette question que s'affrontent les monétaristes et les keynésiens. Les monétaristes prônent une politique monétaire restrictive tandis que les keynésiens préconisent une politique monétaire expansionniste.

- **Selon la théorie monétariste (Milton Friedman), l'inflation a des causes uniquement monétaires**. Elle croit lorsque la masse monétaire est trop importante. La politique monétaire doit donc se limiter à contrôler les causes de cette inflation. **En période d'inflation, une politique monétaire restrictive est susceptible de réduire les tensions inflationnistes.** Cette politique se traduit par la hausse des taux d'intérêt et la diminution des liquidités bancaires, ce qui aboutit à une baisse des crédits distribués, une baisse de la consommation et de l'investissement, une baisse de la demande et la réduction des tensions inflationnistes. Cette politique comporte deux risques majeurs : le ralentissement de la croissance et l'augmentation du chômage.
- **Pour les keynésiens, la politique monétaire ne doit pas avoir pour seul objectif la lutte contre l'inflation mais elle doit également poursuivre des objectifs de croissance économique, de production et d'emploi**. Ainsi, en période de crise, une politique d'expansion monétaire est susceptible de stimuler la demande globale. Elle se traduit par la baisse des taux d'intérêt et un accroissement des liquidités bancaires, ce qui aboutit à un accroissement de l'offre de crédit, à l'augmentation de la consommation et de l'investissement et donc à l'augmentation de la demande globale. C'est une politique qui doit être conduite avec précaution car elle peut générer de l'inflation.

Depuis 2008, du fait d'une situation de crise, le canal du crédit et le canal du taux d'intérêt fonctionnent mal. Pour éviter le blocage de ces deux canaux essentiels au financement de l'économie, la BCE a mis en œuvre une politique non conventionnelle. Trois mesures ont été prises : augmenter massivement la quantité de monnaie fournie aux banques, maintenir des taux directeurs faibles et acheter des titres aux banques (y compris les titres de mauvaise qualité).

La politique monétaire

- **Politique monétaire**
  - La politique monétaire consiste à agir sur l'activité économique par l'intermédiaire de la masse monétaire et/ou du taux d'intérêt
  - La politique monétaire des pays ayant adopté l'euro, est placée sous la responsabilité de la BCE
- **Instruments**
  - **Refinancement bancaire**
    - En intervenant sur le marché monétaire, la BCE peut alimenter les banques en liquidités
  - **Réserves obligatoires**
    - Constituent un pourcentage des dépôts que les banques doivent conserver dans leur compte ouvert auprès de la banque centrale
    - En augmentant ce taux, la BCE rend les banques moins liquides ce qui va les inciter à octroyer moins de crédit à leurs clients
    - Réciproquement, en baissant ce taux, la banque centrale incite les banques à octroyer plus de crédits et à créer plus de monnaie
  - **Taux directeur**
    - Dans la zone euro, les banques qui ont besoin de liquidités à court terme peuvent emprunter auprès de la banque centrale de leur pays
    - Le taux d'intérêt utilisé lors de ces opérations de refinancement est fixé par la BCE. Il est appelé "taux directeur"
    - Si ce taux d'intérêt est élevé, les banques limitent leurs crédits et demandent moins de liquidités car les opérations de refinancement sont coûteux
    - Si ce taux est faible, les banques ont le comportement inverse et distribuent plus de crédits
  - **Opérations Open market**
    - Ces opérations servent à gérer la situation de la liquidité sur le marché monétaire
- **Orientations**
  - **Politique d'expansion monétaire (politique keynésienne)**
    - En période de crise, une politique d'expansion monétaire est susceptible de stimuler la demande globale
    - Elle se traduit par la baisse des taux d'intérêt et un accroissement des liquidités bancaires
    - Cette politique doit être conduite avec précaution car elle peut générer de l'inflation
  - **Politique monétaire restrictive (politique monétariste)**
    - En période d'inflation, une politique monétaire restrictive est susceptible de réduire les tensions inflationnistes
    - Elle se traduit par la hausse des taux d'intérêt et une diminution des liquidités bancaires
    - Cette politique comporte deux risques majeurs
      - Le ralentissement de la croissance
      - L'augmentation du chômage

Effets de la politique monétaire sur l'économie réelle

- La politique monétaire exerce des effets sur l'activité économique et le comportement des agents économiques à travers quatre canaux de transmission
- **Le taux d'intérêt**
  - Lorsque la banque centrale augmente ou diminue ses taux directeurs, le coût du crédit augmente ou diminue
  - La baisse des taux d'intérêt dynamise l'investissement des entreprises et la consommation des ménages
- **Le crédit**
  - En rendant l'accès au crédit plus ou moins facile et plus ou moins coûteux, la politique monétaire agit sur l'offre et la demande de biens et de services
  - Durant la crise financière de 2008, ce canal a mal fonctionné dans les pays touchés par la crise, entraînant un "crédit crunch"
- **L'effet de richesse**
  - L'effet de richesse traduit la variation de la demande consécutive à la variation de la valeur du patrimoine des agents économiques
  - Ils réduisent leur demande en cas de baisse de la valeur du patrimoine
  - Ils l'accroissent en cas de hausse de la valeur du patrimoine
- **Le taux de change**
  - Les fluctuations des taux de change ont une influence directe sur les coûts des importations et des exportations
  - Une baisse du taux de change renchérit les importations et peut stimuler les exportations en diminuant leur prix

25. La politique conjoncturelle

Qu'est-ce que la politique économique conjoncturelle ?

La politique économique conjoncturelle vise à réguler l'activité à court terme pour garantir une croissance forte sans déséquilibres (chômage, inflation, déficit budgétaire...). Elle peut être procyclique ou contracyclique.

- **La politique conjoncturelle est procyclique lorsque l'Etat agit dans le sens de la conjoncture pour l'amplifier.** *Exemple : prendre des mesures de relance pour stimuler la demande et la croissance économique en période de récession.*
- **La politique conjoncturelle est contracyclique lorsque l'Etat intervient pour contrer une évolution conjoncturelle indésirable.** *Exemple : prendre des mesures d'augmentation des taux d'intérêt pour diminuer les tensions inflationnistes.*

La mise en œuvre de la politique économique conjoncturelle nécessite des politiques complémentaires : politique des revenus, politique fiscale, politique de l'emploi...

Quels sont les objectifs de la politique économique conjoncturelle ?

Les objectifs de la politique économique conjoncturelle sont la **croissance du PIB**, le **plein emploi**, la **stabilité des prix** ainsi que l'**équilibre des échanges et des paiements extérieurs**. Ces objectifs sont synthétisés par les quatre indicateurs du "***carré magique***" de ***Nicholas Kaldor*** (1971) : le taux de croissance, le taux de chômage, le taux d'inflation et le solde de la balance commerciale.

Le carré magique permet de comparer les économies entre elles ou de situer une économie à différentes périodes. Plus la surface du quadrilatère correspondant aux statistiques d'un pays à une période donnée s'éloigne de la surface théorique du carré magique, plus la situation économique se détériore.

Quels sont les instruments de la politique économique conjoncturelle ?

La régulation conjoncturelle de l'activité s'effectue au moyen de deux instruments principaux : le **budget de l'Etat** et le **taux d'intérêt**. La **politique budgétaire** et la **politique monétaire** peuvent être combinées pour maintenir un taux de croissance économique soutenu et un faible taux d'inflation.

Qu'est-ce qu'une politique conjoncturelle dite de relance ?

D'inspiration keynésienne, la politique économique conjoncturelle dite de relance **privilégie les objectifs de stimulation de la croissance économique et de lutte contre le chômage**. En cas de croissance faible et de chômage élevé, l'Etat peut mettre en œuvre une politique conjoncturelle qui vise à accroître la demande globale (consommation et investissement) pour stimuler l'activité économique. Cette politique est mise en œuvre à l'aide d'une politique budgétaire et monétaire expansionnistes.

- **Une politique budgétaire expansionniste se traduit par une hausse des dépenses publiques, une baisse des impôts et un creusement du déficit budgétaire**. Celui-ci est considéré comme favorable parce qu'il stimule la demande globale. Le mécanisme économique qui justifie cette politique est le suivant : l'augmentation des dépenses publiques et la diminution des impôts déclenchent une hausse du revenu disponible des ménages et une hausse de la consommation, ce qui engendre une hausse de la production des entreprises et donc une hausse de l'emploi.

- **Une politique monétaire expansionniste se traduit par une baisse des taux d'intérêt, une progression des crédits et de la masse monétaire**. Le mécanisme économique qui justifie cette politique est le suivant : une baisse des taux d'intérêt génère des sources de financement moins coûteuses pour les agents économiques. Ménages et entreprises vont donc recourir à plus de crédits et vont effectuer plus d'échanges donc plus d'activité économique et plus d'emploi.

Les politiques de relance ont des effets positifs sur l'activité économique, sur le revenu des ménages et sur l'emploi. Cependant ces politiques peuvent favoriser l'inflation des prix et dégrader l'équilibre extérieur en raison de l'augmentation des importations.

Qu'est-ce qu'une politique conjoncturelle dite de rigueur ?

D'inspiration libérale, la politique économique conjoncturelle dite de rigueur (stabilisation) privilégie la lutte contre l'inflation et la réduction des déficits. Elle implique le plus souvent le freinage de la croissance économique.
Elle est mise en œuvre à l'aide de politiques monétaire et/ ou budgétaire restrictives.

- **Une politique budgétaire restrictive recherche l'équilibre ou l'excédent du budget afin de limiter le poids de la dette publique**.

- **Une politique monétaire restrictive se traduit par une limitation du crédit et une hausse des taux d'intérêt.**

Les politiques de rigueur ont, en principe, des effets bénéfiques sur les prix, sur les équilibres extérieurs et sur les résultats des entreprises. Cependant, elles peuvent avoir des effets dépressifs sur l'emploi, sur le pouvoir d'achat des ménages et sur la production.

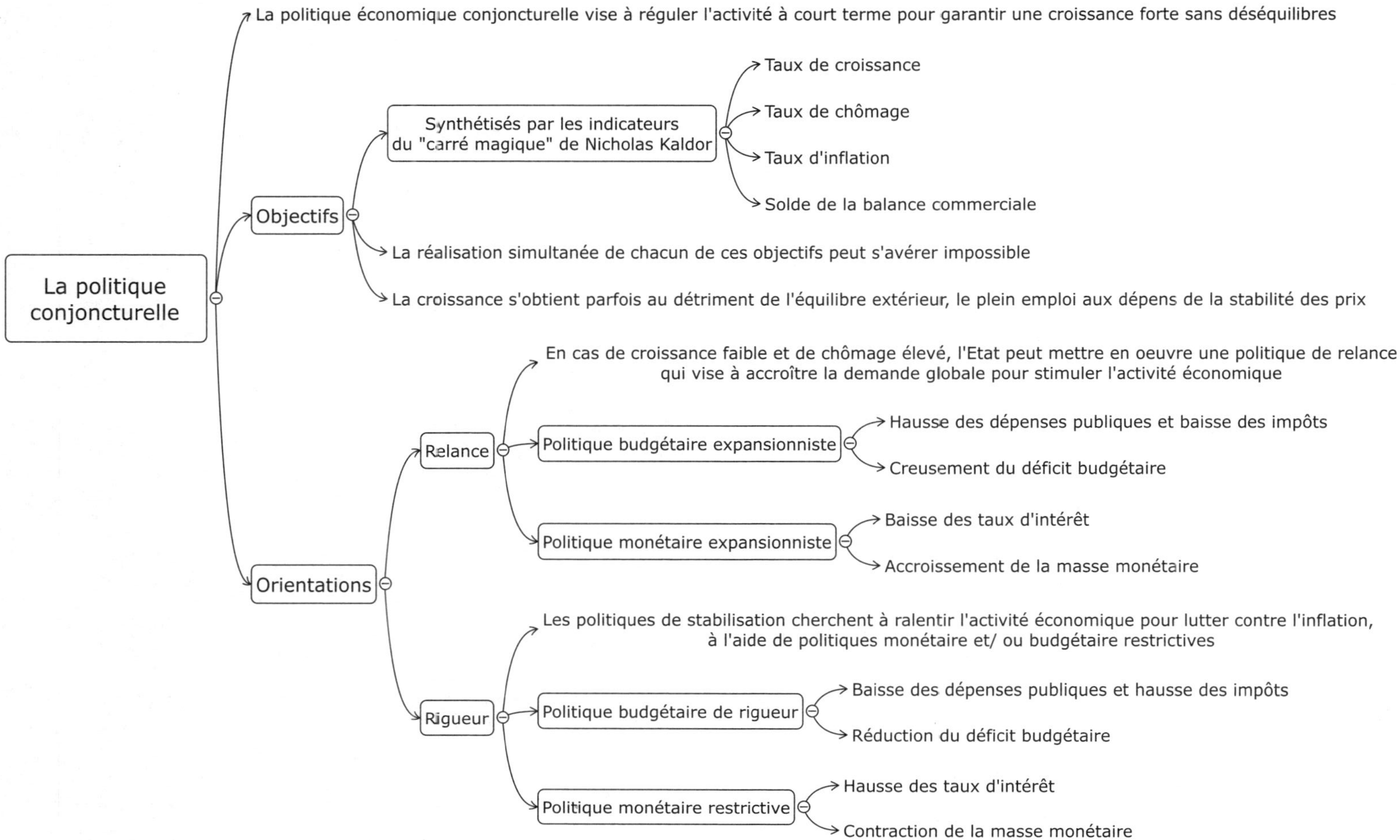
La politique conjoncturelle
La politique économique conjoncturelle vise à réguler l'activité à court terme pour garantir une croissance forte sans déséquilibres
Objectifs
Synthétisés par les indicateurs du "carré magique" de Nicholas Kaldor
Taux de croissance
Taux de chômage
Taux d'inflation
Solde de la balance commerciale
La réalisation simultanée de chacun de ces objectifs peut s'avérer impossible
La croissance s'obtient parfois au détriment de l'équilibre extérieur, le plein emploi aux dépens de la stabilité des prix
Orientations
Relance
En cas de croissance faible et de chômage élevé, l'Etat peut mettre en oeuvre une politique de relance qui vise à accroître la demande globale pour stimuler l'activité économique
Politique budgétaire expansionniste
Hausse des dépenses publiques et baisse des impôts
Creusement du déficit budgétaire
Politique monétaire expansionniste
Baisse des taux d'intérêt
Accroissement de la masse monétaire
Rigueur
Les politiques de stabilisation cherchent à ralentir l'activité économique pour lutter contre l'inflation, à l'aide de politiques monétaire et/ ou budgétaire restrictives
Politique budgétaire de rigueur
Baisse des dépenses publiques et hausse des impôts
Réduction du déficit budgétaire
Politique monétaire restrictive
Hausse des taux d'intérêt
Contraction de la masse monétaire

26. La politique structurelle

Qu’est-ce qu’une politique économique structurelle ?

La politique économique structurelle est l’ensemble des actions mises en œuvre par les pouvoirs publics pour transformer le système économique afin d'en améliorer le fonctionnement.

Elle vise à assurer durablement la croissance et la compétitivité de l’économie nationale. Elle s’inscrit dans le moyen et le long terme.

Dans l'Union européenne, il existe deux catégories de politiques structurelles : les politiques structurelles nationales et les politiques structurelles de l'UE. Depuis la mise en place de la "***stratégie de Lisbonne***", les politiques structurelles nationales sont encadrées et coordonnées pour plus de cohérence. La coordination de ces politiques s'effectue par l'intermédiaire des grandes orientations des politiques économiques (GOPE).

Quelles sont les principales politiques structurelles nationales ?

Les politiques structurelles nationales visent à accroître les possibilités de production, à orienter l'activité vers des secteurs d'avenir, à renforcer la concurrence par la réglementation et à mettre en place des autorités indépendantes de régulation.

En France, les principales politiques structurelles sont :

- La **politique industrielle** favorise les secteurs considérés comme stratégiques, soutien aux PME...
- La **politique énergétique** cherche à développer les énergies renouvelables et non polluantes
- La **politique de recherche** et d'innovation finance la R&D et le développement de nouvelles technologies
- La **politique de formation** cherche à développer le capital humain
- La **politique d'aménagement du territoire** vise à corriger les disparités entre les régions, à développer les infrastructures de transport et de communication...

Quelles sont les principales politiques structurelles dans l'Union Européenne ?

Les politiques structurelles de l'Union Européenne visent à supprimer les obstacles économiques à la croissance et à améliorer le fonctionnement des marchés en renforçant la concurrence.

Les domaines essentiels de la politique structurelle au niveau européen sont l'agriculture, la concurrence, le social et l'environnement :

- La **politique agricole commune** (PAC) vise à protéger l'agriculture européenne en assurant l'indépendance alimentaire de l'Europe et l'entretien du patrimoine naturel.
- La **politique de concurrence** cherche à défendre les intérêts des consommateurs européens, à lutter contre les monopoles et les pratiques anticoncurrentielles (ententes, abus de position dominante).
- La **politique sociale** vise à éviter, au niveau européen, l'harmonisation par le bas des taux d'imposition et des cotisations sociales.
- La **politique de l'environnement** cherche à lutter contre la pollution, à prévenir les risques et à protéger la biodiversité dans l'UE.

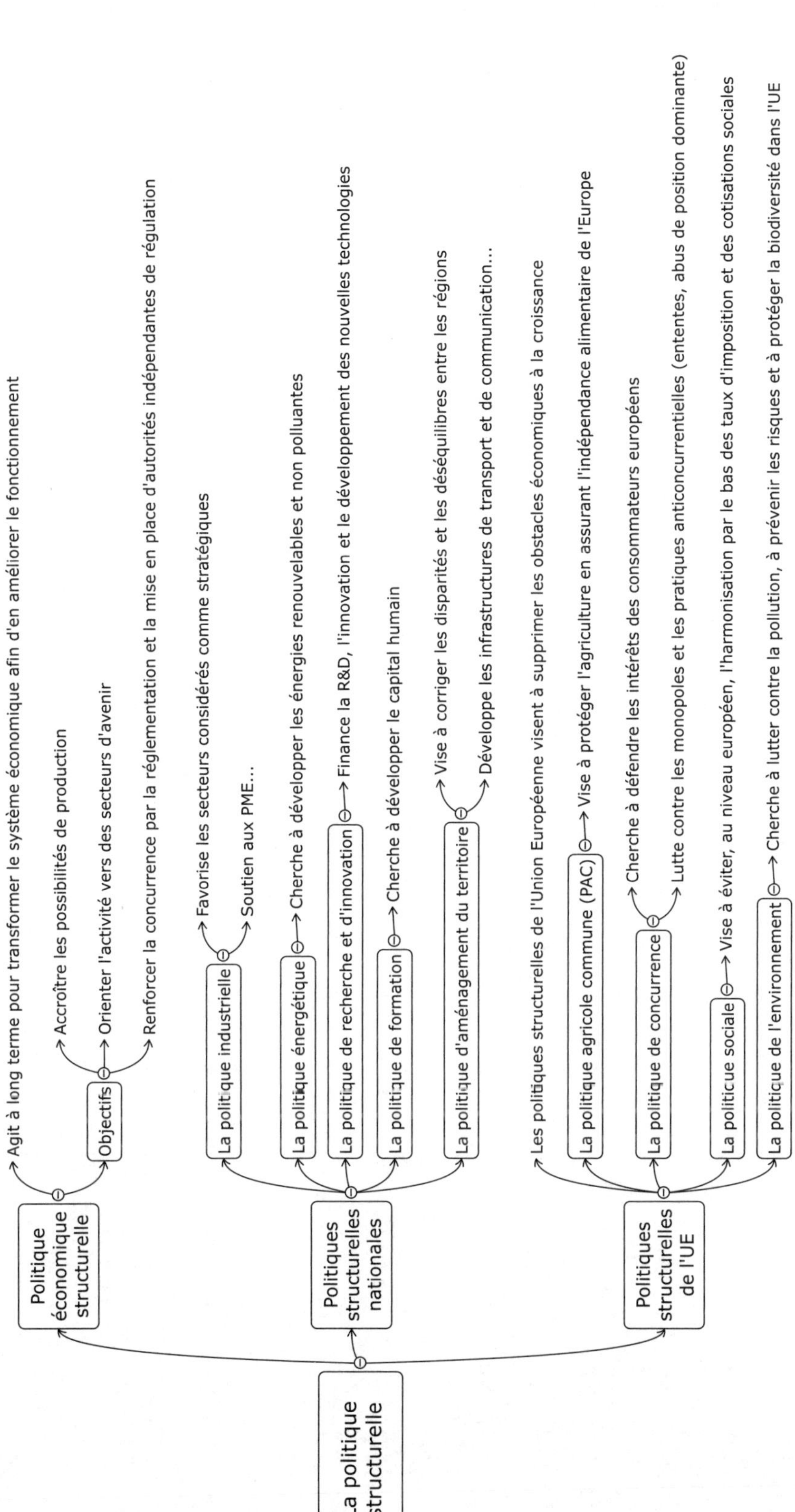
La politique structurelle
Politique économique structurelle
Agit à long terme pour transformer le système économique afin d'en améliorer le fonctionnement
Objectifs
Accroître les possibilités de production
Orienter l'activité vers des secteurs d'avenir
Renforcer la concurrence par la réglementation et la mise en place d'autorités indépendantes de régulation
Politiques structurelles nationales
La politique industrielle
Favorise les secteurs considérés comme stratégiques
Soutien aux PME...
La politique énergétique
Cherche à développer les énergies renouvelables et non polluantes
La politique de recherche et d'innovation
Finance la R&D, l'innovation et le développement des nouvelles technologies
La politique de formation
Cherche à développer le capital humain
La politique d'aménagement du territoire
Vise à corriger les disparités et les déséquilibres entre les régions
Développe les infrastructures de transport et de communication...
Politiques structurelles de l'UE
Les politiques structurelles de l'Union Européenne visent à supprimer les obstacles économiques à la croissance
La politique agricole commune (PAC)
Vise à protéger l'agriculture en assurant l'indépendance alimentaire de l'Europe
La politique de concurrence
Cherche à défendre les intérêts des consommateurs européens
Lutte contre les monopoles et les pratiques anticoncurrentielles (ententes, abus de position dominante)
La politique sociale
Vise à éviter, au niveau européen, l'harmonisation par le bas des taux d'imposition et des cotisations sociales
La politique de l'environnement
Cherche à lutter contre la pollution, à prévenir les risques et à protéger la biodiversité dans l'UE

27. Les limites à l'efficacité des politiques économiques

Quelles sont les limites à l'efficacité des politiques économiques nationales ?

Les politiques économiques nationales sont contraintes par la mondialisation de l'économie et par l'incompatibilité des objectifs économiques.

- **Les effets de la mondialisation de l'économie** : dans le domaine productif, les stratégies des firmes multinationales peuvent perturber les politiques industrielles et d'emploi des pouvoirs publics (*ex: délocalisations*). Dans le domaine monétaire, la politique de la BCE peut être contrée par les mouvements internationaux des capitaux. Dans le domaine budgétaire, le Pacte de Stabilité et de Croissance (PSC) réduit les marges de manœuvre budgétaire des États.
- **L'incompatibilité des objectifs de la politique économique** : dans le cadre d'une politique de relance, l'augmentation des dépenses publiques n'implique pas nécessairement une augmentation de la demande. Cette dernière peut avoir comme effets positifs la hausse de la production des entreprises et la baisse du chômage. Elle peut avoir également deux effets pervers : le risque d'inflation et la hausse des importations.

Quelles sont les limites à l'efficacité de la politique budgétaire ?

Deux contraintes principales limitent actuellement l'efficacité de la politique budgétaire : la contrainte européenne et la contrainte liée à l'endettement public.

La contrainte européenne : les règles budgétaires dans l'UE, réduisent les possibilités de mettre œuvre une politique budgétaire capable de relancer la croissance en période de ralentissement. Le Pacte de Stabilité et de Croissance (PSC) fixe des limites à la politique budgétaire des pays de la zone euro. Les déficits publics ne peuvent pas dépasser 3% du PIB et l'endettement public est limité à 60 % du PIB. Par ailleurs, dans la zone euro, il est difficile de coordonner la politique monétaire unique, définie au niveau européen, et les politiques budgétaires nationales. Or, la politique économique conjoncturelle n'est efficace que si les politiques monétaire et budgétaire sont utilisées conjointement pour atteindre le même objectif (Policy mix).

La contrainte liée à l'endettement public : le recours à l'emprunt pour financer les dépenses publiques entraine un effet "*boule de neige* " et pose un problème à long terme de soutenabilité des finances publiques.

- **Effet boule de neige** : en cas de financement du déficit budgétaire par emprunt, plusieurs années de déficit peuvent conduire à une accumulation de la dette publique. Un risque important apparaît alors, celui d'un «effet boule de neige» de la dette. Il s'agit d'un cercle vicieux d'autoalimentation de la dette. Une dette importante implique le versement d'intérêts considérables aux épargnants créanciers de l'État. Le poids de ces intérêts aggrave le déficit et conduit à un nouvel endettement public qui, à son tour, conduira à un niveau d'intérêts encore plus important, etc.

- **La soutenabilité de la dette** : lorsque la dette publique s'accroît fortement, cela pose deux problèmes: Une grande part des dépenses étant affectée au paiement du service de la dette et l'État peut se retrouver dans une situation d'insolvabilité, incapable de faire face au remboursement de la dette (la situation de la Grèce en 2010 caractérise cet état d'insolvabilité).

L'utilisation du déficit budgétaire se heurte à plusieurs **critiques théoriques** des économistes libéraux :

- **L'effet d'éviction** : si le déficit budgétaire est financé grâce à des emprunts auprès des agents économiques, se pose le problème de l'effet d'éviction. Le recours à l'emprunt pour financer le déficit budgétaire provoque un déplacement de l'épargne disponible vers le secteur public au détriment des autres agents économiques. L'effet d'éviction est un phénomène qui conduit à un rationnement de la demande de capitaux des agents privés sur le marché financier du fait de la présence de l'État, cela peut entraîner une baisse de l'investissement privé et freiner l'effet de relance impulsé par la politique budgétaire. L'éviction s'appuie sur deux mécanismes :
    - Un *effet quantité* : l'État est un emprunteur important qui offre des garanties solides, il sera donc servi en priorité par les prêteurs ce qui réduit d'autant la quantité de capitaux disponibles pour les autres emprunteurs.
    - Un *effet prix* : l'augmentation de la demande de capitaux sur les marchés financiers face à une offre inchangée conduit à une hausse des taux d'intérêt. Les capitaux deviennent ainsi plus coûteux pour les emprunteurs privés.
- **L'effet Laffer** : selon l'économiste Arthur Laffer, l'impôt est une source de désincitation au travail. Au delà d'un seuil d'imposition, les individus sont incités à réduire leur activité économique. Cela a deux effets majeurs : un frein pour la croissance économique, puisque l'activité se ralentit et une baisse des recettes de l'État (d'où l'expression « Trop d'impôt tue l'impôt »).
- **L'effet Ricardo-Barro** : selon la théorie de l'équivalence ricardienne (Ricardo-Barro), les anticipations des agents économiques peuvent limiter l'efficacité d'une politique budgétaire. Dans le cas d'une politique de relance financée par l'emprunt, les agents économiques anticipent une hausse future des impôts. Pour se préparer à les payer, ils vont donc épargner davantage, réduisant de ce fait l'effet multiplicateur. Les agents économiques connaissent l'ensemble des effets induits par les politiques économiques mises en place, notamment l'inflation. Ils ne seraient alors pas

dupes et n'augmenteraient pas leurs dépenses, anticipant la dégradation de leur pouvoir d'achat.

- **Les « fuites » dans une économie ouverte** : l'effet multiplicateur n'est pas garanti, notamment dans le cas des économies à haut degré d'ouverture sur l'étranger. Il peut être affaibli par deux fuites principales : l'épargne, et la consommation de produits importés.

  Si la hausse des revenus induite par la politique économique est affectée en grande partie à l'épargne, cela n'a pas d'effet d'entraînement positif sur l'économie : pas de consommation donc pas de production supplémentaire.

  Si, dans le cadre d'une politique de relance, une grande partie des revenus distribués se porte sur la consommation de produits importés, l'augmentation de la demande peut se traduire par une augmentation des importations et non de la production nationale, ce qui va entraîner une relance de la production des pays en question, mais n'aura aucun impact sur l'économie nationale.

Quelles sont les limites à l'efficacité de la politique monétaire?

Trois contraintes limitent l'efficacité de la politique monétaire :

- Une politique monétaire restrictive exclusivement centrée sur la lutte contre l'inflation fragilise la croissance économique.
- L'internationalisation des marchés de capitaux impose à la BCE la prise en compte des taux d'intérêt offerts sur les marchés financiers internationaux.
- Dans la zone euro, la politique monétaire appartient à la BCE, les gouvernements ne peuvent pas agir sur la politique monétaire. Or, une même politique monétaire ne peut pas exercer les mêmes effets selon les pays, compte tenu de l'hétérogénéité des économies des pays de la zone euro. Les situations conjoncturelles sont diverses et réclament des politiques monétaires adaptées.

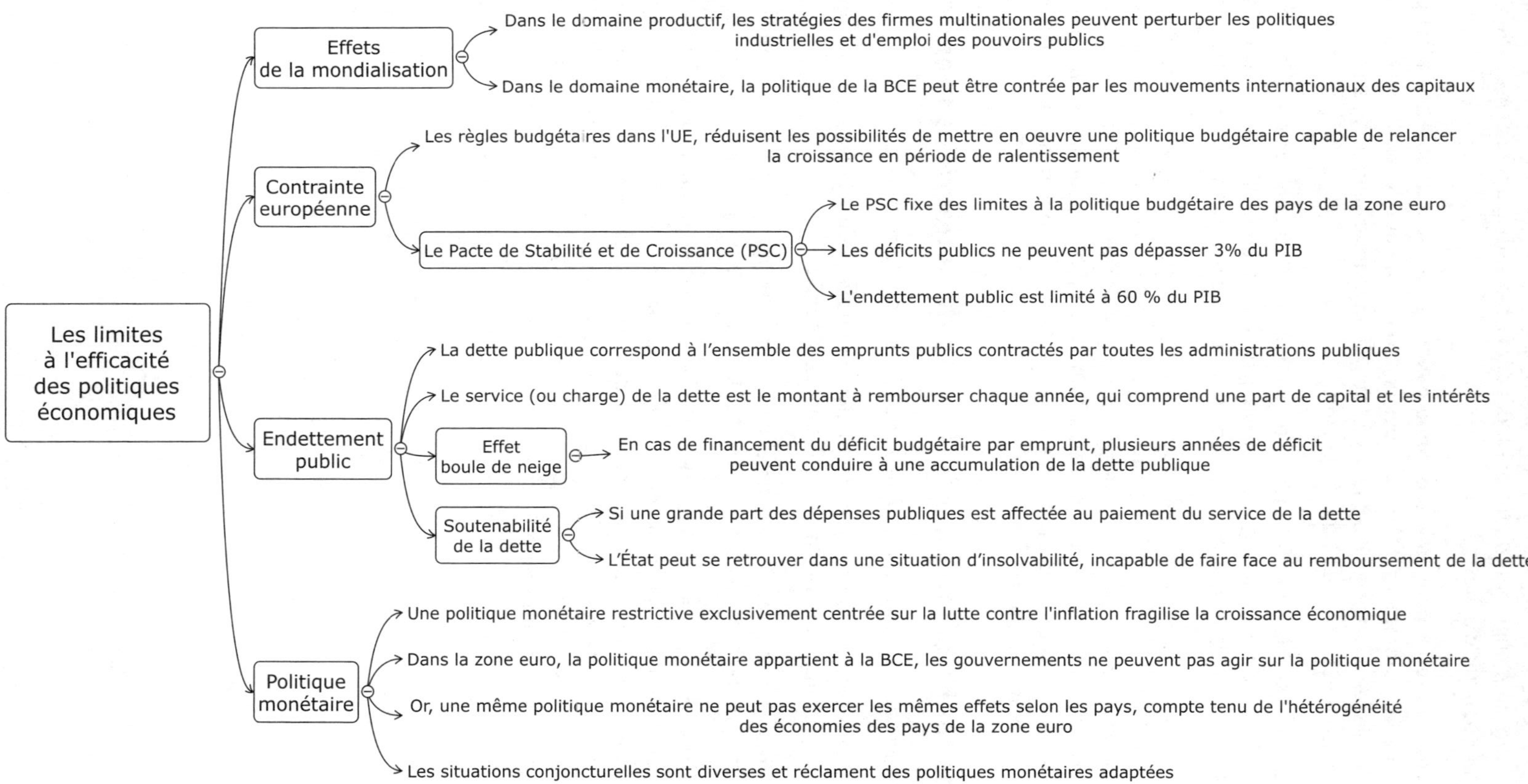
Les limites à l'efficacité des politiques économiques
Effets de la mondialisation
Dans le domaine productif, les stratégies des firmes multinationales peuvent perturber les politiques industrielles et d'emploi des pouvoirs publics
Dans le domaine monétaire, la politique de la BCE peut être contrée par les mouvements internationaux des capitaux
Contrainte européenne
Les règles budgétaires dans l'UE, réduisent les possibilités de mettre en oeuvre une politique budgétaire capable de relancer la croissance en période de ralentissement
Le Pacte de Stabilité et de Croissance (PSC)
Le PSC fixe des limites à la politique budgétaire des pays de la zone euro
Les déficits publics ne peuvent pas dépasser 3% du PIB
L'endettement public est limité à 60 % du PIB
Endettement public
La dette publique correspond à l'ensemble des emprunts publics contractés par toutes les administrations publiques
Le service (ou charge) de la dette est le montant à rembourser chaque année, qui comprend une part de capital et les intérêts
Effet boule de neige
En cas de financement du déficit budgétaire par emprunt, plusieurs années de déficit peuvent conduire à une accumulation de la dette publique
Soutenabilité de la dette
Si une grande part des dépenses publiques est affectée au paiement du service de la dette
L'État peut se retrouver dans une situation d'insolvabilité, incapable de faire face au remboursement de la dette
Politique monétaire
Une politique monétaire restrictive exclusivement centrée sur la lutte contre l'inflation fragilise la croissance économique
Dans la zone euro, la politique monétaire appartient à la BCE, les gouvernements ne peuvent pas agir sur la politique monétaire
Or, une même politique monétaire ne peut pas exercer les mêmes effets selon les pays, compte tenu de l'hétérogénéité des économies des pays de la zone euro
Les situations conjoncturelles sont diverses et réclament des politiques monétaires adaptées

Les limites théoriques de la politique budgétaire

- L'utilisation du déficit budgétaire se heurte à plusieurs critiques théoriques des économistes libéraux
- **Effet d'éviction**
  - Le recours à l'emprunt pour financer le déficit provoque un déplacement de l'épargne vers le secteur public au détriment des autres agents économiques
  - L'effet d'éviction est un phénomène qui conduit à un rationnement de la demande de capitaux des agents privés sur le marché financier
  - Cet effet d'éviction peut entraîner une baisse de l'investissement privé et freiner l'effet de relance impulsé par la politique budgétaire
- **Effet Laffer**
  - Selon l'économiste Arthur Laffer, l'impôt est une source de désincitation au travail
  - Au delà d'un seuil d'imposition, les individus sont incités à réduire leur activité économique
  - Cela a deux effets majeurs :
    - Un frein pour la croissance économique, puisque l'activité se ralentit
    - Une baisse des recettes de l'État (d'où l'expression « Trop d'impôt tue l'impôt »)
- **Effet "Ricardo-Barro"**
  - Dans le cas d'une politique de relance financée par l'emprunt, les agents économiques anticipent une hausse future des impôts
  - Pour se préparer à les payer, ils vont donc épargner davantage, réduisant de ce fait l'effet multiplicateur
- **Les « fuites » dans une économie ouverte**
  - L'effet multiplicateur n'est pas garanti, notamment dans le cas des économies à haut degré d'ouverture sur l'étranger
  - Il peut être affaibli par deux fuites principales : l'épargne, et la consommation de produits importés
  - Si la hausse des revenus induite par la politique économique est affectée en grande partie à l'épargne…
  - … cela n'a pas d'effet d'entraînement positif sur l'économie : pas de consommation, donc pas de production supplémentaire
  - Si, dans le cadre d'une politique de relance, une grande partie des revenus distribués se porte sur la consommation de produits importés…
  - … l'augmentation de la demande peut se traduire par une augmentation des importations et non de la production nationale…
  - … ce qui va entraîner une relance de la production des pays en question, mais n'aura aucun impact sur l'économie nationale

THÈME 6

La gouvernance de l’économie mondiale

28. La régulation du marché mondial des biens et services

Quels sont les effets positifs de la libéralisation et de l'augmentation du commerce mondial ?

Le marché des biens et services revêt un caractère mondial : aujourd'hui presque tous les pays peuvent échanger entre eux biens et services.

La libéralisation et le développement du commerce mondial ont des effets positifs sur l'offre et sur la demande et constituent un levier de développement économique.

Du côté de l'offre :

- **Le libre-échange stimule la concurrence :** confrontés à la concurrence étrangère, les producteurs nationaux doivent constamment améliorer leurs productions pour rester compétitifs
- **Le libre-échange stimule la croissance** : il permet une augmentation du volume des échanges et donc une stimulation de l'activité économique. Mécaniquement, les échanges de biens et services augmentent chaque fois qu'un pays ouvre son économie
- **Le libre-échange améliore l'efficacité économique** puisque chaque pays se spécialise dans les productions pour lesquelles il est le plus efficace
- **Le libre-échange stimule l'innovation** : confrontées à la concurrence internationale, les entreprises doivent s'adapter et innover pour rester compétitives.

Du côté de la demande :

- **La production à grande échelle permet de réduire les coûts de production et de faire baisser les prix**
- **La concurrence entre producteurs nationaux et étrangers permet au consommateur d'élargir ses choix**
- **L'élargissement du marché permet d'éviter les pénuries de biens et services**

Le libre échange, un levier de développement économique : beaucoup de pays émergents ont axé leur développement économique sur les exportations. L'ouverture des économies tend à faire converger les rémunérations des facteurs de production selon la théorie HOS (Heckscher-Ohlin-Samuelson). Un pays qui s'ouvre aux échanges verra son salaire moyen augmenter, ce qui contribue à stimuler le pouvoir d'achat.

Pourquoi le commerce mondial nécessite-t-il une coordination internationale ?

Le libre-échange ne s'impose pas de lui-même, il est nécessaire que les pays décident de libéraliser leur économie. La régulation du commerce mondial s'impose pour :

- **Fixer les mêmes règles à tous les pays, droits, devoirs et sanctions applicables**
- **Eviter un comportement de passager clandestin** : il existe un risque de comportement opportuniste de "passager clandestin" de la part de pays qui profiteraient de l'ouverture (profiter des avantages) tout en continuant à se protéger (sans supporter les inconvénients). Un comportement de passager clandestin désigne le comportement d'un agent qui veut obtenir un avantage sans avoir à fournir de contrepartie *(exemple type : la personne qui voyage sans titre de transport*).

Le multilatéralisme est à la base de la coordination internationale du commerce mondial. C'est un mode d'organisation et de négociation économiques, commerciales et financières engageant la présence d'un grand nombre d'États. Il repose sur l'idée que la communauté internationale doit s'entendre pour définir des règles communes en matière d'échange international.

Dans le domaine commercial, le multilatéralisme est organisé depuis 1947 dans le cadre du **GATT** puis dans celui de l'**OMC** depuis 1995.

Quels sont les principes de fonctionnement de l'Organisation mondiale du commerce ?

Depuis la ratification des accords de Marrakech le 15 avril 1994, les parties contractantes du GATT sont devenues membres d'une nouvelle institution internationale : **l'O.M.C. (organisation internationale dont le rôle est de promouvoir le développement des échanges de biens et services, et de garantir la stabilité des échanges)**.

C'est aussi un **cadre législatif appliqué à l'ensemble des pays signataires** (153 pays en 2009) où chaque Etat représente une voix, quelque soit son poids politique ou économique.

Les domaines concernés sont : le commerce des biens et services, la propriété intellectuelle et l'agriculture.

Les grands principes fixés en 1947 par l'accord du GATT n'ont pas changé :

- **Le principe de négociation** : pour développer les échanges de biens et services, l'OMC organise des cycles de négociations multilatérales et globales, appelés Rounds (ou cycles). Depuis 1947, huit séries de négociations commerciales ont été réalisées, d'abord au sein du GATT puis depuis 1995 au sein de l'OMC. En 2001, « le cycle de Doha pour le développement » a lancé de nouvelles négociations. Il est actuellement bloqué par absence de consensus entre tous les pays membres.

- **Le principe de non discrimination entre producteurs étrangers et producteurs nationaux** : la « clause de la nation la plus favorisée » introduit le principe d'un traitement identique à tous les partenaires commerciaux. Tout avantage consenti par un membre de l'OMC à un autre est étendu à tous les autres.

- **Le principe de réciprocité :** en matière de concessions tarifaires, un pays qui accepte un avantage doit l'offrir en retour.

- **Le principe de concurrence loyale** : le dumping (vente à perte) est prohibé, les politiques de quotas (ou contingentements) sont interdites. Les subventions publiques sont surveillées (en matière de production), voire interdites (en matière d'exportation). Les accords négociés au sein de l'OMC prévoient des exceptions dans certaines circonstances aux principes fondamentaux de concurrence loyale.

Il incombe à l'OMC de régler les litiges entre les pays membres.

En cas de désaccord entre les pays, l'OMC a instauré un tribunal des conflits : **l'Organe de règlement des différends (ORD) qui a pour rôle de statuer sur les litiges et de surveiller la mise en œuvre de ses décisions.**

Le règlement des litiges entre pays est basé sur la négociation. Cependant, des mesures coercitives peuvent être prises à l'encontre des pays récalcitrants.

Quelles sont les limites à la gouvernance des échanges mondiaux ?

Le fonctionnement de l'OMC connaît deux types de limites : la recherche du consensus et le développement des accords régionaux.

- **La recherche du consensus**. D'après les règlements de l'OMC, les négociations doivent aboutir à un consensus. Or, avec 153 membres, la recherche d'un consensus constitue un puissant frein en cas de désaccord profond entre les pays. Aujourd'hui les négociations portent sur des sujets plus sensibles et sont donc source de tensions (services, domaines initialement réservés à l'État...). Conséquence, multiplication des accords bilatéraux et régionaux en alternative à l'OMC.

- **Le développement des accords commerciaux régionaux** (ACR) est un phénomène général qui touche l'ensemble des continents. Il se traduit par la création d'unions économiques entre pays désireux de supprimer les barrières commerciales entre eux. Les quatre principaux ACR sont : l'union européenne (UE), l'association des nations de l'Asie du Sud-est (ASEAN), le marché commun des pays d'Amérique du Sud (MERCOSUR), l'association de libre-échange nord-américain (ALENA).

  Les ACR donnent des droits préférentiels aux pays signataires mais les pays extérieurs en sont exclus. Les quatre principaux ACR concentrent à eux seuls 70 % des échanges mondiaux.

  Ces zones contrarient la régulation par l'OMC en regroupant des pays qui pèsent plus lourd dans les négociations ; en instaurant à l'intérieur des zones, des règles qui deviennent autant d'entraves au commerce pour les pays extérieurs et en marginalisant les "petits pays" isolés, exclus des accords régionaux.

Depuis le début des années 2000, le rôle de l'OMC est contesté. On lui reproche d'être entre les mains des grandes puissances commerçantes. On l'accuse de ne pas résister à la régionalisation des échanges.

La régulation du marché mondial des biens et services

- Le libre-échange ne s'impose pas de lui-même, il est nécessaire que les pays décident de libéraliser leur économie
- La régulation du commerce mondial s'impose
  - Pour fixer les mêmes règles à tous les pays
  - Pour éviter un comportement de passager clandestin
- OMC
  - Mission
    - Assurer la gouvernance mondiale des échanges de biens
  - Objectifs
    - Une plus grande liberté du commerce mondial
    - Une plus grande équité du commerce mondial
  - Principes
    - Non discrimination
      - Entre producteurs étrangers et producteurs nationaux
    - La « clause de la nation la plus favorisée »
      - Tout avantage consenti par un membre de l'OMC à un autre est étendu à tous les autres
    - Clause de sauvegarde
      - Dans le cas où la production nationale d'un produit pourrait subir de graves dommages du fait des importations
    - Réciprocité
      - En matière de concessions tarifaires, un pays qui accepte un avantage doit l'offrir en retour
    - Concurrence loyale
      - Le dumping (vente à perte) est prohibé
      - Les politiques de quotas (ou contingentements) sont interdites
      - Les subventions publiques sont surveillées (en matière de production), voire interdites (en matière d'exportation)
  - Règlement des litiges
    - En cas de désaccord entre les pays, l'OMC a instauré un tribunal des conflits : l'Organe de règlement des différends (ORD)
    - L'ORD a pour rôle de statuer sur les litiges et de surveiller la mise en oeuvre de ses décisions
- Limites à la gouvernance des échanges mondiaux
  - Consensus
    - D'après les règlement de l'OMC, les négociations doivent aboutir à un consensus
    - Or, avec 153 membres, la recherche d'un consensus constitue un puissant frein en cas de désaccord profond entre les pays
  - Le rôle de l'OMC est contesté
    - On lui reproche d'être entre les mains des grandes puissances commerçantes

29. Les biens publics mondiaux

Qu'est-ce qu'un bien public ?

Un bien public (ou bien collectif) est un bien ou un service qui présente deux caractéristiques : non rivalité et non exclusion.

- **Un bien est dit non rival lorsque sa consommation par un agent n'empêche pas un autre agent de le consommer**. Une fois qu'il est produit, le bien peut être utilisé par un grand nombre de personnes, sans coût de production supplémentaire. Le coût marginal engendré par un consommateur supplémentaire est nul.
- **Un bien est dit non exclusif lorsqu'on ne peut exclure aucun agent de la consommation de ce bien**. Il est impossible d'exclure un consommateur de l'accès à ce bien par un mécanisme de prix. Ceux qui veulent consommer ce produit sans en payer le prix ne peuvent être exclus. *Exemples : l'éclairage public, l'eau d'une fontaine, la défense nationale, la justice.*

On parle de biens publics impurs pour désigner des biens publics qui ne répondent qu'à un seul de ces critères.

Les biens publics ne peuvent être satisfaits par le marché pour deux raisons : du coté de l'offre, aucune entreprise privée ne serait en mesure de les produire avec profit ; du coté de la demande, les consommateurs adopteraient le comportement de passager clandestin (profiter d'un bien sans payer).

C'est donc l'Etat qui doit assumer la fourniture des biens collectifs en faisant supporter le coût à la collectivité par l'intermédiaire de la fiscalité.

Qu'est-ce qu'un bien public mondial ?

Un bien public mondial (BPM) est un bien public, donc non rival et non exclusif et qui possède un caractère mondial (ou universel).

Selon ***Charles Kindelberger*** (1986), les BPM représentent l'ensemble des biens accessibles à tous les États qui n'ont pas nécessairement intérêt à les produire.

Les BPM sont classés en trois catégories :

- **Les BPM naturels**. *Exemples : la qualité de l'air, la biodiversité.* Le problème auquel est confrontée la communauté internationale est la sur-utilisation de ces biens.

- **Les BPM d'origine humaine**. *Exemple : les connaissances scientifiques.* Le problème auquel est confrontée la communauté internationale est leur sous-utilisation.

- **Les BPM résultant de politiques globales**. *Exemples : la santé, la stabilité du système financier international.* Le problème auquel est confrontée la communauté internationale est leur sous-production.

Du fait de ses caractéristiques, aucun Etat n'a intérêt à financer la production d'un BPM, attendant que d'autres le fassent pour en bénéficier sans frais. Face à la double défaillance des marchés et des États, il est nécessaire de recourir à la coopération internationale.

Comment gérer un bien public mondial ?

Pour assurer la gestion des biens publics mondiaux, on peut utiliser des instruments économiques ou réglementaires.

- **Les instruments économiques** : on cherche à modifier le comportement des agents par le biais de l'incitation.

- **L'instauration d'un marché ad hoc** (ou contrôle par les volumes). *Exemple : le protocole de Kyoto sur le climat, entré en vigueur en 2005, a permis la mise en place du marché du carbone.*
  L'action des pouvoirs publics consiste à fixer une quantité maximale d'émissions polluantes (quotas d'émission de CO2). Dans un premier temps, ils attribuent des droits à polluer aux entreprises polluantes ensuite, ils leur proposent un lieu d'échange des droits à polluer : le marché du carbone où se détermine le prix de l'activité polluante. Plus le quota est faible, plus le prix de l'activité polluante sera élevé, plus les agents seront incités à arrêter les activités polluantes.

- **La mise en place d'une taxe** : la taxation permet d'internaliser les externalités en obligeant les agents économiques à tenir compte des coûts supportés par la collectivité.

- **Les instruments réglementaires** : pour assurer la gestion des biens publics mondiaux, les États peuvent imposer des contraintes aux agents économiques afin qu'ils modifient leur comportement

- **Les traités internationaux** permettent l'organisation, la production, la préservation et l'utilisation des BPM. Ils définissent des normes de comportement pour les États (*interdiction de la pêche de certains poissons, par exemple*).

- **La gestion des BPM peut être confiée à des institutions** qui font partie du Système des Nations Unis ou à des ONG. Les organisations internationales (FMI, Banque mondiale, l'OMC, l'OMS...) facilitent la conclusion et l'application des accords entre les États. Dans le domaine de la santé, par exemple, l'OMS élabore des règles qui s'imposent à tous les pays (campagnes de vaccination, protocoles de soins...).

Ces modalités incitatives ou contraignantes affectent les décisions et l'activité économique et génèrent des conflits d'intérêt entre les États.

Quelles sont les limites de la gouvernance mondiale des biens publics mondiaux ?

La gouvernance mondiale est la capacité de l'ensemble des pays de la planète à fixer et appliquer des règles de fonctionnement de l'économie mondiale.

La coopération entre les États est difficile. Deux problèmes se posent : celui de la répartition équitable du financement des BPM et celui des sanctions quand les engagements ne sont pas respectés.

L'échec du Sommet de Copenhague (décembre 2009) témoigne des problèmes de coordination de l'action internationale en matière de réchauffement climatique.

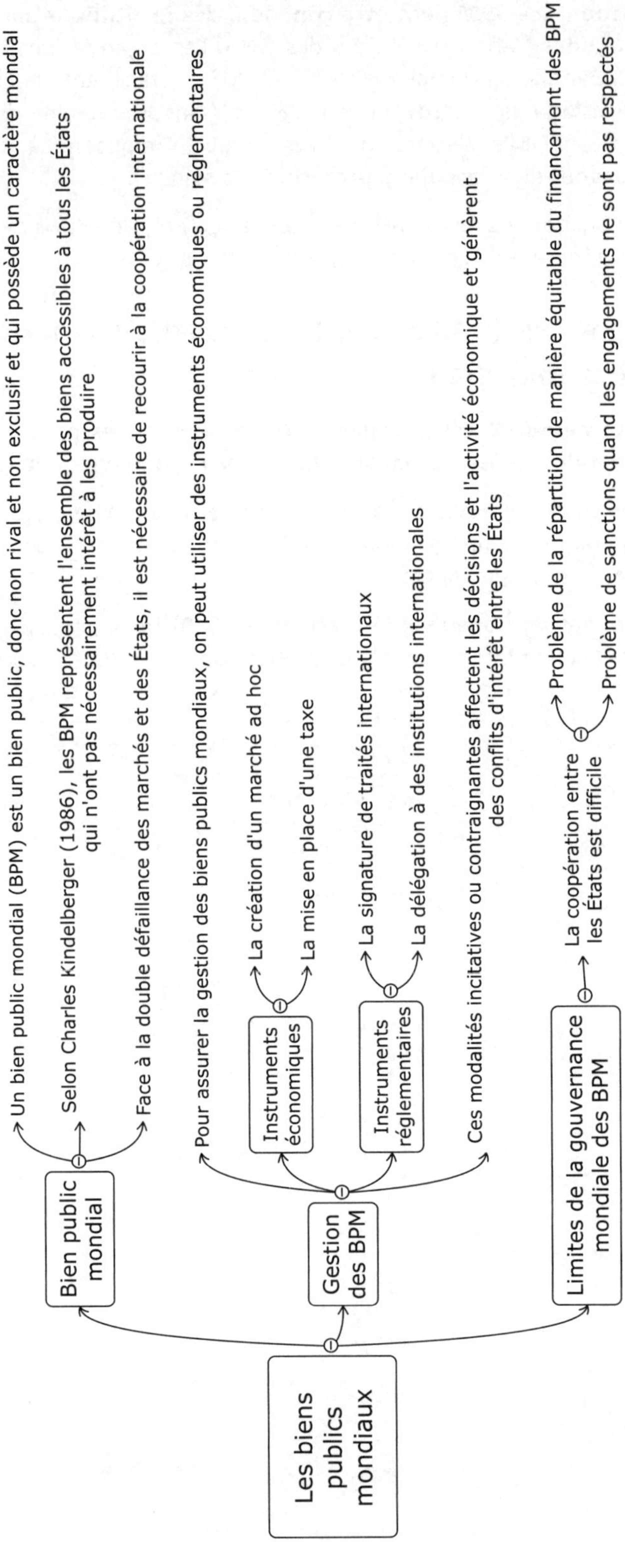
Les biens publics mondiaux
Bien public mondial
Un bien public mondial (BPM) est un bien public, donc non rival et non exclusif et qui possède un caractère mondial
Selon Charles Kindelberger (1986), les BPM représentent l'ensemble des biens accessibles à tous les États qui n'ont pas nécessairement intérêt à les produire
Face à la double défaillance des marchés et des États, il est nécessaire de recourir à la coopération internationale
Gestion des BPM
Pour assurer la gestion des biens publics mondiaux, on peut utiliser des instruments économiques ou réglementaires
Instruments économiques
La création d'un marché ad hoc
La mise en place d'une taxe
Instruments réglementaires
La signature de traités internationaux
La délégation à des institutions internationales
Ces modalités incitatives ou contraignantes affectent les décisions et l'activité économique et génèrent des conflits d'intérêt entre les États
Limites de la gouvernance mondiale des BPM
La coopération entre les États est difficile
Problème de la répartition de manière équitable du financement des BPM
Problème de sanctions quand les engagements ne sont pas respectés

Schémas méthodologiques
Partie économique

- **Rédiger une note structurée et argumentée en économie**
  - Note
    - Le sujet d'économie se présente sous la forme d'une situation contextualisée accompagnée d'un dossier documentaire et d'une série de questions
    - La réponse à ces questions doit se faire sous forme d'une note argumentée et structurée généralement adressée à un supérieur hiérarchique
    - Les arguments peuvent être issus des documents proposés ou provenir des connaissances personnelles du candidat
    - Les arguments à utiliser peuvent être des faits, des chiffres, des théories, des citations
    - La note doit faire apparaître explicitement un plan
  - Décrypter la consigne
    - Chacune des questions posées fait intervenir une consigne (le travail à faire) sous forme de verbe d'action
    - Exemples
      - Identifier, analyser, caractériser, montrer, justifier
  - Définir les mots-clés
    - Relever et définir les mots-clés de la question
    - Les définitions doivent être claires, précises et intelligibles
  - Analyser les documents
    - Le dossier documentaire comporte plusieurs documents à caractère économique qu'il convient d'analyser
    - Utiliser les schémas méthodologiques pour analyser un texte, un tableau ou un graphique économiques
    - Les informations recueillies après lecture peuvent être classées dans un tableau
  - Rédiger la note
    - Plan
      - Le plus souvent, l'énoncé du sujet fournit la structure générale de la note
      - Faire apparaitre l'intitulé ou une reformulation de la question en titre de partie
      - Chaque partie doit correspondre à une question posée
    - Introduction
      - Commencer par une courte introduction qui rappelle le contexte
    - Développement
      - Pour chaque partie, hiérarchiser les idées sous forme de paragraphes
      - Agencer les parties par des transitions adéquates
      - Faire référence à des mécanismes, auteurs et théories économiques en lien avec le sujet traité
      - Des exemples d'actualité ou des faits historiques peuvent illustrer intelligemment votre analyse
    - Conclusion
      - Une synthèse et une formule de libération seront appréciées par le correcteur
    - Forme
      - Faire des phrases courtes dans un style impersonnel (pas de "je")
      - Aérer la copie. Sauter une ligne entre les parties et sous parties
      - Relire pour corriger les fautes d'orthographe, les erreurs de syntaxe, la ponctuation

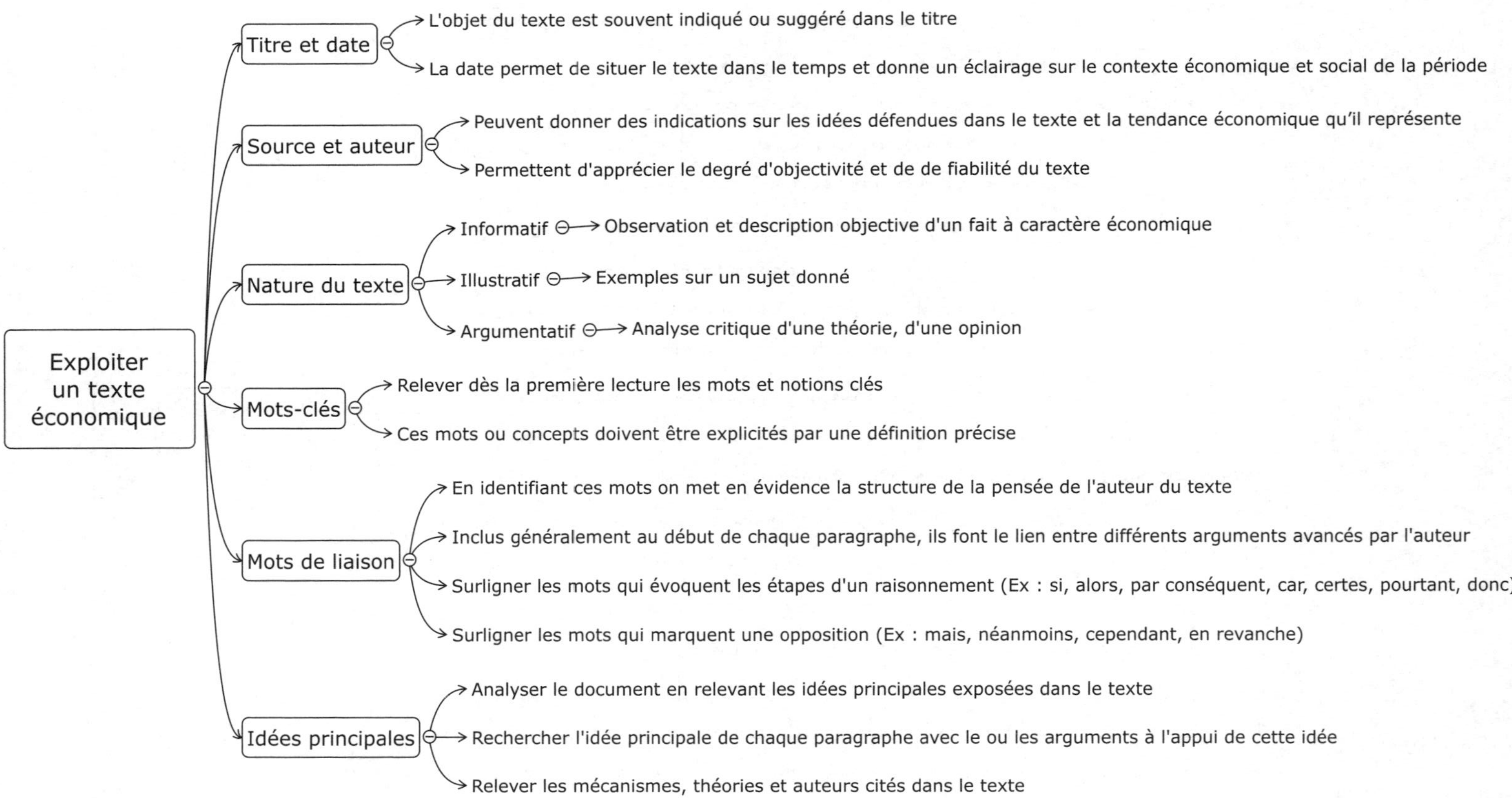
Exploiter un texte économique
Titre et date
L'objet du texte est souvent indiqué ou suggéré dans le titre
La date permet de situer le texte dans le temps et donne un éclairage sur le contexte économique et social de la période
Source et auteur
Peuvent donner des indications sur les idées défendues dans le texte et la tendance économique qu'il représente
Permettent d'apprécier le degré d'objectivité et de de fiabilité du texte
Nature du texte
Informatif
Observation et description objective d'un fait à caractère économique
Illustratif
Exemples sur un sujet donné
Argumentatif
Analyse critique d'une théorie, d'une opinion
Mots-clés
Relever dès la première lecture les mots et notions clés
Ces mots ou concepts doivent être explicités par une définition précise
Mots de liaison
En identifiant ces mots on met en évidence la structure de la pensée de l'auteur du texte
Inclus généralement au début de chaque paragraphe, ils font le lien entre différents arguments avancés par l'auteur
Surligner les mots qui évoquent les étapes d'un raisonnement (Ex : si, alors, par conséquent, car, certes, pourtant, donc)
Surligner les mots qui marquent une opposition (Ex : mais, néanmoins, cependant, en revanche)
Idées principales
Analyser le document en relevant les idées principales exposées dans le texte
Rechercher l'idée principale de chaque paragraphe avec le ou les arguments à l'appui de cette idée
Relever les mécanismes, théories et auteurs cités dans le texte

- **Exploiter un tableau économique**
  - **Repérer les caractéristiques du tableau**
    - Structure
      - Un tableau statistique est un croisement de lignes et de colonnes délimitant des cases dans lesquelles sont inscrits des chiffres
      - Il existe deux sortes de tableaux
        - Tableau à entrée simple avec un seul critère de classement
        - Tableau à double entrée avec deux critères l'un en colonne et l'autre en ligne
    - Titre et légende
      - Indiquent le(s) phénomène(s) ou la variable(s) étudié(es) dans le tableau
    - Source et auteur
      - Indiquent l'origine du tableau et permettent d'apprécier la fiabilité des données présentées
    - Population et unité de mesure
      - Dans les tableaux statistiques, les données étudiées constituent une population
      - Un tableau peut retracer une évolution ou une répartition de la population étudiée
      - Chercher en quoi les chiffres sont exprimés (valeur physique, monétaire ou pourcentage)
  - **Analyser le tableau**
    - Traiter les données
      - On peut utiliser les données comme telles
      - Pour mieux faire ressortir certains phénomènes, on peut procéder à des calculs de pourcentages, variations, etc.
    - Valeurs significatives
      - Les données à analyser en priorité sont les totaux, les moyennes et les écarts par rapport à la moyenne
    - Tendance générale
      - La variable étudiée peut croître, décroître ou stagner
      - Il faut préciser l'orientation générale de la variable dans le temps
    - Chiffres atypiques
      - Il faut relever les chiffres les plus élevés et les plus bas afin d'étudier s'ils sont significatifs d'un phénomène
      - En général la ou les valeurs les plus fortes ou les plus faibles marquent une rupture par rapport à la tendance
      - La rupture peut mettre en évidence un événement particulier
  - **Rédiger un commentaire**
    - Dans une phrase introductive, présenter le tableau (source, variables étudiées, période, lieu) et son utilité
    - Dans un premier paragraphe, présenter les valeurs significatives
    - Dans un second paragraphe, présenter les phénomènes constatés et leur explication
    - L'interprétation peut s'appuyer sur la recherche des causes et des conséquences des phénomènes constatés

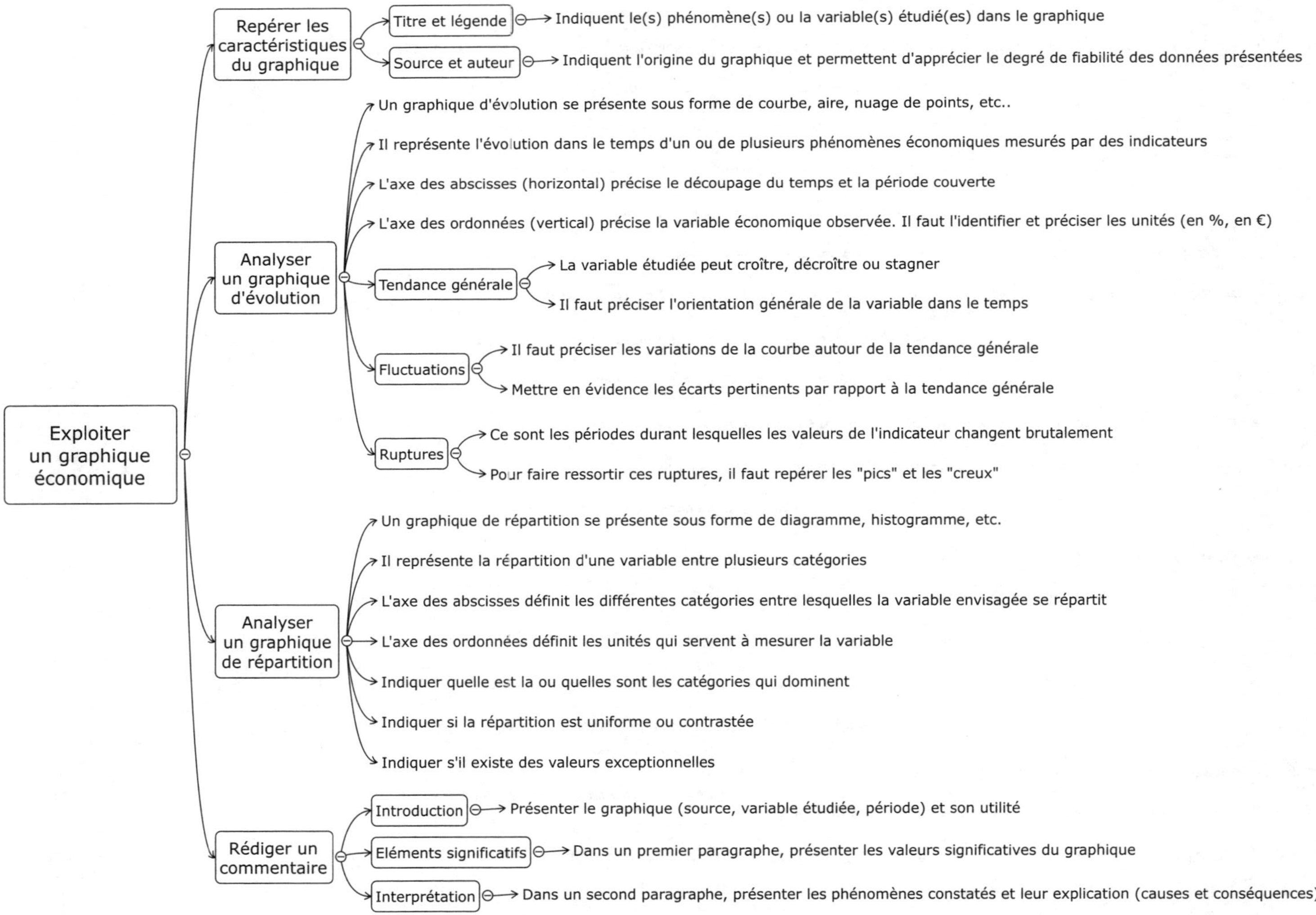
Exploiter un graphique économique
Repérer les caractéristiques du graphique
Titre et légende
Indiquent le(s) phénomène(s) ou la variable(s) étudié(es) dans le graphique
Source et auteur
Indiquent l'origine du graphique et permettent d'apprécier le degré de fiabilité des données présentées
Analyser un graphique d'évolution
Un graphique d'évolution se présente sous forme de courbe, aire, nuage de points, etc..
Il représente l'évolution dans le temps d'un ou de plusieurs phénomènes économiques mesurés par des indicateurs
L'axe des abscisses (horizontal) précise le découpage du temps et la période couverte
L'axe des ordonnées (vertical) précise la variable économique observée. Il faut l'identifier et préciser les unités (en %, en €)
Tendance générale
La variable étudiée peut croître, décroître ou stagner
Il faut préciser l'orientation générale de la variable dans le temps
Fluctuations
Il faut préciser les variations de la courbe autour de la tendance générale
Mettre en évidence les écarts pertinents par rapport à la tendance générale
Ruptures
Ce sont les périodes durant lesquelles les valeurs de l'indicateur changent brutalement
Pour faire ressortir ces ruptures, il faut repérer les "pics" et les "creux"
Analyser un graphique de répartition
Un graphique de répartition se présente sous forme de diagramme, histogramme, etc.
Il représente la répartition d'une variable entre plusieurs catégories
L'axe des abscisses définit les différentes catégories entre lesquelles la variable envisagée se répartit
L'axe des ordonnées définit les unités qui servent à mesurer la variable
Indiquer quelle est la ou quelles sont les catégories qui dominent
Indiquer si la répartition est uniforme ou contrastée
Indiquer s'il existe des valeurs exceptionnelles
Rédiger un commentaire
Introduction
Présenter le graphique (source, variable étudiée, période) et son utilité
Eléments significatifs
Dans un premier paragraphe, présenter les valeurs significatives du graphique
Interprétation
Dans un second paragraphe, présenter les phénomènes constatés et leur explication (causes et conséquences)

Entrainements par les annales
Partie économique

La biodiversité

Polynésie – session 2011

Référentiel	**Thème 1**	**La coordination des décisions économiques par l'échange** 1.1 L'échange sur les marchés
	Thème 2	**La création de richesses et la croissance économique** 2.1 Les finalités de la croissance
Compétences	Identifier et analyser des dysfonctionnements de marchés Caractériser un bien public Analyser les politiques de développement durable mises en place par les pouvoirs publics Analyser l'influence du développement durable sur les processus de décision des agents économiques	

Les parcs naturels régionaux s'inscrivent dans une démarche de développement durable en remplissant des missions notamment dans la protection et la gestion du patrimoine naturel et culturel, l'aménagement du territoire et le développement économique et social. . .

Le parc naturel régional de Bertogne est situé à proximité d'une grande ville industrielle en forte croissance démographique mais caractérisée par un taux de chômage plus élevé que la moyenne nationale.

Ce parc a été créé par un accord entre différentes collectivités territoriales (Région, départements, communes) dans l'objectif de préserver ce milieu naturel tout en développant l'activité économique.

Vous êtes rattaché(e) au pôle « développement durable » de la Région. Le responsable vous charge de préparer une réunion pour présenter, aux élus locaux, l'impact économique du parc naturel.

Pour aider votre responsable à mieux comprendre l'intégration de la biodiversité dans le champ économique, vous devez, en vous appuyant sur vos connaissances et sur le dossier documentaire joint, répondre aux trois questions ci-après.

Travail à faire :

1. **Quelles sont les caractéristiques économiques de la biodiversité ?**
2. **Comment les comportements des agents économiques affectent-ils la biodiversité par des effets externes ?**

3. **Dans le cadre d'une note argumentée et structurée destinée aux élus locaux, vous traiterez les points suivants :**

   - **Analyse des effets économiques et environnementaux des instruments permettant de « rendre l'économie plus verte » ainsi que des limites de ces instruments.**
   - **Présentation de l'impact économique du parc naturel dans une perspective de développement durable.**

Document 1 — Préserver les ressources naturelles

La biodiversité

La biodiversité recouvre non seulement le nombre d'espèces vivantes sur terre (ou de gènes), mais aussi l'ensemble des services que les écosystèmes peuvent nous rendre, pour l'agriculture (par exemple avec la pollinisation), l'élevage, la pêche, l'exploitation forestière, ou encore la pharmacie et l'industrie agroalimentaire.

Le rapport des Nations Unies, Global Environment Outlook, publié en 2007, note que la dégradation de la biodiversité, et plus généralement de l'environnement ne cesse de se poursuivre sous l'impact des activités humaines. Sont en cause la démographie, la fragmentation des habitats, les intrants chimiques (engrais et pesticides), les invasions biologiques (peste aviaire, chikungunya...), le changement climatique et la surexploitation des ressources naturelles.

L'eau

La majorité de l'eau sur terre est de l'eau de mer, la quantité globale d'eau douce ne représentant que 2,53 % du total [...] Le volume global d'eau douce utilisable s'élève ainsi à 12 500 milliards de mètres cubes. Ce volume serait suffisant s'il était équitablement réparti, ce qui n'est le cas ni dans l'espace, ni dans le temps [...] (disparité entre continents et situation difficile de l'Asie) [...]

L'agriculture est de loin le secteur le plus consommateur avec 70 % du total, contre 22 % pour l'industrie et 8% pour les usages domestiques. Toutefois, les usages industriels augmentent en fonction du revenu des pays. L'accroissement prévu des usages industriels devrait se faire, pour l'essentiel, dans les pays en développement (PED).

Sur le plan de la qualité, la pollution affecte de plus en plus les réserves. Environ deux millions de tonnes de déchets (effluents industriels, produits chimiques, engrais, pesticides...) sont déversées chaque jour dans des eaux réceptrices et on estime que la pollution mondiale pourrait concerner 12 000 kilomètres cubes. Comme souvent, ce sont les populations les plus pauvres qui sont les plus touchées, 50 % de la population des PED étant exposée à des sources d'eau polluées.

Le développement économique et la croissance démographique devraient accentuer la raréfaction progressive de la ressource et selon les estimations, c'est 2 à 7 milliards d'individus dans 48 à 60 pays qui devraient souffrir de pénuries d'eau et des maladies qui lui sont liées (paludisme, dengue, infections gastro-intestinales) vers le milieu de ce siècle. C'est pourquoi on parle aujourd'hui de crise mondiale de l'eau ; beaucoup y voient le grand défi de ce début de troisième millénaire [...]

Cahiers Français n°355 — mars, avril 2010 Gilles Rotillon

Document 2 Le bien public mondial

Pour Paul Samuelson un bien public est un bien qui répond aux deux critères suivants :

- Un critère de non-rivalité : la consommation de ce bien par un individu n'entrave pas la consommation des autres individus ;
- Un critère de non-exclusion : Il est impossible d'exclure quiconque de la consommation de ce bien.

Cette notion a été par la suite élargie à l'échelle internationale pour des biens qui génèrent des externalités hors frontières : les biens publics mondiaux.

D'après les Cahiers Français n°343

Document 3 Les outils pour rendre l'économie plus verte

Pour réduire les émissions de gaz à effet de serre, comme la plupart des atteintes à l'environnement, trois stratégies sont envisageables [...]

La réglementation : La réglementation reste la mesure la plus évidente : après tout, n'est-ce pas ainsi, en interdisant purement et simplement l'usage des chlorofluorocarbones (CFC), que les États signataires du traité de Montréal, en 1987, ont permis de réduire (de 5 % entre 2003 et 2008) la concentration de ces gaz qui ont pour particularité de s'attaquer à la couche d'ozone ? Et, de fait, la réglementation demeure essentielle, notamment quand les dégâts qui résultent de la pollution sont irréversibles. Elle est d'ailleurs très présente dans la lutte contre les émissions de gaz à effet de serre. Au niveau français, citons les normes minimales en matière d'isolation dans les bâtiments neufs, les restrictions ou les limitations de vitesse (générales ou lors des pics de pollution), les rejets de polluants dans l'atmosphère par les installations industrielles, etc. [...]

Les marchés de quotas : D'où le recours aux quotas (ou permis) d'émission. Les principaux responsables des émissions polluantes se voient attribuer une quantité maximale totale de rejets annuels, concrétisée par l'attribution de permis à chaque firme concernée, soit gratuitement, soit par mise aux enchères. Les firmes qui parviennent à émettre moins que la quantité de permis qui leur a été attribuée peuvent les vendre aux firmes qui sont dans le cas contraire, grâce à un marché sur lequel sont cotés ces permis négociables [...] D'où le terme de marché carbone [...]
Dans le cadre des engagements pris lors de la ratification du protocole de Kyoto, l'Union européenne (qui s'est engagée à réduire ses émissions de 8 % en 2012 par rapport à 1990) a mis en place son propre marché de permis d'émission (ou marché carbone). Il ne concerne que les producteurs d'énergie, la sidérurgie, la chimie lourde, les papeteries et les cimenteries, soit un peu plus de 30 % des émissions totales de C02 en France.
Une des limites du marché carbone tient au risque de délocalisation ou de perte de compétitivité des industries: c'est la question des « fuites carbone ». Si cela se

produit, non seulement la zone en question perd des emplois, mais en plus les émissions globales de C02 ne sont même pas réduites. [...]

Les taxes : Les États disposent enfin d'un troisième outil pour amener les acteurs économiques à changer de comportement : les taxes. A l'inverse des permis, le montant de la taxe est connu, mais pas son effet sur le volume des émissions. Son but n'est pas de remplir les caisses d'un État impécunieux, mais de faire payer par l'usager le coût social que représente l'émission de gaz à effet de serre dont il est responsable.

© Alternatives économique hors série n°3 - 4ème trimestre 2009 - Denis Clerc

Document 4 — Un accord limité mais significatif sur la biodiversité. 20 objectifs à atteindre d'ici 2020

L'adoption d'un plan stratégique dans le cadre de l'accord de Nagoya (1) vise notamment à freiner le rythme de disparition des espèces à l'horizon 2020. Celui-ci devra être décliné en plans nationaux. Un engagement avait été pris en 2002, mais cette fois, l'accord est assorti de 20 objectifs beaucoup plus précis, dont :

- Réduire le rythme d'appauvrissement de tous les habitats naturels (forêts, savanes, récifs coralliens, etc.) par rapport à la situation actuelle.
- D'ici à 2020, tous les stocks de poisson devront être gérés et péchés de manière durable. La pêche ne doit plus avoir d'impacts négatifs marqués sur les espèces menacées.
- Supprimer les subventions néfastes à l'environnement. D'ici à 2020, les incitations défavorables à la diversité biologique devront être « éliminées, réduites progressivement ou réformées ».
- 17 % des superficies terrestres et des eaux intérieures devront être préservées par le biais d'aires protégées, contre 13,5 % aujourd'hui. Les superficies marines et côtières protégées devront être portées de 1 % à 10%.
- 15 % des écosystèmes dégradés devront être restaurés. [...]

Le Monde dimanche 31 octobre — lundi 1 novembre 2010 Laurence Caramel

(1) Signé par de nombreux États lors de la Convention sur la diversité biologique d'octobre 2010 à Nagoya (Japon)

Document 5 — Les missions du Parc régional d'Armorique

Le Parc d'Armorique est le 2ème Parc naturel régional à être créé en France en 1969. Etendu sur 125 000 hectares, le Parc Naturel Régional d'Armorique, compte 61 000 habitants, répartis sur 44 communes adhérentes à l'heure actuelle [...]
Nos missions :

Participer au développement économique et social

Par son équipe de salariés, les emplois saisonniers en saison touristique, l'accompagnement des artisans, PME PMI (élaboration des dossiers, recherches d'aides, etc.), le soutien à l'agriculture durable à partir des programmes environnementaux, à l'association des produits du terroir, aux acteurs du tourisme (Hôtels au naturel - gites Panda), et la mise en œuvre et l'entretien d'un réseau de sentiers de randonnée de plus de 450 km.

Connaître, protéger, mettre en valeur et transmettre le patrimoine naturel

- l'approfondissement et la diffusion de la connaissance des milieux naturels de la faune, de la flore,
- la participation ou la gestion directe de l'entretien des espaces naturels,
- les actions en faveur du maintien et de la diversité des paysages et du cadre de vie,
- la participation aux actions de reconquête de la qualité des eaux, à l'entretien et à la gestion des fonds de vallée,
- l'analyse des dossiers Installations Classées, études d'impact..

Connaître, protéger, mettre en valeur et transmettre le patrimoine culturel

- l'encouragement de l'expression de l'identité culturelle bretonne,
- l'amélioration de la connaissance, la diffusion et la création culturelles.

Http://www.pnr-armorique.fr/fr/presentation/missions.html

L'inde

Nouvelle-Calédonie – session 2011

Référentiel	**Thème 2**	**La création de richesses et la croissance économique** 222. La dynamique de la croissance Les firmes multinationales dans l'économie mondiale
Compétences	Repérer et analyser les flux d'IDE Analyser les effets des stratégies des FMN sur les pays d'accueil et les pays d'origine	

Près de 17 % de la population mondiale est indienne. Le développement de ce pays peut avoir un impact considérable sur la croissance mondiale. Septième pays le plus étendu au monde, et second par sa population, l'inde (1, 171 milliard en 2009 dont 70 % a moins de 36 ans) est, en effet, en train de devenir une puissance économique avec laquelle il faut désormais compter, comme en témoigne sa participation en 2009 au deux G20 de Londres et Pittsburg. En 2009, le FMI classe l'Inde au rang des 10 premiers pays en termes de PIB (3 526 124 millions de dollars en PPA).
L'entreprise EUROCAR est le deuxième constructeur automobile européen. La production des véhicules est géographiquement répartie dans différents pays. En 1998, le constructeur a créé un site de production spécialisé dans la fabrication des circuits imprimés de l'ensemble des modèles de la marque en Inde.
Ce choix d'implantation a été motivé par une volonté de réduire les coûts de production et de bénéficier du savoir-faire d'une main d'œuvre qualifiée. L'ensemble des véhicules fabriqués intègre désormais de plus en plus de pièces électroniques.
Face à cette évolution, Madame DUMAS, responsable du Bureau des Méthodes de l'entreprise EUROCAR, envisage l'ouverture en 2011 d'un second site de production en Inde. Elle s'interroge sur l'opportunité d'un tel projet. Elle doit présenter les conclusions de son étude lors de la prochaine réunion du comité de production.
Vous êtes Claude MORIN, stagiaire auprès de Madame DUMAS qui vous demande de l'aider à préparer cette réunion.

Travail à faire :

Vous devez présenter, à l'aide de vos connaissances personnelles et du dossier documentaire joint, dans le cadre d'une note argumentée et structurée, les travaux suivants :

1. **Analyse de la situation économique de l'Inde et de son évolution récente.**
2. **Mise en évidence des difficultés auxquelles peuvent se heurter les IDE en Inde.**
3. **Proposition, à Madame DUMAS, d'un argumentaire qu'elle pourra développer afin de défendre son projet d'implantation d'une deuxième usine en Inde. Chacun des arguments devra être clairement explicité.**

Document 1 **Les indicateurs économiques de l'inde Répartition de l'activité économique par secteur**

	Agriculture	Industrie	Services
Valeur ajoutée (croissance annuelle en %)	0,2	9,3	8,517
Valeur ajoutée (en % du PIB)	17,1	28,2	54,6

Indicateurs économiques généraux

	2008	2009	2010	2011	2012
PIB (croissance annuelle en %, prix constant)	6,4	5,7	9,7	8,4 (prévisions)	8,0 (prévisions)
Taux d'inflation (%)	8,3	10,9	13,2	6,7 (prévisions)	4,7 (prévisions)

Indicateurs du commerce extérieurs

		2005	2006	2007	2008	2009
Biens	**Importations**	143	178	229	321	250
	Exportations	100	122	150	195	163
Services	**Importations**	47	58	70	87	80
	Exportations	52	69	87	103	87

Investissements directs étrangers (IDE)

		2007	2008	2009
IDE entrants	Flux en milliards de dollars US	25	40	35
	% de la FBCF (1)	6,3	9,6	6,6
Stocks d'IDE	En milliards de dollars US	106	123	164
	En % du PIB	8,8	9,6	12,9
Indicateurs Rang sur 141 économies	De performance (2)	11	82	63
	De potentiel (3)	84	84	
Nombre d'investissements greenfield (4)		695	965	742

(1) La formation brute de capital fixe (FCBF) est un indicateur mesurant la somme des investissements.

(2) L'indicateur de performance de la CNUCED est basé sur un ratio entre la part du PIB dans le total mondial des IDE entrants et sa part dans le PIB mondial.

(3) L'indicateur de potentiel de la CNIJCED est basé sur 12 indicateurs économiques et structurels tels que le PIB, le commerce extérieur, les IDE, les infrastructures, la consommation d'énergie, la recherche et le développement, l'éducation, le risque pays.

(4) Les investissements greenfield correspondent à la création de filiales par la maison mère.

L'équipement des foyers (Taux de pénétration en %)

	2005 - 2006	**2009 - 2010** (Prévisions)
Voitures	5,0 %	0,1 %
Motos	14,8 %	28,3 %
Téléviseurs	21,3 %	21,4 %
Réfrigérateurs	16,1 %	22,5 %
Gros électroménager	31,9 %	45,2 %

Principaux pays partenaires

Principaux clients (% des Exportations)	2009	Principaux fournisseurs (% des importations)	2009
Emirats Arabes Unis	14,4 %	Chine	11,5 %
Etats-Unis	10,8	Emirats Arabes Unis	7,4 %
Chine	5,9 %	Etats-Unis	6,0 %
Hong Kong	4,0 %	Arabie saoudite	5,4 %
Singapour	3,9 %	Australie	4,5 %

La classe moyenne en Inde

		1995 1996	2001 2002	2005 2006	2009 2010
Nombre de foyers disposant d'un revenu de 200 000 à un million de roupies par an	Millions	4,5	10,7	16,6	28,4
	%	2,7	5,7	8,1	12,8

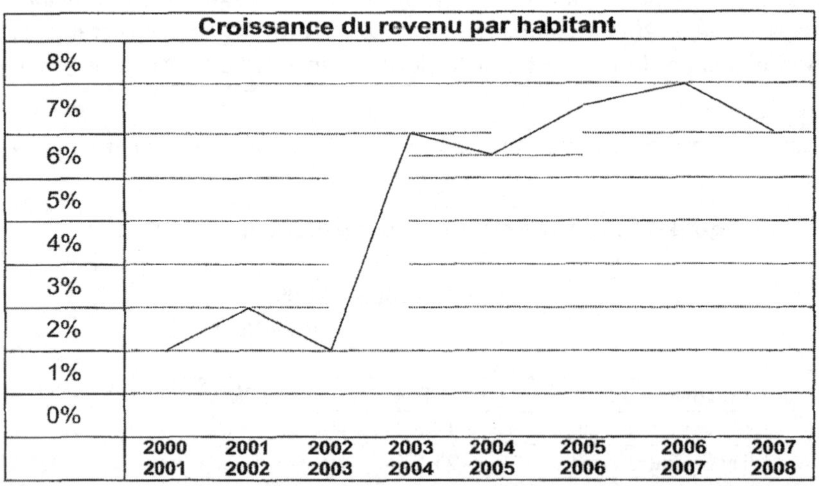

Source : les auteurs

Document 2 **Pourquoi choisir d'investir en Inde ?**

Les points forts

- une administration très développée et un système judiciaire indépendant ;
- un pays immense qui fait de l'Inde un large réservoir de ressources ;
- une source sans équivalent de main d'œuvre [...] qualifiée, y compris des ingénieurs, personnel de direction, comptables et avocats ;
- un marché qui grandit sans cesse, ce qui fait de l'Inde l'un des plus grands marchés pour les produits manufacturés et les services ;
- un système financier dynamique et robuste qui compte un réseau bancaire étendu, un certain nombre d'institutions financières au niveau national et des états ainsi qu'un marché financier vibrant ;
- une économie qui demeurera en expansion malgré la crise économique internationale.

Les points faibles

- La corruption (notamment au niveau fédéral)
- les pressions politiques
- les restrictions à l'IDE dans certains secteurs
- la faiblesse des infrastructures
- une sécurité inadéquate dans certaines zones.

Les mesures mises en place par le gouvernement

Le gouvernement a mis en place des incitations fiscales et non fiscales pour l'introduction de nouvelles unités industrielles dans des secteurs spécifiques, qui comprennent l'énergie, les ports, les autoroutes, l'électronique et les logiciels. Le gouvernement a également créé des zones spéciales orientées vers l'exportation, appelées zones de traitement pour l'exportation (EPZ) ou zones économiques spéciales pour encourager les investissements étrangers.
Les banques de développement du gouvernement central et les banques d'état de développement industriel proposent des prêts à moyen et long terme et mettent parfois leurs capitaux dans de nouveaux projets. Cependant, le gouvernement a placé des plafonds spécifiques à certains secteurs pour les avoirs étrangers dans certaines industries, comme les services de télécommunication de base et cellulaires, la banque, la vente de détail et l'aviation civile.

Source : D'après http//www.interex.fr

Document 3 **Brésil, Inde et Chine encore 5 ans de succès économique**

Pour poursuivre leur boom économique de l'année 2009, la Chine, l'Inde et le Brésil (BIC) devraient s'appuyer sur les secteurs de la construction, des transports et de la chimie. Les besoins dans ces secteurs restent importants et offrent donc une grande latitude aux BIC pour accroître leur productivité.

Ces trois marchés ont encore du retard à combler pour atteindre des niveaux de développement équivalents à ceux des pays développés, malgré leur progression durant les dernières années. Par exemple dans le domaine de la construction. « Les dépenses en construction des BIC sont soutenues par une urbanisation croissante et des besoins internes, en retard significatif par rapport aux chiffres américains » précise Euler Hermès En 2008 les dépenses par habitant dans le domaine de la construction étaient de 209 dollars en Inde et de 475 en Chine, alors qu'elles étaient de 3170 dollars aux Etats-Unis. Malgré tout, les BIC progressent, puisqu'en dix ans les dépenses en construction ont triplé. Dans le domaine de transports, la tendance serait identique. La Chine prévoit d'investir 300 milliards de dollars dans ses équipements ferroviaires d'ici à 2011, tout comme le Brésil qui construit une liaison à grande vitesse entre Sao Paulo et Rio, dont le coût est estimé à 20 milliards de dollars. (...)

Pas de marché de masse

« *Les trois marchés vont systématiquement se retourner vers leur consommation intérieure dans les cinq prochaines années pour atténuer leur dépendance au moteur des exportations. Cependant, du fait de niveaux de richesse par tête durablement inférieurs à celui des Etats-Unis, ils ne se transformeront pas rapidement en marchés de consommation de masse* », assure Karine Berger, chef économiste chez Euler Hermès.

L'assureur prend l'exemple du secteur automobile. Les marchés indiens et brésiliens connaissent un fort potentiel de croissance, notamment sur le low cost en Inde. Mais leur taille est encore largement embryonnaire, bien loin d'un marché de consommation de masse.

Le cas de la Chine est à mettre à part, puisque le premier marché automobile du monde avec 14 millions d'unités contre 10,5 millions aux États-Unis en 2009, devrait connaître une croissance de 10% par an jusqu'en 2015. Dans de nombreux secteurs, les consommateurs de ces pays disposent d'un pouvoir d'achat encore limité, ne leur permettant pas d'accéder aux produits développés par de grands leaders mondiaux.

Source : http//www.usinenouvelle.com

Les Fonds souverains : acteurs de la finance internationale (Antilles - Guyane – session 2011)

Référentiel	**Thème 4**	**Le financement des activités économiques** 4.3 Les institutions financières et leur rôle 4.4 La globalisation financière
Compétences	Caractériser et analyser le rôle des institutions financières dans le financement de l'économie Identifier les effets attendus de la globalisation financière Identifier les risques financiers au niveau mondial	

L'entreprise Ater est une société anonyme cotée en bourse qui exerce son activité dans le secteur de l'aéronautique. Elle est un des principaux fournisseurs du leader français, pour lequel elle développe des technologies innovantes dans le domaine des alliages destinés à réduire le poids des fuselages des futurs avions longs courriers.

Cette entreprise investit des sommes importantes dans la recherche. Or, dans le contexte de la crise financière, ses habituels partenaires bancaires ne sont pas en situation de lui apporter les fonds dont elle a besoin. Ater s'est donc tournée vers le marché financier, sur lequel elle a reçu un bon accueil compte tenu de ses bonnes perspectives de croissance et de profit.

Cet appel public à l'épargne pourrait permettre à certains actionnaires d'accroître leur participation et à de nouveaux venus de faire leur entrée dans le capital social d'Ater : notamment des fonds souverains étrangers comme « Norway fund » de nationalité norvégienne ou « Chinese fund » de nationalité chinoise.

Un fonds souverain est un fonds d'investissement public qui investit majoritairement ses avoirs dans l'acquisition de titres financiers (actions, obligations).

Le principal client d'Ater a fait part, aux dirigeants de la société, de ses inquiétudes sur les véritables intentions de ces fonds souverains.

Afin de rassurer son principal donneur d'ordre, la direction d'Ater charge son service comptable et financier de rédiger un rapport sur ces « nouveaux acteurs » de la finance internationale.

Vous avez été désigné(e) pour participer à la rédaction de ce rapport.

Travail à faire :

1. **Caractérisez le rôle des institutions financières non bancaires dans le financement de l'économie.**
2. **Montrez la spécificité des fonds souverains par rapport aux autres institutions financières.**
3. **Dans le cadre d'une note structurée et argumentée, analysez à l'aide de vos connaissances et de l'ensemble documentaire fourni, d'une part la montée en puissance des fonds souverains au cours de ces dernières années et d'autre part les inquiétudes qu'ils peuvent inspirer.**

Document 1 **Les fonds souverains, de nouveaux acteurs de la finance**

La déréglementation et globalisation financières pourraient laisser penser que les puissances publiques sont, sur les marchés financiers, cantonnées aux seuls rôles d'emprunteur et de régulateur, et que le pouvoir financier est en réalité aux mains des banques et des investisseurs institutionnels, au premier rang desquels les fonds d'investissements privés. La montée en puissance des fonds d'investissements publics dits fonds souverains en raison de leur appartenance étatique démontre qu'une telle affirmation, sans être totalement erronée, se doit d'être largement, nuancée.

Un fonds souverain peut se définir comme un véhicule d'investissement sous contrôle étatique et dont la vocation est de gérer activement des ressources financières provenant, soit de réserves de change excédentaires liées aux politiques d'intervention des banques centrales, soit d'excédents budgétaires eux-mêmes souvent issus de recettes minières (cuivre, phosphates, diamants), pétrolières ou gazières.

À la différence des réserves de change placées en actifs liquides et faiblement rémunérés, les avoirs des fonds souverains sont en moyenne investis dans des titres plus rémunérateurs qu'il s'agisse d'actions ou de titres obligataires (...)

Document 2 **Quel est le poids économique des fonds souverains ?**

Début 2008, les actifs estimés des dix fonds souverains les plus importants dépassaient 3000 milliards de dollars contre 500 milliards au début des années quatre-vingt-dix. Cette croissance spectaculaire est imputable à deux facteurs majeurs :

- l'envolée des prix des matières premières, et principalement du pétrole et du gaz jusqu'à mi- 2008, pour les fonds souverains « matières premières » (fonds souverains des pays du Golfe, fonds souverain russe);
- la conjonction de facteurs macroéconomiques et des politiques de change pour les fonds souverains « non matières premières » : les déséquilibres globaux se traduisant par des excédents de balance courante, associés à un excédent d'épargne dans de nombreux pays émergents asiatiques

l'accumulation de réserves de change qui en résulte, dans un contexte de régime de taux de change fixes.(...)

Les fonds souverains, quelles perspectives ? La croissance des fonds souverains pourrait atteindre 10 à 20 % par an entre aujourd'hui et 2012 selon les estimations, avec un encours géré de 5 000 à 10 000 milliards de dollars (cf. graphique). L'hypothèse basse constitue désormais l'hypothèse la plus plausible compte tenu des répercussions de la crise financière, conjuguées à la baisse des cours des matières premières. (...).

Document 3 — fonds souverains, un risque pour la souveraineté nationale ?

En pratique, les investissements des fonds semblent souvent viser deux grands objectifs au plan stratégique : sécuriser l'accès des pays d'origine aux matières premières ; faciliter l'accès de leurs entreprises aux technologies et au savoir-faire de pays plus avancés. Les ressources croissantes dont disposent les fonds souverains pourraient alors alimenter une vague d'investissements dans les pays tiers, avec le risque de réactions hostiles si les fonds cherchaient à entrer dans le capital d'entreprises jugées d'importance stratégique, notamment celles des secteurs de la défense et de l'énergie. (...)

Notons que les pays où investissent principalement les fonds souverains sont pour la plupart dotés de règles leur permettant de contrôler et interdire les investissements étrangers menaçant la sécurité nationale, c'est-à-dire dans le secteur de la défense. Aussi la question la plus pressante concerne-t-elle les investissements des fonds souverains dans le secteur de l'énergie. Ces préoccupations pourraient être à l'origine d'entraves à la libre circulation des capitaux et, si les pratiques répréhensibles se développaient, susceptibles de déclencher des mesures de rétorsion.

Lettre trésor-éco, n°28, Janvier 2008

Graphique 1 — Actifs gérés par les fonds souverains

(Projections de croissance) Banque de France. Focus, n°1 28 novembre 2008

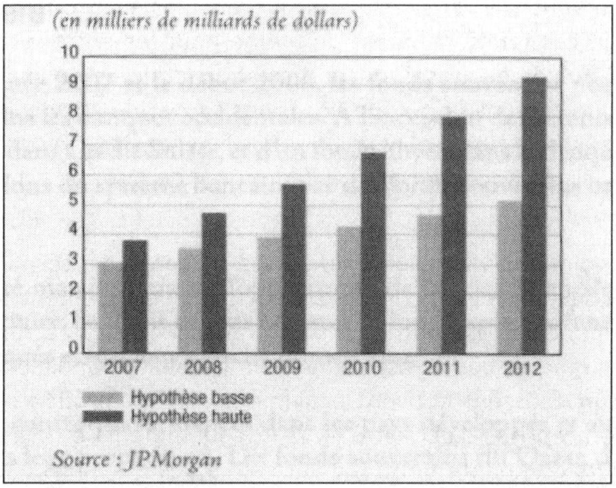

Entraînements

Graphique 2 **Les principaux acteurs non bancaires du système financier** (Actifs gérés en 2007 en milliers de Mds $)

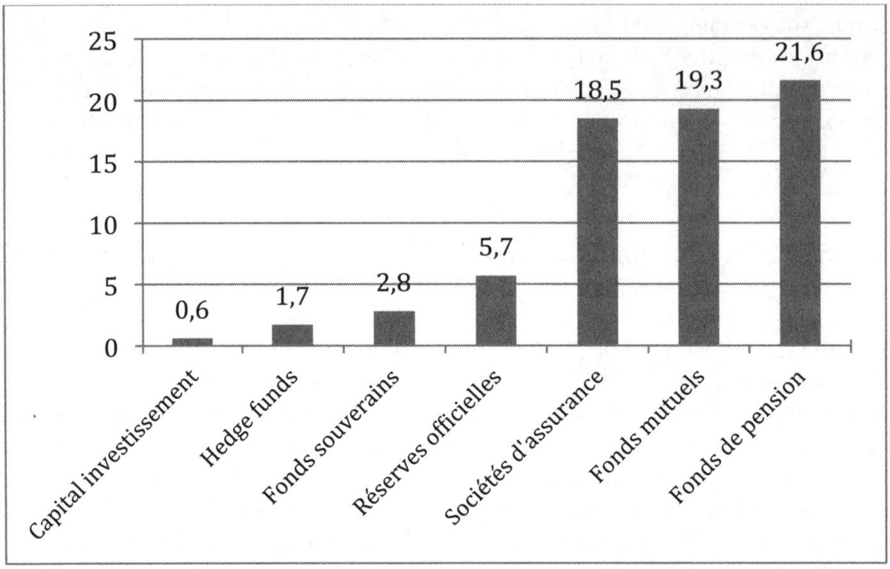

Source : McKinsey et Morgan Stanley

Document 4 **Les risques pesant sur la stabilité financière**

Les fonds souverains sont déjà très importants et pourraient grossir encore bien plus à l'avenir, dans la mesure où plusieurs pays disposent de réserves de change confortables, dont une part substantielle pourrait leur être transférée. De plus, il est probable que certains pays émergents continueront à dégager des surplus non négligeables de leur compte courant, à l'origine d'un gigantesque potentiel pouvant alimenter ces fonds. La Chine, par exemple a annoncé qu'elle abonderait tous les ans son fonds, d'un montant égal au surplus de son compte courant, ce qui représenterait, à court terme, entre 200 et 300 milliards de dollars par an...) Les marchés financiers vont dès lors être de plus en plus confrontés aux décisions d'investissement de ces fonds. Il en est de même pour les entreprises qui vont de plus en plus faire l'objet de prises de participation directes ou indirectes de ces fonds. Aussi le risque s'intensifie-t-il que les fonds souverains deviennent source de tensions politiques, susceptibles d'avoir un impact négatif sur l'économie et sur le système financier si elles conduisent à l'adoption de mesures protectionnistes d'ordre financier ou autre.

Cependant, d'un point de vue économique, les activités de ces fonds s'avèrent positives lorsque ceux-ci prennent leurs décisions d'investissement sur la base de considérations rationnelles. Ils contribuent en effet dans ce cas à rendre efficiente l'allocation de l'épargne et des investissements à l'échelle mondiale. Les pays dans lesquels les fonds investissent peuvent également en tirer profit : cela permettra, entre autres, aux entreprises d'accroître leurs investissements et leur production en réduisant leurs coûts de financement. Il y aura alors des créations d'emplois et une croissance économique plus forte.

Mais en dépit de ces effets macroéconomiques positifs, certains craignent que ces fonds perturbent, au moins temporairement, la stabilité du système financier.

Une préoccupation majeure concerne le manque de transparence des fonds. À l'exception de celui de la Norvège, ils ne fournissent que peu d'informations, voire aucune, sur leurs activités. Les marchés financiers n'ont donc guère de visibilité sur la politique d'investissement de ces fonds, et leur pratique et leurs objectifs sont dans le flou.

De mauvaises anticipations à propos de ces acteurs de poids de la part des parties en présence sur les marchés pourraient conduire à des déficiences graves (évaluations erronées des prix). Il peut également en résulter une augmentation de la volatilité des marchés dans le cas où les parties réagissent à des rumeurs concernant la politique d'investissement des fonds. Par exemple, si ces dernières estiment qu'un fonds cherche à renforcer sa position dans un secteur particulier, la conséquence pourrait en être la hausse du prix des actions des entreprises de ce secteur. Et si cette intuition ne se vérifie pas, les prix vont rapidement chuter. Le risque induit par ces mouvements de prix peut être réduit grâce à une plus grande transparence. Plus concrètement, cela implique pour ces fonds de divulguer toutes les informations sur leurs objectifs en matière de placements (...). Un bon exemple à cet égard est donné par le fonds norvégien qui met en place une politique d'ouverture en publiant son bilan, les recommandations de placement par des conseillers extérieurs et un rapport annuel.
Une autre crainte tient à ce que, étant donné l'importance de ces fonds, un brusque changement dans leur stratégie d'investissement par exemple dans un contexte de tensions financières — ne perturbe le marché. Un tel comportement moutonnier est toutefois peu probable. L'expérience des fonds les plus anciens montre en effet qu'ils ont un horizon de long terme et qu'ils ne changent pas brusquement de cap en cas de turbulences sur le marché. Ils réagissent davantage comme des fonds de pension qui ont également une vision de long terme. (...) Le risque qu'ils contribuent aux perturbations de marché est limité. On peut même émettre l'idée qu'ils permettent en fait de stabiliser le marché en cas de tensions financières, par exemple en continuant d'acheter des titres et en contribuant ainsi à créer de la liquidité. (...)

Les fonds souverains, une menace pour la stabilité financière, De Nederlendsche Bank quaterly Bulletin, septembre 2007

Crises et finances publiques Métropole – session 2011

Référentiel	**Thème 4**	**Le financement des activités économiques** 4.2 Le marché financier et son rôle économique 4.3 Les institutions financières et leur rôle
	Thème 5	**La politique économique dans un cadre européen** 5.2 La mise en œuvre des politiques économiques
Compétences	Analyser les différentes fonctions du marché financier Caractériser et analyser le rôle des institutions financières dans le financement de l'économie. Mettre en évidence les relations de complémentarité et d'interdépendance qui existent entre les institutions financières et le marché financier dans le financement de l'économie et de la croissance Interpréter les mécanismes à l'œuvre dans les politiques économiques	

Après la Grèce, l'Irlande s'est résolue à faire appel à l'Union Européenne pour l'aider à surmonter ses graves problèmes de finances publiques. Depuis la crise de 2008, le solde budgétaire de l'Irlande s'est considérablement dégradé, passant de 7,3 % du PIB en 2008, à -32 % du PIB en 2010. L'ensemble des institutions financières s'inquiète d'une telle situation.
Vous êtes rattaché(e) au service des études économiques de la banque française Union des Banques Coopératives, l'UBC. Celle-ci détient des titres émis par des États sur le marché financier et s'inquiète du risque de non-soutenabilité (1) de la dette publique. La France est confrontée, comme d'autres Etats, à certaines difficultés.
Vous êtes désigné(e) pour participer à la rédaction d'un rapport sur le risque de ces engagements.

(1) La soutenabilité désigne la capacité d'un État à assurer le remboursement de la dette publique. Une dette publique sera jugée soutenable si, compte tenu des prévisions de dépenses et de recettes publiques, l'Etat ne risque pas de se trouver face à un problème d'insolvabilité ou à une obligation d'ajustement irréaliste des finances publiques.

Travail à faire :

Vous devez présenter, à l'aide de **vos connaissances personnelles** et du **dossier documentaire** joint, dans le cadre d'une **note argumentée et structurée**, les travaux suivants :

1. **Appréciation de l'évolution de la situation des finances publiques de la France.**
2. **Analyse des principales raisons de la dégradation des comptes publics.**
3. **Analyse des effets possibles d'une politique de réduction des déficits publics sur l'activité économique nationale.**

Document 1 **Rapport sur la situation des finances publiques**

La crise économique que traverse notre pays est certes une crise mondiale, mais elle affecte d'autant plus fortement nos finances publiques qu'elles étaient déjà fragilisées par plus de trente années de déficit ininterrompu et par une dette publique progressant à un rythme significativement plus élevé que celle de nos principaux partenaires.

L'encours de cette dette a été multiplié par 18 entre 1978 et 2008 ; sur la même période, sa part dans le produit intérieur brut (PIB) est passée de 21,1 % à 67,4 %.

Les difficultés économiques actuelles sont venues aggraver encore ces déséquilibres budgétaires, avec un déficit public de 7,5 % du PIB et une dette au sens de Maastricht de 77,6 % du PIB en 2009. La France se trouve donc aujourd'hui confrontée à des déséquilibres macroéconomiques et budgétaires de grande ampleur, qui ne se résoudront que dans la durée et au prix d'une très grande continuité de nos politiques publiques.

Rapport sur la situation des finances publiques (P. CHAMPSAUR et J. P. COTIS) Avril 2010

Document 2 **Évolution des finances publiques**

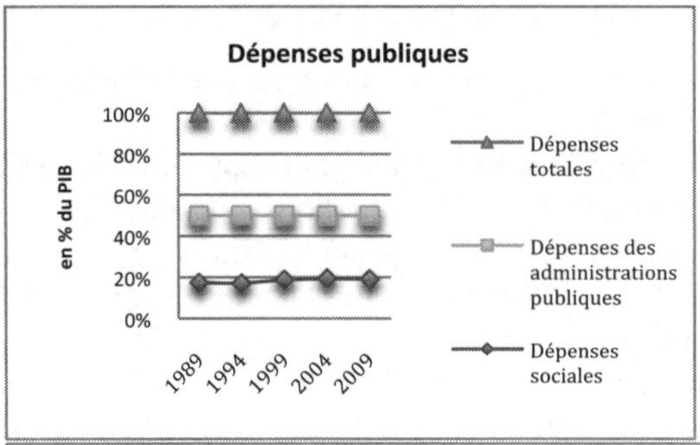

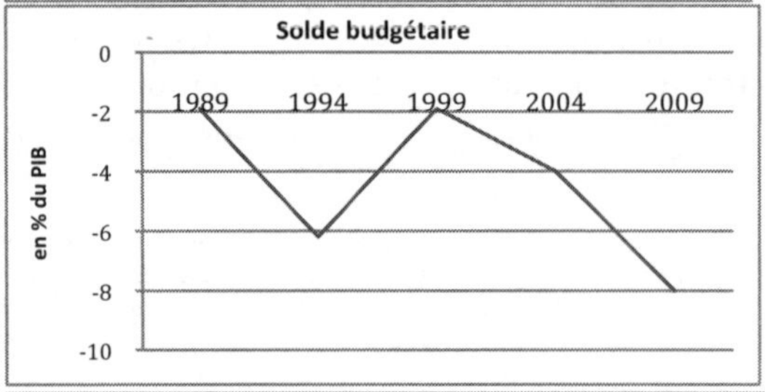

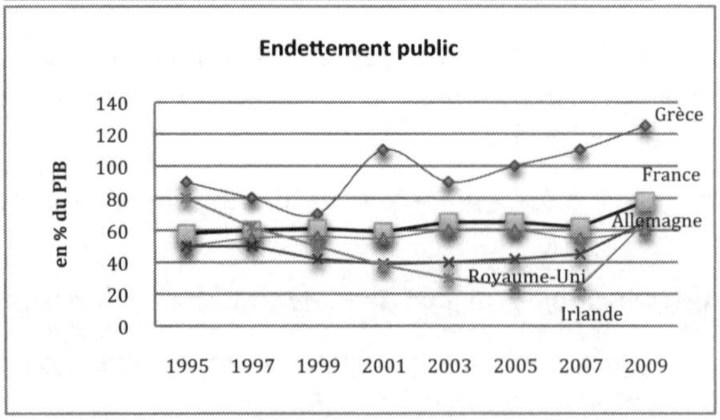

Document 3 Finances publiques : les déficits explosent

Contreparties des plans de relance, des recapitalisations des banques et de la baisse d'activité en 2009, les déficits publics se sont fortement creusés dans l'ensemble des pays industrialisés. Aucun des grands pays de la zone euro n'a réussi à respecter le seuil de 3 %.

Dans la zone, certains affichent des déficits supérieurs à 10 %, comme l'Espagne, l'Irlande et la Grèce. Le Royaume-Uni, les États-Unis et le Japon ont également vu leurs déficits publics se creuser considérablement. Les mesures budgétaires adoptées, notamment par le biais des plans de relance, diffèrent par leur calendrier et par leur ampleur.

Les politiques budgétaires ont pris un caractère expansionniste dès 2008 en Espagne, au Royaume-Uni et aux États-Unis, et seulement à partir de 2009 en Allemagne, en France et au Japon. De 2008 à 2010, elles représentent une injection de 7,7 points de PIB au Royaume-Uni, de 7,5 points aux États-Unis, de 5,8 points au Japon, de 3,7 points en Allemagne et seulement de 3,1 points en France.

L'aggravation de la situation des finances publiques, sanctionnée par la dégradation par les agences de notation, se révèle préoccupante dans quatre pays, le Portugal, l'Irlande, la Grèce et l'Espagne.

La dégradation rapide des soldes publics accroît la rentabilité [...] exigée par les investisseurs et pousse les taux d'intérêt à la hausse dans les pays en difficulté, ce qui accroît la charge de la dette et conduit au fameux effet « boule de neige », par lequel les intérêts de la dette alimentent la dette elle-même.

En 2010, tous les pays sont confrontés au même dilemme : d'une part, la nécessité de revenir à des déficits plus faibles, d'autre part, celle de ne pas étouffer le début de reprise. Certains pays ont choisi la cure d'austérité, avec des impulsions budgétaires négatives dès 2010. [...]

En 2011, l'austérité devrait se généraliser [...]. On peut s'interroger sur l'efficacité d'une rigueur généralisée, surtout si la croissance peine à décoller. Si les politiques restrictives devaient se matérialiser simultanément dans tous les pays, cela signifierait que non seulement les ménages et les entreprises ne pourraient plus compter sur les mesures de soutien de la consommation et de l'investissement, mais également que le moteur de la croissance pourrait difficilement venir du commerce extérieur, chaque pays réduisant ses importations.

Source Lettre de l'OFCE, n°317

Document 5 Va-t-on sortir de la crise ?

À moyen terme, la dette publique brute va continuer à augmenter et un scénario dans lequel cette dernière dépasse 100 % du PIB n'est pas à exclure au cours de la prochaine décennie. Des ajustements budgétaires importants pour éponger l'endettement passé sont à attendre au cours des prochaines années et vont peser sur le scénario de croissance à moyen terme. Dans un contexte de croissance économique fragile, le risque à court terme est que, sous la pression des marchés financiers et de la Commission européenne, le gouvernement opère un ajustement budgétaire trop sévère qui conduise à une croissance molle, ou pire à une récession, avec pour conséquence une hausse continue du chômage et de la précarité. La nécessité de baisser les déficits publics à moyen terme est indiscutable mais le rythme et l'ampleur de cette baisse doivent être conditionnés par la trajectoire de croissance. De plus, historiquement, les périodes de baisse du déficit public ne se sont faites que lors des phases de croissance forte.

Source: Revue de l'OFCE avril 2010

Document 6 Les finances publiques dans la crise

La rapidité avec laquelle la crise de liquidité sur les marchés financiers se transforme en crise de solvabilité pour les États les plus fragiles fait peser sur les autres un risque de contagion qu'il faut évaluer [...]. L'effort budgétaire nécessaire pour stabiliser la dette publique dépend du poids des dépenses sociales supplémentaires liées au vieillissement des sociétés, mais aussi des situations financières plus globales des pays vis-à-vis du reste du monde. L'enjeu recouvre en effet la situation financière [...] des administrations publiques et le risque que fait courir à l'État sa position "d'assureur en dernier ressort" en cas de faillite des agents privés [...]. Il apparaît que l'Espagne, l'Irlande et le Portugal, et dans une moindre mesure le Royaume-Uni, sont dans une position difficile.

La France demeure elle aussi exposée à un risque d'endettement public cumulatif, mais dispose de deux avantages notables qui tempèrent ce risque à long terme : une dynamique démographique qui permet d'envisager l'effet du vieillissement sur l'équilibre des finances publiques de façon relativement plus sereine que d'autres pays ; une situation globale d'endettement contenu des agents résidents qui contraste avec celle d'autres pays.

Source : Note d'analyse du CAS septembre 2010

Le marché du sucre

Polynésie – session 2012

Référentiel	**Thème 1**	**La coordi nation des décisions économiques par l'échange** 1.1 L'échange sur les marchés 1.2 La dimension internationale de l'échange
	Thème 6	**La gouvernance de l'économie mondiale** 6.1 La régulation du marché mondial des biens et services
Compétences	Apprécier le degré d'ouverture de l'UE aux importations de sucre Analyser les flux internationaux de biens et services Identifier les instruments de régulation du commerce mondial Identifier et analyser les limites de l'OMC dans la gouvernance de l'économie mondiale Analyser un litige commercial et son règlement par l'ORD	

Le Brésil est le premier exportateur mondial de soja, de sucre/éthanol, de bœuf, de café, de poulet, de tabac ou de jus d'orange. Ses principaux marchés sont l'Union européenne, mais aussi, pour une part croissante, l'Amérique latine, les Etats-Unis et l'Asie, notamment sous l'influence de la Chine.

L'économie brésilienne se caractérise par une agriculture résolument tournée vers les exportations, le pays disposant de ressources foncières immenses, avec 60 millions d'hectares de terres cultivées et 230 millions d'hectares de pâturages.

AZUC est le premier producteur de canne à sucre du Brésil. Cette entreprise, installée près du fleuve Sao Francisco, emploie 120 personnes. Son activité principale est la culture et la transformation de la canne à sucre non alimentaire.

Monsieur ROMAS, responsable export de la société AZUC, a souhaité, en 2000, développer son activité en vendant une partie de sa production sur le marché européen. Il a alors mené une campagne de prospection et évalué la demande potentielle européenne. Toutefois, il a rencontré des obstacles lorsqu'il a voulu concrétiser les premières ventes avec les futurs clients européens qu'il avait démarchés : les ventes de sucre n'ont pas été autorisées.

Monsieur ROMAS envisage, aujourd'hui, d'essayer à nouveau d'accéder aux marchés européens. À cet effet, il décide de prendre contact avec Monsieur BERT, directeur d'un cabinet de conseil parisien. Ce dernier étudie, pour des entreprises qui souhaitent exporter vers l'Europe, le contexte des échanges avec l'Union Européenne.

Dans le cadre de la gestion du dossier que lui a confié Monsieur ROMAS, Monsieur BERT collecte diverses sources d'information. L'une de ses lectures a plus particulièrement attiré son attention : un article publié dans la presse internationale qui relate un litige entre l'Europe et quelques pays producteurs de canne à sucre.

Vous travaillez au sein de ce cabinet. Monsieur BERT vous confie la préparation du dossier ROMAS avec pour mission d'analyser les échanges européens pour le secteur du sucre.

À l'aide du dossier joint et de vos connaissances, **en veillant à préciser les principaux concepts utilisés** et à exploiter les sources statistiques mises à votre disposition, vous devez concevoir une note argumentée et structurée dans laquelle :

1. **Vous évaluerez et caractériserez, à partir d'un indicateur quantitatif pertinent, l'ouverture de l'Union Européenne aux échanges de sucre.**
2. **Vous rappellerez et expliquerez le rôle de l'OMC ;**
3. **Vous justifierez la plainte déposée par le Brésil concernant l'accès au marché européen du sucre et analyserez la décision de l'ORD au regard du marché de l'entreprise ;**
4. **Vous vérifierez, en vous basant sur « les bilans communautaires de sucre dans l'UE-27 » (document 4), si la décision de l'ORD s'est traduite par un rééquilibrage des flux conforme aux attentes de l'entreprise.**

Document 1 Règlement des différends : Brésil – Sucre

Lors de la réunion de l'Organe de Règlement des Différends (ORD) du 27 septembre 2002, le Brésil a annoncé son intention (avec l'Australie) d'entamer des consultations avec l'UE a propos des subventions sur le sucre. [...]

Le Brésil et l'Australie ont entamé, le 27 septembre, des consultations à l'ORD contre l'Union européenne concernant ses subventions sur le sucre. Selon les deux pays, les subventions européennes faussent les échanges et enfreignent les règles de l'OMC. En raison des subventions à l'exportation, ce sucre est vendu sur le marché mondial, selon le Brésil, en- dessous du coût de production.

Dans sa demande de consultations avec l'UE, l'Australie a déclaré que le régime du sucre de l'UE violait de nombreuses dispositions de l'Accord de l'OMC sur l'agriculture, de l'Accord sur les subventions et les mesures compensatoires et du GATT. [...]

Le Brésil a dit que ses exportateurs de sucre avaient subi un dommage économique immédiat qui était estimé à plusieurs millions de dollars. Il a dit que cette décision encouragerait les entreprises sucrières européennes à augmenter leur production dans les années à venir. Il a ajouté que l'UE violait les disciplines de l'OMC et n'avait fourni aucun élément de preuve attestant que ses exportations de sucre ne bénéficiaient plus de subventions. [...]

L'UE a dit que sa décision d'exporter 0,5 million de tonnes de sucre était une mesure temporaire. Elle a indiqué qu'elle respectait pleinement ses obligations internationales et que les quantités en vente n'étaient pas subventionnées. Elle a ajouté que les prix mondiaux du sucre étaient à l'heure actuelle supérieurs à ses coûts de production et que ses producteurs étaient devenus bien plus compétitifs à la suite de la réforme radicale de l'Organisation commune du marché du sucre. L'UE a mis en avance son droit de faire du commerce international et s'est dite prête à fournir les renseignements techniques nécessaires pour expliquer sa décision.

http://www.wto.org
http://www.internationalcompetitionnetwork.org/index.html

Sucre : l'OMC confirme la condamnation du régime sucrier européen

Jeudi 28 avril 2005, l'Organe d'appel de l'OMC a confirmé la condamnation du régime sucrier européen, suite à une plainte déposée en août 2003 par le Brésil, la Thaïlande et l'Australie, trois acteurs importants du marché international du sucre. L'Union européenne doit assouplir les barrières qu'elle érige vis-à-vis des importations de sucre et supprimer ses subventions à l'exportation de sucre.

Source : Les auteurs

Document 2 **Statistiques du commerce international par produit – sucre**

(Valeurs arrondies exprimées en USD.)

	Importations					Exportations				
	2006	**2007**	**2008**	**2009**	**2010**	**2006**	**2007**	**2008**	**2009**	**2010**
Monde	**179**	**300**	**325**	**247**	**292**	**116**	**50**	**77**	**119**	**170**
Dont UE 27	102	221	242	192	172	389	39	66	109	157
OCDE	**104**	**213**	**214**	**164**	**143**	**34**	**33**	**38**	**47**	**48**
Non OCDE	**75**	**88**	**111**	**83**	**148**	**82**	**16**	**39**	**73**	**128**

Source : OECD 2011

Document 3 **Evolution du PIB du secteur sucrier de l'Union européenne** (en millions d'USD) sur la période 2006 – 2009

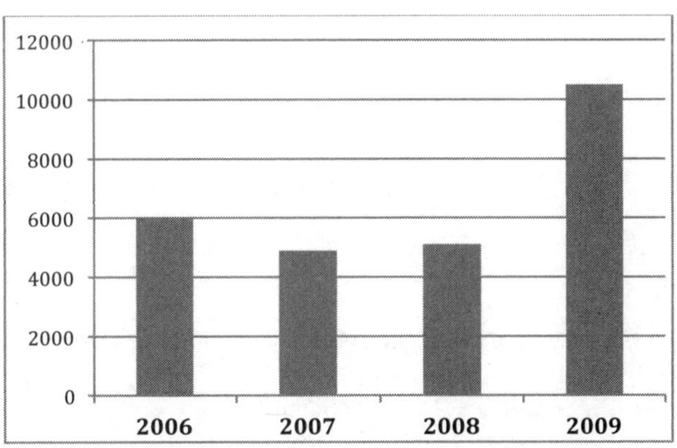

Source : Les auteurs, d'après diverses sources officielles

Document 4 — Bilans communautaires de sucre dans l'UE-27 de 2008/2009 à 2010/2011

	2008 – 2009		2009 – 2010 (1)		2010 – 2011 (2)	
	Quota	**Hors quota**	**Quota**	**Hors quota**	**Quota**	**Hors quota**
I. RESSOURCES						
1. Stocks au 1er octobre	2 188	0	1604	0	968	0
2. Report / Retrait	694		412		561	
3. Production « fraîche »	12436	2909	12 862	4 641	12 566	3139
4. Importations des pays tiers de sucre en l'état	2 870	168	2 500	10	2 500	5
5. Importations des pays tiers de sucre sous forme de produits transformés	547		500		500	
TOTAL DES RESSOURCES						
II. EMPLOIS	**18 735**	**3 077**	**17 878**	**4 651**	**17 095**	**3 144**
1. Livraisons marché intérieur						
Sucre alimentaire	15 952	1 955	15 840	2 040	15 850	2 020
Sucre pour industrie chimique	15 952		15 840		15 850	
Sucre pour éthanol		710		710		760
2. Exportations sur pays tiers de sucre en l'état		1 245		1255		1260
3. Exportations de sucre sous forme de produits transformés	251	710	100	2 050	20	650
TOTAL DES EMPLOIS	928		970		950	
III. STOCKS AU 30 /09	**17 131**	**2 666**	**16 910**	**4 090**	**16 820**	**2 670**
	1 604	**412**		**561**	**275**	**474**

(1) Bilan provisoire UE 27
(2) Bilan prévisionnel UE 27

Source : CE, COMEXT, FranceAgrimer — mars 2011

La croissance chinoise

Métropole – session 2012

Référentiel	**Thème 1**	**La coordination des décisions économiques par l'échange** 1.1 L'échange sur les marchés
	Thème 2	**La création de richesses et la croissance économique** 2.1 Les finalités de la croissance
Compétences	Identifier et analyser des dysfonctionnements de marchés Caractériser un bien public Analyser les politiques de développement durable mises en place par les pouvoirs publics Analyser l'influence du développement durable sur les processus de décision des agents économiques	

La société ECOBABY fabrique des articles de puériculture éco-responsables destinés à une clientèle exigeante.

Madame BARNES, directrice de collection et responsable de production, a dessiné une nouvelle gamme de jeux premier âge. Or, l'usine de la société ECOBABY, située à Illiers, n'a pas les capacités de production nécessaires sur place.

Monsieur HEMAR, directeur de cette entreprise, propose à Madame BARNES d'envisager la fabrication de cette nouvelle gamme en Chine. Cette dernière aimerait être rassurée sur le niveau des prestations offertes et les conditions de fabrication dans la mesure où elle souhaite maintenir cette image «haut de gamme» qui fait la notoriété de ses collections.

Afin de lever toutes les réticences, Monsieur HEMAR veut s'assurer qu'il sera possible de respecter le caractère écoresponsable de ses nouveaux produits, et ce, quel que soit le lieu de production.

Vous êtes en poste auprès de Monsieur HEMAR. Ce dernier vous remet un dossier documentaire qu'il vous charge d'étudier.

Travail à faire :

À l'aide du dossier joint et de vos connaissances, **en veillant à préciser les principaux concepts utilisés** et à exploiter les sources statistiques mises à votre disposition, vous devez concevoir une note argumentée et structurée dans laquelle :

1. **Vous analyserez l'évolution de la croissance chinoise sur la période 1996-2010 et la comparerez à celle de la Triade (Europe, Japon, États-Unis).**
2. **Vous apprécierez la situation de la Chine en termes de croissance et de développement économiques sur les vingt dernières années.**
3. **Vous montrerez comment l'État chinois intègre dans ses décisions la gestion de l'environnement en tant que bien public mondial et la prise en charge des externalités négatives de la croissance.**

Graphique 1 **La croissance chinoise** (données en termes réels, en %)

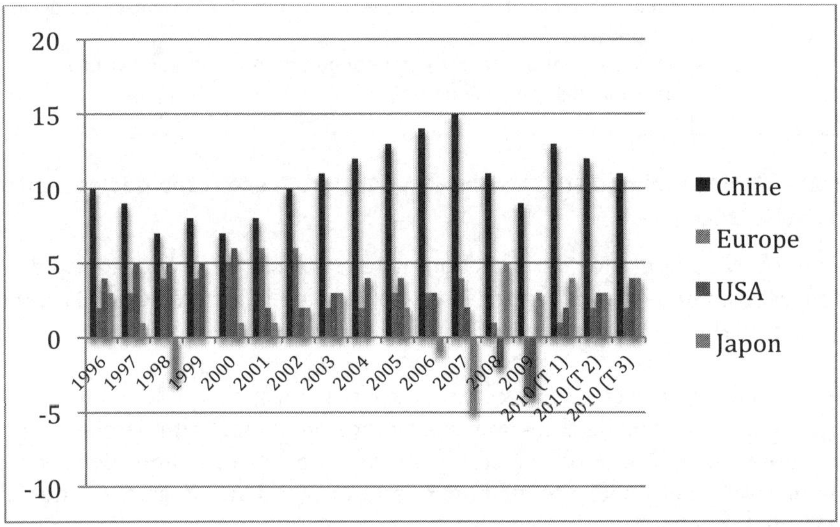

NB : Les histogrammes sont présentés, de gauche à droite, dans l'ordre suivant : PIB chinois (% sur un an), PIB de la zone euro (% sur un an), PIB américain USA (% sur un an), PIB japonais (% sur un an).

http ://www.allianzgi.fr/uploads/tx_agfpublications/BR_AnalysenTrends_chine_FR_01042011.df

Document 2 La Chine, un pays à revenu intermédiaire selon la Banque Mondiale

Indicateurs de développement	**1990**	**2000**	**2010**
PIB en milliards de $	357	1198	5879
Revenu national brut par habitant en $ PPA	800	2340	7570
Taux de croissance du PIB en %	3.8	8.4	10.3
Exportations en % du PIB	16.1	23.3	29.4
Importations en % du PIB	13.1	20.9	24.8
Population en millions	1160	1295	1338.3
Indice de développement humain	0.63	0.73	0.898
Espérance de vie à la naissance	69.5	71.2	73
Taux de fécondité	2.34	1.74	1.61
Taux de mortalité avant 5 ans pour 1000 naissances	48.5	33	18.4
Taux d'alphabétisation population de plus de 15 ans	78	91	94

Source : Banque Mondiale

Document 3 La croissance chinoise est-elle durable ?

La croissance potentielle dépendant de la main d'œuvre, et du progrès technique, la Chine dispose de bonnes perspectives : non seulement sa population en âge de travailler représentera encore jusqu'en 2025 une part importante du total, mais encore l'exode rural et la hausse des qualifications vont entraîner un déplacement de main d'œuvre vers des emplois plus productifs. [...] Quant au progrès technique, l'émergence de sa recherche permet à la Chine de rattraper son retard technologique.

La situation environnementale est certes préoccupante. Les dégâts environnementaux étaient estimés en 2007 entre 5 et 13 % du PIB (de la moitié à la totalité de la croissance). La dégradation de la situation devient un frein à la croissance par les problèmes qu'elle génère (maladies, perte de facteurs de production (eau, sols, etc.)). Toutefois, la prise de conscience des autorités — au moins au niveau central et dans les villes côtières — est forte. [...] La Chine a réduit son intensité énergétique (par unité de PIB) de 60 % depuis 1980 et s'est fixé l'objectif d'une réduction supplémentaire de 20 % pour 2010.

La situation est aussi préoccupante en matière d'émissions de gaz à effet de serre, qui s'accroissent de 8 % par an, d'autant que la Chine prévoit d'accroître sa production de charbon. Mais la Chine a aussi prévu de fermer ses petites centrales polluantes, a lancé des projets de capture du CO2 et a prévu de réduire la part du charbon dans la fourniture d'électricité à 67 % en 2015. Sa motivation est double : d'une part, la nécessité de répondre à l'urgence environnementale ; d'autre part, la Chine entend saisir les opportunités économiques du secteur de l'environnement ; l'effort de R&D des entreprises est conséquent. [...] Ainsi, la volonté de saisir ces opportunités économiques et l'implication publique laissent présager une amélioration, fût-elle progressive, de la situation environnementale.

Les déséquilibres géographiques tendent aussi à se réduire. Les régions de l'intérieur connaissent un rattrapage sur les régions côtières, tendance que le ralentissement économique, à partir de 2008 a encore accru. Par ailleurs, l'accroissement des inégalités de revenus ne doit pas masquer le fait que la croissance a permis de réduire le taux de pauvreté de 65 % (1981) à 10 % (2004), soit un nombre de pauvres réduit de 652 à 135 millions de personnes.[...]. Les autorités ont mis en œuvre des mesures visant à corriger les déséquilibres, en limitant l'investissement [...] :

- la taxation des entreprises publiques et une nouvelle loi du travail favorable à la redistribution vers les ménages (y compris via la fiscalité) ;
- des normes environnementales et une sélectivité accrue des projets, notamment dans les secteurs en surcapacité [...] ;
- l'annonce d'un plan de couverture universelle de santé, signal d'un « retour de l'Etat » dans un domaine social largement délaissé [...].
- la suppression des subventions des facteurs de production (énergie, matières premières, foncier) susceptible d'améliorer l'allocation des ressources et d'inciter à des investissements plus pertinents.
- l'application des mesures de protection de l'environnement.
- l'accroissement de la redistribution des entreprises, par l'application de lois du travail favorables aux employés, la hausse des prélèvements sociaux et fiscaux, propice à une hausse de la consommation.

François Blanc, Conseiller économique, SE de Shanghai, septembre 2009
http://www.ambafrance-cn.org

Document 4 La Chine et le mécanisme de développement propre

Entretien avec Philippe DELHAISE, Directeur de Carbon Management Consulting

En quelques mots pourriez-vous décrire le fonctionnement du mécanisme de développement propre (MDP) prévu dans les accords de Kyoto ?

Les gaz à effet de serre qui sont à l'origine du réchauffement climatique se mélangent dans l'atmosphère et n'affectent donc pas seulement les pays émetteurs. Cela est très différent des pollutions plus locales comme, par exemple, celle de l'eau. Nous sommes confrontés ici à une pollution d'un bien public mondial qui requiert des solutions politiques au niveau planétaire.

Bien que les pays riches soient les principaux émetteurs, ils disposent déjà de technologies moins polluantes que les pays en développement. En Inde, pour une unité de PIB produite, on émet en moyenne quatre fois plus de gaz à effet de serre qu'aux États-Unis. Ainsi, l'idée du MDP consiste à prendre l'argent en Occident pour le donner aux pays en développement. Des entreprises européennes, canadiennes ou japonaises peuvent ainsi effectuer des réductions d'émission de gaz à effet de serre, non pas dans leurs propres usines, mais en achetant des droits à polluer à des usines indiennes, boliviennes ou chinoises en finançant leurs investissements technologiques destinés à réduire leurs émissions de gaz à effet de serre... L'effet global de ces pollutions pourra ainsi être réduit plus rapidement à l'échelle planétaire. [...]

D'un point de vue fiscal, est-il possible de se tourner vers des mesures incitant les entreprises des pays « pauvres » au développement durable ?

Il faudrait effectivement arriver à un système où les pays en développement arrivent à inciter leurs entreprises à investir dans des technologies moins polluantes. Mais les incitations fiscales coûtent cher et beaucoup de pays en développement n'ont pas les moyens de faire payer leurs contribuables pour les obliger à être plus propres. On demande aujourd'hui à des pays de faire cet effort très tôt dans leur processus de développement. La Corée du Sud a par exemple les moyens de mettre en place une fiscalité incitative dans ce domaine, mais la Chine ne les a pas. La multitude de PME chinoises pourrait être incitée fiscalement, mais il est difficile de les obliger à importer du gaz naturel plus cher plutôt que de consommer le charbon national qui est meilleur marché.

Pour l'instant, la seule incitation est donc exogène, via le système du MDP prévu par le Protocole de Kyoto. C'est une entreprise allemande ou française qui, pour continuer à produire plus, va donner des ressources financières à une entreprise d'un pays en développement pour qu'elle adopte une technologie émettant moins de gaz à effet de serre.

Compte tenu de sa taille et de l'impact de son développement économique, lequel dépasse très largement ses frontières, la Chine ne devrait-elle pas d'elle-même contribuer, par des politiques publiques, à faire évoluer son modèle de croissance économique qui est aujourd'hui très peu respectueux de l'environnement ?

Je vous suis complètement. On va buter sur des contraintes quasi physiques dans le développement chinois compte tenu de l'écologie. La croissance de consommation énergétique de la Chine et de l'Inde dans les prochaines années va inévitablement provoquer une pollution qui risque de ruiner tous les efforts mis en place dans le cadre du Protocole de Kyoto. On sait que l'émission de CO2 est drastiquement réduite avec la transition de la structure économique de l'industrie vers les services. Mais il va s'écouler de nombreuses années avant que cette vaste « usine mondiale » qu'est la Chine évolue vers le tertiaire. On ne peut pas comparer la Chine d'aujourd'hui à la Corée du Sud d'il y a 20 ans. Certes, une partie de la population voit son niveau de vie s'améliorer, ses habitudes de consommation évoluer et une épargne de surplus se constituer, mais cela ne concerne encore qu'une minorité. La relative pauvreté d'une grande partie de la population fait que l'on a plutôt tendance à privilégier un enrichissement à court terme aux dépens de problèmes à long terme. La configuration du marché du travail, la démographie et le niveau d'éducation font que la croissance chinoise devrait encore reposer très largement sur l'industrie pendant une période relativement longue. D'autre part, la force de pression de la population chinoise sur le gouvernement concernant les problèmes environnementaux est encore très limitée.

Source : http://www.perspectiveschinoises.revues.org/4253 - janvier 2010

Document 4 bis **Le marché des droits à polluer**

Un marché de droits à polluer, encore appelé marché de permis négociables, est un instrument économique de politique environnementale qui vise à limiter le niveau global de rejets polluants en répartissant les coûts à supporter pour respecter cette contrainte de manière efficace. [...]

Ce n'est qu'à partir de la fin des années 1980 que de véritables marchés de permis négociables sont mis en place, dans le cadre de la politique américaine de lutte contre la pollution atmosphérique. Le plus important a été développé à partir de 1995, dans le cadre du programme concernant les pluies acides *(Acid Rain Program),* pour réduire les émissions de dioxyde de soufre (SO2) des centrales de production d'électricité. [...] L'objectif de ce marché était de parvenir à limiter les émissions de SO2 des centrales électriques situées sur le territoire américain à 8,95 millions de tonnes par an à partir de 2010, ce qui correspond à une baisse de 50 % des rejets par rapport à 1980.

Ce marché a été bientôt dépassé en taille par le système communautaire d'échange de permis d'émissions de gaz à effet de serre que l'Union européenne a mis en œuvre à partir de 2005, dans le cadre de son programme de lutte contre le changement climatique. [...]

Source : http://www.universalis.fr/encyclopedie/marches-de-droits-a-polluer

Croissance et développement en Afrique subsaharienne

Nouvelle-Calédonie – session 2012

Référentiel	**Thème 2**	**La création de richesses et la croissance économique** 2.1 Les finalités de la croissance 2.2 La dynamique de la croissance
Compétences	Apprécier la situation d'un pays ou d'une région en termes de niveau de vie et de développement Caractériser les facteurs de développement économique Identifier et caractériser les contributions respectives des facteurs d'offre à la croissance	

De nombreux pays de l'Afrique subsaharienne connaissent actuellement une phase de croissance rapide. D'après les projections du FMI, la production devrait s'accroître de 4,75 % en 2010, contre 2 % en 2009.

Après avoir connu une décélération de la croissance ou une contraction de la production pendant la récession mondiale, la plupart des pays de la région sont en train de rebondir.

Les perspectives pour 2011 et au-delà sont prometteuses. Il ressort des projections que la croissance de la production s'accélérera pour atteindre 5,75 % en 2011, en bénéficiant de l'amélioration de la conjoncture économique mondiale, qui devrait se poursuivre.

La Chambre de Commerce et d'industrie d'une grande ville portuaire de l'Ouest de la France offre un service d'information aux entreprises de la Région désireuses de connaître le contexte macroéconomique de l'Afrique, pour y développer leurs marchés.

Au sein de la cellule « Documentation Afrique », vous êtes chargé(e) d'actualiser le dossier « Afrique subsaharienne ».

Travail à faire :

À l'aide de vos connaissances, et du dossier documentaire joint, il vous est demandé de préparer une note argumentée et structurée qui, en veillant à **préciser les principaux concepts utilisés et à exploiter les sources statistiques**, devra :

1. **Caractériser et expliquer les facteurs de la croissance de cette région d'Afrique.**
2. **Montrer les limites de la croissance et analyser ses effets contrastés sur le développement de ces pays.**

Document 1 **Perspectives économiques mondiales. Regain de croissance en Afrique**

L'Afrique Subsaharienne affiche des perspectives économiques positives à court terme, selon « Global Economic Prospects », le recueil biannuel de la Banque mondiale sur les tendances de l'économie mondiale. D'après le rapport, le PIB du continent africain a fait un bond en avant de 4,7 % en 2010, une tendance qui devrait se maintenir en 2011 et en 2012, avec respectivement 5,3 et 5,7 % [...].
En Afrique, plusieurs facteurs ont contribué à ce regain de la croissance. En premier lieu, il y a eu une forte demande des matières premières, notamment les métaux, les minerais et le pétrole, à la faveur de la reprise économique observée à travers le monde. C'est le cas par exemple en République du Congo, qui tire l'essentiel de ses recettes de la production pétrolière. Estimé à 10,3 %, son taux de croissance est le plus élevé en Afrique pour l'année 2010. Les prévisions indiquent que le Ghana (croissance de 6,6 % en 2010), qui vient d'entrer dans le club des pays producteurs de l'or noir, devrait lui ravir la vedette en 2011, avec un taux de croissance de 13,4%. Ce taux devrait retomber à 10 % en 2012.
L'Afrique du sud, principale économie du continent, affiche malgré tout un taux de croissance relativement modeste (2,7 % en 2010) ; tandis que le Nigeria - avec une augmentation de 7,6 % de son PIB - confirme plutôt les tendances à la hausse et devrait maintenir le cap en 2011 et 2012.

Destination privilégiée des investissements

Après un recul de 12,3 % en 2009, les investissements directs étrangers ont augmenté de 17 % en 2010. Cette tendance confirme le positionnement de l'Afrique comme destination privilégiée des capitaux étrangers, même s'il faut reconnaître que trois pays (Afrique du Sud, Angola et Nigeria *) reçoivent à eux seuls 40 % de ces capitaux.

Une productivité agricole qui progresse

L'Afrique a également bénéficié d'une augmentation de la productivité agricole. C'est le cas par exemple en Ethiopie (Est de l'Afrique), où le taux de croissance, estimé à 9 % en 2010, est essentiellement propulsé par le secteur agricole. Ce secteur a bénéficié des investissements consentis dans le réseau routier et l'électricité, facteurs qui ont favorisé l'émergence de petits exploitants agricoles [...]

Hausse des prix des denrées alimentaires, un risque réel

La hausse des prix des denrées alimentaires constitue un risque réel pour le bien-être des populations et la croissance en Afrique. Pour les ménages à faible revenu, dont une part significative des dépenses est allouée à l'alimentation, une hausse de l'ordre de 10 à 20 % pourrait annuler les retombées de la forte croissance enregistrée à travers le continent. Le risque est davantage accentué par les aléas climatiques [...]. C'est pourquoi le président de la Banque mondiale Robert Zoellick a récemment tiré la sonnette d'alarme et proposé des solutions pratiques en vue de garantir la sécurité alimentaire et préserver le pouvoir d'achat des ménages pauvres.
A ces risques s'ajoutent ceux, non négligeables, liés à un éventuel ralentissement au niveau de l'économie mondiale [...].

* Seul le Nigeria fait partie de l'Afrique de l'Ouest

Source : http://www.web.worldbank.org, janvier 2011

Document 2 Les IDE sur le continent africain

Flux d'IDE vers l'Afrique (en milliards de dollars US courants)

2005	2006	2007	2008	2009	2010
38,2	55,4	63,1	72,2	58,6	52,3

Source : CNUCED pour les années 2005-2009, FMI pour l'année 2010 (estimations d'octobre 2010)

Document 2 bis Les IDE en Afrique de l'Ouest

L'Afrique de l'Ouest a drainé près de 20 % des IDE vers l'Afrique ces cinq dernières années, obtenant 10 milliards USD en 2009 et 9 milliards en 2010. L'industrie pétrolière du Nigeria en est la principale bénéficiaire. Ce pays a reçu pratiquement 6 milliard USD en 2009 et 4,5 milliards en 2010, soit 50 % des apports d'IDE à la région. Le Ghana arrive en deuxième position, avec 1,5 milliard USD en 2010. Les IDE vers ce pays ont décuplé en cinq ans, sous l'effet de la découverte de nouveaux gisements de pétrole (la production débutera en 2011).
Ce dynamisme ne vaut cependant pas celui du Niger et du Liberia : le premier a vu les IDE en sa faveur bondir de 30 millions USD en 2005 à 900 millions en 2010, et le Liberia est passé de quasiment rien en 2005 à 350 millions USD en 2010.

Source: http://www.africaneconomicoutlook.org/

Document 3 Les indicateurs économiques de l'Afrique de l'Ouest par comparaison avec ceux de la France pour 2011

Pays	Valeur de l'indice de développement humain (IDH)	Espérance de vie à la naissance (en années)	Durée moyenne de scolarisation (en années)	Revenu national brut par habitant (en US $ constants base 2005)
France	**0,884**	**81,5**	**10,6**	**30 462**
Ghana	**0,541**	**64,2**	**7,1**	**1584**
Congo	**0,533**	**57,4**	**5,9**	**3066**
Nigeria	**0,459**	**51,9**	**5**	**2069**
Benin	**0,427**	**56,1**	**3,3**	**1364**

NB : Le Revenu National Brut (RNB) représente la somme des revenus (salaires et revenus financiers) perçus, pendant une période donnée (généralement l'année), par les agents économiques d'une même nationalité. C'est un indicateur de la richesse nationale, très proche de la notion du PIB.

Source : d'après rapport mondial sur le développement humain 2011

Document 4 — Contexte social et développement du capital humain au Nigeria

Sur l'échelle des indicateurs du développement humain (IDH) des Nations Unies, les progrès du Nigeria sont plutôt mitigés, soulignant la nécessité de faire mieux sur tous les plans. En 2010, l'IDH global du Nigeria était de 0,423, le situant, au 142e rang sur 169 pays, dans la catégorie des pays à faible développement humain. Ce classement médiocre traduit la lenteur des progrès réalisés dans le domaine de la santé pour redresser les taux de mortalité infantile, de mortalité des enfants de moins de cinq ans et de prévalence du VIH/sida.

Le taux de personnes ayant le sida dans la population (environ 150 millions d'habitants) était estimé à 3,6 % en 2010. Bien que ce taux soit plus faible que dans d'autres pays africains comme l'Afrique du Sud ou la Zambie, le pays comptait entre 2.9 et 3.6 millions de personnes infectées en 2009, et entre 170 000 et 260 000 personnes sont mortes du sida cette année-là. La maladie a fait reculer l'espérance de vie au Nigeria, qui est passée en 2009 à 48 ans pour les femmes et à 46 ans pour les hommes, contre respectivement 54 ans et 53 ans en 1991. [...]. Pour atteindre ces objectifs, le Nigeria doit s'attaquer à des facteurs socioculturels tels que la pauvreté, l'ignorance, les préjugés religieux et autres...

Dans le domaine de l'éducation, les autorités ont augmenté les dépenses publiques pour s'attaquer à plusieurs problèmes grâce à une loi sur l'éducation universelle gratuite (Universal Basic Education Act-UBE) prévoyant la gratuité de l'école primaire et du premier cycle du secondaire. [...]. Mais le système éducatif du pays est confronté à de grands désordres [...]. En 2009, seuls 25 % des élèves nigérians ont obtenu le certificat d'études secondaires.

Le chômage reste un problème majeur, malgré la forte croissance économique des dernières années. Le taux de chômage avoisine 19,7 % selon le ministère des Finances, mais selon les analystes, il serait plus élevé si l'on prenait en compte les jeunes sans-emploi des zones rurales et urbaines. Le sous-emploi constitue également un grave problème. Les estimations le situaient en 2009 à 21,3 % de la population active en moyenne nationale, à 20,5 % dans les zones rurales et à 26,2 % dans la région sud du pays. Les autorités entendent agir directement pour générer des emplois. Elles doivent lancer en 2011 un programme de travaux publics dans les 36 Etats du pays et dans le territoire de la capitale fédérale.

Source : d'après Banque Mondiale http://web.worldbank.org/

Document 5 — Indicateurs du développement en Afrique 2010

[...] La corruption et une gouvernance défaillante aident à comprendre pourquoi l'accroissement des allocations de ressources, telles que celles destinées à faciliter la réalisation des objectifs de développement pour le Millénaire (ODM) adoptés sous les auspices des Nations Unies, ne s'est pas nécessairement traduit par une amélioration des indicateurs de développement humain, notamment en Afrique. En dépit de l'augmentation considérable des financements, la région a pris beaucoup de retard dans la réalisation de l'ODM visant à réduire la mortalité infantile (définie comme le nombre d'enfants décédant avant l'âge de cinq ans pour 1 000 naissances vivantes). La hausse substantielle des taux de scolarisation bruts observée dans l'enseignement primaire au cours des dernières années ne s'est pas traduite par une amélioration équivalente en termes d'acquis scolaires.

En Afrique, le taux d'investissement privé avoisine toujours 15 %, chiffre bien inférieur à celui qui prévaut dans la plupart des pays en développement. La productivité agricole n'augmente pas assez vite ; le rendement par hectare est encore inférieur de plus de moitié à ce qu'il est dans les autres régions en développement, malgré une amélioration globale permise par des efforts en termes d'infrastructures. [...].

Source : d'après Banque Mondiale http://web.worldbank.org/

Document 6 **Les exigences humaines et éthiques du développement**

Le développement est un processus qui concilie les progrès économiques avec les exigences humaines et éthiques. « Les indicateurs de production ou de consommation de marchandises ne disent pas grand-chose de la liberté et du bien-être, qui dépendent de l'organisation de la société, de la distribution des revenus ».

La qualité de vie ne se mesure pas exclusivement à la richesse monétaire, mais aussi à la liberté individuelle et au niveau de développement démocratique des Etats. Les travaux d'Amartya Sen ont démontré que les famines en Inde étaient créées plus par l'absence de démocratie (inégalités liées aux mécanismes de répartition des denrées, et absence de liberté de la presse) que par le manque de nourriture.

Le développement conduit à accroitre la « capabilité » des individus c'est-à-dire leur capacité à être ou à agir volontairement, et non à subir. Cette « capabilité » suppose des « modes de fonctionnement » reposant sur l'accès à l'éducation ou l'exercice des droits politiques (droit de vote). La liberté réelle est donc une condition d'exercice de la capabilité des agents, c'est-à-dire la possibilité offerte aux individus de choisir librement entre différentes vies possibles. Le développement devient ici un processus de libération économique et politique.

Source : http://www.lemonde. fr/planete/

La redistribution en France

Polynésie – session 2013

Référentiel	**Thème 3**	**La répartition des richesses** 3.1. Les inégalités de revenus et de patrimoine des ménages 3.2. La politique de redistribution
	Thème 5	**La politique économique dans un cadre européen** 5.2. La mise en œuvre des politiques économiques
Compétences	Décrire et caractériser la répartition des revenus et du patrimoine Analyser les inégalités de revenus dans les pays développés Caractériser et analyser les différents instruments de la redistribution en France Repérer les limites des politiques économiques nationales. Analyser les conséquences de mesures de politique économique sur la situation économique.	

Depuis le milieu de l'année 2008, la France et les pays européens sont entrés dans une phase de crise économique, la plus importante depuis la récession des années 1930. Les conséquences de cette crise sont nombreuses : déficit des finances publiques, déséquilibre des comptes sociaux, hausse du chômage et de la précarité qui affectent les populations les plus fragiles en premier lieu.
Dans ce contexte, la demande sociale s'accroît alors que les possibilités d'action des pouvoirs publics se réduisent. Ainsi, deux millions de personnes vivent aujourd'hui en France avec au maximum 645 euros par mois pour une personne seule, 690 000 n'ont pas de domicile personnel, 3,5 millions recourent à l'aide alimentaire...

L'association « Passeport Pour l'insertion » a pour vocation de venir en aide aux populations en difficulté en les accompagnant vers l'insertion et le retour à l'emploi. Cette association propose régulièrement des séances de formation à ses membres.
Dans ce cadre, le président de l'association vous charge de préparer une intervention destinée à présenter un état des lieux des inégalités économiques et sociales et des politiques de redistribution.

Travail à faire :

À l'aide du dossier joint et de vos connaissances, en veillant à **préciser les principaux concepts utilisés**, et à exploiter les sources statistiques mises à votre disposition, vous devez concevoir une note argumentée et structurée dans laquelle :

1. **Vous identifierez les différentes formes d'inégalités et analyserez leurs évolutions depuis 40 ans.**
2. **Vous caractériserez les différents instruments utilisés pour réduire ces inégalités.**
3. **Vous mettrez en évidence l'efficacité et les limites de la politique de redistribution en France.**

Document 1 L'évolution des inégalités de revenus en France

[...] Depuis les années 1970, la diminution des inégalités est nette : le rapport interdécile est passé de 4,6 à 3,5. On peut bien parler d'une baisse des inégalités qui a eu lieu entre 1970 à 1990, ensuite l'évolution est très faible.

Rapport entre le niveau de vie des 10 % les plus riches et celui des 10 % les plus pauvres

	1970	1975	1979	1984	1990	1996	2000	2005	2006	2007	2008	2009	2010
Rapport	4,8	4,1	3,5	3,5	3,3	3,5	3,3	3,4	3,4	3,4	3,4	3,4	3,5

** Estimation. Revenu après impôts et prestations sociales. Lecture : en 2008, le niveau de vie le plus bas des 10 % les plus riches était 3,4 fois supérieur au niveau de vie le plus élevé des 10 % les plus pauvres. Légère rupture de série en 2005.*

Source: INSEE

L'évolution entre 1999 et 2009

[...] Entre 1999 et 2009, le niveau de vie moyen des 10 % les plus pauvres a progressé de 8,4 % soit 610 euros [sur la période], une fois l'inflation déduite. Le niveau de vie moyen des 10 % les plus riches a augmenté de 18,2 % soit 8 190 euros.

L'écart relatif entre ces deux catégories a augmenté : les plus modestes touchent 6,7 fois moins que les plus aisés, contre 6,2 fois en 1999. En valeur absolue, l'écart est passé de 37 730 à 45 310 euros. En moyenne, les 10 % les plus riches ont gagné près de 8 mois de Smic net supplémentaires en dix ans.

http://www.inegalites.fr le 12 janvier 2012

Document 2 Les inégalités de patrimoine en France

[...] **Les inégalités de patrimoine ont augmenté de 30 % en 7 ans**. Ce chiffre correspond à l'évolution de l'écart entre les 10 % des ménages les plus pauvrement dotés en patrimoine et les 10 % des ménages les plus richement dotés entre 2004 et 2007. La moitié des ménages vivant en France déclarent un patrimoine brut global supérieur à 150 200 euros.

10 % des Français détiennent 50 % de la richesse globale. Les 10 % les plus riches possèdent au moins 550 000 euros de patrimoine brut. Les 10 % les plus modestes en termes de patrimoine détiennent au maximum 2 700 euros chacun, soit 205 fois moins

[...] **1 % de super-riches possèdent plus que la moitié des Français**. La concentration du patrimoine est encore plus remarquable si l'on prend les 5 % et les 1 % les mieux dotés : à eux seuls, ils détiennent respectivement 35 % et 17 % du patrimoine global des ménages [...]. À l'opposé, 50 % des ménages les moins dotés détiennent 7 % du patrimoine brut, indique l'Insee.

Les locataires ont un patrimoine 8 fois moins élevé que les propriétaires. En 2010, le patrimoine brut des ménages est principalement constitué de biens immobiliers, à 62 %. [...] En France, six ménages sur dix sont propriétaires de leur résidence principale ou en phase d'accéder à la propriété.

L'Expansion.com avec AFP - publié le 24/11/2011

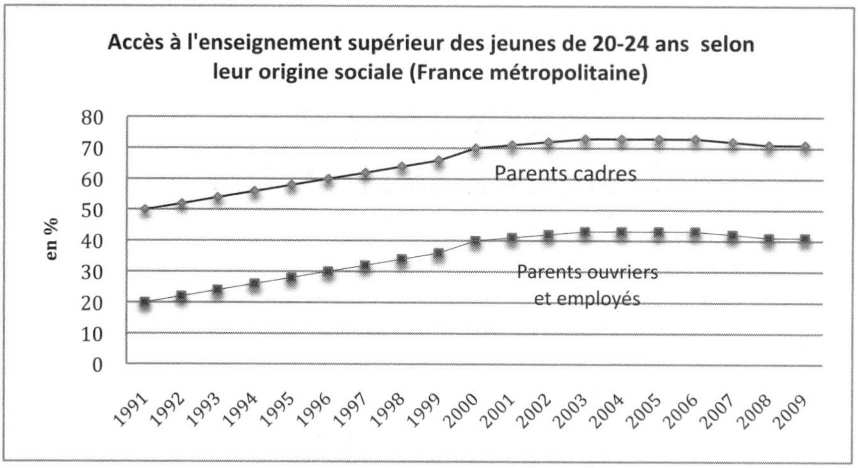

www.enseignementsup-recherche.gouv.fr

Document 4 — La redistribution : état des lieux en 2010 et évolution depuis vingt ans

Les prestations sociales et les prélèvements réduisent les inégalités de revenus dans la population. En 2010, les prestations sociales (prestations familiales, minima sociaux et allocations logement) contribuent pour les deux tiers à cette réduction et les prélèvements pour un tiers, imputable en très grande partie à l'impôt sur le revenu.

[...] L'impôt sur le revenu est en 2010 à la fois moins progressif et d'un montant relativement plus faible qu'en 1990 : il réduit donc moins les inégalités de revenus. De même, les prestations sociales apparaissent moins distributives qu'elles ne l'étaient en 1990. Elles ont été le plus souvent revalorisées selon l'inflation, et ont donc évolué moins vite que les revenus moyens de la population. [...]

Source : http://www. insee.fr/fr/ffc/docs ffc/ref/FPORSOC11h VE33Redis.pdf

Document 5 — Les services publics gratuits sont-ils redistributifs ?

[...] Le fait que, par exemple, l'éducation ou la santé publiques soient gratuites, ou fournies à très faible prix pour les ménages au regard de leurs coûts, est spontanément considéré comme un facteur de réduction des inégalités. [...] La dépense publique dans ces domaines semble clairement redistributive. Sans elle, les riches pourraient quand même se payer ces services; les pauvres ne le pourraient pas. [...]

En France, le revenu moyen des 10 % les plus riches est environ neuf fois supérieur à celui des 10 % les plus pauvres. Prenons le cas de la santé publique. De fortes inégalités de santé et d'accès aux soins existent, mais il est clair que les 10 % du haut de l'échelle ne se font pas soigner neuf fois plus que les 10 % du bas. La gratuité (ou le faible coût) des soins y est pour beaucoup. L'existence d'un service public de santé, de la couverture maladie universelle (CMU), etc. sont donc de puissants facteurs de redistribution, en dépit d'inégalités persistantes. Le même raisonnement vaut pour la plupart des services publics gratuits. [...]

Source : Jean Gadrey - Alternatives Economiques Poche n°046 - novembre 2010

Document 6 : La pauvreté en France

La France compte entre 4,8 et 8,6 millions de pauvres selon la définition adoptée... Depuis 2002, le nombre de personnes concernées a augmenté d'un million.

Nombre de personnes pauvres
(Données : Insee en milliers)

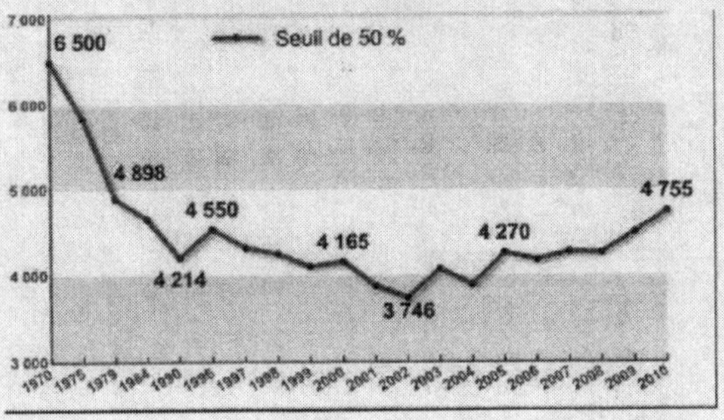

Observatoire de la pauvreté, septembre 2012
http://www.inegalites.fr/spip.php?article270&id_mot=76

Industrie et compétitivité

Métropole – session 2013

Référentiel	**Thème 1**	**La coordination des décisions économiques par l'échange** 12. La dimension internationale de l'échange
	Thème 2	**La création de richesse et la croissance économique** 222. La dynamique de la croissance
	Thème 5	**La politique économique dans un cadre européen** 51. L'appréciation de la situation économique 52. La mise en œuvre des politiques économiques
Compétences	Analyser les flux internationaux de biens et services Analyser les effets des stratégies des firmes multinationales sur les pays d'accueil et les pays d'origine Analyser une situation économique donnée Interpréter les mécanismes à l'œuvre dans les politiques économiques	

Pierre Dubois, jeune diplômé d'une école de commerce, est passionné depuis longtemps de surf. Avec son ami ingénieur, Kevin Soller, il a conçu une planche innovante et écologique à base de fibres végétales. Ils fabriquent leurs planches de surf dans le sous-sol de leurs maisons.

Mais devant le succès rencontré auprès de leurs amis, des amateurs et désormais des professionnels de surf du monde entier, ils réfléchissent à industrialiser la fabrication de leurs planches afin de pouvoir les commercialiser en grand nombre.

Ils s'interrogent sur l'opportunité de développer leur activité industrielle en France.

Afin d'avoir une idée plus précise, ils vous chargent de réaliser une étude sur l'environnement de l'industrie en France. Votre étude sera une aide à la décision.

À l'aide du dossier joint et de vos connaissances, en veillant à **préciser les principaux concepts** utilisés et à **exploiter les sources statistiques** mises à votre disposition, vous devez concevoir une note argumentée et structurée.

1. **Analyser la situation de l'industrie française dans le contexte économique international.**

2. **Apprécier la compétitivité de l'industrie française, après avoir rappelé les facteurs qui influent sur les deux formes de compétitivité.**

Document 1 La désindustrialisation : un dilemme européen

L'irruption des pays émergents proposant des productions à faibles coûts salariaux et bénéficiant d'une diminution spectaculaire des coûts de transport est la cause majeure des délocalisations d'activités à fort contenu de main-d'œuvre et faible contenu technologique. Elle constitue, à première vue, la source principale de désindustrialisation et de déficit du commerce extérieur.

Il convient, cependant, d'observer que le commerce international prend majoritairement place entre pays aux caractéristiques similaires et à l'intérieur des industries plutôt qu'entre industries. Cette situation s'explique par la différenciation des biens et la recherche d'économies d'échelle. Les stratégies d'entreprises sont plus déterminantes que les dotations de facteurs. Des gains non seulement mutuels, mais équitablement partagés, sont possibles. Dans ce contexte, une désindustrialisation, finalement plus inquiétante, procède du creusement des écarts de performance industrielle entre pays similaires générateurs de déséquilibres commerciaux.

Ces écarts croissants de performance industrielle entre pays comparables en termes de niveau de vie traduisent avant tout des différences de qualité des biens produits. Il ne faut pas, pour autant, négliger les conditions de coût qui pèsent dès lors qu'un effort de modernisation, exigeant de dégager un excédent brut d'exploitation, devient nécessaire précisément pour conquérir une niche technologique ou un segment de marché. [...]. Les activités industrielles s'inscrivent dans un monde globalisé. [...]

La fragmentation des processus de production, consistant à externaliser dans les pays à bas coûts salariaux la production des biens intermédiaires (y compris des biens de moyen ou haut niveau technologique) ensuite importés en tant que composants des biens finals produits, permet de renforcer la compétitivité de ces derniers, de maintenir et de développer l'emploi industriel domestique et de stimuler les exportations.

Dans le cas de l'Allemagne, le mécanisme ainsi mis en œuvre est d'autant plus efficace que les importations de biens intermédiaires bénéficient de la valeur élevée de l'euro et les exportations se font pour une grande partie au sein de la zone euro. L'organisation industrielle choisie tire ainsi pleinement parti d'une monnaie unique forte et de l'intégration financière.

[...]Source : OFCE Sciences Po

Document 2 : Part de l'industrie dans la valeur ajoutée, en pourcentage

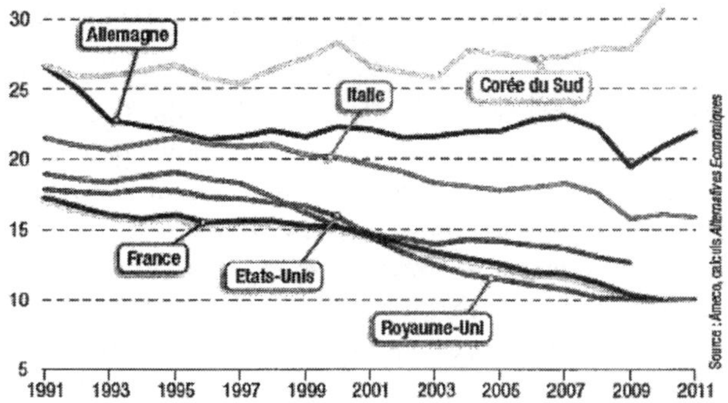

Solde commercial de quelques secteurs de l'industrie française civile en 2002 et 2011

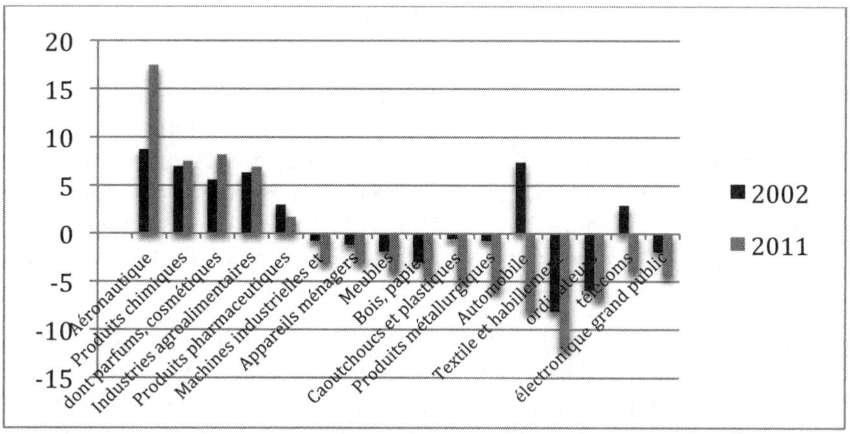

Document 4 Déficits et excédents du commerce extérieur de la France, entre novembre 2010 et novembre 2011, en millions d'euros

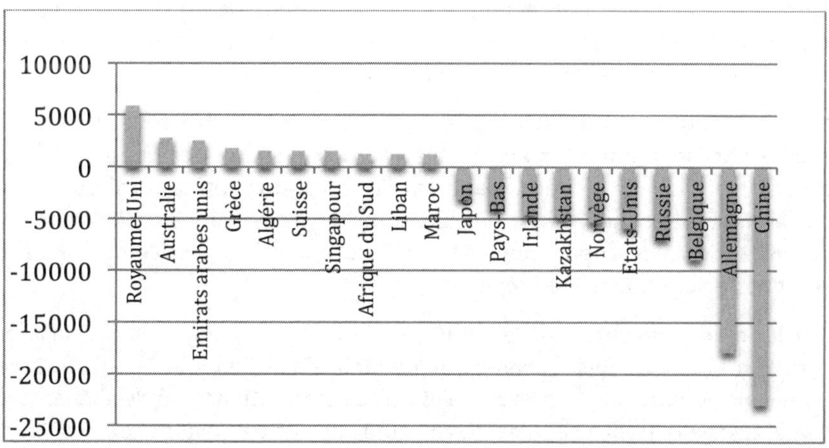

Document 5 **Face au déclin de son industrie, quelle politique industrielle pour la France ?**

Par Pierre-André Buigues, ancien conseiller économique de la Commission Européenne, professeur Toulouse Business School

[...] Pour de nombreux économistes français, l'industrie n'a plus d'avenir dans les pays développés. La croissance économique est faible, le poids de l'industrie diminue rapidement. Le capital migre vers les pays émergents qui se caractérisent par des coûts de production sensiblement plus faibles, une forte progression de la population et donc de la demande domestique et des progrès de productivité importants grâce au rattrapage technologique. Or, contrairement à ce discours dominant, l'industrie continue de prospérer dans certains pays européens.

L'Allemagne, l'Autriche, la Suède, la Finlande et dans une certaine mesure la Belgique et les Pays-Bas présentent une amélioration de leur potentiel industriel depuis l'an 2000. Le taux de marge de l'industrie se situe à des niveaux assez élevés et le poids des exportations de biens a augmenté sur les marchés européens mais aussi sur les marchés extra européens.

La France appartient à un deuxième groupe de pays avec le Royaume-Uni, l'Espagne et dans une certaine mesure l'Italie dont le potentiel industriel est bien plus faible et le poids de l'industrie diminue. Le taux de marge est faible et les performances du commerce extérieur se dégradent. La crise n'a fait que renforcer ces divergences. Depuis 2005, la production industrielle française restait en juin 2011, inférieure de plus de 7% à celle de 2005, alors qu'en Allemagne, elle dépassait de 11 % son niveau de 2005.

Dans les faits, tous les gouvernements pratiquent tous des formes différentes de soutien à leur activité industrielle. Quatre objectifs représentent à eux seuls près de 80 % du montant total des aides attribuées aux entreprises en Europe : l'environnement et les économies d'énergie, le développement régional, la R&D, les PME. Cependant, s'il y a une certaine convergence des aides sur ces quatre objectifs, il apparaît que les modèles d'intervention sont différents.

Si l'on compare les politiques nationales de soutien à l'industrie entre l'Allemagne et la France et leur efficacité relative, il existe un certain nombre de recommandations que la France devrait s'imposer pour renforcer sa compétitivité :

- Décentraliser le soutien public aux entreprises : en France, l'intervention publique se caractérise par un montant d'aide élevé, dont la gestion est centralisée. Les régions ne disposent pas de moyens financiers d'intervention suffisants alors qu'elles sont mieux à même de connaître les difficultés rencontrées par les PME régionales. En France, 90 % des aides dépendent de Paris alors que la majorité des aides en Allemagne sont décidées au niveau régional. [...]

- Recentrer les aides publiques sur les PME : en France, la politique industrielle est pensée, organisée, autour des « champions nationaux » et leurs PDG ont un accès direct au pouvoir politique. Les entreprises du CAC sont ainsi les grands gagnants de la politique industrielle française. C'est le cas du dispositif très avantageux du Crédit Impôt Recherche qui représente des sommes considérables. Ce dispositif ne devrait concerner que les PME. Les entreprises du CAC 40 bénéficient d'un effet d'aubaine pour leurs dépenses en R&D et les sommes versées par les pouvoirs publics finissent sous forme de dividendes dans la poche des actionnaires. Les grands groupes allemands n'ont pas besoin du soutien public pour soutenir leur effort stratégique dans le domaine de l'innovation, la part de la R&D financé par le gouvernement y est bien plus faible alors que l'effort en R&D est bien plus élevé qu'en France.

- Renforcer la politique de concurrence contre les abus de position dominante des grands groupes : les grandes entreprises bénéficient de positions très fortes sur les marchés en France et les prix sont souvent bien plus élevés qu'en Allemagne. Pourtant, on a en France des exemples clairs des bienfaits de la concurrence. C'est la concurrence agressive de Free qui a conduit à des prix assez bas en France pour les services combinés de téléphonie fixe, d'internet et de télévision. Par contre, les prix de la téléphonie mobile sont parmi les plus élevés d'Europe et on peut espérer que l'arrivée de Free permettra de casser les prix. La grande distribution, les banques sont aussi clairement des secteurs où plus de concurrence serait bienvenue. [...]

Source : Le Monde.fr 07.09.2011

Le financement des TPE Nouvelle-Calédonie – session 2013

Référentiel	**Thème 2**	**La création de richesses et la croissance économique** 2.2 La dynamique de la croissance
	Thème 4	**Le financement des activités économiques** 4.1 Les différentes modalités de financement 4.2 Le marché financier et son rôle économique 4.3 Les institutions financières et leur rôle 4.4 La globalisation financière
	Thème 5	**La politique économique dans un cadre européen** 5.1 L'appréciation de la situation économique
Compétences	Identifier et caractériser les contributions respectives des facteurs d'offre sur la croissance Identifier et comparer les divers modes de financement des activités économiques Mettre en évidence les relations de complémentarité et d'interdépendance qui existent entre les institutions financières et le marché financier dans le financement de l'économie et de la croissance Identifier les effets attendus de la globalisation financière Comparer et interpréter des situations conjoncturelles nationales dans l'espace européen	

Madame ALLANES, directrice du service Études de l'Observatoire des PME et TPE françaises, gère le dossier du financement de ces entreprises depuis 2008.

Dans le cadre de sa mission, elle doit étudier l'impact de la crise financière sur le financement des petites entreprises françaises. Elle devra exposer les conclusions de son étude à des représentants d'associations d'insertion au cours d'une conférence.

Elle envisage d'exposer le recours au microcrédit, comme source possible de financement pour les TPE françaises, lors de son intervention.

Vous êtes en poste auprès de Madame ALLANES. Cette dernière vous confie la préparation de son discours et vous remet à cet effet un dossier documentaire qu'elle vous charge d'étudier.

A l'aide du dossier joint et de vos connaissances, en veillant à préciser les principaux concepts utilisés et à exploiter les sources statistiques mises à votre disposition, vous devez concevoir une note argumentée et structurée dans laquelle :

- **Vous mettrez en évidence les répercussions économiques de la crise financière de 2008 sur la zone euro ;**
- **Vous expliquerez pourquoi les PME françaises sont confrontées à un problème de resserrement du crédit dont vous identifierez les conséquences ;**
- **Vous analyserez les opportunités et les limites du microcrédit comme source de financement intermédié des TPE françaises.**

Document 1 Les répercussions de la crise financière de 2008

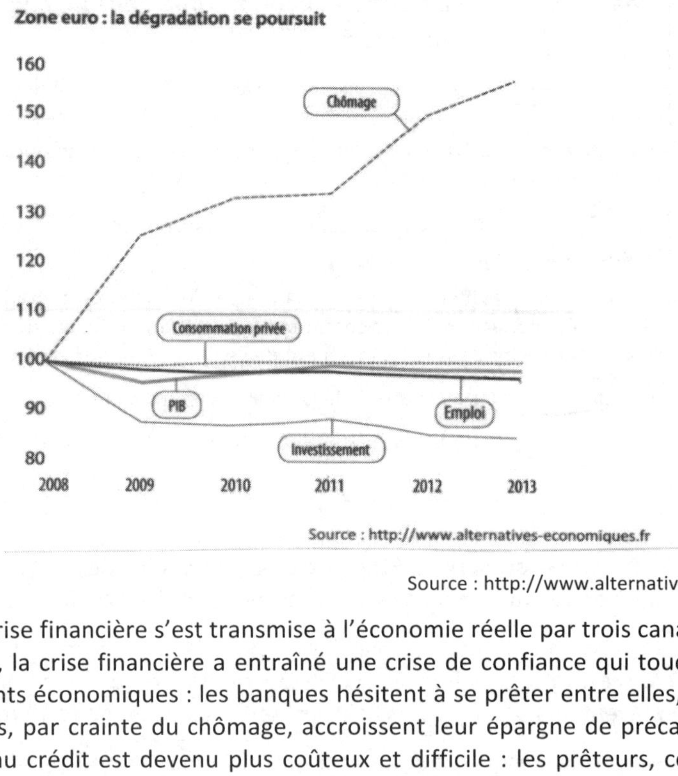

Source : http://www.alternatives-economiques.fr

[...] La crise financière s'est transmise à l'économie réelle par trois canaux principaux. D'abord, la crise financière a entraîné une crise de confiance qui touche l'ensemble des agents économiques : les banques hésitent à se prêter entre elles, tandis que les ménages, par crainte du chômage, accroissent leur épargne de précaution. Ensuite, l'accès au crédit est devenu plus coûteux et difficile : les prêteurs, confrontés à un risque de défaut accru, font payer plus cher les emprunteurs, voire refusent de leur prêter. Restriction de crédit et crise de confiance ont un impact particulièrement négatif sur l'investissement des ménages et des entreprises. Enfin, la baisse de demande entraîne une contraction du commerce mondial, propageant la crise à l'ensemble de l'économie mondiale.

Source : http://www.insee.fr

Document 2 Le resserrement du crédit, un handicap pour les PME TPE

La crise des dettes souveraines et l'inquiétude qu'elle fait peser sur la santé des banques européennes relancent les craintes pour les entreprises d'un *credit-crunch,* c'est-à-dire d'une pénurie générale de crédit.

En octobre 2011, les encours de crédits aux entreprises, c'est-à-dire leur stock global, ont vu leur croissance ralentir : celle-ci a atteint + 4 %, contre + 4,8 % le mois précédent, selon les statistiques de la Banque de France. Certes, ce retournement est loin des niveaux observés en 2009, lorsque la croissance des crédits était devenue négative. Il a pourtant de quoi inquiéter s'il se poursuit dans les mois à venir. [...]

Les PME subissent particulièrement le ralentissement des ouvertures de nouvelles lignes de crédit par les banques. Une évolution d'autant plus regrettable que, contrairement aux grandes entreprises qui peuvent émettre des obligations, les PME n'ont pas d'alternative pour se financer.
Les entreprises, en particulier les PME, ont donc été très affectées par l'effondrement du crédit qui a suivi la crise financière de l'automne 2008. Le crédit aux entreprises, qu'il s'agisse de trésorerie ou d'investissement, s'est asséché brutalement, les obligeant à réduire leur activité et accélérant le rythme des faillites.

D'après source : http://www.alternatives-economiques.fr

Les flux de crédits nouveaux aux petites et moyennes entreprises
(par trimestre en milliards d'euros)

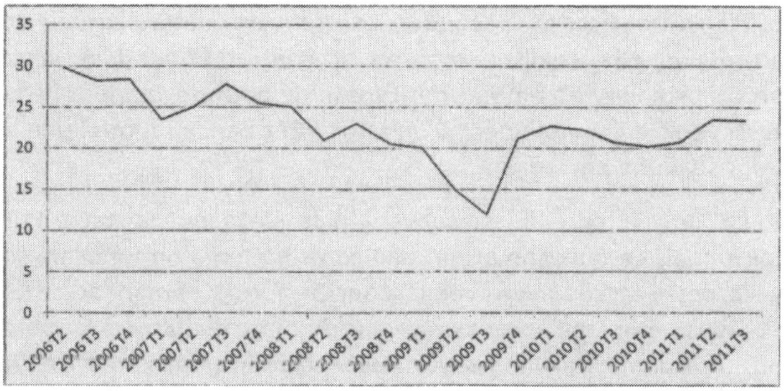

Source : Banque de France cité sur http://www.assemblee nationale.fr

Document 3 Les microcrédits professionnels accordés en France de 2006 à 2010

On constate une augmentation régulière du montant et du nombre de microcrédits professionnels extra-bancaires octroyés par les associations habilitées à faire du microcrédit professionnel (Adie, Créa-Sol, CSDL) passant de 7 713 microcrédits pour un montant de 21,8 millions d'euros en 2006 à 14 249 microcrédits pour un montant total de 49,2 millions d'euros en 2009. Le montant moyen des prêts est resté stable, à environ 3 000 euros, pour une durée moyenne de 18 mois.
Le microcrédit professionnel a enregistré une hausse de 10 % en 2011 après un fléchissement en 2010 à cause d'un contexte économique moins porteur.

Entraînements

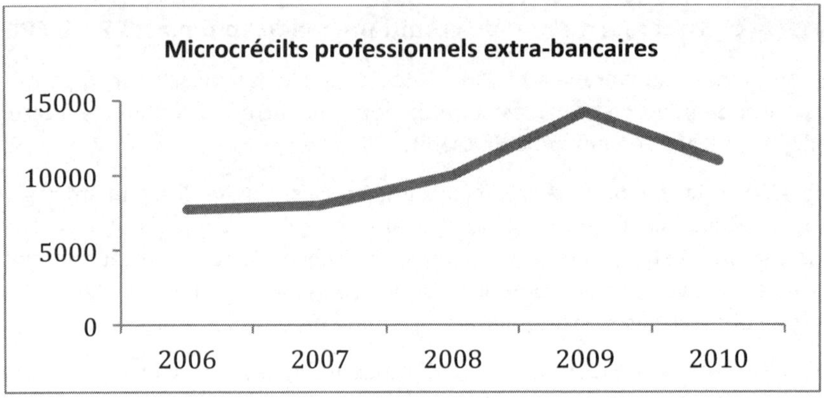

Source : Rapport IGF 2009 (le microcrédit, Rapport n°2009, Inspection générale des finances, décembre 2009) et Baromètre de la microfinance 2011 (données 2010)

Document 4 Le microcrédit en France

Le microcrédit professionnel

Le microcrédit professionnel a pour vocation d'aider un entrepreneur à créer ou à développer son entreprise, tout en conservant un caractère social. C'est un prêt de faible montant, maximum 5 500 euros sur une durée maximum de 2 ans, accordé par un organisme spécialisé, non bancaire, et destiné à financer un projet de création d'entreprise ou de développement d'entreprise.

Ce prêt remboursable peut servir à acquérir les premiers matériels pour démarrer une activité professionnelle, réaliser un premier contrat et ainsi se lancer dans l'entreprenariat, ou bien servir à embaucher un salarié pour développer l'entreprise. Ce prêt peut aussi venir en complément d'un autre prêt bancaire, ou d'une aide à la création ou la reprise d'une entreprise.

Le taux d'intérêt d'un microcrédit est souvent plus élevé que le taux d'un crédit classique bancaire, mais ce taux comprend une contribution à un fonds de solidarité qui servira à accorder d'autres microcrédits pour de futurs demandeurs. [...] Cette formule permet à des petits entrepreneurs exclus du marché du travail d'obtenir une somme d'argent pour démarrer une activité. L'Association pour le droit à l'initiative économique (Adie) a lancé en 1989 le dispositif en France.[...]

97 000 microcrédits financés depuis 1989

En 2010, l'Adie a délivré 12 023 microcrédits. Un chiffre que l'association espère doubler à l'horizon 2015. Catherine Barabaroux, sa présidente, compte pour cela s'appuyer sur les 130 antennes et 190 permanences de l'association réparties sur le territoire. Or en France le système reste méconnu. Sur les 622 000 entreprises créées en 2010, 145 000 l'ont été par des entrepreneurs sans moyens financiers. Selon l'Adie, un quart de ces entrepreneurs ont commencé leur activité sans financement ou avec moins de 2 000 euros.

100 000 emplois créés

« *Nos statistiques montrent que les créateurs d'entreprise que nous accompagnons ont les mêmes taux de réussite que les autres entrepreneurs* », explique Catherine Barabaroux. Contrairement à une idée reçue en effet, les entreprises créées grâce au microcrédit ont un taux de survie identique aux autres. Deux ans après, 68 % d'entre elles sont toujours en activité quand 79 % des emprunteurs ont réussi leur réinsertion. Par ailleurs, les microentrepreneurs créent d'autres emplois que le leur, puisque l'effectif moyen est de 1,38 emploi par société. Certaines réussites sont même spectaculaires. [...]

6 000 euros de prêt maximum

Pour obtenir cette somme d'argent, l'emprunteur doit trouver une personne dans son entourage se portant caution pour la moitié du microcrédit. Cependant, pour une première demande, le microcrédit ne peut pas dépasser 2 000 € et sa durée de remboursement un an. Pour une deuxième demande, qui suppose d'avoir remboursé le premier emprunt, le prêt ne peut excéder 3.500 € et doit être remboursé dans les deux ans. Ensuite, un microcrédit peut s'élever à 6.000 € pour un remboursement de 24 mois.

6 % d'impayés

Selon une enquête réalisée en mars par Ipsos/ Logica Business Consulting pour le Baromètre de la microfinance 2011, le microcrédit reste aujourd'hui perçu comme une solution « dangereuse » par 47 % des personnes interrogées, qui y voient surtout un prêt à des personnes non solvables. En réalité, les impayés restent relativement rares. Ils représentent 6 % des emprunts, contre 4 % environ dans les banques traditionnelles.

9,71 % d'intérêts

[...] Le taux d'intérêt est en effet assez élevé, à 9,71 % actuellement. De plus, outre ce taux, l'emprunteur verse une contribution de 5 % de la somme prêtée à titre de solidarité. Ainsi, pour 1000 euros empruntés, il ne perçoit que 950 euros et devra rembourser 87,78 euros par mois pendant un an. Un système qui est régulièrement accusé de favoriser le surendettement, alors même que le microcrédit est censé aider les gens à sortir de la pauvreté. Pour leur défense les organismes de microcrédit expliquent qu'ils ne se financent pas sur les marchés au même prix que les banques, et qu'ils mettent en place des structures d'accompagnement coûteuses. Ils se plaignent également de ne pas recevoir suffisamment de subventions pour pratiquer des taux moins élevés.

Source : L'Expansion.com

Inégalités et politique de redistribution

Métropole – session 2014

Référentiel	**Thème 3 La répartition des richesses** 3.1 Les inégalités de revenus et de patrimoine des ménages 3.2 La politique de redistribution
Compétences	Décrire et caractériser la répartition des revenus et du patrimoine. Analyser les inégalités de revenus dans les pays développés Caractériser et analyser les différents instruments de la redistribution en France. Repérer les justifications et les orientations de réformes de la politique de redistribution

L'association « Solidarité et Entraides » est une organisation reconnue d'utilité publique qui a pour vocation d'aider les plus démunis. Elle propose des services multiples d'hébergement, d'aide aux démarches administratives et de réinsertion par le travail.

Dans le cadre de votre formation de technicien supérieur, vous réalisez un stage au siège de l'association. Son président souhaite avoir une vision globale de l'évolution des inégalités en France et s'interroge sur les enjeux de la politique de redistribution.

Afin de préparer ses futures réunions publiques et la négociation de son budget de fonctionnement avec les pouvoirs publics, il vous charge de réaliser une note structurée à partir de la documentation réunie récemment.

À l'aide du dossier joint et de vos connaissances, en veillant à préciser les principaux concepts utilisés et à exploiter les sources statistiques mises à votre disposition, vous êtes chargé(e) de concevoir une note argumentée et structurée dans laquelle :

1. **Vous présenterez l'évolution des inégalités, depuis 1975, en Allemagne, en France, au Royaume-Uni et de l'ensemble des pays de l'OCDE, puis vous analyserez les inégalités de patrimoine en France et dans le monde.**

2. **Vous énoncerez les objectifs de la redistribution et classerez les moyens mis en œuvre par l'Etat pour les atteindre.**

3. **Vous montrerez à quelles contraintes la France et les pays de la zone euro sont confrontés dans la conduite de leurs politiques de redistribution.**

Document 1 **Évolution du coefficient de Gini entre 1975 et 2010 pour la France, l'Allemagne, le Royaume Uni et l'ensemble de l'OCDE**

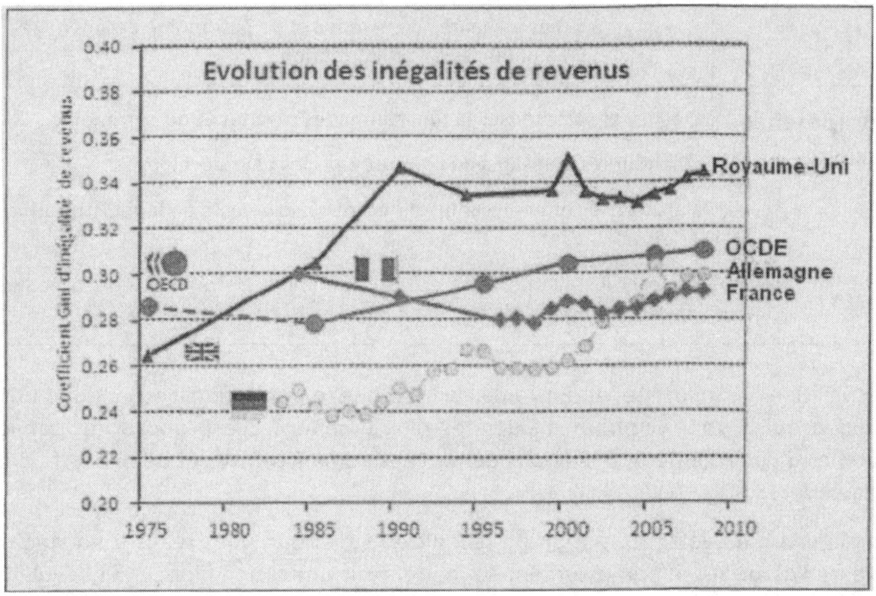

Notes : La valeur du coefficient de Gini varie entre 0 (qui correspond à une « égalité parfaite », chaque personne reçoit la même fraction de revenus) et 1 (qui représente une « inégalité parfaite », la fraction de la population la plus riche reçoit l'intégralité des revenus).

Source : www.oecd.org 2012

Document 2 **L'inégale répartition des patrimoines dans le monde et en France**

Répartition des patrimoines au niveau mondial en 2012

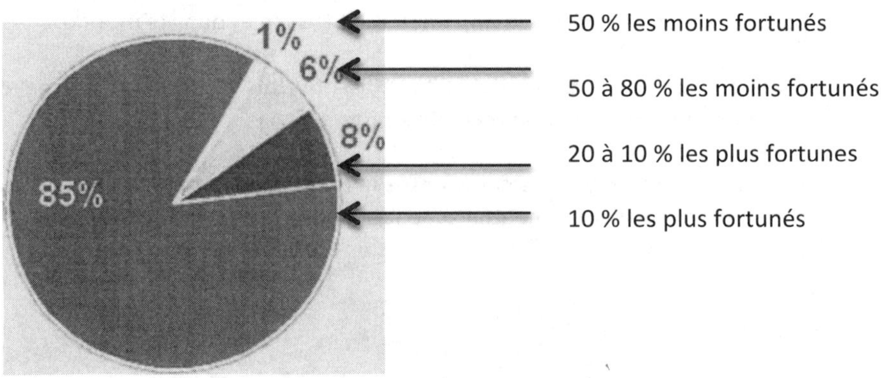

Source : Observatoire des inégalités 07/06/2013

Répartition des patrimoines en France en 1998 et 2010 (en % par décile)

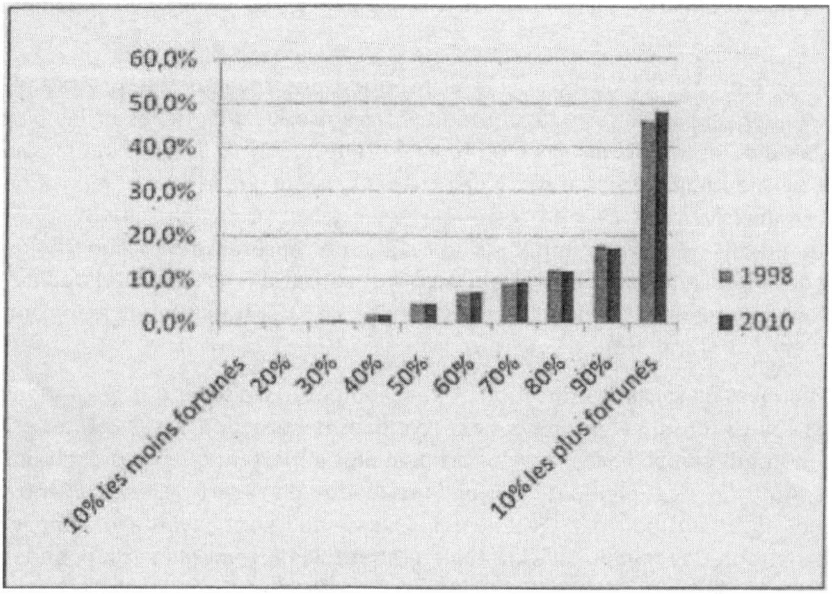

Le patrimoine mondial total détenu par les habitants de la planète est estimé à 223 000 milliards de dollars en 2012, soit une moyenne de 49 000 dollars par individu.

Il est réparti de façon profondément inéquitable : 82,4 % de ce patrimoine est détenu par seulement 8,1 % de la population dont le niveau de fortune est supérieur à 100 000 dollars. En revanche, 69,3 % de la population mondiale disposent de seulement 3,3 % de l'ensemble.

Début 2010, la moitié des ménages vivant en France concentrent 93 % des avoirs. Les 10 % les mieux dotés détiennent en moyenne plus d'un million d'euros de patrimoine brut. À l'opposé, les 10 % de ménages les moins dotés détiennent chacun en moyenne 1 351 euros de patrimoine et collectivement moins de 0,1 % de la masse totale. Entre 2004 et 2010, les inégalités de patrimoine se sont accrues, le rapport entre le patrimoine moyen des 10 % de ménages les mieux dotés et celui des 50 % les moins dotés ayant augmenté de près de 10 %.

Document 3 Inégalités de revenus : comment l'État redistribue la richesse

Tous les ans à l'automne, la loi de finances arrive en discussion au Parlement. Elle sera votée avant la fin de l'année. Son rôle est essentiel en matière d'inégalités : c'est cette loi qui détermine l'affectation des dépenses et fixe le niveau des recettes de l'État pour l'an prochain. [...]

Le « projet de loi de financement de la sécurité sociale » quant à lui présente les recettes et dépenses des régimes obligatoires de base (assurance maladie, retraite, allocations familiales). [...] Les impôts et les prestations sociales jouent toujours un rôle essentiel dans la réduction des inégalités de niveaux de vie. Avant redistribution,

Entrainements

le niveau de vie des 20 % les plus aisés est au minimum 6,9 fois plus élevé que celui des 20 % les plus modestes, mais il l'est de 3,8 fois plus après impôts et prestations sociales.

En prenant en compte l'ensemble de la distribution des revenus, les prestations sociales expliquent 32 % de la réduction de l'écart entre les plus riches et les plus pauvres, alors que les impôts directs n'en représentent que 17 %. [...] Les impôts qui corrigent le plus les inégalités sont dits « progressifs », parce que le taux d'imposition augmente progressivement avec la ressource taxée (c'est le cas de l'impôt sur le revenu notamment). Mais [...] l'impôt sur le revenu ne représente plus que 7 % de l'ensemble des prélèvements obligatoires (impôts et cotisations sociales). A l'opposé, les allocations logement ou chômage et les minima sociaux notamment jouent un rôle de plus en plus grand. [...]

Les services publics de santé, d'éducation et de logement fournissent des prestations en nature gratuites ou subventionnées. Leur rôle dans la réduction des inégalités est central : le montant global de ces services est bien plus important que les prestations monétaires. Au total, ils expliquent 70 % de la réduction de l'écart de revenus entre les plus riches et les plus pauvres. C'est ce qui explique qu'ils ont davantage d'impact sur la redistribution des revenus. [...]. L'école gratuite, les logements sociaux ou les remboursements de soins ne se limitent pas à redistribuer de la richesse, ils permettent également de réduire les inégalités sociales d'accès aux soins ou au logement et d'accroître la mobilité sociale. [...]

Source : Observatoire des inégalités - www.ineqalites.fr, le 12/10/2010

Document 4 **Taux prélèvements obligatoires (TPO) dans l'OCDE et en France**

Comparaison dans l'OCDE en 2011

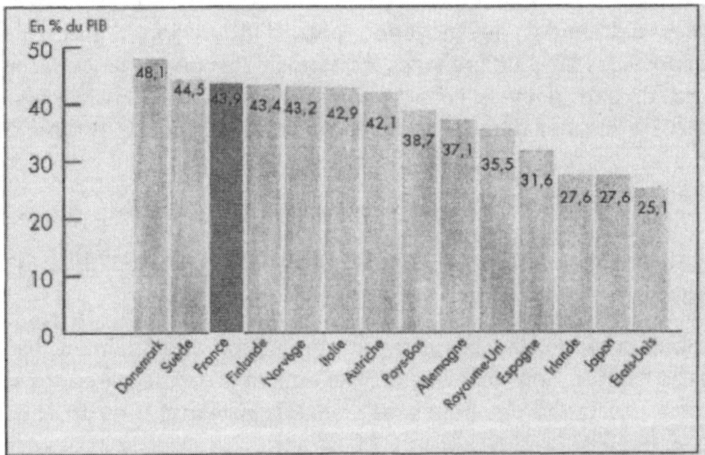

Source : OCDE 2012

Évolution des prélèvements obligatoires en France depuis 1970

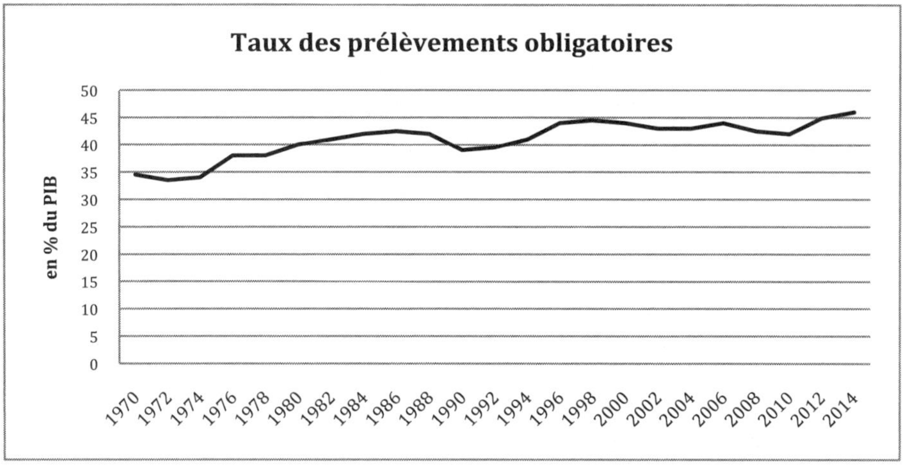

Source : www.vie-publique.fr 07/06/2013

Le TPO apparaît relativement élevé en France par rapport aux autres grands pays développés, mais a connu une évolution similaire à celle des autres pays de l'OCDE (qui est passé, en moyenne, de 25,4 % du PIB en 1965 à 33,8 % en 2009 et 33,9 % en 2010) et de l'Union européenne (qui est passé, en moyenne, de 27,6 % en 1965 à 38,4 % en 2009).

L'ensemble des pays de l'OCDE s'est récemment engagé dans une politique de maîtrise du taux de prélèvements obligatoires : ainsi, après avoir progressé de près de 10 points entre 1965 et 2001, le TPO s'est ensuite stabilisé jusqu'en 2007, avant de diminuer du fait de la crise financière. La nécessité de maîtriser les déficits et la croissance de l'endettement publics tend toutefois à faire augmenter à nouveau ce taux dans la zone euro.

Document 5 Les déficits budgétaires en Europe

D'après Eurostat, le déficit public dans la zone euro s'est réduit depuis 2011. En 2012, il s'est établi à 4 % du Produit intérieur brut (PIB). A titre de comparaison, il était de 6,2 % en 2010 et 6,4 % en 2009.

Parmi les mauvais élèves de la zone euro, on trouve notamment l'Irlande et la Grèce, deux pays qui ont eu recours à des plans d'aide. Il y a également l'Espagne, le Royaume-Uni et la France. Paris affiche un déficit de 4,8 % du PIB en 2012, meilleur que prévu mais loin des 3 % exigés par le pacte de stabilité. Bruxelles tolère néanmoins cet écart dans la mesure où ces dépenses excédentaires pourraient autoriser les états à poursuivre une politique budgétaire contra-cyclique en permettant de maintenir l'effet positif de la redistribution sur le niveau de l'activité économique.

Mais c'est la dette publique qui inquiète le plus Eurostat. Elle a augmenté dans la zone euro, passant de 85,3 % en 2010 à 90,6 % en 2012. Quatorze États membres ont dépassé les 60 % prévus par le pacte de stabilité. En tête de ce classement figurent la Grèce, avec 156,9 %, et l'Italie, 127 %. La dette publique de la France a atteint 90,2 % du PIB.

Source : d'après Eurostat, mardi 24 avril 2012

Les salaires minimum en Europe

Polynésie – session 2014

<table>
<tr><td rowspan="3">Référentiel</td><td>Thème 1</td><td>La coordination des décisions économiques par l'échange
11. L'échange sur les marchés
12. La dimension internationale de l'échange</td></tr>
<tr><td>Thème 3</td><td>La répartition des richesses
31. Les inégalités de revenus et de patrimoine des ménages</td></tr>
<tr><td>Thème 5</td><td>La politique économique dans un cadre européen
52. La mise en œuvre des politiques économiques</td></tr>
<tr><td>Compétences</td><td colspan="2">Analyser les flux internationaux de biens et services
Analyser l'influence du niveau d'un prix ou de ses variations sur les décisions d'agents économiques
Analyser les flux internationaux de biens et services
Analyser les modalités de formation des salaires
Analyser les conséquences de mesures de politiques économiques sur la situation économique</td></tr>
</table>

La Fédération Française des Producteurs Agricoles (FFPA) a pour mission principale d'analyser les marchés des produits agricoles d'un point de vue géographique et sectoriel, au niveau national mais aussi européen et international. Madame MELOIN est responsable du service publications de la FFPA. Elle est en charge des éditions concernant l'analyse des marchés agricoles et des prix appliqués dans les différents pays européens.

Elle vient de prendre connaissance du projet d'instauration d'un salaire minimum en Allemagne. Elle s'interroge sur les répercussions de ce salaire minimum sur la compétitivité des acteurs français du secteur agricole. Elle décide alors de consacrer la prochaine publication de la Fédération au thème de l'incidence d'un salaire minimum sur la compétitivité d'une économie nationale.

Vous effectuez des analyses économiques dans ce service sous la responsabilité de Madame MELOIN. Elle vous confie, à cet effet, un dossier documentaire. Vous avez pour mission de construire une argumentation afin d'étayer sa prochaine publication.

A l'aide du dossier joint et de vos connaissances, **en veillant à préciser les principaux concepts utilisés** et à exploiter les sources statistiques mises à votre disposition, vous devez concevoir une note argumentée et structurée dans laquelle :

1. **Vous apprécierez la disparité des salaires minimum en Europe, en 2013 ;**
2. **Vous expliciterez les conséquences potentielles, pour un pays européen comme la France, de l'instauration d'un salaire minimum en Allemagne ;**
3. **En vous référant aux exemples français et allemand, vous expliquerez dans quelle mesure la compétitivité d'une économie dépend du coût du travail.**

Document 1 Salaire minimum et coût horaire du travail dans l'union européenne

Le coût horaire du travail dans le secteur privé en 2012 (coût horaire en euros)	
Suède	41,90
Belgique	40,40
Danemark	39,50
France	34,90
Luxembourg	34,40
Hollande	31,30
Finlande	31,10
Allemagne	31,00
Autriche	30,50
Irlande	27,40
Italie	27,20
Royaume-Uni	21,90
Espagne	20,90
Chypre	16,70
Grèce	15,50
Slovénie	14,50
Portugal	12,30
Malte	12,00
République Tchèque	10,70
Slovaquie	8,60
Estonie	8,60
Hongrie	7,90
Pologne	7,20
Lettonie	6,20
Lituanie	5,80
Roumanie	4,50
Bulgarie	3,70

Statistisches Bundesamt, Wiesbaden 2013

Le salaire minimum dans les pays de l'Union européenne en 2013	
Luxembourg	1 874,19 €
Belgique	1 501,82 €
Pays-Bas	1 469,40 €
Irlande	1 461,85 €
France	**1 430,22 €**
Royaume-Uni	1 264,25 €
Slovénie	783,66 €
Espagne	752,85 €
Malte	697,42 €
Grèce	683,76 €
Portugal	565,83 €
Pologne	392,73 €
Croatie	372,35 €
Slovaquie	337,70 €
Hongrie	335,27 €
Estonie	320,00 €
République Tchèque	312,01 €
Lituanie	289,62 €
Lettonie	286,66 €
Bulgarie	158,50 €
Roumanie	157,50 €

Au 1er juillet 2013, sept pays (Allemagne, Autriche, Chypre, Danemark, Finlande, Italie et Suède) ne disposent pas d'un salaire minimum.
Certes, l'écart entre les pays du Nord-Ouest et ceux d'Europe de l'Est reste très important, mais il tend à se réduire légèrement avec le temps.

Document 2 L'instauration d'un salaire minimum en Allemagne

[...] Pour beaucoup de Français et d'Européens, la décision d'instaurer un salaire minimum en Allemagne va dans le bon sens. Les deux tiers des pays de l'Union ont déjà un tel dispositif. En les rejoignant, l'Allemagne mettra fin à une course des salaires vers le bas, et rétablira les bases d'une concurrence moins déloyale. En accroissant le pouvoir d'achat des salariés les plus démunis, elle soutiendra la consommation et donc la demande intérieure, condition impérieuse d'un rééquilibrage des échanges au sein de l'Union. [...]

Salaire minimum [...] l'Allemagne va se doter d'un salaire minimum à 8,50 euros le 1er janvier 2015 (9,43 € en France en 2013). Apparemment l'accord ne prévoit d'exceptions que pour les stagiaires et apprentis. En revanche, les partenaires sociaux peuvent jusqu'en 2017, conclure dans les branches des accords prévoyant un salaire minimum inférieur aux 8,50 euros et les accords en cours restent valables jusqu'en 2016. [...]
Le patronat allemand regrette une «occasion ratée pour l'avenir du pays». Le président de la fédération des industries allemandes (BDI), Ulrich Grillo, estime que cet accord ne pose aucun jalon pour plus de croissance et d'emplois, qu'il met en danger l'attractivité de l'Allemagne comme site industriel. [...]

Source : d'après www.lemonde.fr

Document 3 Salaire minimum allemand : pourquoi la France va en profiter

[...] Les changements seraient conséquents, puisque « 6,9 millions d'Allemands verraient leurs salaires augmenter et, pour certains d'entre eux, doubler », avance Eric Heyer, de l'Observatoire français des conjonctures économiques (OFCE). « La demande progresserait et les commandes passées aux entreprises tricolores devraient suivre, puisque la France est le principal partenaire commercial de l'Allemagne ». Les exportations françaises devraient donc s'accroître.

La création d'un « Smic » en Allemagne serait également une « bonne nouvelle pour la compétitivité des entreprises françaises », estime Gilbert Cette, professeur d'économie à l'université Aix-Marseille. « Notamment pour celles positionnées dans des industries telles que l'agroalimentaire, puisque l'Allemagne ne pourrait plus payer ses ouvriers moins de 5 euros de l'heure. » Les produits allemands seraient donc vendus plus chers ce qui inciterait les acheteurs internationaux à réévaluer la pertinence des produits français.

C'est d'ailleurs ce qu'espèrent les producteurs de Légumes de France, la Fédération nationale des producteurs de fruits, la Fédération nationale des producteurs de l'horticulture et des pépinières qui ont immédiatement réagi en « encourageant l'Allemagne à finaliser rapidement ce projet ». Ce bénéfice attendu est toutefois à nuancer : « Les entreprises françaises retrouveront un peu de compétitivité, mais elles ne regagneront pas tout ce qu'elles ont perdu lorsque l'Allemagne a décidé, dans les années 2000, de faire baisser ses coûts salariaux » estime Eric Heyer.

Car, pendant que les Français réduisaient leurs marges et donc leurs investissements pour limiter les prix de leurs produits à l'export, les Allemands renforçaient leurs dépenses en recherche et développement et en marketing. « Et il est possible qu'ils soient montés en gamme et qu'ils devancent désormais les Français, y compris en termes de compétitivité hors coût. »

Source : d'après l'Agence Française de Presse, octobre 2013

Document 4 Coût de la main d'œuvre : l'Allemagne rattrape la France

Comparaison de la hausse du coût de la main d'œuvre en France et en Allemagne (base 100 en 2008)

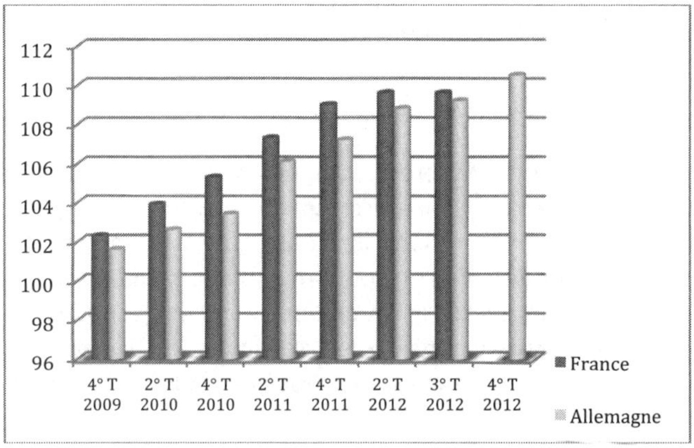

Depuis 2008, les différents instituts statistiques nationaux au sein de l'Union européenne utilisent le même référentiel pour calculer le coût de la main d'œuvre. Les données collectées s'appuient sur le coût horaire moyen du travail. Elles intègrent les salaires et traitements versés, les cotisations sociales à charge de l'employeur, ainsi que les taxes payées par ce dernier défalquées des éventuelles subventions qui lui ont été versées.

L'institut Destatis, équivalent de l'Insee en Allemagne, est formel. En 2012, le coût horaire moyen d'un salarié a augmenté de 3 %. Une progression qui a permis aux Allemands de gagner en pouvoir d'achat. L'an passé, l'inflation s'est limitée outre-Rhin à 2 %.

Déjà en 2011, les augmentations accordées aux salariés avaient fait grimper de 2,8 % le coût horaire brut moyen d'un salarié. Ce qui n'est pas sans inquiéter le patronat allemand. En deux ans, l'indice moyen du coût de main d'œuvre (qui intègre des éléments non directement liés au salaire) évalué par Destatis a gagné 5,5 %, tous secteurs d'activité confondus, bien au-dessus la moyenne européenne.

Source : http://www.challenqes.fr/econoiTiie/20130311.CHA7163/cout-de-la-main-d-oeuvre-l-allemaqne-rattrape-la-france.html

Document 5 La compétitivité de la France s'améliore-t-elle vraiment ?

Après une décennie de dégradation, la compétitivité de la France commence à se redresser légèrement, tout du moins à se stabiliser, selon une étude de Coe-Rexecode publiée le jeudi 24 octobre 2013. Cette tendance, amorcée fin 2011, se confirme en 2013. "C'est une évolution non pas positive, mais favorable, souligne Michel Didier, président du cabinet d'études économiques. La France est encore loin d'avoir regagné le terrain qui a été perdu en une décennie".

Les parts de marché à l'exportation de la France dans la zone euro sont en moyenne de 12,8 % au premier semestre 2013, comme en 2011 et 2012. De même, la part des exportations tricolores de biens et services dans les échanges mondiaux s'est stabilisée à 3,1 % en 2013, au même niveau qu'en 2012. Après avoir chuté de manière continue de 2002 à 2010, le rapport des exportations françaises en volumes à la demande mondiale adressée à la France - autrement dit sa performance à l'exportation - a progressé de 2,3 % au deuxième trimestre, contre +1,7 % pour la zone euro.

Autre bonne nouvelle : la part de la valeur ajoutée de l'industrie française dans la valeur ajoutée industrielle européenne se redresse (14,3 % au premier semestre contre 13,9 % en 2012). [...]

Évolution parallèle des coûts salariaux entre la France et l'Allemagne

Ce léger mieux global recouvre toutefois des performances contrastées selon les marchés et les produits. En 2013, les exportations françaises ont regagné des parts de marché relativement aux exportations de l'ensemble des pays de la zone euro pour quelques produits (produits pharmaceutiques, biens d'équipement autres que matériels de transport notamment) et quelques marchés (zone euro, Amérique latine, PECO...). Elles en perdent encore en revanche en ce qui concerne les exportations de matériels de transport - automobiles notamment - vers les marchés africains et d'Asie émergents.

Deux raisons majeures expliquent le redressement de notre compétitivité. Tout d'abord, la divergence de nos coûts salariaux avec ceux de l'Allemagne s'est interrompue et on constate même que le coût horaire du travail progresse un peu plus vite en Allemagne qu'en France depuis 2011 : + 0,4 % en France à 35,4 euros au deuxième trimestre 2013, contre + 1,6 % à 32,7 euros en Allemagne. [...]

La France n'a d'autre choix que de poursuivre ses efforts pour regagner tout ou partie du terrain perdu, notamment en matière de coût de production, d'effort d'innovation et de recherche. Pour y parvenir, la France ne pourra faire l'économie d'une politique économique qui permette une reconstitution des marges financières des entreprises, conclut Michel Didier, en permettant notamment à chaque entreprise d'ajuster le triptyque salaires, temps de travail et emplois en fonction de la conjoncture.

Source : lexpansion.lexpress.fr

Éléments de corrigé proposés à titre indicatif
Partie économique

La biodiversité

Polynésie – session 2011

- **Mots-clés :** biodiversité, externalité, bien public, empreinte écologique, développement durable.

1. **Quelles sont les caractéristiques économiques de la biodiversité ?**

Pour Paul Samuelson, un bien public (ou bien collectif) est un bien ou un service qui présente deux caractéristiques : non rivalité et non exclusion.

- Un bien est dit non rival lorsque sa consommation par un agent n'empêche pas un autre agent de le consommer.
- Un bien est dit non exclusif lorsqu'on ne peut exclure aucun agent de la consommation de ce bien. On parle de biens publics impurs pour désigner des biens publics qui ne répondent qu'à un seul de ces critères.

Un bien public mondial (BPM) est un bien public, donc non rival et non exclusif et qui possède un caractère mondial (ou universel). Selon Charles Kindelberger, les BPM représentent l'ensemble des biens accessibles à tous les États qui n'ont pas nécessairement intérêt à les produire.

La biodiversité englobe toute la diversité naturelle des organismes vivants incluant les écosystèmes et les services qu'ils rendent comme la pollinisation, les possibilités données par les plantes à l'industrie pharmaceutique etc...

La biodiversité est un bien public mondial car ses effets dépassent largement le cadre local, et les frontières. Il s'agit en outre d'un **Bien public Pur**. Il répond aux deux critères cités précédemment. En effet, l'usage de l'écosystème par un habitant ne gêne pas les autres (non rivalité). Ces derniers ne peuvent exclure un autre agent de l'usage (non exclusion).

2. **Comment les comportements des agents économiques affectent-ils la biodiversité par des effets externes ?**

Une externalité (ou effet externe) est une situation par laquelle un agent économique occasionne par son action un impact sur un tiers ou un milieu sans qu'il y ait compensation financière. Si l'impact est un bienfait, on parle d'externalité positive. Si l'impact est un dommage, on parle d'externalité négative.

Les agents économiques générateurs d'externalités négatives sont principalement les ménages (consommateurs) et les entreprises (producteurs). Ils participent à l'épuisement des ressources naturelles, à l'émissions de polluants, à l'émission de gaz à effet de serre, à la dégradation de la qualité des eaux et, à terme, au changement climatique.
L'empreinte écologique est un indicateur qui mesure l'impact environnemental des activités des agents économiques.

3. Note argumentée et structurée destinée aux élus locaux

Rappel du contexte de la mission : Cette note s'adresse au responsable du pôle «développement durable» de la Région. Il s'agit de l'aider à préparer la réunion au cours de laquelle il présentera aux élus locaux l'impact économique du parc naturel.

Des instruments au service d'une économie plus verte

Le comportement des agents économiques est susceptible de compromettre l'objectif de développement durable. Le développement durable est « Un développement qui répond aux besoins du présent sans compromettre ceux des générations futures » (rapport BRUNDTLAND 1987).

Le développement durable est un mode de développement qui concilie des objectifs économiques, environnementaux et sociaux. La réalisation conjointe de ces trois objectifs ne peut pas résulter uniquement du fonctionnement du marché : leur concomitance n'est pas naturelle. C'est pourquoi les pouvoirs publics doivent intervenir dans une optique de régulation.

Parmi les outils mis en œuvre par les pouvoirs publics, nous pouvons distinguer les mesures incitatives (fiscalité) des mesures limitatives (quotas, réglementation). Ces mesures sont destinées à infléchir les comportements des agents économiques, en limitant les activités génératrices d'externalités positives et en favorisant de nouvelles pratiques individuelles et collectives.

Cependant, les pouvoirs publics sont confrontés à une inertie des comportements économiques. Les changements d'habitudes s'inscrivent nécessairement dans la durée. De plus les mesures applicables aux entreprises en tant que producteurs ont un impact limité.

Le parc naturel régional, instrument local de la politique de développement durable

Le parc naturel régional permet d'articuler les objectifs parfois antagonistes du développement durable. D'une part il constitue une aire protégée (au sens de l'accord de Nagoya) où seront préservées les ressources naturelles, et un lieu de restauration des écosystèmes dégradés. D'autre part, il constitue un angle de développement d'une activité humaine éco-compatible avec des produits, services nouveaux, créateurs d'emplois.

Le parc naturel régional d'Armorique constitue un bon exemple de parc naturel régional. Il concilie les objectifs économiques et sociaux d'une part et environnementaux d'autre part.

L'inde

Nouvelle-Calédonie – session 2011

Mots-clés : IDE

Rappel du contexte de la mission : Claude MORIN adresse à Madame DUMAS, responsable des bureaux des méthodes d'EUROCAR, une note. Il s'agit de l'aider à préparer la prochaine réunion du comité de production. Lors cette réunion, Madame DUMAS doit présenter les conclusions de son étude sur l'opportunité d'implanter en Inde un second site de production.

1. Situation économique de l'Inde et évolution récente

Situation économique actuelle

L'Inde appartient au G20. Classée parmi les 20 premières puissances économiques mondiales, elle est aussi l'un des BRIC. Elle est désormais un acteur incontournable de l'économie mondiale (tant au niveau de l'offre que de la demande). Ce pays se classe dans les 10 premiers pays en termes de PIB (environ 3 500 milliards de dollars).

En Inde, 54,6 % du PIB et 28,2 % du PIB sont réalisés respectivement dans les services et dans l'industrie. C'est donc une économie génératrice de valeur ajoutée dans les secteurs secondaire et tertiaire (économie qui a dépassé la phase agricole de son développement économique).

Évolution récente sur la période 2005-2009

Les échanges extérieurs de l'Inde augmentent jusqu'en 2008. Les importations et les exportations de biens et de services diminuent en 2009. Au vu des données dont nous disposons, il n'est pas possible de déterminer l'origine de cette baisse.

Les investissements directs étrangers (IDE) entrants sont des capitaux en provenance de l'étranger destinés à la création d'entreprise, un rachat ou une prise de participation dans une société indienne. Ils augmentent fortement entre 2007 et 2008 (+ 60 %) puis diminuent entre 2008 et 2009 (- 15 %).

L'Inde réalise une part importante de ses échanges extérieurs avec les Emirats Arabes Unis (1er client et 2e fournisseur) ainsi qu'avec la Chine (3e client et 1er fournisseur).

2. Difficultés auxquelles peuvent se heurter les IDE en Inde.

<u>Des difficultés préalables à l'implantation de l'usine</u> :

Les difficultés majeures qui précèdent l'implantation de l'usine sont imputables à :

- un protectionnisme vis-à-vis des IDE dans certains secteurs (activités protégées),
- une incertitude quant à la possibilité d'accéder aux zones économiques spéciales,
- une possibilité aléatoire de bénéficier des aides proposées par les banques d'Etat de développement industriel.

Des difficultés consécutives à l'implantation de l'usine :

La majorité de ses difficultés majeures est imputable à:

- l'instabilité du régime politique,
- la corruption,
- la faiblesse des infrastructures (routières, éducatives, sanitaires ...),
- l'existence de zones insuffisamment sécurisées.

3. Arguments en faveur d'une seconde implantation en Inde

Arguments économiques et financiers :

Les débouchés sont indépendants du marché indien car il s'agit d'une production intermédiaire peu sensible à la demande indienne.

Le recrutement peut être aisé à CT et à LT car l'offre de travail est potentiellement abondante (tendances démographiques).

La compétitivité-prix de la production pourra être favorisée par des faibles coûts de main d'œuvre. En effet, les niveaux de salaires indiens sont très inférieurs aux standards occidentaux.

La nouvelle unité pourra en outre bénéficier d'incitations fiscales et non fiscales du fait de son activité liée à l'électronique.

Arguments sociétaux :

La population indienne est une population jeune (70 % de la population a moins de 36 ans). De ce fait, le dynamisme du pays offre la possibilité de développer des projets.

La main d'œuvre indienne présente un bon niveau de qualification. Elle offre donc des garanties sur le niveau de qualité de la production réalisée et sur la possibilité de confier des responsabilités à des cadres autochtones. Ceci contribuerait à renforcer notre compétitivité structurelle

Les fonds souverains (Antilles - Guyane 2011)

Mots-clés : institution financière, marché financier, fonds souverains

1. **Caractérisez le rôle des institutions financières non bancaires dans le financement de l'économie**

Les institutions financières non bancaires sont des organisations chargées de faire le lien entre ceux qui disposent de fonds et ceux qui en recherchent. Elles fournissent les capitaux à l'économie en achetant des titres (actions, obligations, bons du trésor etc.).

Elles sont un acteur essentiel du fonctionnement des marchés financiers.

Les institutions financières non bancaires sont principalement composées d'investisseurs institutionnels (compagnies d'assurance, fonds de pension, OPCVM)

2. **Montrez la spécificité des fonds souverains par rapport aux autres institutions financières**

Les fonds souverains ou fonds d'investissement publics sont des nouveaux venus de la finance internationale. Ils sont détenus par les Etats et ont la particularité de pouvoir compter sur des ressources abondantes générées notamment par l'augmentation des réserves de change ou des excédents budgétaires issus des recettes d'exportations.

Les fonds souverains connaissent un développement rapide

Les fonds souverains poursuivent des objectifs financiers variés. Mais en outre la volonté d'obtenir un rendement plus élevé ou de faire face à des dépenses futures (retraites), ils contribuent à une allocation optimale des ressources à travers le monde qui est censée se traduire par des créations d'emplois et une stimulation de l'activité économique.

La montée en flèche du prix des matières premières et l'accroissement des déséquilibres commerciaux des pays riches ont permis aux fonds souverains de connaître une forte croissance. Leur puissance financière est grandissante. En 2008 les actifs des dix fonds les plus importants dépassaient 3 000 milliards de dollars contre 500 milliards au début des années quatre-vingt-dix.

Des inquiétudes qui doivent être nuancées

Du fait de leur taille et surtout de leur manque de transparence dans leur communication financière, les fonds souverains pourraient contribuer à une plus forte volatilité des cours ou à la formation des bulles spéculatives.

Les fonds souverains sont aussi suspectés de poursuivre des objectifs stratégiques et politiques. Le risque de pillage des connaissances, des savoir-faire des entreprises dans les secteurs stratégiques pourrait créer une résurgence de réflexes «protectionnistes »

Ces risques sont toutefois à relativiser :

- les fonds souverains font un effort en matière de transparence
- ils ont une gestion de long terme de leurs actifs qui limite les risques de perturbation des marchés
- les Etats conservent des moyens juridiques de sanctuariser les secteurs économiques les plus stratégiques des convoitises étrangères.

Crises et finances publiques

Métropole – session 2011

Mots-clés : budget de l'Etat, déficit budgétaire, déficit public, dette publique, politique de rigueur.

Rappel du contexte de la mission : Cette note s'adresse au responsable du service des études économiques de la banque française Union des Banques Coopératives. Il s'agit de l'aider à préparer le rapport sur les incidences de la dette publique et ses répercussions sur les comptes des Etats.

1. Évolution de la situation des finances publiques françaises

Le déficit public correspond au déficit de toutes les administrations publiques (État, administrations de sécurité sociale, administrations locales et organismes divers d'administration centrale). Le déficit du solde des administrations publiques (différence entre les recettes et les dépenses) se creuse en 2008 (plus de 7 % du PIB). L'accumulation de ces déficits au cours des années constitue la dette publique. En 2009 la dette publique atteint 1700 Md€ soit 77% du PIB. L'endettement public des principales économies s'accroît pour converger autour de 75 % du PIB (graphiques 1 et 2). Cette situation traduit l'évolution de deux indicateurs inscrits dans le PSC d'Amsterdam (juin 1997) : le déficit budgétaire (rapporté au PIB) et le déficit des finances publiques.

2. Principales raisons de la dégradation des comptes publics

Il faut distinguer :

- Des **causes conjoncturelles** (crise des « subprimes » puis crise de liquidité avec ses répercussions sur le secteur du crédit ce qui conduit l'Etat à lancer des plans de relance sectoriels - immobilier et automobile par exemple)

- Des **évolutions structurelles** (qui s'inscrivent sur le long terme) sont à l'origine de dépenses accrues de protection sociale. Elles résultent à la fois d'une croissance ralentie et de l'évolution démographique (« l'encours de cette dette a été multiplié par 18 entre 1978 et 2008; sur la même période, sa part dans le produit intérieur brut (PIB) est passée de 21,1 % à 67,4 % »

3. Politique de réduction des déficits publics et effets possibles

La politique de réduction des déficits publics correspond à une politique de rigueur (ou politique d'austérité). Sur le plan macroéconomique, cette politique produit un régime d'austérité caractérisé par la baisse des dépenses publiques simultanément à la hausse des prélèvements obligatoires :

- Baisse des dépenses publiques : Réduction ou suppression des diverses primes de soutien à la consommation (dans l'automobile, le BTP, économies d'énergie), modération de la progression des salaires de la fonction publique, encadrement des dépenses de santé, réduction des dépenses de soutien à l'emploi...;
- Hausse des prélèvements obligatoires (impôts et cotisations sociales).

Ces évolutions des dépenses publiques et des prélèvements obligatoires entraînent des effets négatifs sur les grandes fonctions économiques : consommation et investissement, ce qui produit un impact récessif sur le niveau d'activité de l'économie nationale.

Cette politique d'assainissement des comptes publics produit à court terme un ralentissement de la croissance. Les conséquences à moyen et long termes peuvent être, au plan économique, une dégradation du niveau de l'emploi et, au niveau social, une précarité en hausse.

Le marché du sucre

Polynésie – session 2012

Mots-clés : degré d'ouverture d'une économie, OMC, ORD

1. **Vous évaluerez et caractériserez, à partir d'un indicateur quantitatif pertinent, l'ouverture de l'Union Européenne aux échanges de sucre.**

L'indicateur quantitatif pertinent est **le degré ou taux d'ouverture** d'une économie. Il est mesuré par le rapport de la valeur des échanges extérieurs au PIB.

Taux d'ouverture = [(Importations + Exportations)/2] / PIB x 100

Appliqué à l'économie européenne, ce taux mesure la perméabilité de l'économie européenne aux échanges extérieurs. Il est ici calculé pour le secteur du sucre sur la période 2006-2009 car les données pour 2010 ne sont pas publiées.

	2006	2007	2008	2009	2010
Importations	102 000	221 000	242 000	192 000	172000
Exportations	39 000	39 000	66 000	109 000	157000
PIB	6 000000	4 900000	5 100000	10 500000	nc
Taux d'ouverture	**1,18 %**	**2,65 %**	**3,02 %**	**1,43 %**	-

Les calculs précédents font apparaître une très faible ouverture de l'UE aux échanges de sucre.

2. **Vous rappellerez et expliquerez le rôle de ('Organisation Mondiale du Commerce (OMC)**

Depuis la ratification des accords de Marrakech le 15 avril 1994, les parties contractantes du GATT sont devenues membres d'une nouvelle institution internationale : l'organisation mondiale du commerce (OMC). Le rôle de cette organisation internationale est de promouvoir le développement des échanges de biens et services, et de garantir la stabilité des échanges. Les domaines concernés sont : le commerce des biens et services, la propriété intellectuelle et l'agriculture.

L'OMC est aussi un cadre législatif appliqué à l'ensemble des pays signataires qui permet de d'une part de fixer les mêmes règles à tous les pays, droits, devoirs et sanctions applicables ; et d'autre part, d'éviter un comportement de passager clandestin de la part de pays qui profiteraient de l'ouverture (profiter des avantages) tout en continuant à se protéger (sans supporter les inconvénients).

En vertu du principe de concurrence loyale, le dumping (vente à perte) est prohibé. Les politiques de quotas (ou contingentements) sont interdites. Les subventions publiques sont surveillées (en matière de production), voire interdites (en matière d'exportation).

3. **Vous justifierez la plainte déposée par le Brésil concernant l'accès au marché européen du sucre et analyserez la décision de l'ORD au regard du projet de l'entreprise**

Il incombe à l'OMC de régler les litiges entre les pays membres. En cas de désaccord entre les pays, l'OMC a instauré un tribunal des conflits : l'Organe de règlement des différends (ORD) qui a pour rôle de statuer sur les litiges et de surveiller la mise en œuvre de ses décisions.

Lors de la réunion de l'ORD du septembre 2002, le Brésil, l'Australie, Cuba et l'inde sont intervenus comme plaignants, invoquant une entorse de l'UE aux règles du libre-échange. Selon ces pays, l'UE a distribué des subventions à l'exportation de sucre. Or, en raison de ces subventions, ce sucre est vendu sur le marché mondial en dessous de son coût de production. Ces subventions européennes induisent donc une distorsion de concurrence préjudiciable aux autres pays exportateurs de sucre.

Les pays de l'UE, exportateurs de sucre, sont ici assignés à titre de contrevenants aux règles de l'Accord de l'OMC sur l'agriculture.

L'ORD statue sur la plainte déposée par les pays exportateurs précédemment mentionnés et condamne le régime sucrier de l'UE et lui demande « d'assouplir les barrières érigées à l'égard des importations de sucre ».

Les conclusions de l'ORD dans le cadre du litige étudié sont favorables à l'entreprise AZUC pour deux raisons :

- D'une part, la suppression des subventions européennes à l'exportation de sucre va rétablir l'équilibre de la concurrence internationale par les prix.
- D'autre part, l'assouplissement des barrières à l'entrée des produits sucriers non européens ouvre a priori des perspectives nouvelles pour les exportations de l'entreprise à destination de l'UE conformément à son projet.

4. **Vous vérifierez, en vous basant sur « les bilans communautaires de sucre dans l'UE-27 », si la décision de l'ORD s'est traduite par un rééquilibrage des flux conforme aux attentes de l'entreprise.**

Effets escomptés

La décision de l'ORD de condamner l'UE pour ses pratiques protectionnistes devrait rendre les frontières européennes plus perméables aux flux entrants de sucre (augmentation des importations européennes de sucre).
L'UE reconnaît que les mesures restrictives n'étaient que temporaires et accepte de les abandonner afin que le marché du sucre soit soumis aux règles du libre-échange. Les importations européennes de sucre devraient donc logiquement augmenter.

Effets réels

Le tableau des bilans communautaires de sucre affiche, pour les années 2008 à 2011, une répartition quotas/hors quotas qui traduit la persistance de barrières quantitatives.

Les importations des pays tiers (hors-UE) chutent entre 2008 et 2009 puis stagnent, que ce soit pour le sucre transformé ou pour le sucre non transformé. Les besoins en sucre transformé ou non sont constants sur les quatre années étudiées. En témoigne le total des emplois dans les bilans communautaires.

Conséquence pour l'entreprise

La décision de l'ORD aurait dû être favorable à l'activité exportatrice de l'entreprise AZUC. Toutefois, les faits ne traduisent pas les opportunités envisageables après la décision de l'ORD. L'accès au marché européen pour AZUC reste donc a priori plus ou moins hypothétique. C'est pourquoi Monsieur ROMAS devrait envisager la prospection dans d'autres pays ou zones géographiques.

La croissance chinoise

Métropole – session 2012

Mots-clés : Croissance économique, développement économique, IDH, externalité, Bien public mondial

1. **Vous analyserez l'évolution de la croissance chinoise sur la période 1996-2010 et la comparerez à celle de la Triade (Europe, Japon, États-Unis).**

En principe, la croissance économique se définit comme une augmentation significative de la production nationale (mesurée par l'évolution du PIB réel) sur une période longue.

Analyse comparative des croissances chinoise, européenne, américaine et japonaise sur la période 1996-2010 :

Le graphique proposé en document, histogramme intitulé la croissance chinoise, représente l'évolution annuelle de la croissance économique de quatre pays ou zones économiques (Chine, zone euro, États Unis, Japon) sur la période 1996-2009 (et sur les trois premiers trimestres 2010).

La croissance chinoise présente trois caractéristiques essentielles :

- Elle est élevée (en moyenne de l'ordre de 10 % sur toute la période),
- Elle est très nettement plus forte que celle des trois autres zones (les trois zones Europe, Japon et Amérique atteignent rarement les 5 % de croissance annuelle).
- Le rythme de la croissance chinoise faiblit en 2009 (8%) tandis que les trois zones sont en récession avec des taux négatifs compris entre - 6,5 % et - 2 %.

La Chine apparaît comme un pays structurellement dynamique sur la période contrairement aux trois autres zones économiques développées.

2. **Vous apprécierez la situation de la Chine en termes de croissance et de développement économiques sur les 20 dernières années.**

La notion de développement est très différente de celle de croissance. Le développement est un ensemble de transformations qualitatives qui accompagnent une croissance durable : évolution des structures économiques, sociales et culturelles d'un pays donné. Le développement économique se traduit par la hausse du taux d'alphabétisation, le développement du système de santé, la construction d'infrastructures et l'urbanisation.

Le développement économique possède plusieurs dimensions et nécessite à ce titre plusieurs indicateurs pour le mesurer. Les indicateurs les plus usuels sont : le PIB par habitant et l'indicateur de développement humain (IDH) : développé par Amartya Sen, cet indicateur prend en compte le niveau de vie, l'espérance de vie à la naissance, l'alphabétisation des adultes

Croissance et développement économiques sont des notions interdépendantes. Le développement est une fin dont la croissance économique est le moyen. La croissance économique ne peut durablement s'installer que si elle s'appuie sur un développement robuste.

Le tableau présenté dans le document 2 permet de suivre l'évolution d'un certain nombre d'indicateurs de développement relatifs à l'économie chinoise sur les vingt dernières années avec trois années de référence (1990, 2000 et 2010).

Si l'on se réfère à l'IDH on observe que celui-ci est passé de 0,63 en 1990 à près de 0,9 en 2010. De façon globale la Chine apparait donc comme un pays développé.

On note que le niveau de vie de la population chinoise s'améliore incontestablement et ce de manière rapide. Le revenu national brut par habitant en parité de pouvoir d'achat a été multiplié par plus de 9 en 20 ans. L'espérance de vie à la naissance est passée de 69,3 ans à 73 ans. Le taux de mortalité a fortement chuté passant de 48,5 pour 1000 à 18,5 pour 1000. Quant au taux d'alphabétisation de la population de plus de 15 ans, il enregistre une hausse de plus de 16 points en 20 ans.

L'analyse des évolutions respectives du PIB et de l'IDH sur la période 2000-2010 (commune aux documents 1 et 2) permet de mettre en évidence une corrélation positive entre croissance et développement.

3. **Vous montrerez comment l'État chinois intègre dans ses décisions la gestion de l'environnement en tant que bien public mondial et la prise en charge des externalités négatives de la croissance.**

L'environnement se définit comme l'ensemble des composants naturels de la planète Terre, comme l'air, l'eau, l'atmosphère, les roches, les végétaux, les animaux.

Pour Paul Samuelson, un bien public (ou bien collectif) est un bien ou un service qui présente deux caractéristiques : non rivalité et non exclusion. Un bien est dit non rival lorsque sa consommation par un agent n'empêche pas un autre agent de le consommer. Un bien est dit non exclusif lorsqu'on ne peut exclure aucun agent de la consommation de ce bien. On parle de biens publics impurs pour désigner des biens publics qui ne répondent qu'à un seul de ces critères.

Un bien public mondial (BPM) est un bien public, donc non rival et non exclusif et qui possède un caractère mondial (ou universel). Selon Charles Kindelberger, les BPM représentent l'ensemble des biens accessibles à tous les États qui n'ont pas nécessairement intérêt à les produire.

La préservation de l'environnement naturel est une préoccupation commune à l'ensemble des États en particulier depuis le rapport Brundland de 1987. Les atteintes à l'environnement causées par certains acteurs produisent des effets à l'encontre de la communauté internationale tout entière. C'est pourquoi **l'environnement est considéré comme un bien public mondial** dont la gestion nécessite une gouvernance mondiale. A cet égard, le protocole de Kyoto par exemple est bien une manifestation de cette volonté commune.

La croissance économique chinoise est génératrice d'externalités négatives de deux ordres : **des externalités négatives environnementales** (dégradations de l'environnement liées à l'intensification de l'activité économique) et des **externalités négatives sociales** (maintien de fortes inégalités sectorielles, géographiques et entre individus en dépit d'une forte croissance économique qui ne profite pas à tous).

Pour remédier à cette situation, la Chine mène un ensemble d'actions destinées à assurer une gestion environnementale :

- Réduction de l'intensité énergétique chinoise,
- Recherche et développement dans le secteur de l'environnement,
- Durcissement des normes environnementales
- Renforcement des mesures de protection de l'environnement,
- Engagement de la Chine dans le mécanisme de développement propre.

Afrique subsaharienne

Nouvelle-Calédonie - session 2012

Mots-clés : croissance économique, développement économique, IDE, carré magique de Kaldor

Rappel du contexte de la mission : Cette note s'adresse au responsable du service des études économiques de la Chambre de commerce et d'industrie. Il s'agit de l'aider à actualiser le dossier « Afrique subsaharienne ».

Les facteurs explicatifs de la croissance de cette région d'Afrique

La croissance économique se définit comme une augmentation significative de la production nationale (mesurée par l'évolution du PIB réel) sur une période longue.

La croissance économique invoquée dans les documents est principalement d'origine exogène, à savoir une hausse de la demande internationale de matière première (minerais) et d'énergie fossile (pétrole). De fait, les Investissement Directs Etrangers (IDE) nécessaires pour ces activités d'extraction contribuent à la croissance économique des zones concernées. Les investissements sont un élément essentiel de la demande globale et contribuent à accroitre l'offre.

Ainsi, la progression des IDE en Afrique de l'Ouest, principalement dans l'activité pétrolière est significative. Même si le Nigéria draine la part principale de ces investissements (50 % des IDE de la région), la progression est la plus spectaculaire pour certains pays de taille plus modeste (le Ghana avec des IDE décuplés en 5 ans, le Niger avec des IDE multipliés par 30 en 5 ans...).

Il est à remarquer la baisse des IDE à partir de 2009, conséquence de la récession économique des pays développés.
Les sources de croissance endogène sont aussi identifiées notamment à travers la hausse de la productivité agricole qui trouve son explication dans l'amélioration des infrastructures (route, réseau électrique...).

Les limites de la croissance et ses effets contrastés sur le développement de ces pays

Il semble nécessaire de nuancer les performances économiques de la zone subsaharienne à travers les autres indicateurs classiques du carré magique de Nicolas Kaldor, à savoir l'inflation, le chômage et l'équilibre des échanges extérieurs.

- Ainsi la hausse des prix agricoles (**inflation**) a des conséquences importantes en terme de niveau de vie pour des populations dont le poids de la dépense alimentaire est essentiel (ménages à faible revenu).

- De plus, le taux de **chômage** supérieur à 20 % dans l'exemple nigérian, illustre le fait que les fruits de la croissance ne concernent pas une partie importante de la population.

- Enfin, **l'équilibre des échanges extérieurs** semble dépendant de la conjoncture économique mondiale, principalement déterminée par les grands pays consommateurs qui n'appartiennent au continent africain.

Le développement est un processus continu sur le long terme, de nature qualitative et quantitative, qui modifie durablement les structures économiques, sociales et démographiques de la société en améliorant les conditions de vie et de bien-être de sa population. Le constat du faible développement de la zone est illustré par des indicateurs quantitatifs :

Ainsi avec un IDH qui progresse peu (0.459 en 2011 contre 0,402 en 2005) le Nigéria reste parmi les Pays les Moins Avancés en terme de développement humain.

Les indicateurs sanitaires sont peu favorables : baisse de l'espérance de vie (moins 7 ans depuis 1991 ans pour les hommes...) et écart de 30 ans avec les pays développés (France)

Les indicateurs éducatifs sont peu favorables : désordre du système éducatif, durée de scolarisation faible (plus de 5 ans d'écart avec la France), taux de scolarisation croissant qui ne s'accompagne pas d'une progression des acquis scolaires (25% de diplômés au niveau du certificat d'étude secondaire)

La corruption et la faible gouvernance ne contribuent pas à accroitre la « capabilité » des individus c'est à dire leur capacité à être et à agir volontairement, et non à subir. D'après Amartya Sen, cette capabilité suppose l'accès de la population à l'éducation et à l'exercice des droits politiques.

La redistribution en France

Polynésie – session 2013

Mots-clés : inégalités, redistribution des revenus, prélèvements obligatoires

1. **Vous identifierez les différentes formes d'inégalités et analyserez leurs évolutions depuis 40 ans.**

Les inégalités sont les différences entre des individus ou des groupes sociaux qui sont socialement perçues comme injustes ou illégitimes. Elles prennent plusieurs formes : inégalités de revenus, inégalités de patrimoine, inégalités sociales et culturelles.

Evolution des inégalités :

- Les inégalités économiques, appréciées par les écarts de revenus, se réduisent jusqu'à la fin des années 90, stagnent jusqu'aux milieux des années 2000, et s'accroissent de nouveau depuis ces dernières années (doc 1 et doc 6). Le creusement récent des inégalités résulte essentiellement de l'accroissement des très hauts revenus (doc 1), et ce d'autant plus que les inégalités de patrimoine se sont fortement creusées durant la période.
- Les inégalités sociales, appréciées notamment par l'accès aux études supérieures des jeunes de parents ouvriers et employés, se réduisent jusqu'aux années 2000, et stagnent depuis.(Doc 3)

2. **Vous caractériserez les différents instruments utilisés pour réduire ces inégalités.**

Les pouvoirs publics disposent de trois instruments pour mener une politique de redistribution des revenus susceptible de réduire les inégalités : la fiscalité, les transferts sociaux et les services publics.

- **L'Etat peut utiliser la fiscalité pour réduire les inégalités** : l'impôt progressif dont le taux de prélèvement s'accroît avec l'augmentation du revenu (impôt sur le revenu (IR), impôt sur la fortune (ISF)), exerce un effet important de réduction des inégalités.

  Les autres prélèvements (CSG, CRDS, TVA) sont peu progressifs.
- Les transferts sociaux comprennent trois sortes de prestations : les prestations d'assurance (indemnités de chômage, pensions de retraites...), les prestations d'assistance (RSA, CMU) et les prestations universelles. Certaines prestations sont soumises à des conditions de ressources d'où leur caractère redistributif. Les transferts sociaux contribuent pour près des 2/3 à la réduction des inégalités (doc 4)
- **Les services publics assurés par des administrations regroupent un ensemble d'activités qui n'obéissent pas à la logique marchande.** Les services publics constituent un moyen important de lutter contre les

inégalités et la pauvreté en permettant au plus grand nombre d'accéder à des services essentiels (santé, éducation, logement, justice).

3. **Vous mettrez en évidence l'efficacité et les limites de la politique de redistribution en France.**

La redistribution des revenus consiste à prélever une partie des revenus primaires de certains agents économiques et à les transférer vers d'autres agents en fonction de considérations sociales.

Les principaux prélèvements obligatoires sont les impôts et les cotisations sociales. Les principaux transferts sont les prestations sociales et les consommations collectives.

La politique de redistribution des revenus poursuit à la fois des objectifs de réduction des inégalités, de protection contre les risques sociaux et de stabilisation de la conjoncture économique.

4. **Efficacité de la politique de redistribution des revenus**

La redistribution des revenus, **instaurée en France depuis la fin de la Seconde Guerre mondiale**, comporte de nombreux aspects positifs, tant sur le plan économique que social.

- **Sur le plan économique** : deux approches considèrent la redistribution des revenus comme un outil de soutien à la croissance économique. **L'approche keynésienne considère que la politique de redistribution est un outil de soutien à la croissance**, surtout en période de ralentissement économique car elle permet d'accroître la consommation des ménages. **Les théories de la croissance endogène montrent les conséquences positives des services publics d'éducation et de santé sur la formation du capital humain**. En investissant dans les services publics de santé et d'éducation, l'Etat contribue donc à l'amélioration du capital humain. En effet, les connaissances accumulées par les individus et l'amélioration de leur santé contribuent à améliorer la productivité et la performance de l'économie.
- **Sur le plan social** : sur une longue période, on constate une réduction des inégalités de revenus, de niveau de vie et de la pauvreté. On constate un niveau élevé du taux de fécondité, une progression de l'espérance de vie et un accroissement de la population. Des progrès importants en matière d'éducation ont été enregistrés.

5. **Les limites de la politique de redistribution des revenus**

Depuis les années 1990, le système de redistribution des revenus connaît un certain nombre de difficultés :

- Marges de manœuvre réduites pour l'Etat : forte progression des prélèvements obligatoires, des déficits publics importants, contraintes imposées par l'appartenance à l'UE, contraintes imposées par l'appartenance à zone Euro.

- Depuis de nombreuses années, la protection sociale connaît des difficultés financières récurrentes. Le vieillissement de la population et la progression des dépenses de santé ont conduit au déficit de la sécurité sociale. Le ralentissement économique contribue à un accroissement du déficit.

- **Des inégalités importantes subsistent** : les inégalités de revenu qui continuent de se creuser. Les inégalités de patrimoine qui progressent. Les inégalités de niveau de vie qui s'aggravent.

Afin de rendre le système de la redistribution plus efficient et résoudre le problème du déficit, de nombreuses réformes ont été engagées ces dernières années en France : les réformes des systèmes de retraite ont mis l'accent sur l'allongement de la durée de cotisation, sur l'augmentation des cotisations sociales de retraite. Les réformes des systèmes de santé concernent l'encouragement à l'usage des médicaments génériques, la participation financière des patients aux frais d'hospitalisation et le déremboursement de nombreux médicaments.

Industrie et compétitivité

Métropole – session 2013

Mots-clés : compétitivité, compétitivité-prix, compétitivité-hors prix, politique industrielle.

1. **Vous analyserez la situation de l'industrie française dans le contexte économique international**

Le constat de la situation de l'activité industrielle en France est pluridimensionnel. Il peut être analysé sous trois aspects : temporel, sectoriel et géographique.

- **Aspect temporel :** la **dégradation de la part de la valeur ajoutée de l'industrie dans le PIB** national depuis 20 ans illustre le déclin relatif du poids de l'industrie dans l'activité économique française. De plus, la dégradation du solde du compte industriel entre 2002 et 2011 (-43,8 MD€) confirme la gravité du déclin (d'un excédent de 15,3 milliards d'euros en 2002 à un déficit de 28,5 milliards d'euro en 2011).

- **Aspect sectorial :** le document 3 permet d'identifier **les secteurs performants et les secteurs en déclin.** Ainsi les secteurs de l'aéronautique, de la chimie et de l'agroalimentaire affichent des excédents. En revanche, le déclin de compétitivité sur la période est manifeste pour les secteurs automobile, informatique, électronique et textile.

- **Aspect géographique :** la dégradation de la compétitivité de l'industrie française face aux partenaires étrangers est manifeste. Cependant, **l'écart de performance international relatif n'est pas homogène**. Ainsi, au regard du solde du commerce le défaut de compétitivité est manifeste avec des pays comme l'Allemagne et certains pays du nord de l'Europe (Pays-Bas, Belgique).

  De même, la situation est défavorable au regard de la performance de certains pays du sud-est asiatique (Chine : déficit commercial important; Corée du Sud : poids croissant de l'industrie dans la valeur ajoutée).

2. **Vous apprécierez la compétitivité de l'industrie française, après avoir rappelé les facteurs qui influent sur les deux formes de compétitivité.**

Les facteurs de compétitivité de l'industrie française

La compétitivité représente la capacité d'une entreprise, d'un secteur ou d'une économie à faire face à la concurrence étrangère, tant sur les marchés extérieurs que sur son marché interne. La part de marché est la principale mesure de la compétitivité.

La compétitivité se décompose en **compétitivité - prix** et **compétitivité hors prix**. La compétitivité-prix est la capacité de produire des biens et services à des prix inférieurs à ceux des concurrents. La compétitivité hors prix (ou structurelle) est la capacité de vendre des biens et des services pour d'autres motifs que leur prix (qualité, innovation, image de marque, etc.)

La compétitivité-prix fait intervenir trois facteurs :

- Les coûts de production : les produits sont d'autant plus chers que les coûts de matières premières et les salaires sont élevés.
- Le comportement de marge des exportateurs : les prix des produits vendus à l'étranger sont d'autant plus élevés que les marges bénéficières des exportateurs sont élevés.
- Le taux de change : les produits exportés sont plus onéreux en cas d'appréciation de l'euro.

La compétitivité-hors prix s'appuie sur les éléments de différenciation. Ces derniers reposent sur l'innovation, la R&D et les investissements de long terme. Ils contribuent à la fois à l'amélioration du processus productif et à la qualité des produits.

Appréciation de la compétitivité de l'économie française

- **Secteurs dynamiques** : chimie, industrie agroalimentaire, industrie pharmaceutique. Le dynamisme repose sur un savoir-faire spécifique, de forts investissements en R & D... qui fondent la compétitivité-hors prix.
- **Secteurs déficitaires** du point de vue des échanges extérieurs : textile, informatique, qui subissent la concurrence des pays à bas coût de main-d'œuvre.
- **Problème de positionnement milieu de gamme** de certains produits (automobile) ce qui défavorise l'industrie française.
- **Le taux de change élevé de l'euro affecte la compétitivité-prix** des produits français à l'exportation vis-à-vis des pays hors zone euro (Etats-Unis, Canada, Angleterre...) mais dans une moindre mesure pour les secteurs qui misent sur la compétitivité structurelle.

3. Vous distinguerez les objectifs et les modalités d'une politique industrielle de nature à renforcer la compétitivité de l'économie française.

La politique industrielle désigne un ensemble de décisions prises par les pouvoirs publics afin de renforcer la compétitivité du secteur industriel française.

Les objectifs d'une politique industrielle :

- Renforcer la compétitivité structurelle de l'industrie française pour atténuer l'impact d'un euro fort et de coûts de production élevés sur les échanges internationaux (pacte de compétitivité, allègement des charges).

- Favoriser le développement des PME pour améliorer leur insertion dans les échanges mondiaux,
- Privilégier la protection de l'environnement et les économies d'énergie,
- Encourager le développement régional,
- Accentuer les efforts de R&D.

Les modalités d'une politique industrielle :

- Création de structures de financement (ex : la banque publique d'investissement (BPI)
- Une aide publique prioritairement accordée aux PME.
- Un renforcement des compétences des régions en matière de soutien public aux entreprises. C'est l'une des forces de l'Allemagne.
- Une politique de concurrence contre les abus de position dominante des grands groupes.
- Un développement du partenariat public / privé en matière de R&D (pôles de compétitivité)

Le financement des TPE Nouvelle-Calédonie – session 2013

1. **Vous mettrez en évidence les répercussions économiques de la crise financière de 2008 sur la zone euro.**

Étapes du raisonnement économique (à titre indicatif)

- Phénomène catalyseur : la crise des crédits hypothécaires immobiliers américains (accordés sans respect des règles prudentielles) ; Fragilisation des systèmes bancaires due à une sous-estimation du risque (non solvabilité des débiteurs -> titrisation -> propagation aux acteurs non financiers à travers le monde)
- Transfert de risque vers les agents économiques non financiers
- Crise de confiance
- Resserrement du crédit
- Contraction du commerce mondial et, par voie de conséquence, de l'activité économique mondiale (dégradation des indicateurs : exportations, importations, chômage, taux d'évolution du PIB). Phénomène observable notamment dans la zone euro (cf. graphique)
- Dégradation des comptes publics et crise des dettes souveraines (notamment de la zone euro)

2. **Vous expliquerez pourquoi les PME françaises sont confrontées depuis 2008 à un problème d'assèchement du crédit dont vous identifierez les conséquences**

La spécificité de financement des PME

Les PME ont une surface financière insuffisante pour autofinancer leur investissement et leur développement.

Le recours aux marchés financiers, malgré les évolutions liées à la globalisation financière, reste relativement marginal. Il est en tout cas impossible pour les petites et très petites entreprises. Elles doivent donc recourir au financement intermédié.

Mais les banques sont souvent prudentes dans leur octroi de crédit aux petites entreprises qui offrent des garanties hypothécaires limitées. Les PME ont donc plus de difficultés d'accès au financement intermédié que les grandes entreprises et celles-ci s'amplifient en cas de situation économique instable.

Le resserrement du crédit ou « creditcrunch »

Le « creditcrunch » qualifie un contexte de resserrement du crédit (appelé parfois également crise du crédit). Il se matérialise par une réduction de la disponibilité générale des crédits ou par un resserrement des conditions requises pour leur octroi.

Ses conséquences :

- Diminution des investissements des PME
- Dynamisme économique et commercial altéré (contexte non favorable à l'expression de l'esprit d'entreprise et à la prise d'initiative)
- Répercussions sociales : chômage
- Contribution amoindrie des PME à la création de richesses

3. Vous analyserez les opportunités et les limites du microcrédit comme source de financement intermédié des TPE françaises

Les financements intermédiés sont le fait d'intermédiaires financiers ce sont en général les banques mais certaines associations peuvent également assurer ce rôle. C'est le cas, par exemple, des associations investies dans le microcrédit (ex : Adie, Créasol).

Le microcrédit professionnel

Créé à l'origine au Bengladesh, le microcrédit a gagné l'Europe, sous l'impulsion de Maria Nowak, présidente de l'Adie (Association pour le droit à l'initiative économique).

Le microcrédit professionnel a pour vocation d'aider un entrepreneur à créer ou à développer son entreprise tout en conservant un caractère social. C'est un prêt d'un montant maximal de 5 500 € d'une durée maximum de deux ans, accordé par un organisme non bancaire. Ce prêt peut venir en complément d'un autre prêt bancaire.

On constate une augmentation régulière du montant et du nombre de microcrédits professionnels extra-bancaires : passant de 7 713 microcrédits pour un montant de 21,8 millions d'euros en 2006 à 14 249 microcrédits pour un montant total de 49,2 millions d'euros en 2009. Le montant moyen des prêts est resté stable, à environ 3 000 euros, pour une durée moyenne de 18 mois.

Le microcrédit professionnel a enregistré une hausse de 10 % en 2011 après un fléchissement en 2010 à cause d'un contexte économique moins porteur.

Les opportunités du microcrédit comme source de financement des TPE :

- Une alternative au crédit bancaire
- Une forme de crédit susceptible d'être accordée à tout moment du cycle de vie de l'entreprise (démarrage, reprise ou développement d'une activité)
- Un facteur de création d'emplois (100 000 emplois créés en France)

Les limites :

- Un taux d'intérêt très élevé (plus de 9 %) pour diverses raisons : la contribution de ces associations à un fonds de solidarité, des conditions de financement moins avantageuses que pour les banques et un manque de subventions pour compenser le coût des structures d'accompagnement
- Un risque d'impayé (6 %) supérieur à celui constaté dans les banques traditionnelles (4 %)
- Un risque de surendettement des bénéficiaires du microcrédit

Inégalités et politique de redistribution

Métropole – session 2014

1. **Vous présenterez l'évolution des inégalités de revenus, depuis 1975, en France, en Allemagne, au Royaume-Uni et dans l'ensemble de l'OCDE, puis analyserez les inégalités de patrimoine en France et dans le monde.**

Au sein d'un pays, les inégalités concernent à la fois les revenus, les patrimoines et les conditions de vie (inégalités économiques et sociales). La mesure des inégalités suppose le recours à des outils statistiques qui permettent notamment d'apprécier les écarts entre les catégories d'une population.

L'indice (ou coefficient) de Gini est un indicateur synthétique d'inégalités (de salaires, de revenus, de niveaux de vie...). Plus le coefficient est proche de 0 et plus la répartition est égalitaire, inversement lorsqu'il tend vers 1.

Constat des inégalités au niveau des revenus

Selon les statistiques de l'OCDE, les principaux pays de l'OCDE connaissent des inégalités de revenus qui se mesurent grâce au coefficient de Gini.

Ainsi, en 2010, le coefficient de Gini s'établit à environ 0,31 pour les pays de l'OCDE. Certains pays comme le Royaume-Uni sont plus inégalitaires que la moyenne de l'OCDE (coef = 0,34), tandis que d'autres (Allemagne, France) sont plus égalitaires que la moyenne (coef = 0,29). (1 point pour le constat des écarts d'inégalités entre les pays, le RU d'une part, l'Allemagne et la France d'autre part)

En termes d'évolution sur la période 1975-2010, les inégalités de revenus ont tendance à augmenter, pour l'ensemble des pays de l'OCDE qui enregistrent globalement un indice de Gini de 0.29 en 1975 et de 0.31 en 2010. Il est également à noter, sur le graphique, qu'après une baisse entre 1975 et 1985, les inégalités ont plutôt eu tendance à se creuser régulièrement à partir de 1985. On constate que les inégalités ont augmenté plus fortement en Allemagne et en RU qu'en France, où les politiques de redistribution ont joué un rôle d'amortisseur. (2 points dont 1 point pour l'Allemagne et le RU d'une part, la France d'autre part).

Constat des inégalités au niveau des patrimoines

Les inégalités peuvent également être observées au niveau de la détention du patrimoine. Les écarts de richesse (en termes de revenu disponible, de niveau de vie, de patrimoine...) peuvent être appréciées grâce au rapport inter-déciles (rapport entre les 10 % les plus riches et les 10 % les plus pauvres), ou le rapport inter-quintiles.

Au niveau mondial, le graphique circulaire relatif à la répartition des patrimoines permet de constater que les 10 % des ménages les plus fortunés détiennent 86 % de ce patrimoine, tandis que les 50 % les moins fortunés seulement 1 %. Ceci signifie que la moitié de la population mondiale se partage 1 % de la richesse patrimoniale mondiale. La situation, de ce point de vue, est donc très inégalitaire.
La situation française, au regard des inégalités patrimoniales, peut être appréciée grâce au graphique établi par l'INSEE. Il permet de constater que celles-ci sont

nettement moins prononcées qu'au niveau mondial puisque les 10 % des Français les plus fortunés détiennent 48 % du patrimoine de l'ensemble des ménages français. Le graphique permet également d'observer que les 50 % les moins fortunés détiennent environ 7 % du patrimoine en France (à comparer avec le petit 1 % au niveau mondial)

Il est en outre possible d'observer que les inégalités de patrimoine ont plutôt eu tendance à se creuser, en France entre 1998 et 2010, au profit essentiellement des ménages les plus fortunés.

2. **Vous énoncerez les objectifs de la redistribution et classerez les moyens mis en œuvre par l'Etat pour les atteindre.**

La redistribution représente l'ensemble des opérations de répartition secondaire visant à « corriger » la répartition primaire des revenus.
La redistribution vise d'une part à réduire les inégalités (objectif social), d'autre part à soutenir l'activité économique à un niveau compatible avec la croissance économique (objectif économique).

Objectifs de la redistribution

Du point de vue social, la redistribution, en élevant le revenu disponible des ménages les plus modestes, vise à assurer la cohésion sociale en limitant les inégalités de revenus pour qu'elles demeurent à un niveau socialement acceptable.

La redistribution verticale a un objectif de resserrement de l'éventail des revenus. La redistribution horizontale est assurée par les organismes de protection sociale (Sécurité Sociale et mutuelles en France) et repose sur le principe d'assurance. Elle est fondée sur la solidahté entre actifs occupés et inoccupés.

Du point de vue économique, la redistribution relève d'une logique keynésienne. Keynes observe que la consommation est l'un des moteurs de la croissance et préconise que l'État procède au soutien de la demande globale en période de croissance ralentie. La redistribution (en attribuant des ressources aux ménages qui ont de faibles revenus et en compensant les pertes de revenus des ménages qui subissent des risques sociaux) permet d'agir sur le niveau de la consommation des ménages (par le biais de la propension marginale à consommer).

Les moyens de la redistribution

Les instruments essentiels de cette redistribution des revenus sont les prélèvements obligatoires (impôts, taxes et cotisations sociales) et les transferts sociaux d'une part (aides, prestations, allocations...), les services publics d'autre part.

La redistribution repose donc sur la fiscalité, la protection sociale et l'offre de services publics accessibles à tous.

Parmi les impôts et taxes, seuls les impôts progressifs peuvent être considérés comme réellement redistributifs car ils ont pour effet de resserrer (légèrement) l'éventail des revenus primaires. L'exemple type d'un impôt progressif est l'impôt sur le revenu (deuxième source de recettes du budget, après la TVA).

Les transferts sociaux sont redistributifs, à partir du moment où ils permettent de financer des dépenses très coûteuses, que les individus les plus pauvres ne pourraient pas assumer sur leurs propres ressources. L'exemple-type est la prise en charge, par la collectivité, des dépenses de santé.

Le graphique relatif à l'impact des revenus de transfert sur le niveau de vie des ménages français en 2010 illustre bien l'impact de la redistribution sur les niveaux de vie. En effet, pour les ménages appartenant au premier quintile de niveau de vie, les revenus de transfert représentent une part importante des revenus (environ 30 %). A l'inverse, les ménages des trois derniers quintiles sont contributeurs nets en termes de transferts.

Enfin, les services publics ont également une fonction redistributive. Le financement public de l'éducation, par exemple, constitue un élément de redistribution (il agit sur le revenu disponible des ménages) dans la mesure où il permet aux enfants des ménages les plus modestes de bénéficier d'un accès gratuit à un service indispensable (notamment dans une optique de développement du capital humain). D'après l'Observatoire des Inégalités, les services publics assurent un rôle central dans la réduction des inégalités, bien plus encore que les prestations monétaires.

3. **Vous montrerez à quelles contraintes la France et les pays de la zone euro sont confrontés dans la conduite de leurs politiques de redistribution.**

La politique de redistribution est financée par les prélèvements obligatoires qui permettent de verser des revenus de transferts et des services publics mis à la disposition de tous.
Se pose alors le problème des niveaux respectifs des recettes et des dépenses et, corrélativement, celui des écarts qui sont à l'origine de déficits publics.

Analyse des contraintes

Les taux de prélèvements obligatoires ont progressé dans tous les pays de l'OCDE (passant de 25,4, % en 1965 à 33,8 % en 2010) et au sein de l'Union Européenne (passant de 27,6 % en 1965 à 38,4 % en 2010).
En France, le taux de prélèvements obligatoires en 2011 (43,9 %) est supérieur à la moyenne des taux des pays de l'OCDE et beaucoup plus élevé qu'en Espagne (31,6 %) ou encore qu'au Japon (27,6 %) et qu'aux États-Unis (25 %). Cela tient en particulier aux modalités de financement de son système de protection sociale.
La hausse des prélèvements obligatoires est particulièrement marquée depuis 1974 (premier choc pétrolier).
La pression fiscale notamment a fortement augmenté et les États ne peuvent instaurer de nouveaux prélèvements sans risquer de compromettre la croissance économique. Parallèlement à la progression des prélèvements obligatoires, les déficits eux-mêmes ont augmenté, attestant d'une insuffisance des recettes pour couvrir les besoins de financement liés à la redistribution, surtout en période de crise économique. L'accumulation des déficits induit corrélativement une augmentation de l'endettement public, de plus en plus complexe à financer. Aujourd'hui, les États doivent donc réduire leurs déficits et leur endettement pour respecter le Pacte de Stabilité et de Croissance. (Déficit/PIB inférieur à 3 % et endettement/PIB inférieur à 60 %).

Les salaires minimum en Europe

Polynésie – session 2014

1. Vous analyserez l'évolution et la disparité des salaires minimum en Europe sur la période 1999-2013.

Le salaire minimum interprofessionnel de croissance (Smic) est le salaire horaire minimum légal en France métropolitaine ainsi que dans les départements d'outre-mer (Dom) et dans la collectivité territoriale de Saint-Pierre-et-Miquelon.

Un salaire au moins égal au salaire minimum est versé à tout salarié du secteur privé, âgé d'au moins 18 ans. Bénéficient également de ce minimum les salariés du secteur public employés dans des conditions de droit privé.

Au 1er juillet 2013, 21 pays européens appliquent un salaire minimum. Sept pays de l'UE 28 (Allemagne, Autriche, Chypre, Danemark, Finlande, Italie et Suède) ne l'ont pas adopté à cette date.

Le tableau statistique, publié par Eurostat, présente le montant mensuel du salaire minimum en 2013 pour les 21 pays de l'UE 28 qui disposent d'un salaire minimum au 1er juillet 2013.

La situation est très hétérogène pour les montants du salaire minimum mensuel. En 2013, le montant du salaire minimum mensuel des 21 pays européens fluctue entre 157,50 € (Roumanie) et 1874,19 € (Luxembourg) soit un rapport de 1 à 12. En 2013, 15 pays proposent un salaire minimum inférieur à 1 000 € par mois.

La notion de salaire minimum est une notion hétérogène dans l'UE 28. Une forte disparité est constatée en matière de montant mensuel.

2. Vous expliciterez les conséquences potentielles de l'instauration, en Allemagne, d'un salaire minimum pour un pays européen comme la France.

L'instauration d'un salaire minimum en Allemagne a des conséquences au niveau national mais aussi dans les autres pays européens comme la France par exemple. Le SPD plaide pour un salaire minimum à 8,50 € alors que le salaire minimum en France est de 9,43 €.

L'augmentation du salaire minimum en Allemagne entraînera une augmentation de la demande exprimée par les ménages allemands du fait de l'augmentation de leur pouvoir d'achat. Elle se traduira aussi par une augmentation des exportations françaises à destination de l'Allemagne.

L'augmentation du salaire minimum en Allemagne entraînera aussi une hausse du coût de production (et du prix) des produits allemands (industriels et alimentaires) ainsi qu'une reconsidération des produits français par les Allemands. Une augmentation des exportations françaises à destination de l'Allemagne est donc probable.

Le rattrapage de compétitivité des entreprises françaises est inférieur à la perte de compétitivité subie par les entreprises françaises au début des années 2000 (suite à la décision de baisse des coûts salariaux en Allemagne).

3. **Vous apprécierez l'impact du coût du travail sur les compétitivités française et allemande.**

Le coût salarial est constitué par l'ensemble des dépenses qui incombent à l'entreprise pour l'emploi d'un salarié. Il se répartit en :

- un coût direct, composé principalement des salaires bruts auxquels s'ajoutent différents avantages salariaux (avantages en nature, intéressement et participation) ;
- un coût indirect formé essentiellement des cotisations patronales légales et conventionnelles et de diverses charges (formation professionnelle, frais de transport, œuvres sociales).

La compétitivité désigne la capacité d'une entreprise ou d'une nation à conserver ou à augmenter ses parts de marché en faisant face à ses concurrents.

Il est possible de parler de compétitivité-prix lorsque la compétitivité porte sur le prix du produit. Cette compétitivité dépend des coûts de production, notamment du coût du travail, du taux de marge, mais également du taux de change de la monnaie nationale.

La compétitivité hors-prix ou structurelle porte sur la nature du produit : sa qualité, son image de marque, son mode de commercialisation, etc. À noter que les producteurs privilégient aujourd'hui, de plus en plus, la compétitivité structurelle.

En France, les salaires ont augmenté au même rythme que la productivité, ce qui s'est traduit par une stabilité des coûts salariaux unitaires.

En Allemagne, la productivité a augmenté au même rythme qu'en France, mais le coût réel du travail a diminué au début des années 2000.

La France a un coût horaire du travail qui augmente plus vite qu'en Allemagne (désavantage en matière de compétitivité-prix).

Toutefois, la compétitivité-prix n'est qu'un aspect de la compétitivité, il est important de s'intéresser à la compétitivité hors prix. La France gagnerait à faire des efforts en matière de recherche et développement, ainsi qu'en matière d'innovation (domaines dans lesquels l'Allemagne a pris une avance conséquente durant la décennie écoulée).

Entrainements à l'épreuve U3.1 Économie-Droit

PARTIE JURIDIQUE

THÈME 1 L'individu au travail

1. Les principes d'accès à l'activité professionnelle et les régimes juridiques du travail

Quels sont les principes d'accès à l'activité professionnelle et quels sont les régimes juridiques du travail ?

L'accès à une activité professionnelle est encadré par des principes (ou libertés) qui relèvent du droit constitutionnel et du droit communautaire.

- **Liberté d'établissement** : liberté pour une personne physique ou morale de s'implanter sur le territoire de l'Etat membre de L'UE de son choix pour y exercer ses activités.

- **Liberté de circulation** : l'UE est un espace sans frontières dans lequel circulent librement les personnes appartenant aux états membres, les marchandises, les services et les capitaux. Toutefois, certaines professions sont réservées à des nationaux *(Ex : magistrat, policier).*

- **Liberté d'entreprendre** : cette liberté revêt plusieurs aspects : liberté d'ouvrir et d'exploiter une entreprise, liberté pour l'entrepreneur de choisir ses collaborateurs, liberté de faire de la publicité pour diffuser une production.

- **Liberté du travail :** *« Toute personne a le droit de travailler et d'exercer une profession librement choisie ou acceptée ». (Traité de Nice 2000)***.** Contenu de la liberté du travail : liberté de travailler ou de ne pas travailler, droit à la formation et à la qualification professionnelle. La liberté du travail ne bénéficie pas aux travailleurs étrangers sauf aux ressortissants de L'UE.

- **Droit à l'emploi :** en droit français, le droit à occuper un emploi est un droit constitutionnel reconnu aux citoyens. Cependant la mise en pratique de cette liberté reste relative.

Toute personne accède à une activité professionnelle en adoptant un régime juridique donné. **Trois régimes juridiques de travail sont en vigueur : salarié de droit privé, fonctionnaire** et **travailleur indépendant.**

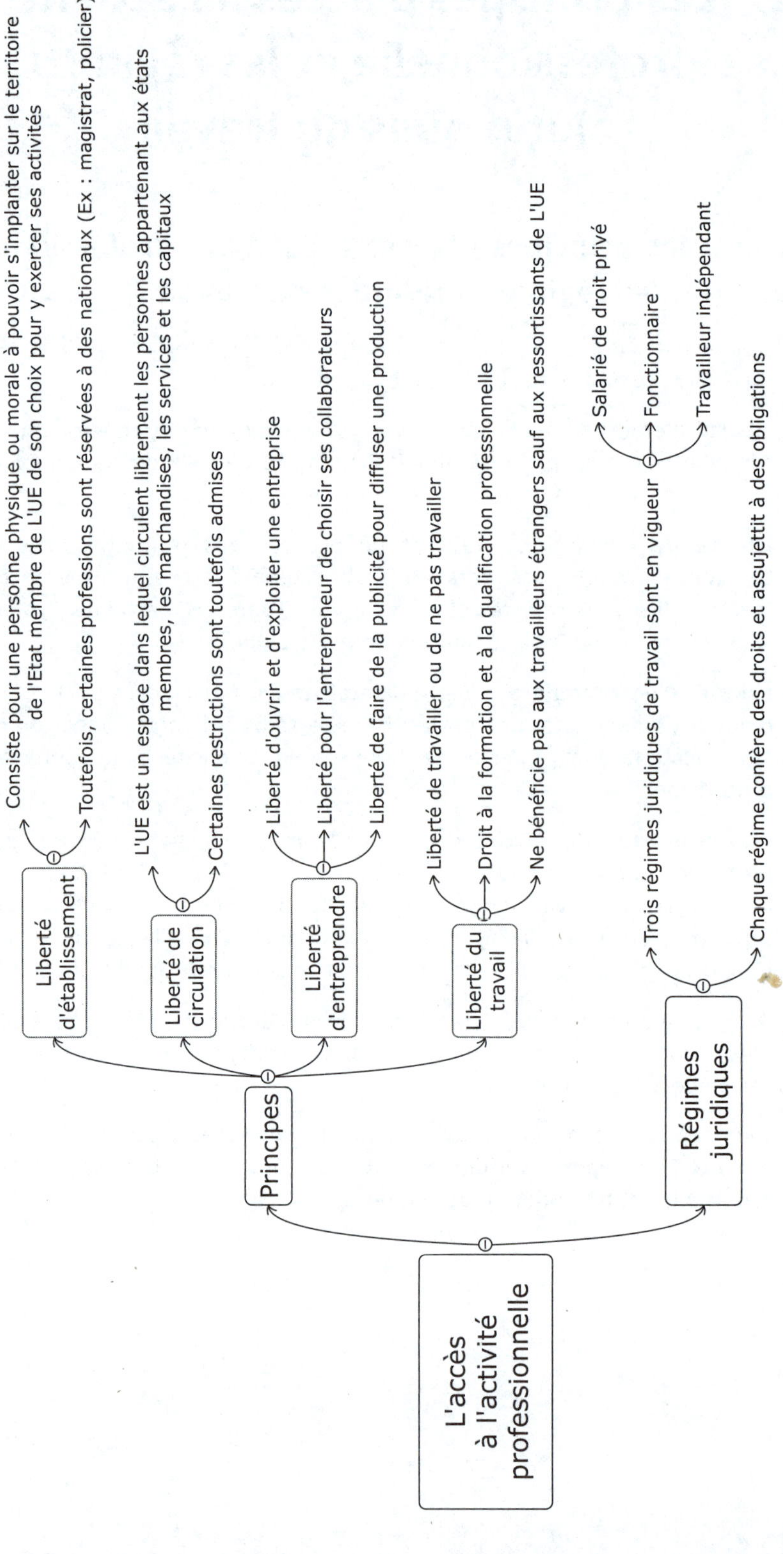
L'accès à l'activité professionnelle
Principes
Régimes juridiques
Liberté d'établissement
Consiste pour une personne physique ou morale à pouvoir s'implanter sur le territoire de l'Etat membre de L'UE de son choix pour y exercer ses activités
Toutefois, certaines professions sont réservées à des nationaux (Ex : magistrat, policier)
Liberté de circulation
L'UE est un espace dans lequel circulent librement les personnes appartenant aux états membres, les marchandises, les services et les capitaux
Certaines restrictions sont toutefois admises
Liberté d'entreprendre
Liberté d'ouvrir et d'exploiter une entreprise
Liberté pour l'entrepreneur de choisir ses collaborateurs
Liberté de faire de la publicité pour diffuser une production
Liberté du travail
Liberté de travailler ou de ne pas travailler
Droit à la formation et à la qualification professionnelle
Ne bénéficie pas aux travailleurs étrangers sauf aux ressortissants de L'UE
Trois régimes juridiques de travail sont en vigueur
Salarié de droit privé
Fonctionnaire
Travailleur indépendant
Chaque régime confère des droits et assujettit à des obligations

2. Le régime juridique du salarié de droit privé

Quels sont les fondements juridiques du régime du salarié de droit privé ?

Le régime du salarié de droit privé repose sur :

- Le contrat de travail
- Les droits et obligations du salarié
- Le droit du recrutement

Qu'est-ce qu'un contrat de travail ?

«Le contrat de travail est une convention par laquelle une personne, le salarié, s'engage à mettre son activité à la disposition d'une autre, l'employeur, sous la subordination juridique de laquelle elle se place, moyennant rémunération».

Le contrat de travail est soumis au **principe de bonne foi** dans son exécution comme dans sa conclusion :

- Le salarié est tenu à une obligation de collaboration et à une obligation de loyauté vis-à-vis de son employeur
- L'employeur a le devoir d'assurer l'adaptation du salarié à l'évolution de son emploi. Il est tenu d'une obligation de reclassement en cas de suppression, de modification d'un emploi
- L'employeur ne doit pas faire un usage abusif des clauses qui figurent au contrat

Quelles sont les différentes catégories de contrats de travail ?

Différents catégories de contrats de travail sont utilisées actuellement pour réglementer les rapports entre employeurs et salariés de droit privé :

- **Le contrat à durée indéterminée (CDI)** : c'est le contrat de travail de droit commun, conclu sans précision de durée. Chaque partie peut y mettre fin à tout moment (démission ou licenciement) en respectant un préavis.
- **Le contrat à durée déterminée (CDD)** : le salarié est recruté pour une durée limitée. Le travailleur est salarié de l'entreprise dans laquelle il travaille.
- **Le contrat de travail temporaire (CTT)** : l'intérimaire conclut un contrat de mission avec une entreprise de travail temporaire. Un contrat de mise à

disposition est conclu entre l'entreprise d'intérim et l'entreprise qui utilise l'intérimaire.

CDD et CTT sont autorisés dans des cas précis : l'entreprise fait face à un surcroît d'activité ou doit remplacer un salarié absent. La durée maximale prévue est de 18 mois. Le remplacement de salariés grévistes ou l'exécution de travaux dangereux sont interdits par la loi.

Quelles sont les caractéristiques du contrat de travail ?

Le contrat de travail se caractérise par trois éléments :

- **Une activité** : le salarié s'engage à fournir des prestations de travail
- **Une rémunération** : le salarié échange ses prestations contre une rémunération
- **Un lien de subordination** : le salarié est placé sous l'autorité de son employeur. L'employeur donne les instructions, contrôle le travail effectué et sanctionne le résultat.

Quelles sont les conditions de validité du contrat de travail ?

Les conditions de validité du contrat de travail sont :

- **Le consentement** : doit exister et doit être exempt de vices (dol, violence, erreur)
- **La cause** (c'est-à-dire les raisons qui conduisent les parties à s'engager) : doit exister, être licite et certaine
- **L'objet** (la prestation du travail) doit exister, être licite et certain
- **La capacité** : les parties doivent être capables (le mineur non émancipé, âgé de plus de 16 ans peut conclure un contrat de travail avec l'autorisation de ses parents)
- **L'écrit** : tous les contrats de travail sont obligatoirement écrits depuis 1993
- **La convention collective** : si un employeur est lié par une convention collective (ou un accord), il doit appliquer les clauses de cette convention aux contrats de travail, sauf dispositions plus favorables du contrat.

Qu'est-ce qu'une clause de mobilité dans un contrat de travail ?

Le contrat de travail peut comporter une clause de mobilité qui autorise l'employeur à modifier le lieu de travail du salarié.

Cette clause est valable à trois conditions :

- Répondre à l'intérêt de l'entreprise
- Ne pas modifier à la baisse la rémunération du salarié
- Préciser une zone géographique précise

Qu'est-ce qu'une clause de non concurrence dans un contrat de travail ?

Le contrat de travail peut comporter une clause de non-concurrence qui interdit au salarié de concurrencer l'employeur après la rupture du contrat.

Cette clause est soumise à trois conditions :

- Répondre aux intérêts légitimes de l'entreprise
- Être limitée dans le temps et dans l'espace
- Comporter une contrepartie financière non dérisoire

Quels sont les principes du droit du recrutement ?

En principe, l'employeur est libre d'embaucher le candidat de son choix. Cependant, il ne peut pas embaucher n'importe qui et n'importe comment.

- Un employeur ne peut pas embaucher des travailleurs étrangers extracommunautaires qui ne possèdent pas un titre les autorisant à exercer une activité salariée en France
- Un employeur ne peut pas embaucher un enfant de moins de 16 ans
- L'employeur a l'obligation d'embaucher des handicapés dans la proportion de 6% de l'effectif si l'entreprise compte au moins 20 salariés
- Il doit accorder la priorité de réembauchage des salariés licenciés pour cause économique

La liberté d'embauche est encadrée par 3 principes :

- **La non discrimination** : une candidature ne peut être écartée du fait de certains critères (sexe, âge, appartenance syndicale..).

- **La pertinence** : les informations demandées aux candidats doivent présenter un lien direct avec l'emploi proposé. Les méthodes de recrutement doivent être pertinentes par rapport à l'emploi proposé.

- **La transparence** : les résultats doivent rester confidentiels. Le candidat à l'embauche doit être informé à l'avance des méthodes et techniques utilisées lors du recrutement.

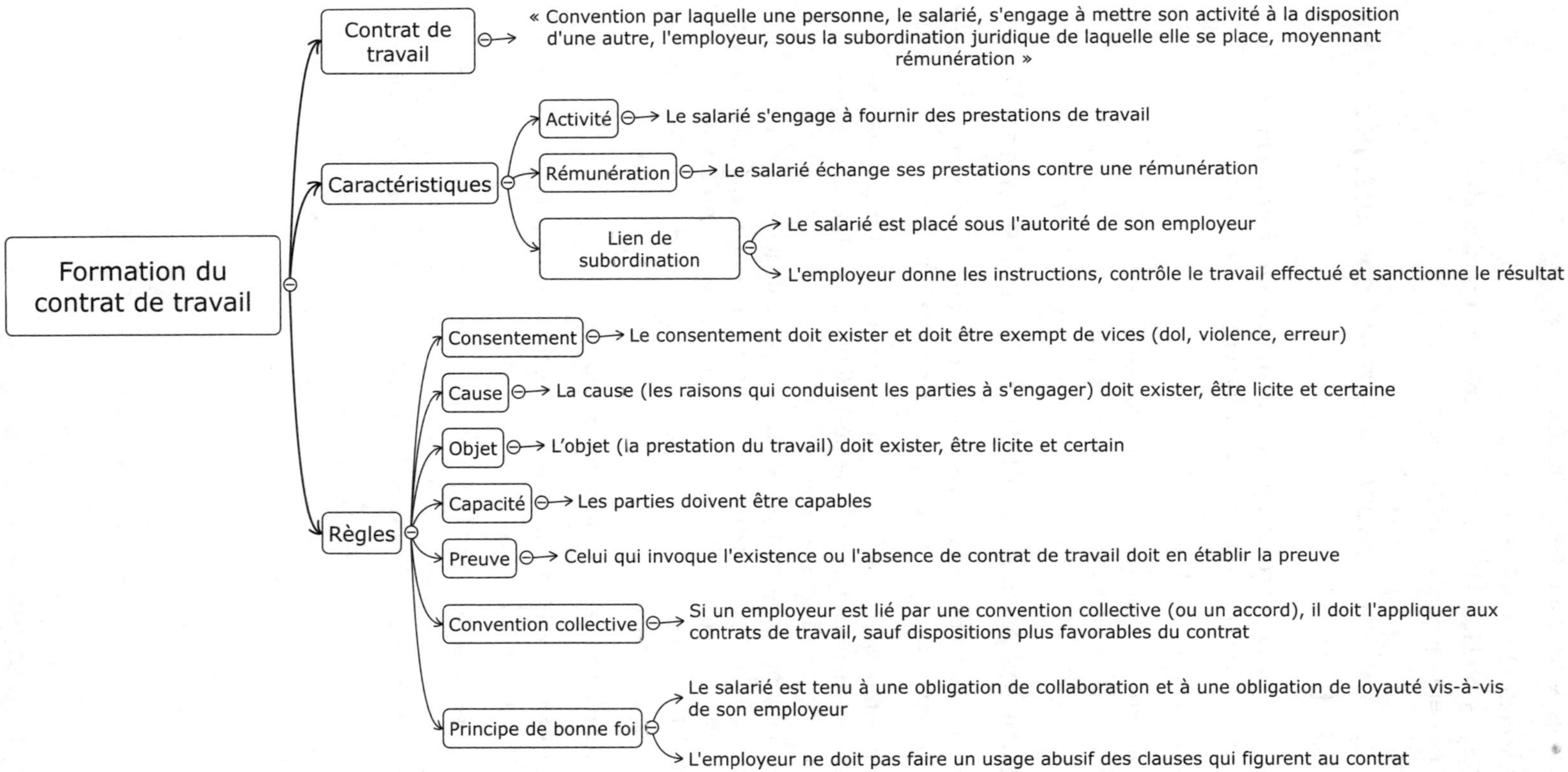
Formation du contrat de travail
Contrat de travail
« Convention par laquelle une personne, le salarié, s'engage à mettre son activité à la disposition d'une autre, l'employeur, sous la subordination juridique de laquelle elle se place, moyennant rémunération »
Caractéristiques
Activité
Le salarié s'engage à fournir des prestations de travail
Rémunération
Le salarié échange ses prestations contre une rémunération
Lien de subordination
Le salarié est placé sous l'autorité de son employeur
L'employeur donne les instructions, contrôle le travail effectué et sanctionne le résultat
Règles
Consentement
Le consentement doit exister et doit être exempt de vices (dol, violence, erreur)
Cause
La cause (les raisons qui conduisent les parties à s'engager) doit exister, être licite et certaine
Objet
L'objet (la prestation du travail) doit exister, être licite et certain
Capacité
Les parties doivent être capables
Preuve
Celui qui invoque l'existence ou l'absence de contrat de travail doit en établir la preuve
Convention collective
Si un employeur est lié par une convention collective (ou un accord), il doit l'appliquer aux contrats de travail, sauf dispositions plus favorables du contrat
Principe de bonne foi
Le salarié est tenu à une obligation de collaboration et à une obligation de loyauté vis-à-vis de son employeur
L'employeur ne doit pas faire un usage abusif des clauses qui figurent au contrat

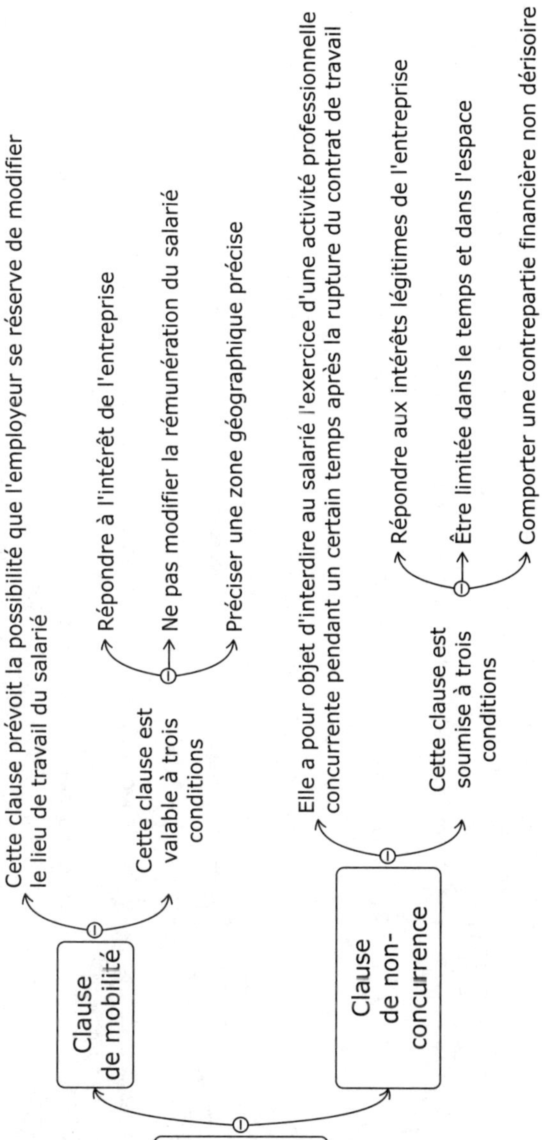
Clauses particulières du contrat de travail
Clause de mobilité
Cette clause prévoit la possibilité que l'employeur se réserve de modifier le lieu de travail du salarié
Cette clause est valable à trois conditions
Répondre à l'intérêt de l'entreprise
Ne pas modifier la rémunération du salarié
Préciser une zone géographique précise
Clause de non-concurrence
Elle a pour objet d'interdire au salarié l'exercice d'une activité professionnelle concurrente pendant un certain temps après la rupture du contrat de travail
Cette clause est soumise à trois conditions
Répondre aux intérêts légitimes de l'entreprise
Être limitée dans le temps et dans l'espace
Comporter une contrepartie financière non dérisoire
Droit

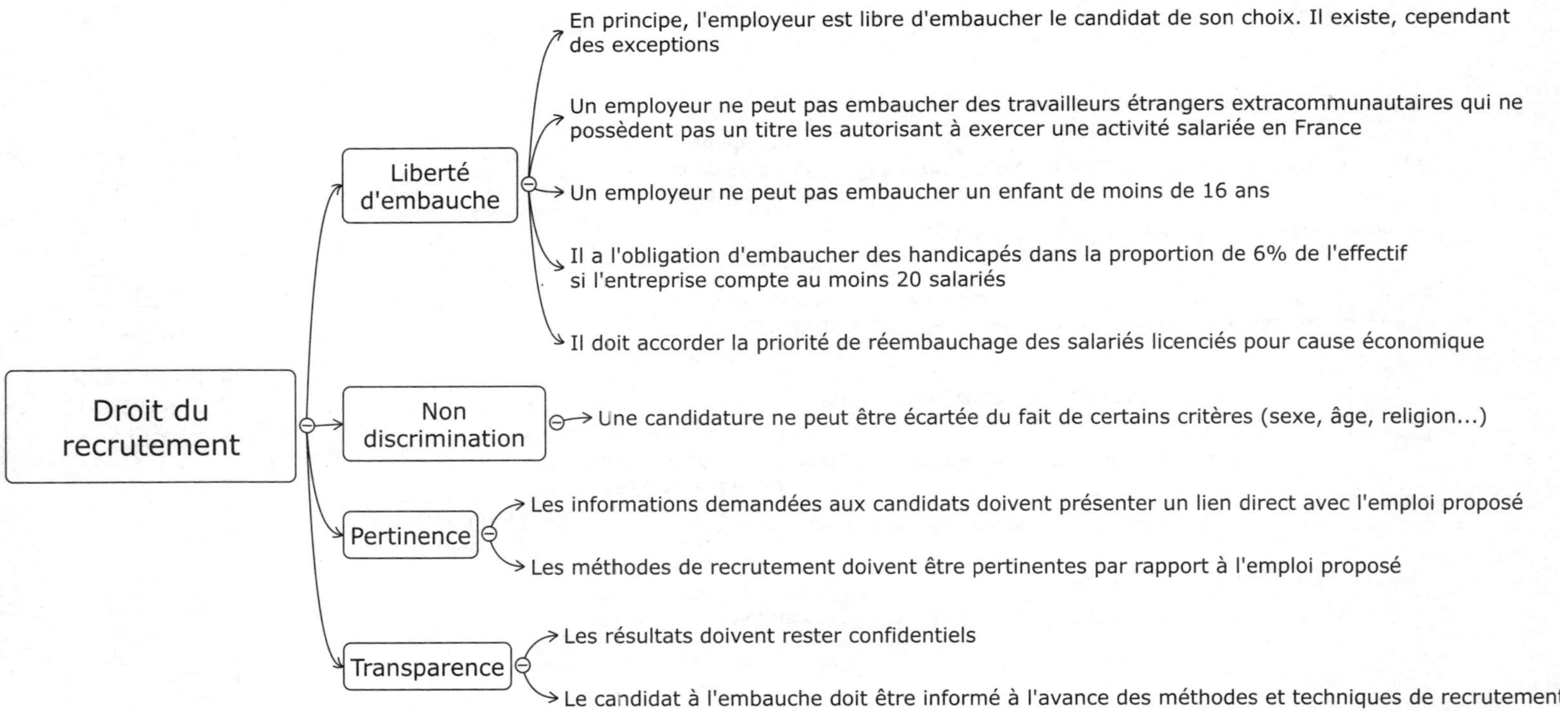
Droit du recrutement
Liberté d'embauche
En principe, l'employeur est libre d'embaucher le candidat de son choix. Il existe, cependant des exceptions
Un employeur ne peut pas embaucher des travailleurs étrangers extracommunautaires qui ne possèdent pas un titre les autorisant à exercer une activité salariée en France
Un employeur ne peut pas embaucher un enfant de moins de 16 ans
Il a l'obligation d'embaucher des handicapés dans la proportion de 6% de l'effectif si l'entreprise compte au moins 20 salariés
Il doit accorder la priorité de réembauchage des salariés licenciés pour cause économique
Non discrimination
Une candidature ne peut être écartée du fait de certains critères (sexe, âge, religion...)
Pertinence
Les informations demandées aux candidats doivent présenter un lien direct avec l'emploi proposé
Les méthodes de recrutement doivent être pertinentes par rapport à l'emploi proposé
Transparence
Les résultats doivent rester confidentiels
Le candidat à l'embauche doit être informé à l'avance des méthodes et techniques de recrutement

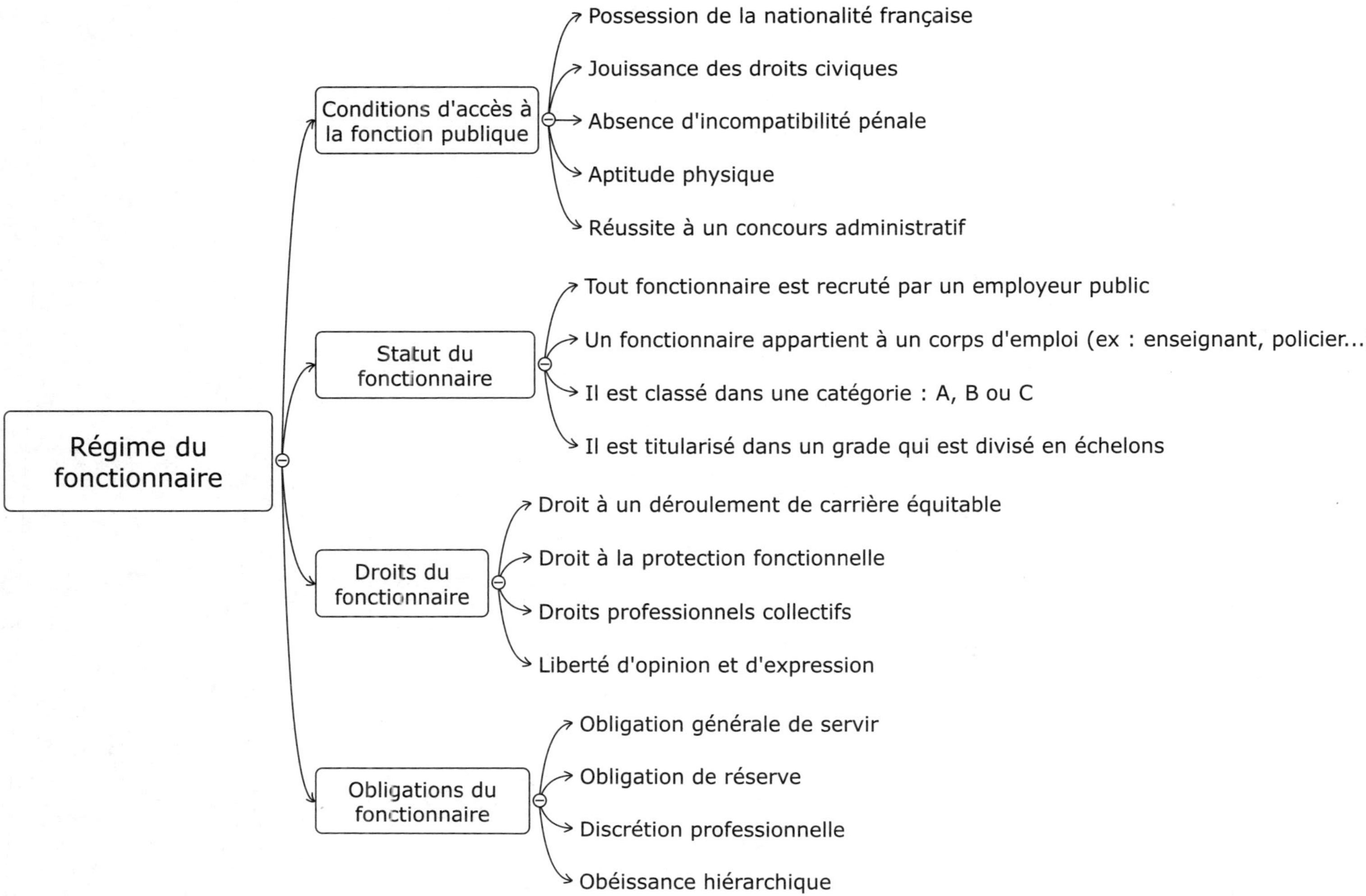
Régime du fonctionnaire
Conditions d'accès à la fonction publique
Possession de la nationalité française
Jouissance des droits civiques
Absence d'incompatibilité pénale
Aptitude physique
Réussite à un concours administratif
Statut du fonctionnaire
Tout fonctionnaire est recruté par un employeur public
Un fonctionnaire appartient à un corps d'emploi (ex : enseignant, policier...)
Il est classé dans une catégorie : A, B ou C
Il est titularisé dans un grade qui est divisé en échelons
Droits du fonctionnaire
Droit à un déroulement de carrière équitable
Droit à la protection fonctionnelle
Droits professionnels collectifs
Liberté d'opinion et d'expression
Obligations du fonctionnaire
Obligation générale de servir
Obligation de réserve
Discrétion professionnelle
Obéissance hiérarchique

4. Le régime juridique du travailleur indépendant

Qu'est-ce qu'un travailleur indépendant ?

Le travailleur indépendant (commerçant, artisan, agriculteur, professionnel libéral...) travaille pour son propre compte et dans son intérêt. Il effectue pour autrui une prestation rémunérée réalisée en toute indépendance et avec des moyens propres.

Le professionnel libéral pratique une science, un art ou une technique. Il exerce une activité civile qui exige un effort purement intellectuel. Il fournit une prestation pour laquelle il a reçu une formation et obtenu un diplôme. Il respecte une déontologie professionnelle (ensemble des règles et des devoirs qui régissent une profession).

Le commerçant exerce des actes de commerce (achat de bien pour revendre, activité industrielle ou financière) à titre de profession habituelle en son nom et pour son compte.

Comment s'effectue la déclaration d'existence du travailleur indépendant ?

Une déclaration d'existence est nécessaire pour signaler le début d'activité du travailleur indépendant. **L'inscription au Registre du Commerce et des Sociétés** (RCS) est obligatoire pour les commerçants et les sociétés commerciales, sauf pour l'autoentrepreneur. Cet enregistrement est nécessaire pour acquérir la personnalité morale.

Les professions libérales réglementées (médecins, pharmaciens, experts comptables, avocats...) doivent s'inscrire auprès de leur **Conseil de l'ordre.**

Les **artisans** doivent s'inscrire au **registre des métiers.**

Comment s'effectue l'accès au régime de travailleur indépendant ?

L'accès à certaines professions libérales est libre pour certaines, réglementé pour d'autres. Les professions libérales réglementées par un conseil de l'ordre, concernent trois domaines : la santé (médecin, chirurgien-dentiste, vétérinaire), le droit (avocat, notaire, huissier..) et le cadre de vie (architecte, géomètre...).

Certaines professions sont soumises à agrément auprès de la préfecture ou du ministre de tutelle (infirmier, détective, psychologue...).

L'accès à l'activité commerciale est libre sauf :

- **Incompatibilités** : interdictions faites à certaines personnes d'exercer le métier de commerçant
- **Déchéances :** interdictions faites à certaines personnes qui ont été soumises à certaines sanctions pour : escroquerie, vol, abus de confiance...
- **Interdictions :** le commerce des activités contraires à l'ordre public et aux bonnes mœurs ou dangereuses est prohibé

Quels sont les droits du travailleur indépendant ?

Les principaux droits du travailleur indépendant sont :

- **l'exercice d'une activité professionnelle pour son compte et encaissement des bénéfices de cette activité.**
- **l'organisation autonome de son travail.**

Quelles sont les obligations du travailleur indépendant ?

Les obligations principales du **commerçant et de l'artisan** sont :

- Tenir une **comptabilité**
- Respecter le **droit commercial**
- Respecter le **droit de la consommation**
- Respecter le **droit de la concurrence**
- Respecter **le droit du travail** si le professionnel emploie des salariés
- L'obligation principale du professionnel libéral est le **respect des règles de déontologie** fixées par les instances professionnelles

Le régime juridique du travailleur indépendant

- **Travailleur indépendant**
  - Travaille pour son propre compte
  - Effectue pour autrui une prestation rémunérée réalisée en toute indépendance et avec des moyens propres
- **Les professions libérales**
  - Le professionnel libéral exerce une activité civile qui exige un effort purement intellectuel
  - Il fournit une prestation pour laquelle il a reçu une formation et obtenu un diplôme
  - Il respecte une déontologie professionnelle
  - L'accès à certaines professions est libre pour certaines, réglementé pour d'autres
  - Professions réglementées par un conseil de l'ordre
- **Les professions commerciales**
  - En principe l'accès à l'activité commerciale est libre sauf
    - Incompatibilités
    - Déchéances
    - Interdictions
  - L'activité commerciale doit être exercée à titre personnel
  - Le commerçant agit en son nom et pour son propre compte
  - L'inscription au Registre du commerce et des sociétés (RCS) est obligatoire
- **Obligations du travailleur indépendant**
  - Respecter le droit commercial
  - Respecter les règles de déontologie fixées par les instances professionnelles
  - Tenir une comptabilité
  - Respecter le droit de la concurrence
  - Respecter le droit du travail si le professionnel emploie des salariés
  - Respecter le droit de la consommation
- **Droits du travailleur indépendant**
  - L'organisation autonome de son travail
  - L'exercice d'une activité professionnelle pour son compte et encaissement des bénéfices de cette activité

5. Les particularités du régime juridique

Quels sont les critères de choix de l'activité professionnelle?

Une personne peut exercer une activité professionnelle sous différents régimes juridiques : salarié, fonctionnaire ou travailleur indépendant.

Avant de faire son choix, il peut examiner plusieurs critères : **l'indépendance, la rémunération, la protection sociale, la durée de l'engagement, la responsabilité, l'éthique et le risque financier.**

- **Indépendance ou subordination**

  Le salarié exerce son activité sous l'autorité de l'employeur et dans l'intérêt légitime de l'entreprise. Cette subordination juridique s'exerce dans le cadre d'un contrat de travail.

  Le fonctionnaire est employé par une personne publique et participe à une mission de service public. Il est soumis à l'autorité de son supérieur en grade (subordination hiérarchique).

  Le travailleur indépendant bénéficie d'une liberté de création et de gestion, il exerce sa profession pour son propre compte.

- **Durée de l'engagement**

  La durée d'engagement du ***salarié*** vis à vis de l'entreprise est fonction du type de contrat de travail. Le CDI est un engagement à durée indéterminée, il prend fin avec le licenciement ou la démission. Le CDD et le travail intérimaire sont des contrats à terme.

  Le fonctionnaire bénéficie de la garantie de l'emploi car il est titulaire d'un grade. Toutefois, il peut être licencié pour insuffisance professionnelle, inaptitude physique ou abandon de poste.

  Le travailleur indépendant met fin à ses activités quand il le souhaite (pour des raisons personnelles ou économiques).

- **Rémunération**

  Pour ***le salarié*** de droit privé, le montant du salaire est négocié lors de la conclusion du contrat de travail. Lorsqu'il existe une convention collective applicable à l'entreprise, celle-ci doit respecter les règles relatives à cette convention.

  La rémunération du ***fonctionnaire*** varie selon le poste occupé, le grade et l'échelon.

  La rémunération du ***travailleur indépendant*** est fonction des résultats de son activité.

- **Protection sociale**

  Le salarié perçoit un salaire sur lequel sont prélevées des cotisations qui financent la Sécurité Sociale et l'assurance chômage. L'entreprise dans laquelle travaille le salarié cotise elle aussi pour la Sécurité Sociale et l'assurance chômage. Les salariés du secteur privé bénéficient d'une bonne couverture sociale (maladie, maternité, accidents du travail, chômage, retraite).

  Les fonctionnaires bénéficient d'une très bonne couverture sociale. L'Etat prélève des cotisations sur les traitements bruts. Les fonctionnaires ne cotisent pas à l'assurance chômage.

  La protection sociale du ***travailleur indépendant*** est limitée. Les commerçants, les artisans et les professions libérales bénéficient d'un régime de protection sociale spécifique. Ils peuvent s'assurer volontairement pour la couverture du risque de chômage. Les cotisations sont assises sur les revenus professionnels.

- **Responsabilités**

  Le salarié engage la responsabilité civile de son employeur vis-à-vis des tiers dans l'exercice de ses fonctions. Le salarié est responsable lorsqu'il a dépassé les limites de la mission qui lui a été confié par son employeur ou s'il a commis une faute.

  La responsabilité du ***fonctionnaire*** est limitée à la faute personnelle.

  Le travailleur indépendant répond personnellement des dommages causés aux tiers dans l'exercice de son activité. Ses biens personnels sont saisissables en dehors de sa résidence principale.

- **Éthique** (ensemble des règles déontologiques (de "bonne conduite") que se donne une profession)

  Un code de bonne conduite est créé dans ***certaines entreprises*** sous forme de chartes professionnelles. Le contenu de ces chartes porte sur des valeurs (ex : non discrimination) et des comportements.

  La déontologie du ***fonctionnaire*** est de servir l'intérêt général. Le fonctionnaire doit respecter une morale professionnelle *(ex: intégrité, discrétion, non cumul avec une activité lucrative...).*

  Les ***organisations professionnelles*** (médecins, avocats, notaires..) édictent des règles déontologiques et veillent à leur application. La déontologie des professions libérales se traduit par le respect des principes suivants : secret professionnel, moralité, probité, confraternité, dévouement et devoir professionnel.

- **Risque financier**

  Pour le ***salarié*** et le ***fonctionnaire*** le risque financier est faible.
  Pour le ***travailleur indépendant*** le risque financier est très important.

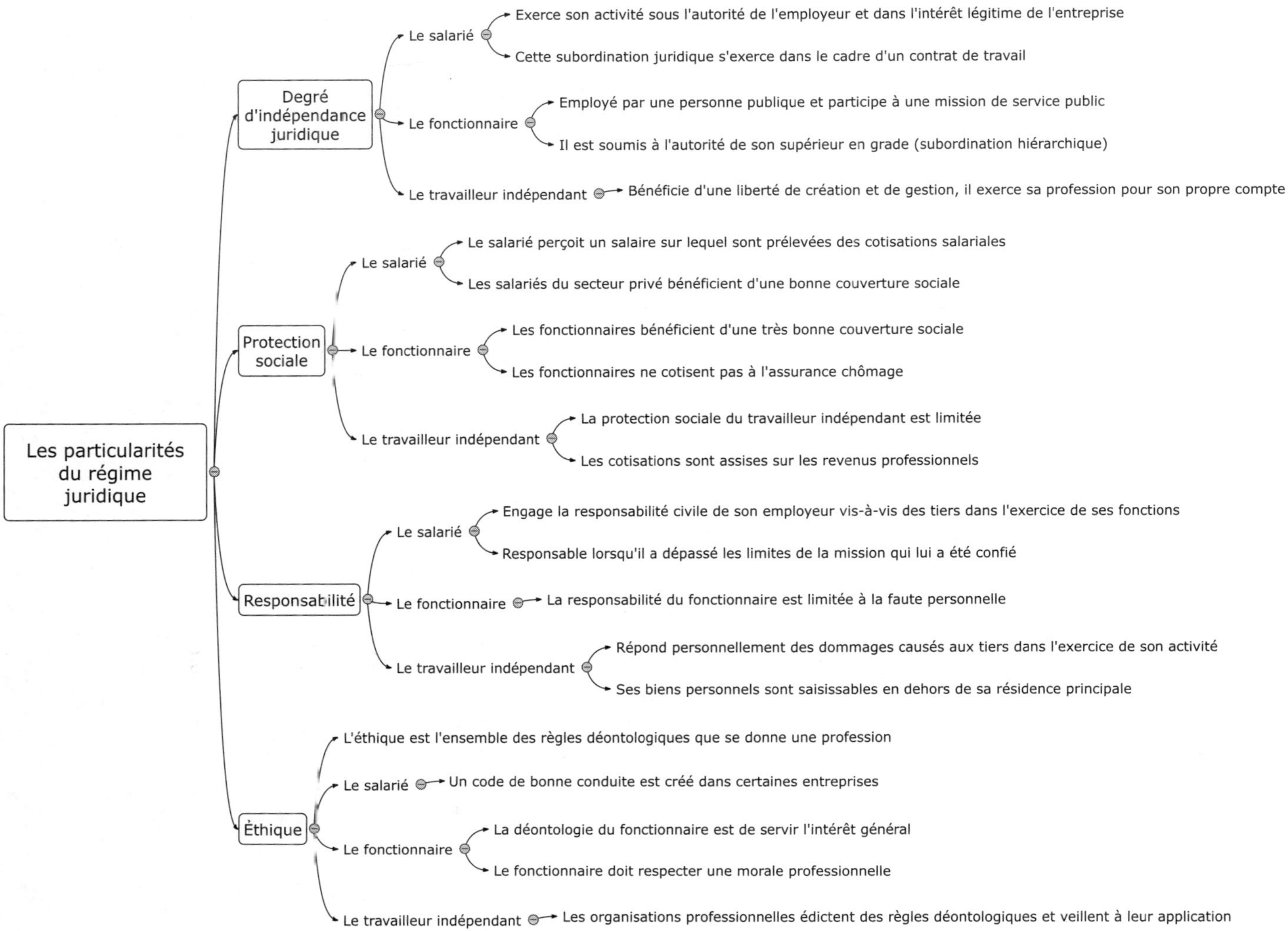
Les particularités du régime juridique
Degré d'indépendance juridique
Le salarié
Exerce son activité sous l'autorité de l'employeur et dans l'intérêt légitime de l'entreprise
Cette subordination juridique s'exerce dans le cadre d'un contrat de travail
Le fonctionnaire
Employé par une personne publique et participe à une mission de service public
Il est soumis à l'autorité de son supérieur en grade (subordination hiérarchique)
Le travailleur indépendant
Bénéficie d'une liberté de création et de gestion, il exerce sa profession pour son propre compte
Protection sociale
Le salarié
Le salarié perçoit un salaire sur lequel sont prélevées des cotisations salariales
Les salariés du secteur privé bénéficient d'une bonne couverture sociale
Le fonctionnaire
Les fonctionnaires bénéficient d'une très bonne couverture sociale
Les fonctionnaires ne cotisent pas à l'assurance chômage
Le travailleur indépendant
La protection sociale du travailleur indépendant est limitée
Les cotisations sont assises sur les revenus professionnels
Responsabilité
Le salarié
Engage la responsabilité civile de son employeur vis-à-vis des tiers dans l'exercice de ses fonctions
Responsable lorsqu'il a dépassé les limites de la mission qui lui a été confié
Le fonctionnaire
La responsabilité du fonctionnaire est limitée à la faute personnelle
Le travailleur indépendant
Répond personnellement des dommages causés aux tiers dans l'exercice de son activité
Ses biens personnels sont saisissables en dehors de sa résidence principale
Ėthique
L'éthique est l'ensemble des règles déontologiques que se donne une profession
Le salarié
Un code de bonne conduite est créé dans certaines entreprises
Le fonctionnaire
La déontologie du fonctionnaire est de servir l'intérêt général
Le fonctionnaire doit respecter une morale professionnelle
Le travailleur indépendant
Les organisations professionnelles édictent des règles déontologiques et veillent à leur application

6. Formation professionnelle, adaptation à l'emploi

Comment assurer l'employabilité du travailleur par la formation professionnelle ?

L'employabilité d'un travailleur est l'aptitude à s'insérer et à se maintenir sur le marché du travail.

Pour assurer l'employabilité, le législateur a élevé la formation professionnelle au rang d'obligation nationale (loi du 4 mai 2004). La formation professionnelle est devenue une **obligation pour l'employeur et pour le salarié** : l'employeur se doit de développer les compétences de son salarié pour maintenir son employabilité. De son coté, le salarié a l'obligation de suivre toute formation proposée par l'employeur sous peine de licenciement. Cependant, la formation doit être nécessaire à l'entreprise, rémunérée et considérée comme temps de travail.

Quels sont les objectifs de la formation professionnelle ?

Les objectifs de la formation professionnelle sont nombreux :

- Favoriser l'adaptation du salarié au poste de travail
- Acquérir une qualification plus élevée
- Prévenir les risques d'inadaptation à l'évolution des techniques
- Améliorer le niveau culturel...

Quels sont les dispositifs juridiques de la formation professionnelle ?

Six dispositifs de formation professionnelle sont prévus pour anticiper les changements de l'environnement professionnel et développer l'employabilité des travailleurs :

- **Le plan de formation** : l'employeur doit élaborer un plan de formation de ses salariés. Le plan de formation est composé des formations choisies par l'employeur en fonction des besoins de l'entreprise et des demandes de formation faites par les salariés. Obligatoires pour les salariés, les formations ont lieu pendant le temps de travail et la rémunération du salarié est maintenue.

- **Le CIF** : le salarié peut demander un congé individuel de formation (CIF) pour améliorer sa qualification, changer d'activité, préparer un examen ou un concours. Pendant ses heures de travail, le salarié suit une formation distincte de celles comprises dans le plan de formation.

- **Le DIF** : le droit individuel de formation (DIF) confère un crédit d'heures annuel de 20 heures par année d'ancienneté, cumulables dans la limite de 120 heures. Le choix de la formation est décidé d'un commun accord entre le salarié et l'employeur. La rémunération du salarié est maintenue. Le DIF est devenu le compte personnel de formation (**CPF**) en janvier 2015. Le CPF permet au salarié de capitaliser des heures afin de s'en servir pour une formation.
- **La GPEC** : la gestion prévisionnelle des emplois et des compétences (GPEC) est obligatoire dans les entreprises de plus de 300 salariés. Elle permet d'accompagner la mobilité professionnelle et géographique des salariés.
- **La VAE :** la validation des acquis de l'expérience permet aux salariés de valider leur expérience professionnelle pour obtenir un diplôme.
- **Le bilan de compétence** est destiné aux salariés qui souhaitent élaborer un projet professionnel.

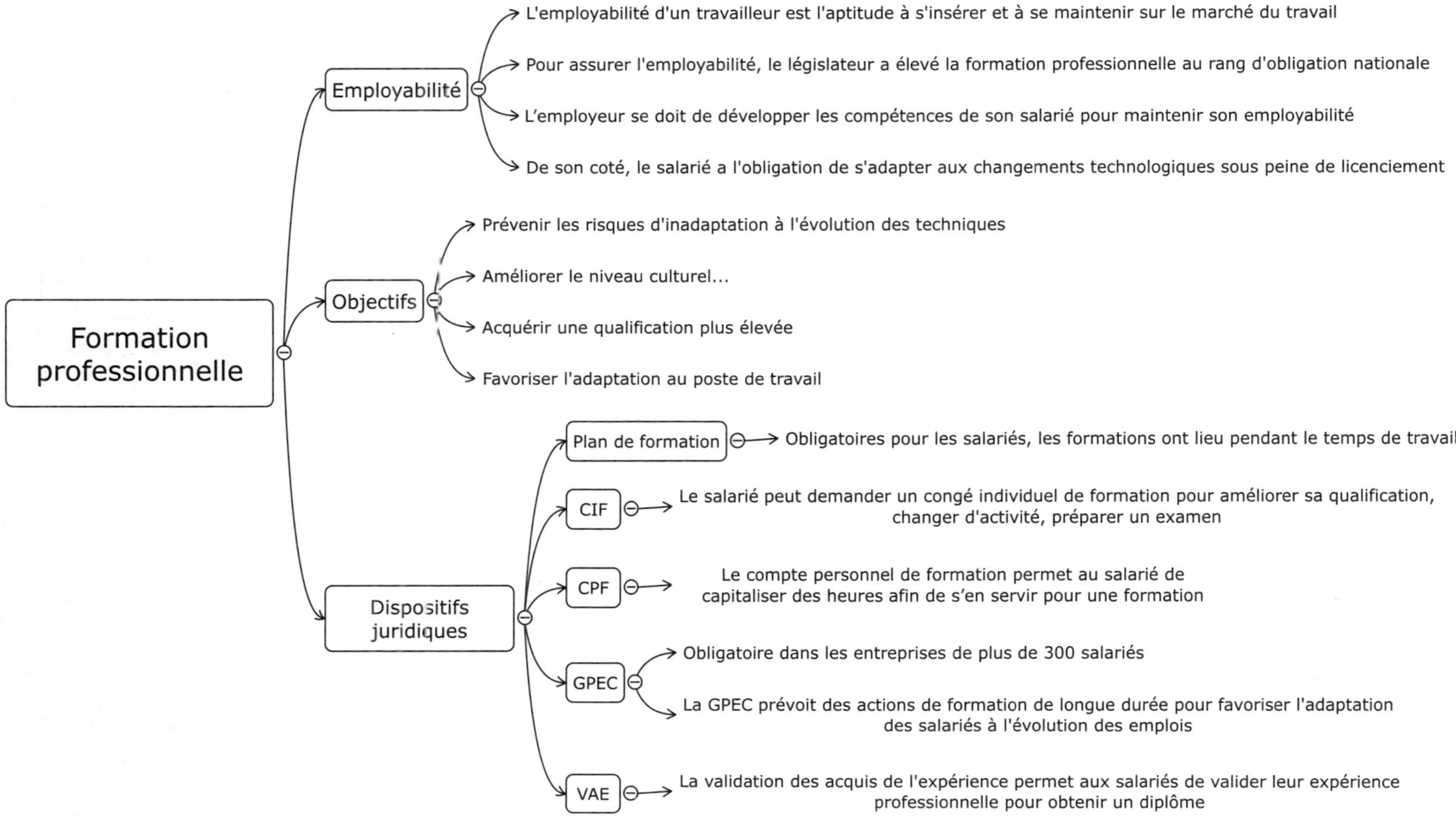
Formation professionnelle
Employabilité
L'employabilité d'un travailleur est l'aptitude à s'insérer et à se maintenir sur le marché du travail
Pour assurer l'employabilité, le législateur a élevé la formation professionnelle au rang d'obligation nationale
L'employeur se doit de développer les compétences de son salarié pour maintenir son employabilité
De son coté, le salarié a l'obligation de s'adapter aux changements technologiques sous peine de licenciement
Objectifs
Prévenir les risques d'inadaptation à l'évolution des techniques
Améliorer le niveau culturel...
Acquérir une qualification plus élevée
Favoriser l'adaptation au poste de travail
Dispositifs juridiques
Plan de formation
Obligatoires pour les salariés, les formations ont lieu pendant le temps de travail
CIF
Le salarié peut demander un congé individuel de formation pour améliorer sa qualification, changer d'activité, préparer un examen
CPF
Le compte personnel de formation permet au salarié de capitaliser des heures afin de s'en servir pour une formation
GPEC
Obligatoire dans les entreprises de plus de 300 salariés
La GPEC prévoit des actions de formation de longue durée pour favoriser l'adaptation des salariés à l'évolution des emplois
VAE
La validation des acquis de l'expérience permet aux salariés de valider leur expérience professionnelle pour obtenir un diplôme

7. Modifications des conditions de travail, transfert d'entreprise

Quelles sont les modifications qui peuvent affecter le contrat de travail ?

Dans le cadre de son pouvoir de direction, l'employeur peut modifier le contrat de travail d'un salarié. Les modifications peuvent porter sur des éléments essentiels ou non du contrat.

- **Si les modifications portent sur des éléments essentiels du contrat** (la rémunération, la fonction occupée, le lieu et le temps de travail) et si le salarié refuse ces modifications, l'employeur peut maintenir le contrat ou engager une procédure de licenciement. En cas de rupture du contrat de travail, l'employeur sera tenu au versement d'indemnités et au respect d'un préavis.

- **Si les modifications ne portent pas sur les éléments essentiels du contrat** *(Ex : horaires de travail),* le salarié ne peut pas les refuser. Un refus de sa part constitue une faute qui peut justifier son licenciement.

Quelles sont les modifications qui peuvent affecter la situation de l'employeur ?

Le transfert d'entreprise par succession, vente ou fusion entraîne une modification juridique de la situation de l'employeur.

- En principe, **tous les contrats de travail en cours subsistent** entre le nouvel employeur et le personnel de l'entreprise. Les contrats sont transférés dans tous leurs éléments. Ce transfert s'impose à l'employeur comme au salarié.

- **Si le salarié refuse le transfert, il est considéré comme démissionnaire**. Les accords collectifs ne sont pas transférés : ils subsistent pendant un an, le temps d'en négocier de nouveaux.

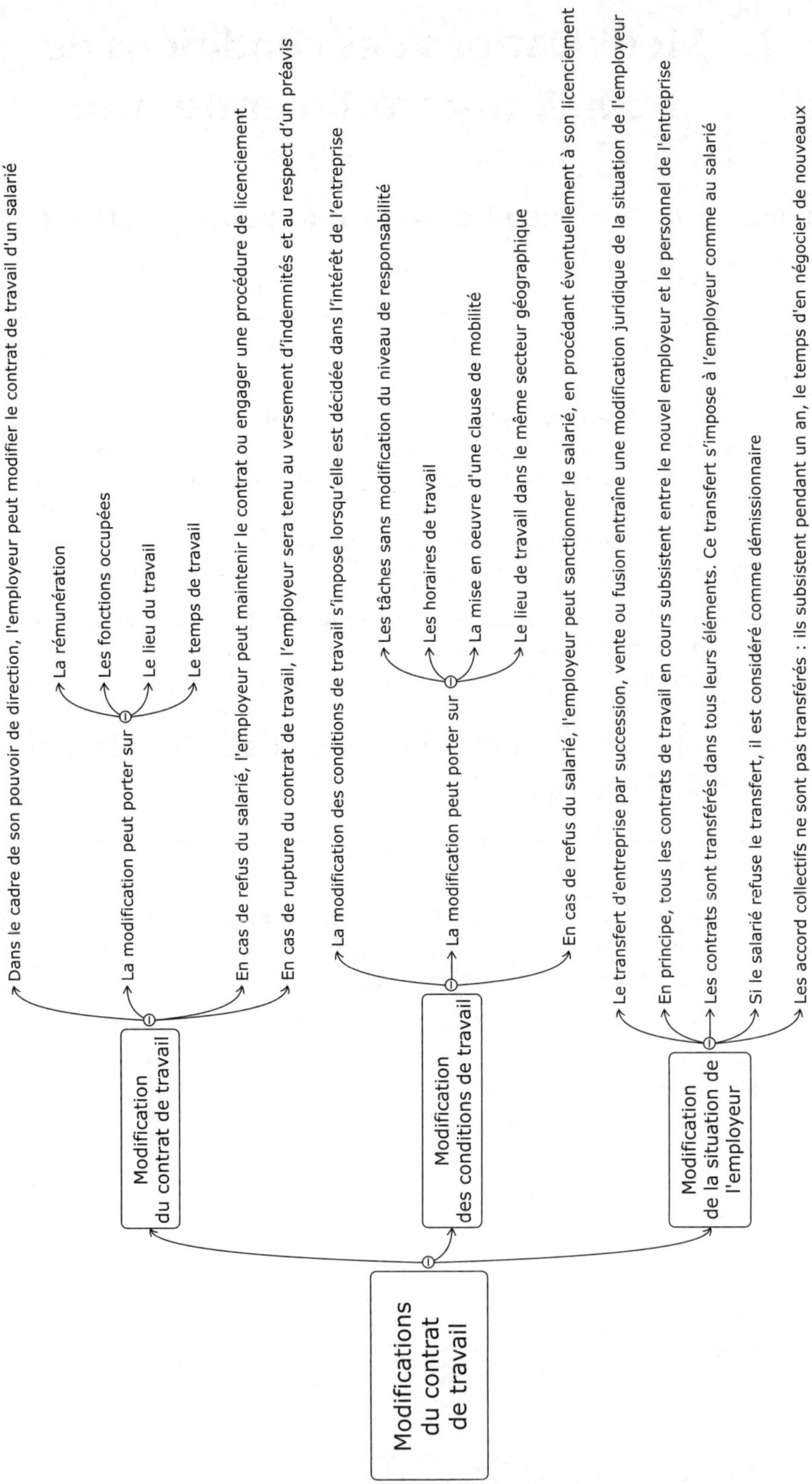

Modifications du contrat de travail
Modification du contrat de travail
Dans le cadre de son pouvoir de direction, l'employeur peut modifier le contrat de travail d'un salarié
La modification peut porter sur
La rémunération
Les fonctions occupées
Le lieu du travail
Le temps de travail
En cas de refus du salarié, l'employeur peut maintenir le contrat ou engager une procédure de licenciement
En cas de rupture du contrat de travail, l'employeur sera tenu au versement d'indemnités et au respect d'un préavis
Modification des conditions de travail
La modification des conditions de travail s'impose lorsqu'elle est décidée dans l'intérêt de l'entreprise
La modification peut porter sur
Les tâches sans modification du niveau de responsabilité
Les horaires de travail
La mise en oeuvre d'une clause de mobilité
Le lieu de travail dans le même secteur géographique
En cas de refus du salarié, l'employeur peut sanctionner le salarié, en procédant éventuellement à son licenciement
Modification de la situation de l'employeur
Le transfert d'entreprise par succession, vente ou fusion entraîne une modification juridique de la situation de l'employeur
En principe, tous les contrats de travail en cours subsistent entre le nouvel employeur et le personnel de l'entreprise
Les contrats sont transférés dans tous leurs éléments. Ce transfert s'impose à l'employeur comme au salarié
Si le salarié refuse le transfert, il est considéré comme démissionnaire
Les accord collectifs ne sont pas transférés : ils subsistent pendant un an, le temps d'en négocier de nouveaux

8. Protection de la relation de travail

Quel est le rôle des représentants des salariés dans la protection de la relation de travail ?

Les représentants des salariés présentent à l'employeur les réclamations individuelles ou collectives des salariés. Ils sont informés sur les évolutions de l'activité de l'entreprise et sur les conditions de travail et d'emploi. Ils sont consultés lorsque l'employeur prend des mesures de reclassement ou de licenciement. Ils peuvent saisir l'inspecteur du travail et disposent d'un droit d'alerte auprès du tribunal de commerce si l'entreprise est en difficulté.

Pour protéger la relation de travail, les représentants des salariés disposent de droits spécifiques dans le cadre de la gestion prévisionnelle des emplois et des compétences (***GPEC***) et du programme de sauvegarde de l'emploi (***PSE***).

- **La GPEC est un dispositif qui doit permettre l'adaptation des salariés aux évolutions de l'emploi. Un de ses objectifs est d'éviter les licenciements.** Le comité d'entreprise (dans les entreprises de plus de 50 salariés) doit être informé et consulté sur les projets de restructuration.

- **Le PSE est obligatoire dans les entreprises de 50 salariés et plus qui licencient au moins 10 salariés sur 30 jours.** Il est facultatif dans les autres cas. L'objectif du plan de sauvegarde de l'emploi est de limiter le nombre de licenciements et de favoriser le reclassement des salariés. **Les représentants du personnel doivent être consultés et informés; à défaut, la procédure de licenciement est annulée.**

Comment s'effectue la rupture du contrat de travail ?

L'adaptation de l'emploi aux évolutions professionnelles peut se traduire par une rupture de la relation de travail. Cette rupture peut revêtir plusieurs formes : la démission, la rupture conventionnelle, le licenciement pour motif personnel et le licenciement pour motif économique.

- **La démission :** la rupture du contrat de travail est **à l'initiative du salarié.** La démission **doit être sérieuse, claire et non équivoque.** Le salarié doit donner un **préavis** afin de laisser à l'employeur le temps de le remplacer. Une démission peut relever de l'**abus de droit** si les conditions de départ du salarié manifestent l'intention de nuire à l'entreprise.

- **La rupture conventionnelle** : la rupture résulte d'un **consentement entre l'employeur et le salarié pour mettre fin au contrat de travail.** Elle s'effectue **en dehors de tout litige** sans que la rupture soit imputée à l'une ou l'autre des parties. L'indemnité de rupture ne peut être inférieure à l'indemnité de licenciement. Le salarié bénéficie de l'allocation assurance chômage.

- **Le licenciement pour motif économique :** il s'agit d'un licenciement pour un **motif indépendant de la personne du salarié.** Il est le fait de difficultés économiques, de mutations technologiques ou d'une réorganisation de l'entreprise.

  Le licenciement économique peut être individuel ou collectif (moins de 10 salariés ou 10 salariés et plus en 30 jours). Dans les entreprises de plus de 50 salariés, le licenciement collectif doit être accompagné d'un plan social.

  L'employeur doit envisager toutes les possibilités de maintenir le contrat de travail. Il doit mettre en place un **plan de sauvegarde de l'emploi (PSE)** qui doit comporter des mesures de reclassement interne ou externe des salariés. Il doit **consulter les IRP** (Institutions Représentatives du Personnel) si le licenciement est collectif. L'employeur a le devoir d'assurer l'adaptation du salarié à l'évolution de son emploi. Il est tenu d'une **obligation de reclassement en cas de suppression ou de modification d'un emploi.**

- **Le licenciement pour motif personnel :** c'est un licenciement dont **les motifs sont inhérents à la personne du salarié.** La rupture du contrat de travail est à l'initiative de l'employeur.

  L'employeur peut rompre le contrat de travail qui le lie au salarié à tout moment. Cependant il doit justifier d'une cause réelle et sérieuse et respecter une procédure précise sous peine de voir qualifier son initiative de licenciement abusif.

  - **La cause doit être réelle et sérieuse** : le motif allégué doit être matériellement vérifiable et susceptible d'être prouvé. Si l'employeur ne donne aucun motif ou change de motif, la cause n'est pas réelle. La cause doit revêtir un caractère d'une gravité suffisante pour rendre impossible le maintien du contrat de travail. Elle peut trouver sa source dans un comportement du salarié fautif ou non fautif :

    - **Comportement fautif :** la faute du salarié peut être :

      - **Une faute légère** qui peut justifier une sanction disciplinaire mais pas le licenciement
      - **Une faute sérieuse** qui permet le licenciement
      - **Une faute grave** qui justifie le licenciement et prive le salarié des indemnités et du préavis de licenciement
      - **Une faute lourde** qui prive le salarié de ses indemnités, du préavis de licenciement et peut engager ses responsabilités. *Ex : vol, coups et blessures, concurrence à l'employeur...*

    - **Comportement non fautif : incompétence, perte de confiance ou insuffisance de résultats.**

- **La procédure doit être contradictoire** : la finalité de la procédure est de permettre au salarié de se défendre et de tenter d'éviter le licenciement. La procédure pour un licenciement individuel se déroule en trois étapes :

    - **Convocation** à un entretien préalable
    - **Entretien** entre l'employeur, le salarié et l'assistant du salarié
    - **Notification du licenciement et énonciation des motifs**

Comment s'effectue la protection de la relation de travail sur le plan communautaire ?

Le droit communautaire vise à améliorer la mobilité des salariés de l'UE, unifier, harmoniser et coordonner les règles en matière sociale. Exemples :

- **Égalité de rémunération** des hommes et des femmes
- **Maintien des droits des salariés en cas de transfert d'entreprise**

Comment s'effectue la protection de la relation de travail sur le plan international ?

La mondialisation de l'économie implique la mobilité des salariés et conduit à la mise en place progressive d'un droit social international. En matière de contrat de travail international, la jurisprudence considère que **la loi applicable est celle qui est la plus favorable au salarié.**

L'**Organisation Internationale du Travail (OIT)** a mis en place des dispositifs afin :

- D'assurer aux travailleurs un minimum de protection
- De soumettre la concurrence internationale à des règles communes
- D'abolir le travail des enfants
- D'éliminer les discriminations en matière d'emploi
- D'assurer le respect de la liberté syndicale et du droit de grève

Les conventions préparées par l'OIT sont ratifiées par les États qui s'engagent à les appliquer.

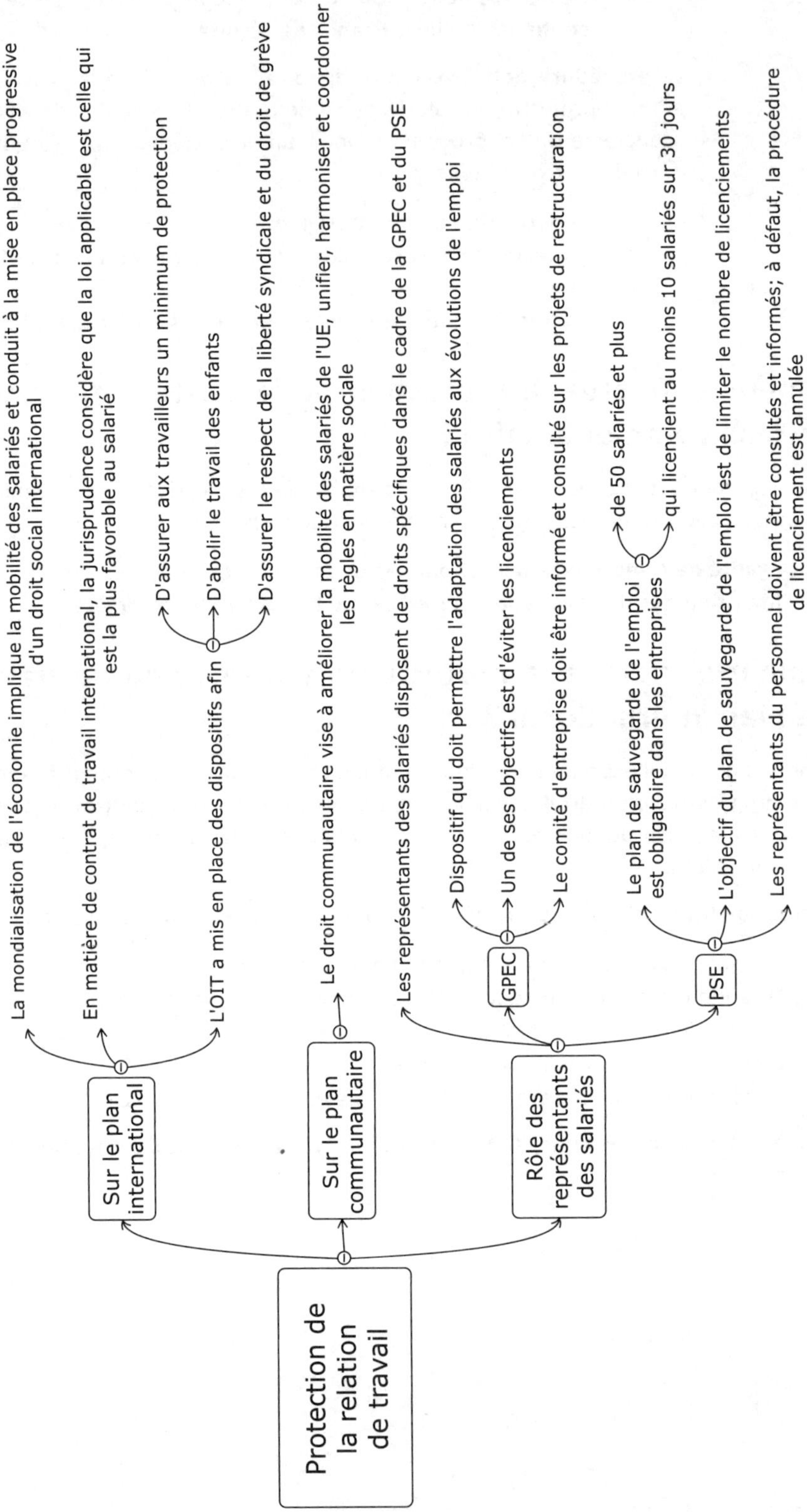

Protection de la relation de travail
Sur le plan international
La mondialisation de l'économie implique la mobilité des salariés et conduit à la mise en place progressive d'un droit social international
En matière de contrat de travail international, la jurisprudence considère que la loi applicable est celle qui est la plus favorable au salarié
L'OIT a mis en place des dispositifs afin
D'assurer aux travailleurs un minimum de protection
D'abolir le travail des enfants
D'assurer le respect de la liberté syndicale et du droit de grève
Sur le plan communautaire
Le droit communautaire vise à améliorer la mobilité des salariés de l'UE, unifier, harmoniser et coordonner les règles en matière sociale
Rôle des représentants des salariés
Les représentants des salariés disposent de droits spécifiques dans le cadre de la GPEC et du PSE
GPEC
Dispositif qui doit permettre l'adaptation des salariés aux évolutions de l'emploi
Un de ses objectifs est d'éviter les licenciements
Le comité d'entreprise doit être informé et consulté sur les projets de restructuration
PSE
Le plan de sauvegarde de l'emploi est obligatoire dans les entreprises
de 50 salariés et plus
qui licencient au moins 10 salariés sur 30 jours
L'objectif du plan de sauvegarde de l'emploi est de limiter le nombre de licenciements
Les représentants du personnel doivent être consultés et informés; à défaut, la procédure de licenciement est annulée

Rupture du contrat de travail

- **Démission**
  - La rupture du contrat de travail est à l'initiative du salarié
  - La démission doit être sérieuse, claire et non équivoque
  - Une démission peut relever de l'abus de droit si les conditions de départ du salarié manifestent l'intention de nuire à l'entreprise
- **Rupture conventionnelle**
  - La rupture résulte d'un consentement entre l'employeur et le salarié pour mettre fin au contrat de travail
  - Elle s'effectue en dehors de tout litige sans que la rupture ne soit imputée à l'une ou l'autre des parties
  - Le salarié bénéficie de l'allocation assurance chômage
- **Licenciement pour motif personnel**
  - La rupture du contrat de travail est à l'initiative de l'employeur
  - C'est un licenciement dont les motifs sont inhérents à la personne du salarié
  - La cause doit être réelle et sérieuse
  - Le motif allégué doit être matériellement vérifiable et susceptible d'être prouvé
  - L'employeur doit respecter une procédure précise sous peine de voir qualifier son initiative de licenciement abusif
  - La finalité de la procédure est de permettre au salarié de se défendre et de tenter d'éviter le licenciement
  - **Procédure**
    - Convocation à un entretien préalable
    - Entretien entre l'employeur, le salarié et l'assistant du salarié
    - Notification du licenciement et énonciation des motifs
- **Licenciement pour motif économique**
  - Il s'agit d'un licenciement pour un motif indépendant de la personne du salarié
  - Il est le fait de difficultés économiques, de mutations technologiques ou d'une réorganisation de l'entreprise
  - Dans les entreprises de plus de 50 salariés, le licenciement collectif doit être accompagné d'un plan social
  - L'employeur doit envisager toutes les possibilités de maintenir le contrat de travail
  - Il doit mettre en place un plan de sauvegarde de l'emploi (PSE) qui doit comporter des mesures de reclassement interne ou externe des salariés
  - L'employeur doit consulter les IRP (institutions représentatives du personnel) si le licenciement est collectif

9. L'adaptation de la relation de travail par le droit négocié

Qu'est-ce que la négociation collective ?

La négociation collective est l'ensemble des discussions entre les partenaires sociaux (organisations d'employeurs et syndicats représentatifs des salariés) afin de déterminer les conditions d'emploi et de travail des salariés et les garanties sociales qui s'y rattachent.

La négociation collective a pour finalité la signature de conventions et d'accords collectifs qui deviennent des normes écrites, contraignantes pour les signataires.

Le législateur a rendu obligatoires certaines négociations collectives. Cependant, **les partenaires sociaux ne sont pas obligés de conclure un accord.**

Qui sont les acteurs de la négociation collective ?

La négociation collective se déroule entre les représentants des employeurs et les représentants des salariés.

- **Les syndicats de salariés** : associations à but non lucratif dont l'objectif est de défendre les droits et intérêts sociaux économiques et professionnels de leurs adhérents. Leur existence et la liberté d'adhésion sont garanties par la constitution.

  Les syndicats doivent être représentatifs, c'est-à-dire être en mesure de parler au nom des salariés et de les engager. La loi fixe plusieurs critères pour déterminer la représentativité d'un syndicat :

  - Le respect des valeurs républicaines
  - L'indépendance
  - La transparence financière....

  Sont représentatifs au niveau de la branche et de l'interprofession les cinq syndicats suivants: **CGT, FO, CFDT, CFTC, CGC-CFE.** En revanche, au niveau des entreprises, ces cinq syndicats peuvent être concurrencés par d'autres organisations.

- **Les organisations patronales** : deux syndicats représentent les employeurs le MEDEF (Mouvement des entreprises de France) et la CGPME (Confédération Générale des Petites et Moyennes Entreprises).

Quel est l'objet de la négociation collective ?

Accords et conventions collectifs ont pour objets de créer des règles de droit applicables au sein des entreprises et ce, en complément des mesures législatives.

On distingue :

- **L'accord National Interprofessionnel** (ANI) : traite des sujets d'intérêt commun (chômage, formation...)
- **La convention de branche** : la convention collective d'une branche d'activité met en place les règles communes à une profession (ex: métallurgie, chimie, hôtellerie-restauration...). Elle a pour objet de traiter l'ensemble des conditions d'emploi : durée du travail, rémunération, avantages en nature...
- **La convention d'entreprise ou d'établissement** : concerne une seule entreprise ou un seul établissement. Négociée par le chef d'entreprise et les syndicats représentatifs des salariés, la convention d'entreprise permet d'adapter aux conditions spécifiques de l'entreprise les dispositions de la convention collective.
- **L'accord de groupe** : concerne tout ou partie des entreprises constitutives du groupe. En l'absence d'une convention collective de branche, la convention d'entreprise peut déterminer l'ensemble des conditions d'emploi et de travail et les garanties sociales propres à l'entreprise

Quelle procédure suivre pour adopter une convention collective ?

Pour être valable et applicable, un accord ou une convention collective doit répondre aux deux conditions suivantes :

- Le texte doit être signé par une organisation syndicale de salariés représentative, ayant recueilli au moins 30 % des suffrages
- Le texte ne doit pas faire l'objet d'une opposition d'un ou de plusieurs syndicats ayant recueilli au moins 50 % des suffrages aux élections professionnelles.

Les conventions ou accords s'appliquent aux salariés de l'entreprise lorsque l'employeur est signataire de la dite convention ou accord ou bien lorsqu'il s'engage à l'appliquer.

Une fois conclue, la convention peut faire l'objet d'une extension et ou d'un élargissement par un arrêté du ministre de l'emploi.

- **L'extension** rend la convention obligatoire pour tous les employeurs et salariés compris dans son champ d'application professionnel.
- **L'élargissement** rend la convention obligatoire pour tous les employeurs et les salariés qui appartiennent à un champ professionnel présentant des conditions économiques analogues.

Comment les différentes sources de droit du travail s'articulent-elles ?

Il existe en droit du travail une **hiérarchie des normes** :

- **Textes législatifs et réglementaires** : lois et règlements
- **Normes négociées** : conventions et accords collectifs
- **Loi des parties** : contrat de travail

En application de cette hiérarchie des normes, les contrats de travail ne peuvent pas être moins favorables aux salariés que la convention ou l'accord collectif. Convention et accord ne peuvent se substituer aux clauses plus favorables présentes dans le contrat de travail. **Le principe de faveur** stipule qu'il est toujours possible de déroger à une règle hiérarchique supérieure, pourvu que ce soit dans un sens favorable au travailleur. Ce principe souffre d'exceptions appelées accords dérogatoires. La loi du 4 mai 2004 sur le dialogue social a permis aux accords inférieurs de déroger aux normes conventionnelles supérieures.

Quels sont les enjeux de la négociation collective ?

Les deux principaux enjeux de la négociation collective sont :

- En développant la négociation collective les partenaires sociaux cherchent, dans un contexte mondial difficile, à **éviter de nouveaux licenciements**

- La négociation collective est un moyen efficace pour que **les partenaires sociaux abandonnent la logique d'affrontement pour une logique de coopération**

La négociation collective permet de concevoir de nouvelles lois. En effet, le législateur intervient pour donner force de loi à un texte élaboré par les partenaires sociaux.

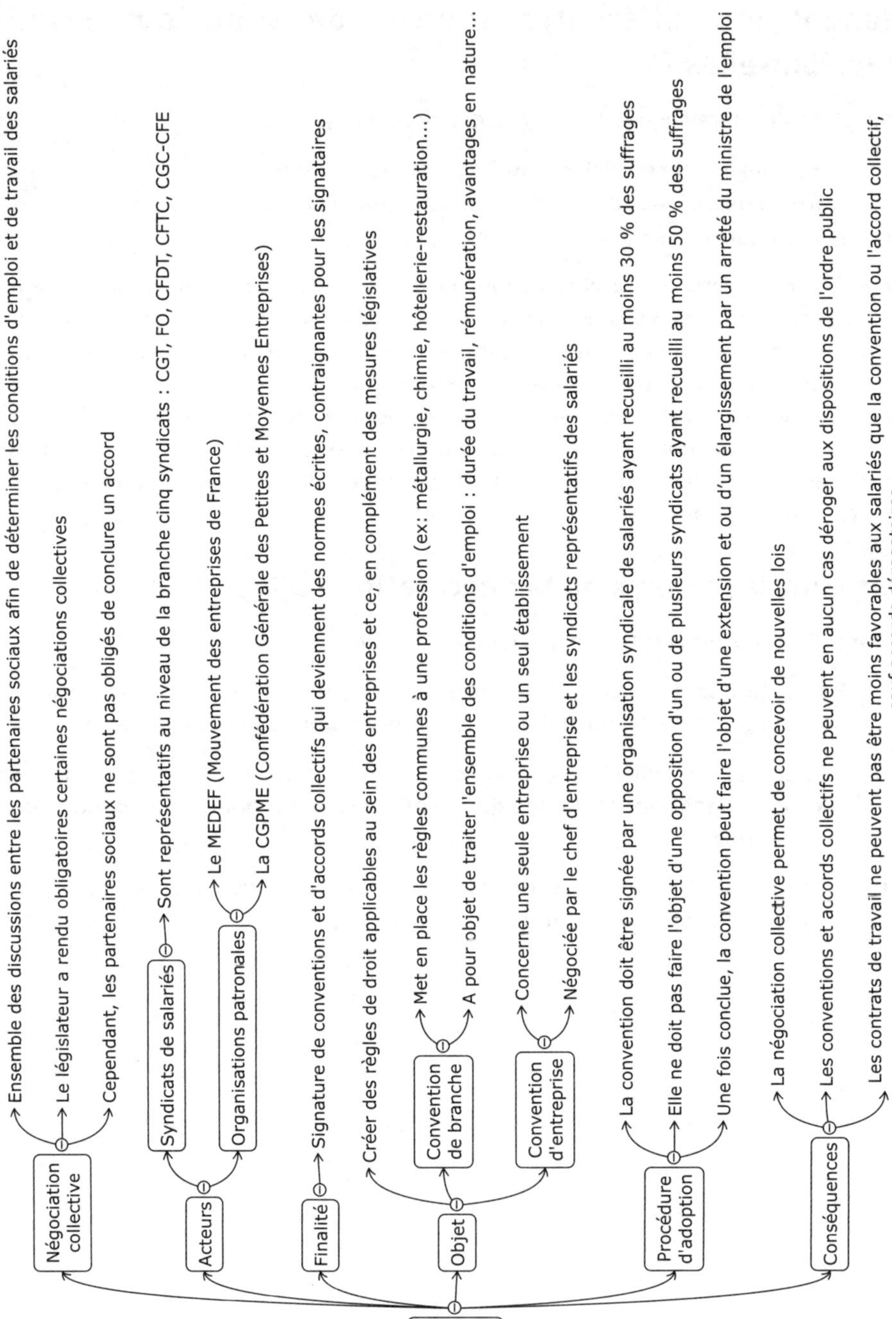
La négociation collective
Négociation collective
Ensemble des discussions entre les partenaires sociaux afin de déterminer les conditions d'emploi et de travail des salariés
Le législateur a rendu obligatoires certaines négociations collectives
Cependant, les partenaires sociaux ne sont pas obligés de conclure un accord
Acteurs
Syndicats de salariés
Sont représentatifs au niveau de la branche cinq syndicats : CGT, FO, CFDT, CFTC, CGC-CFE
Organisations patronales
Le MEDEF (Mouvement des entreprises de France)
La CGPME (Confédération Générale des Petites et Moyennes Entreprises)
Finalité
Signature de conventions et d'accords collectifs qui deviennent des normes écrites, contraignantes pour les signataires
Objet
Créer des règles de droit applicables au sein des entreprises et ce, en complément des mesures législatives
Convention de branche
Met en place les règles communes à une profession (ex: métallurgie, chimie, hôtellerie-restauration...)
A pour objet de traiter l'ensemble des conditions d'emploi : durée du travail, rémunération, avantages en nature...
Convention d'entreprise
Concerne une seule entreprise ou un seul établissement
Négociée par le chef d'entreprise et les syndicats représentatifs des salariés
Procédure d'adoption
La convention doit être signée par une organisation syndicale de salariés ayant recueilli au moins 30 % des suffrages
Elle ne doit pas faire l'objet d'une opposition d'un ou de plusieurs syndicats ayant recueilli au moins 50 % des suffrages
Une fois conclue, la convention peut faire l'objet d'une extension et ou d'un élargissement par un arrêté du ministre de l'emploi
Conséquences
La négociation collective permet de concevoir de nouvelles lois
Les conventions et accords collectifs ne peuvent en aucun cas déroger aux dispositions de l'ordre public
Les contrats de travail ne peuvent pas être moins favorables aux salariés que la convention ou l'accord collectif, sauf accords dérogatoires

THÈME 2

Les structures et les organisations

10. Le choix d'une structure juridique

Quels sont les différents types de structures juridiques que peut adopter une organisation ?

La création d'une organisation nécessite de lui donner une structure juridique pour lui permettre d'exercer ses activités juridiques et économiques. **On distingue quatre types de structures juridiques** : l'association, la coopérative, l'entreprise individuelle et l'entreprise sociétaire.

- **L'association est une organisation constituée pour servir un objectif non lucratif** dans le domaine social, culturel, sportif ou humanitaire.
- **La coopérative est une structure sociétaire avec des objectifs non capitalistes**. Elle est créée pour la mise en commun de moyens de production, d'achat ou de vente afin d'améliorer le sort de ses membres (Ex : coopérative ouvrière de production, coopérative artisanale...)
- **L'entreprise individuelle est créée par une seule personne : l'entrepreneur qui apporte les capitaux et les biens nécessaires à son activité**. Elle n'a pas la personnalité juridique : la loi ne reconnaît que l'entrepreneur propriétaire et exploitant de l'entreprise. L'entrepreneur contracte en son nom personnel et devient créancier et débiteur des obligations liées à l'entreprise.
- **La société est instituée par deux ou plusieurs personnes qui conviennent par un contrat d'affecter à une entreprise commune des biens ou leur industrie en vue de partager le bénéfice ou de profiter de l'économie qui pourrait en résulter**. Les sociétés sont diverses :
    - **Sociétés commerciales** : SNC (Société en nom collectif), SA (Société anonyme) ; SAS (Société anonyme simplifiée) ; SARL (Société à responsabilité limitée) ; EURL (Société unipersonnelle à responsabilité limitée).
    - **Sociétés civiles** : SCI (Société civile immobilière) ; SCA (Société civile agricole) ; SCPL (Société civile profession libérale).

Quels sont les critères de choix d'une structure juridique lors de la création d'une organisation ?

Le choix de la structure juridique, lors de la création d'une entreprise dépend des motivations du créateur. Celles-ci peuvent être liées à des choix de finalités patrimoniaux, fiscaux, sociaux et financiers.

La finalité recherchée est lucrative. Dans une entreprise individuelle, l'entrepreneur cherche à réaliser un profit dans une activité artisanale, commerciale, agricole ou civile. Dans une société, les sociétaires partagent le bénéfice ou profitent d'une économie. Le Code civil précise que ces mêmes personnes s'engagent à contribuer aux pertes.

Certaines structures juridiques permettent de protéger le patrimoine du créateur.

- **Dans une entreprise individuelle, l'ensemble du patrimoine de l'entrepreneur doit répondre des dettes de l'entreprise**. Les biens fonciers peuvent être protégés s'ils ne sont pas affectés à un usage professionnel (loi du 4 août 2008).

- **Dans le cas d'une société à responsabilité limitée (SA, SARL, EURL..), les créanciers ne peuvent pas se retourner contre les associés ;** la responsabilité de ceux-ci est limitée aux apports et ils ne contribuent pas aux dettes.

- **Dans le cas d'une société à responsabilité non limitée, les créanciers peuvent se retourner contre les associés ;** la responsabilité de ceux-ci est indéfinie et solidaire et ils contribuent aux dettes.

Les régimes matrimoniaux organisent les relations pécuniaires des époux mariés. En choisissant son régime matrimonial, le créateur cherche à se protéger contre les difficultés financières de son activité :

- **Régime légal** : les biens et les dettes des époux avant le mariage restent propres, ainsi que les donations et successions. Les biens acquis pendant le mariage sont communs. En cas de difficulté, les biens communs servent à rembourser les créanciers.

- **Régime de séparation de biens :** chaque époux détient la propriété des biens acquis avant et pendant le mariage. Chacun est responsable de ses dettes. Ce régime est conseillé dans les affaires, il permet de préserver les biens du conjoint.

- **PACS :** Le pacte civil de solidarité organise les relations pécuniaires entre personnes qui vivent ensemble sans être mariées. Chacun des partenaires reste propriétaire des biens qu'il acquiert pendant et après la conclusion du PACS.

Le choix de la structure juridique détermine la protection sociale du créateur.

- **Le régime de protection sociale de l'entrepreneur individuel est géré par le RSI** (régime social des indépendants). Il cotise sur la base du revenu professionnel retenu pour le calcul de son impôt.

- **Le gérant minoritaire d'une SARL et le directeur général d'une SA sont rattachés au régime général des salariés**.

- **Les autres dirigeants (exemple : gérant majoritaire de SARL) relèvent du régime des indépendants.**

La recherche par l'entrepreneur de l'optimisation fiscale le conduit à choisir une forme juridique soumise à l'impôt sur les sociétés lorsque les résultats sont substantiels.

- **Le créateur d'entreprise individuelle est soumis à l'impôt sur le revenu (IR)**. Les bénéfices sont déclarés à la rubrique des BIC (bénéfices industriels et commerciaux).
- **La société est soumise à l'impôt sur les sociétés (IS).** Le taux d'imposition des bénéfices de la société est de 33,1/3 % (en principe). Les bénéfices distribués sont déclarés par les associés au titre de l'impôt sur le revenu.

L'exercice du pouvoir au sein de l'entreprise dépend de sa structure juridique :

- Dans l'entreprise individuelle, l'entrepreneur est seul maître à bord, il prend seul les décisions et assume toutes les responsabilités.
- Dans l'entreprise sociétaire, le pouvoir est détenu par les associés détenteurs de parts ou d'actions. Ils délèguent le pouvoir de décision aux organes de gestion qui détiennent un mandat pour agir au nom de la société.

Les possibilités de financement sont liées à la structure juridique de l'entreprise :

- **L'entrepreneur individuel a recours à ses propres capitaux ou au crédit bancaire**. Il devra généralement fournir des garanties sur ses biens (gage, hypothèque) ou des garanties apportées par des tiers (cautionnement).
- **Pour se financer, la société peut procéder à l'augmentation de capital en ayant recours aux actionnaires existants ou en faisant appel à de nouveaux actionnaires**. Certaines sociétés peuvent recourir à l'emprunt obligataire pour leur financement.

Pourquoi et comment transformer une entreprise individuelle en société ?

La structure juridique d'une entreprise n'est pas toujours définitive. Elle évolue en fonction du développement économique de l'entreprise. Des préoccupations patrimoniales, financières ou stratégiques sont à l'origine de cette évolution.

Pour transformer son entreprise individuelle en société, l'entrepreneur dispose de 2 possibilités : **soit céder son fonds de commerce à une société** dans laquelle il aura la qualité d'associé, **soit apporter son fonds de commerce au capital d'une société qu'il crée**.

Les motivations de l'entrepreneur peuvent être :

- **Protéger le patrimoine** : l'entrepreneur obtient une séparation plus stricte entre son patrimoine professionnel et privé. Le passage en société peut assurer la pérennité de l'entreprise en organisant sa succession.
- **Bénéficier d'un statut fiscal et social plus avantageux** : en transformant son entreprise en société, l'entrepreneur peut bénéficier d'un régime fiscal plus intéressant. Il peut choisir une structure où le statut de salarié est possible.

La procédure de transformation d'une entreprise individuelle en société s'effectue en trois étapes :

- **Évaluation du fonds de commerce** : valeur de la clientèle, du matériel, des marchandises...
- **Création de la société** : rédaction des statuts, immatriculation au RCS, publicité
- **Radiation de l'entreprise individuelle du RCS**

Sur le plan juridique, la conséquence principale de cette transformation est la création d'une nouvelle personne morale dans laquelle l'entrepreneur est amené à partager le pouvoir (sauf création d'une EURL ou d'une SASU).

Sur le plan fiscal l'entrepreneur doit procéder au paiement d'un impôt éventuel sur la plus-value réalisée sur le fonds de commerce et à l'acquittement des droits d'enregistrement.

Pourquoi et comment modifier le statut juridique d'une société ?

Les motivations des associés pour modifier le statut juridique de leur société sont d'ordre économique, juridique ou fiscal :

- **Motivations économiques** : chercher un apport de compétences d'un ou de plusieurs partenaires ; mobiliser des financements plus importants ; trouver plus facilement de nouveaux marchés....
- **Motivations sociales et fiscales** : certaines structures permettent au dirigeant de se salarier ; la cession des parts ou actions de certaines sociétés est plus facile et moins coûteuse...

La procédure de modification du statut juridique d'une société s'effectue en deux étapes : réunir une assemblée générale extraordinaire **(AGE)** pour approuver les nouveaux statuts et procéder aux **formalités de publicité** pour la nouvelle société. Les conséquences juridiques de cette modification sont :

- la **modification n'entraîne pas la création d'une nouvelle personne morale**
- **La société garde ses biens, ses droits et ses obligations**
- **Les contrats en cours se poursuivent.**

Critères de choix d'une structure juridique

- **Finalité**
  - Peut être lucrative ou non lucrative
- **Pouvoir**
  - L'entreprise individuelle → L'entrepreneur est seul maître à bord, il prend seul les décisions et assume toutes les responsabilités
  - La société → Le pouvoir est détenu par les associés détenteurs de parts ou d'actions
- **Financement**
  - L'entreprise individuelle → L'entrepreneur individuel a recours à ses propres capitaux ou au crédit bancaire
  - La société peut procéder à l'augmentation de capital en ayant recours aux actionnaires existants ou en faisant appel à de nouveaux actionnaires
- **Protection du patrimoine**
  - Entreprise individuelle → L'ensemble du patrimoine de l'entrepreneur doit répondre des dettes de l'entreprise (à relativiser toutefois → EIRL ; loi Macron)
  - Société
    - Personne morale, la société a un patrimoine propre, distinct de celui des associés
    - Les créanciers de la société ne peuvent donc exercer leur droit de gage que sur le patrimoine de la société
- **Statut social**
  - L'entrepreneur individuel → L'entrepreneur individuel est un travailleur indépendant
  - Le dirigeant de société
    - Le gérant minoritaire d'une SARL et le directeur général d'une SA sont rattachés au régime général des salariés
    - Les autres dirigeants (exemple : gérant majoritaire de SARL) relèvent du régime des indépendants
- **Statut fiscal**
  - L'entreprise individuelle → Le créateur est soumis à l'impôt sur le revenu (IR)
  - La société → La société est soumise à l'impôt sur les sociétés (IS)
- **Régimes matrimoniaux**
  - Régime légal
    - Les biens et les dettes des époux avant le mariage restent propres, ainsi que les donations et successions
    - Les biens acquis pendant le mariage sont communs. En cas de difficulté, ces biens servent à rembourser les créanciers
  - Régime de séparation de biens
    - Chaque époux détient la propriété des biens acquis avant et pendant le mariage
    - Chacun est responsable de ses dettes
  - PACS
    - Organise les relations pécuniaires entre personnes qui vivent ensemble sans être mariées
    - Chacun des partenaires reste propriétaire des biens qu'il acquiert pendant et après la conclusion du PACS

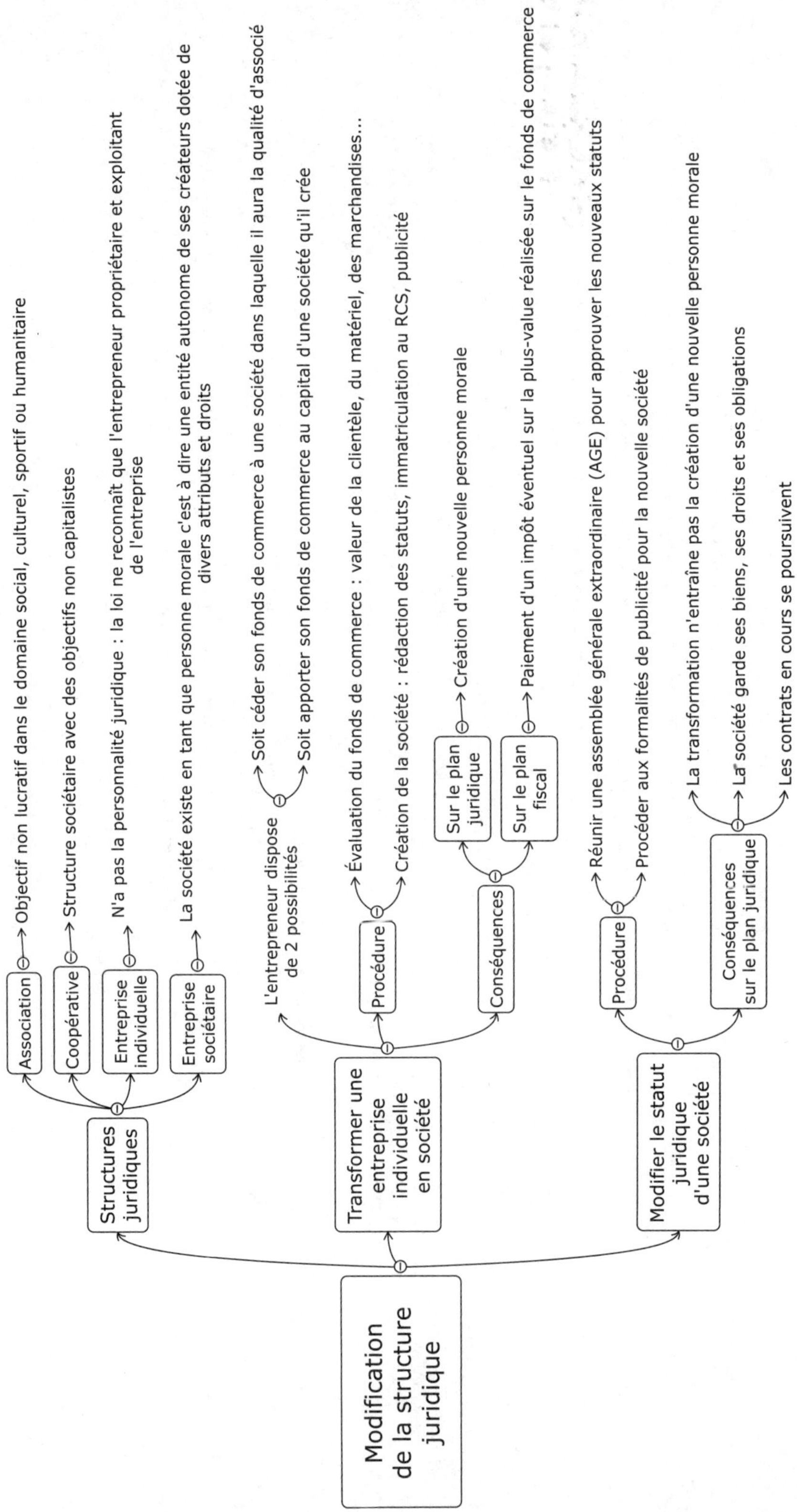

Modification de la structure juridique
Structures juridiques
Association
Objectif non lucratif dans le domaine social, culturel, sportif ou humanitaire
Coopérative
Structure sociétaire avec des objectifs non capitalistes
Entreprise individuelle
N'a pas la personnalité juridique : la loi ne reconnaît que l'entrepreneur propriétaire et exploitant de l'entreprise
Entreprise sociétaire
La société existe en tant que personne morale c'est à dire une entité autonome de ses créateurs dotée de divers attributs et droits
Transformer une entreprise individuelle en société
L'entrepreneur dispose de 2 possibilités
Soit céder son fonds de commerce à une société dans laquelle il aura la qualité d'associé
Soit apporter son fonds de commerce au capital d'une société qu'il crée
Procédure
Évaluation du fonds de commerce : valeur de la clientèle, du matériel, des marchandises…
Création de la société : rédaction des statuts, immatriculation au RCS, publicité
Conséquences
Sur le plan juridique
Création d'une nouvelle personne morale
Sur le plan fiscal
Paiement d'un impôt éventuel sur la plus-value réalisée sur le fonds de commerce
Modifier le statut juridique d'une société
Procédure
Réunir une assemblée générale extraordinaire (AGE) pour approuver les nouveaux statuts
Procéder aux formalités de publicité pour la nouvelle société
Conséquences sur le plan juridique
La transformation n'entraîne pas la création d'une nouvelle personne morale
La société garde ses biens, ses droits et ses obligations
Les contrats en cours se poursuivent

11. La pérennité de l'entreprise

Qu'est-ce qu'une entreprise en difficulté ?

Une entreprise est en difficulté lorsqu'il apparaît des faits susceptibles de compromettre sa survie (crise, difficultés financières...).

Elle est en cessation de paiement lorsqu'elle est dans l'impossibilité de faire face au passif exigible avec l'actif disponible.

Le passif exigible s'entend de l'ensemble des dettes dont les créanciers sont en droit de réclamer le paiement. L'actif disponible s'entend de l'ensemble des sommes dont l'entreprise peut disposer immédiatement pour régler ses dettes.

La loi du 26 Juillet 2005 relative aux entreprises en difficulté a pour objectifs :

- **La survie de l'entreprise** et la continuation de ses activités
- **La préservation des emplois** des salariés
- **Le paiement des créanciers**

Comment s'effectue la détection des difficultés des entreprises ?

La détection des difficultés des entreprises s'effectue par deux moyens :

- **Par l'information comptable** : l'entreprise doit publier ses comptes annuels (bilan et le compte de résultat) qui doivent être sincères et conformes. Ils contiennent des informations qui permettent de déceler les difficultés à venir.
- **Par le droit d'alerte** : l'alerte peut provenir du commissaire aux comptes, du comité d'entreprise, des associés, du président du tribunal de commerce ou du TGI. L'objectif est d'informer le chef d'entreprise et les parties prenantes des « *faits de nature à compromettre la continuité de l'exploitation* » et de prendre les mesures nécessaires pour remédier aux difficultés de l'entreprise.

Quelles sont les procédures pour traiter les difficultés des entreprises ?

Pour traiter les difficultés de l'entreprise, deux étapes sont prévues par la loi : le traitement amiable et les procédures judiciaires.

Le traitement amiable peut être :

- **Un mandat ad hoc** : un mandataire est désigné par le tribunal pour assister le dirigeant et faciliter la conclusion d'un accord avec les créanciers.

- L'entreprise ne doit pas être en cessation de paiement. Cette procédure est confidentielle.

- **Une conciliation** : démarche facultative prise par le chef d'entreprise qui doit justifier les difficultés rencontrées. Un conciliateur est nommé par le tribunal pour une durée de 4 mois. L'objectif est la conclusion d'un accord avec les créanciers afin d'obtenir des délais de paiement et/ou des remises de dettes.

Trois sortes de **procédures judiciaires** sont appliquées aux entreprises en difficulté

- **La sauvegarde** : réservée aux entreprises qui ne sont pas en cessation de paiement mais qui rencontrent des difficultés. Procédure choisie par le chef d'entreprise afin d'établir un plan de sauvegarde par lequel l'entreprise s'engage à honorer ses dettes. Si le plan de sauvegarde est exécuté, la sauvegarde se termine et l'entreprise continue son activité. Si l'entreprise n'exécute pas ses obligations et se trouve en cessation de paiement, la liquidation judiciaire est prononcée.

- **Le redressement judiciaire** : demandé par le chef d'entreprise, un créancier ou le président du tribunal. Une mission est confiée à un administrateur par le tribunal de commerce. L'objectif est de sauver l'entreprise, maintenir l'emploi et apurer le passif.

- **La liquidation** : prononcée par le tribunal lorsque le redressement de l'entreprise est manifestement impossible. Elle a pour effets :
    - Le **licenciement des salariés** pour motif économique
    - La **vente aux enchères des biens** de l'entreprise et paiement éventuel des créanciers
    - La **radiation de l'entreprise** du registre du commerce et des sociétés

Quelles sont les conséquences des procédures pour les créanciers ?

Le droit des entreprises en difficulté distingue **deux sortes de créanciers** : les créanciers privilégiés et les créanciers chirographaires.

- **Les créanciers privilégiés**, en raison de la qualité de leurs créances, seront payés avant les autres créanciers sur l'ensemble des biens du débiteur ou sur certains d'entre eux. **Les salariés bénéficient d'un traitement privilégié car ils sont titulaires d'une créance d'aliment.**

- **Les créanciers chirographaires** ne disposent que d'un droit de gage général sur le patrimoine de l'entreprise. Ils partageront ce qui reste du produit de la vente des biens de l'entreprise insolvable.

La pérennité de l'entreprise

- **Entreprise en difficulté**
  - Une entreprise est en difficulté lorsqu'il apparaît des faits susceptibles de compromettre sa survie (crise, difficultés financières..)
  - Une entreprise est en cessation de paiement lorsqu'elle est dans l'impossibilité de faire face au passif exigible avec l'actif disponible
- **Détection des difficultés des entreprises**
  - Information comptable
    - L'entreprise doit publier ses comptes annuels (bilan et le compte de résultat) qui doivent être sincères et conformes
    - Ces comptes contiennent des informations qui permettent de déceler les difficultés à venir
  - Droit d'alerte
    - L'alerte peut provenir du commissaire aux comptes, du comité d'entreprise, des associés, du président du tribunal de commerce
- **Procédures pour traiter les difficultés des entreprises**
  - Sauvegarde
    - Réservée aux entreprises qui ne sont pas en cessation de paiement mais qui rencontrent des difficultés
    - Objectif → Établir un plan de sauvegarde par lequel l'entreprise s'engage à honorer ses dettes
  - Redressement judiciaire
    - Demandée par le chef d'entreprise, un créancier ou le président du tribunal
    - Objectifs
      - Sauver l'entreprise en état de cessation de paiement
      - Maintenir l'emploi
      - Apurer le passif
  - Liquidation
    - Prononcée par le tribunal lorsque le redressement de l'entreprise est manifestement impossible
    - Effets
      - Licenciement des salariés pour motif économique
      - Vente aux enchères des biens de l'entreprise et paiement éventuel des créanciers
      - Radiation de l'entreprise du registre du commerce et des sociétés
- **Conséquences des procédures pour les créanciers**
  - Salariés
    - Les salariés bénéficient d'un traitement privilégié car ils sont titulaires d'une créance d'aliment
    - Si l'entreprise ne dispose pas de fonds, un organisme (AGS) se substitue à l'entreprise pour les régler à bref délai
  - Créances antérieures
    - Les créances antérieures à la procédure de sauvegarde ou de redressement font l'objet d'une interdiction de paiement
  - Créances postérieures
    - Les créances postérieures à l'ouverture d'une procédure de sauvegarde ou de redressement sont payées à l'échéance normale
  - En cas de liquidation, les créances sont payées dans un ordre établi par le législateur

THÈME 3 Le contrat, support de l’activité de l’entreprise

12. Les relations contractuelles entre partenaires privés

Qu'est-ce qu'un contrat conclu entre partenaires privés ?

Un contrat est une convention par laquelle une ou plusieurs personnes s'obligent envers une ou plusieurs autres, à donner, faire ou à ne pas faire quelque chose.

Le contrat constitue le principal **support des relations économiques entre les entreprises.** C'est un outil essentiel aux échanges et à la circulation des richesses. Exemples de contrats entre professionnels :

- **Contrat de distribution** : conclu entre producteurs et distributeurs pour distribuer un produit ou un service auprès d'utilisateurs. Il peut prendre différentes formes : contrat d'approvisionnement, de franchise, de concession...
- **Contrat de transport** : contrat conclu entre un transporteur et un expéditeur. Le transporteur se charge, à titre onéreux, de déplacer une marchandise d'un endroit à un autre.
- **Contrat de sous-traitance** : conclu entre le fabricant d'un produit et son sous-traitant.

Quels sont les principes fondateurs du droit des contrats ?

Le droit des contrats repose sur cinq principes :

- **La liberté contractuelle** : le droit des contrats repose sur la liberté contractuelle, qui est la conséquence de l'autonomie de la volonté. Selon ce principe, l'homme est un être libre, il ne peut être soumis à des obligations autres que celles qu'il a voulues. Les parties sont libres de conclure ou de ne pas conclure un contrat, de définir le type et le contenu du contrat.
- **L'équilibre économique** : les rapports entre une partie dominante et une partie dominée peuvent générer des contrats déséquilibrés. Ce principe postule que les prestations fournies par les parties doivent être équivalentes.
- **L'égalité des parties** : ce principe vise à rééquilibrer la relation de dépendance qui résulte de certains contrats. Chacune des parties doit trouver un avantage comparable à l'avantage de l'autre partie
- **La loyauté des parties** : le devoir de loyauté doit être omniprésent entre les parties. Les parties ne doivent pas se tromper mutuellement et doivent exécuter fidèlement leurs engagements.

- **La sécurité juridique** : pour éviter les remises en cause ultérieures, l'objet du contrat doit être décrit de manière précise (description de la marchandise, du prix...).

Quels sont les engagements précontractuels lors de la négociation du contrat ?

La conclusion du contrat est souvent précédée d'une longue période de négociation ponctuée d'accords préparatoires dont il convient de qualifier la nature juridique.

- **La représentation juridique** : le mécanisme de la représentation permet à une personne de s'engager pour le compte d'une autre. L'entreprise, personne morale, est représentée par ses représentants légaux : ses dirigeants qui ont le pouvoir de l'engager à l'égard des tiers. La représentation utilise souvent le contrat de mandat comme support juridique. Le mandat est une convention par laquelle une personne (le mandataire) agit au nom et pour le compte d'une autre personne (le mandant) auprès des tiers.
- **Les pourparlers** : période de négociation du contrat qui permet aux parties de discuter avant de donner leur consentement. Les pourparlers sont placés sous le principe de la liberté contractuelle et de la bonne foi. Ils peuvent être interrompus à tout moment par l'une des parties. La partie qui prend l'initiative de la rupture ne commet une faute que si la rupture est dictée par l'intention de nuire à l'autre partie. En cas de rupture fautive, la partie lésée a droit à un dédommagement.
- **Les avant-contrats** : lorsque les pourparlers aboutissent à un accord, des avant-contrats sont conclus qui définissent les points importants du futur contrat.

Quelles sont les conditions de validité des contrats passés entre professionnels ?

Si l'une des quatre conditions suivantes vient à manquer, le contrat n'est pas valablement formé.

- **Le consentement est formé par la rencontre de l'offre et de l'acceptation**. Il doit exister et présenter certaines qualités : être libre, éclairé et exempt de vices. Il peut être vicié par l'erreur, le dol ou la violence.
    - **L'erreur** : un des contractants s'est trompé sur la nature du contrat, sur son objet, sur la personne...
    - **Le dol** : un des contractants a été trompé par des mensonges émanent du cocontractant et ayant déterminé la victime à contracter.
    - **La violence** : consiste à employer des pressions matérielles ou psychologiques afin de forcer une personne à contracter.

- **Le contrat n'est valable que si les signataires ont le pouvoir (la capacité) de représenter les contractants.**
- **L'objet du contrat est une prestation** : donner, faire, ou ne pas faire quelque chose. Il doit être déterminé ou déterminable, possible et licite.
- **La cause est la raison qui pousse le contractant à donner son accord**. Elle doit exister et ne doit pas être contraire à l'ordre public et aux bonnes mœurs.

Quelles sont les clauses particulières des contrats passés entre professionnels ?

Les cocontractants sont libres d'insérer des clauses particulières pour cerner leurs obligations réciproques. Ils s'obligent par ces clauses et doivent les respecter. Les clauses les plus fréquentes sont :

- **La clause de dédit** : permet à une ou aux deux parties de se dédire et de ne pas exécuter leurs obligations, moyennant ou non une contrepartie financière.
- **La clause de réserve de propriété** : permet au vendeur de conserver la propriété de la chose afin de la récupérer en cas de non paiement.
- **La clause d'indexation** : permet au vendeur d'augmenter le prix en fonction d'un indice de référence.
- **La clause de renégociation** : permet aux contractants de renégocier le contrat afin de l'adapter à des changements futurs de l'environnement.
- **La clause limitative de responsabilité** : permet de limiter la responsabilité des contractants en cas de mauvaise exécution ou inexécution du contrat.
- **La clause pénale** : permet de fixer à l'avance le montant de la réparation due en cas de retard ou d'inexécution.
- **La clause résolutoire** : permet de mettre fin au contrat en cas d'inexécution de celui-ci.

Quels sont les effets des contrats passés entre professionnels ?

Les contrats légalement formés produisent des effets juridiques :

- **La force obligatoire** symbolisée par l'art. 1134 du CC : « *les conventions légalement formées tiennent lieu de loi à ceux qui les ont faites* ». Dès que les parties ont contracté, elles sont tenues de respecter leurs engagements. Les contractants peuvent revoir leur accord initial, si chacune des parties y est favorable. Le contrat s'impose au juge qui peut néanmoins apprécier la nature abusive de certaines clauses.

- **L'effet relatif** : en principe le contrat ne produit aucun effet sur les tiers ou personnes étrangères au contrat. Il leur est seulement opposable. Cependant, dans certains cas, un contrat peut profiter aux tiers *(ex: un tiers peut bénéficier d'une assurance-vie contractée par une entreprise et son assureur).*
- **L'obligation d'exécuter le contrat de bonne foi, loyauté et coopération**.

Que se passe-t-il en cas d'inexécution du contrat conclu entre professionnels ?

L'inexécution est constatée lorsque l'un des contractants n'a pas respecté ses engagements. Elle peut consister en une absence totale d'exécution ou une exécution partielle.

- **L'inexécution partielle** pour vice caché rend la chose impropre à l'usage auquel on la destine. L'acheteur a le choix entre l'annulation de la vente ou la diminution du prix. L'inexécution partielle pour défaut de conformité permet à l'acheteur de demander l'annulation de la vente.
- **L'inexécution totale** : lorsque l'un des contractants n'exécute pas son obligation, la partie lésée peut exiger l'exécution forcée de la prestation promise. Lorsque l'exécution forcée est impossible, la partie lésée pourra recevoir des dommages et intérêts.

La demande de rupture du contrat intervient dans les contrats synallagmatiques caractérisés par des obligations réciproques. La rupture peut prendre deux formes : la résolution et la résiliation.

- **La résolution met fin au contrat rétroactivement**. Elle est possible lorsqu'on peut effacer le passé en remettant les choses en l'état. Les cocontractants se retrouvent dans la même situation que celle qui précédait la formation du contrat.
- **La résiliation met fin au contrat seulement pour l'avenir**. Le contractant qui fait défaut engage sa responsabilité. Elle concerne les contrats à exécution successive (*ex: contrat de location*).

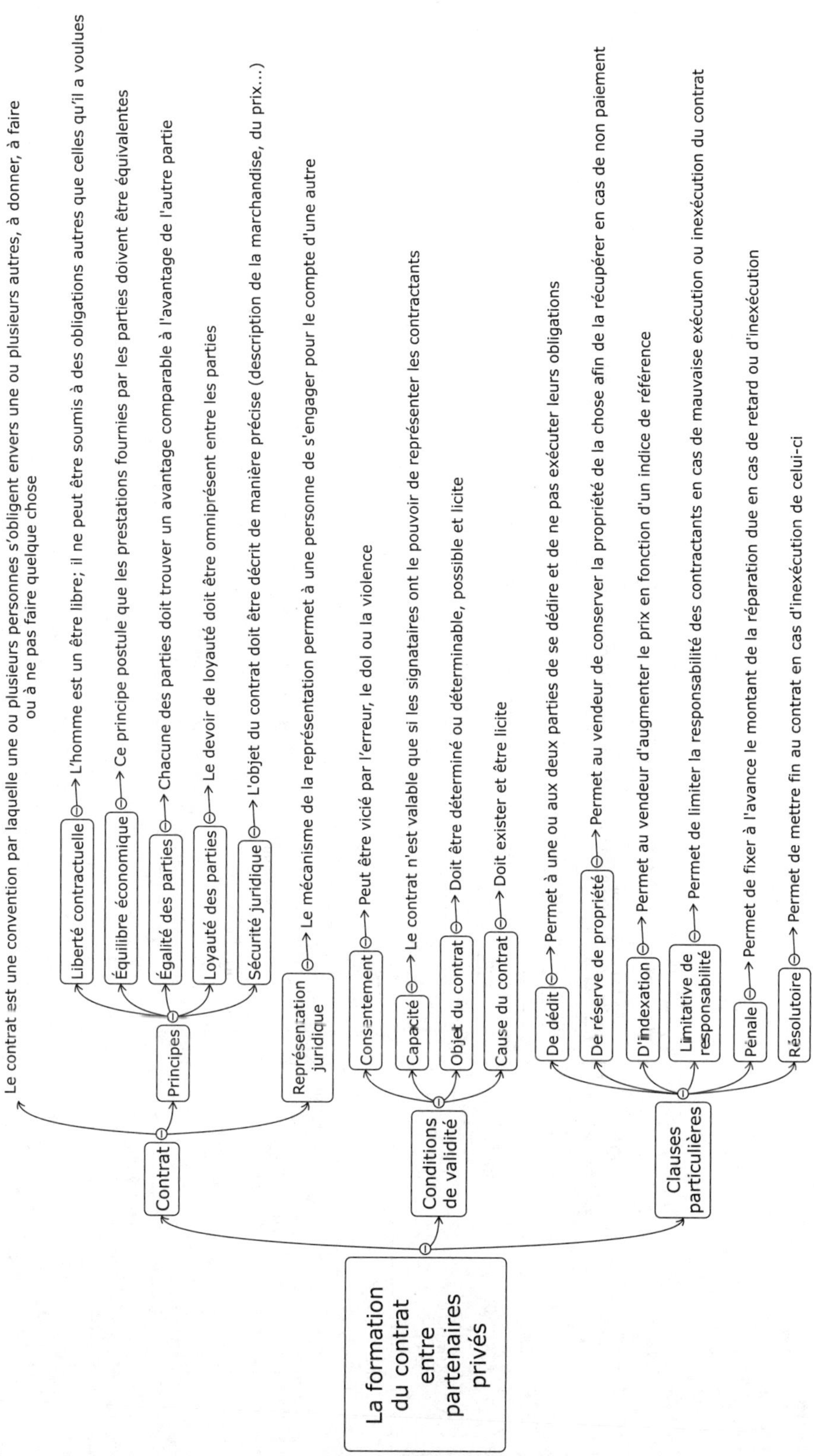
La formation du contrat entre partenaires privés
Contrat
Le contrat est une convention par laquelle une ou plusieurs personnes s'obligent envers une ou plusieurs autres, à donner, à faire ou à ne pas faire quelque chose
Principes
Liberté contractuelle
L'homme est un être libre; il ne peut être soumis à des obligations autres que celles qu'il a voulues
Équilibre économique
Ce principe postule que les prestations fournies par les parties doivent être équivalentes
Égalité des parties
Chacune des parties doit trouver un avantage comparable à l'avantage de l'autre partie
Loyauté des parties
Le devoir de loyauté doit être omniprésent entre les parties
Sécurité juridique
L'objet du contrat doit être décrit de manière précise (description de la marchandise, du prix…)
Représentation juridique
Le mécanisme de la représentation permet à une personne de s'engager pour le compte d'une autre
Conditions de validité
Consentement
Peut être vicié par l'erreur, le dol ou la violence
Capacité
Le contrat n'est valable que si les signataires ont le pouvoir de représenter les contractants
Objet du contrat
Doit être déterminé ou déterminable, possible et licite
Cause du contrat
Doit exister et être licite
Clauses particulières
De dédit
Permet à une ou aux deux parties de se dédire et de ne pas exécuter leurs obligations
De réserve de propriété
Permet au vendeur de conserver la propriété de la chose afin de la récupérer en cas de non paiement
D'indexation
Permet au vendeur d'augmenter le prix en fonction d'un indice de référence
Limitative de responsabilité
Permet de limiter la responsabilité des contractants en cas de mauvaise exécution ou inexécution du contrat
Pénale
Permet de fixer à l'avance le montant de la réparation due en cas de retard ou d'inexécution
Résolutoire
Permet de mettre fin au contrat en cas d'inexécution de celui-ci

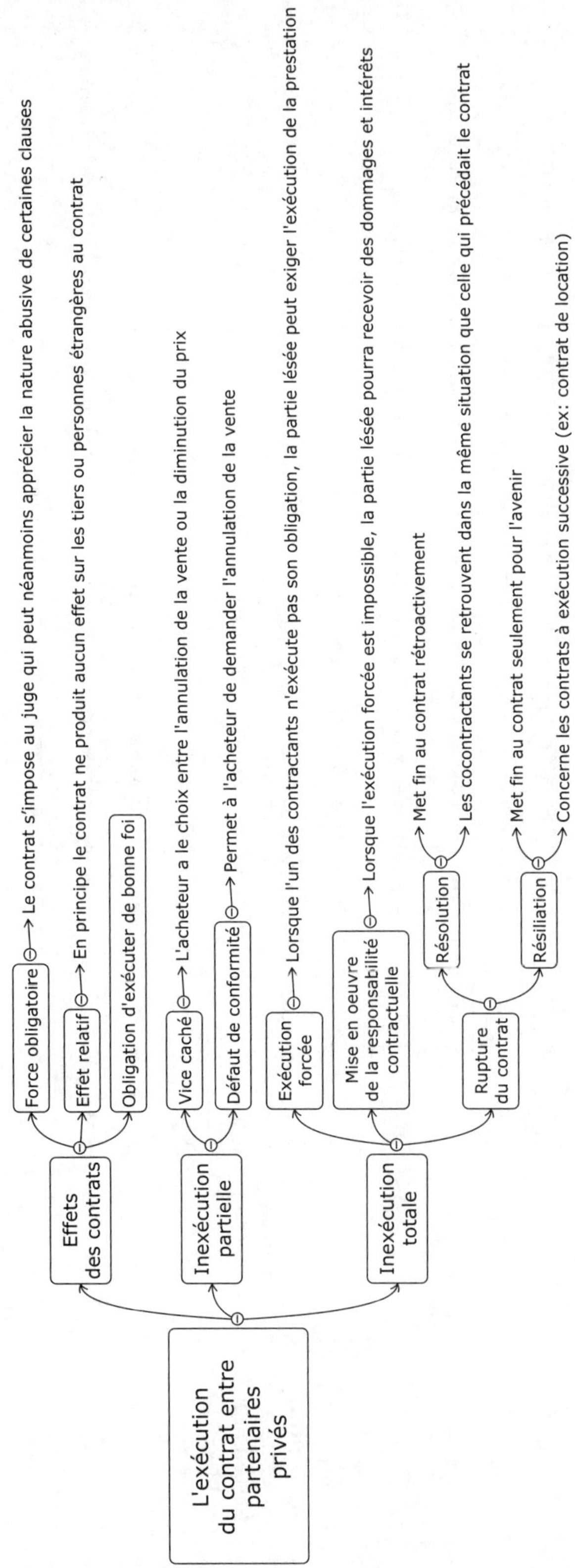
L'exécution du contrat entre partenaires privés
Effets des contrats
Force obligatoire
Le contrat s'impose au juge qui peut néanmoins apprécier la nature abusive de certaines clauses
Effet relatif
En principe le contrat ne produit aucun effet sur les tiers ou personnes étrangères au contrat
Obligation d'exécuter de bonne foi
Inexécution partielle
Vice caché
L'acheteur a le choix entre l'annulation de la vente ou la diminution du prix
Défaut de conformité
Permet à l'acheteur de demander l'annulation de la vente
Inexécution totale
Exécution forcée
Lorsque l'un des contractants n'exécute pas son obligation, la partie lésée peut exiger l'exécution de la prestation
Mise en oeuvre de la responsabilité contractuelle
Lorsque l'exécution forcée est impossible, la partie lésée pourra recevoir des dommages et intérêts
Rupture du contrat
Résolution
Met fin au contrat rétroactivement
Les cocontractants se retrouvent dans la même situation que celle qui précédait le contrat
Résiliation
Met fin au contrat seulement pour l'avenir
Concerne les contrats à exécution successive (ex: contrat de location)

13. Les relations contractuelles avec la personne publique

Qu'est-ce qu'un marché public ?

Un marché public est une forme de contrat administratif à titre onéreux conclu par des "pouvoirs adjudicateurs" (l'État, certains établissements publics, les collectivités territoriales) avec des opérateurs publics ou privés pour répondre à leurs besoins en matière de travaux, de fournitures ou de services.

La qualité particulière d'un des contractants (personne publique) appelle l'application de règles impératives se rattachant au droit public tant au niveau de la formation que de l'exécution du contrat.

Quels sont les principes fondateurs du droit des contrats avec la personne publique ?

Le Code des marchés publics impose le respect des principes de **liberté**, d'**égalité** et de **transparence** :

- **Le libre accès à la commande publique** : une entreprise doit pouvoir librement répondre à un marché public pour lequel elle s'estime compétente.
- **L'égalité de traitement des candidats** : les entreprises candidates doivent être traitées de la même façon pour l'attribution du marché. Chaque candidat doit avoir accès aux mêmes informations, dans les mêmes conditions et les mêmes délais que ses concurrents.
- **La transparence des procédures** : chaque candidat doit connaître, dès l'appel à candidature, les critères de sélection et/ou d'élimination. Le candidat non retenu peut demander les motifs de rejet de sa candidature.

Ces principes visent à garantir la **bonne utilisation des deniers publics**, la recherche de l'**efficacité administrative** et la **lutte contre la corruption**.

Comment se forme un contrat de marché public ?

Les marchés publics sont passés selon la procédure dite de l'appel d'offres.

L'appel d'offres est obligatoire quand le montant du marché dépasse 135 000 € pour les marchés de l'Etat et 210 000 € pour les collectivités locales.

Un marché public s'effectue en trois étapes :

- **Le lancement de l'appel d'offre** : identification des besoins de la collectivité et rédaction d'un cahier des charges. Un avis d'appel à la concurrence est publié au Bulletin Officiel Administratif des Marchés Publics (BOAMP) et au Journal Officiel de l'Union européenne (JOUE).
- **La sélection de l'offre** : la liste des candidats admis à présenter une offre est arrêtée. La commission d'appel d'offres examine les offres et choisit "*l'offre économiquement la plus avantageuse*".
- **L'achèvement de la procédure** : un avis d'attribution est publié. Le contrat est conclu. L'administration informe les entreprises non retenues en précisant le motif du rejet.

Quelles sont les particularités relatives à l'exécution du contrat administratif ?

Dans l'intérêt général, **l'administration détient à l'égard de l'exécution du contrat des prérogatives exorbitantes qui dérogent à la règle de droit commun**.

L'administration dispose :

- D'un **droit de direction et de contrôle** sur le cocontractant sur le plan technique et financier
- D'un **droit de sanction** en cas de faute du cocontractant
- D'un **droit de modification unilatérale du contrat**
- D'un **droit de résiliation du contrat** pour un motif d'intérêt général ou suite à une faute grave du cocontractant

Le cocontractant a un droit de paiement du prix et à l'indemnisation du préjudice subi en cas de résiliation ou de modification unilatérale du contrat par l'administration.

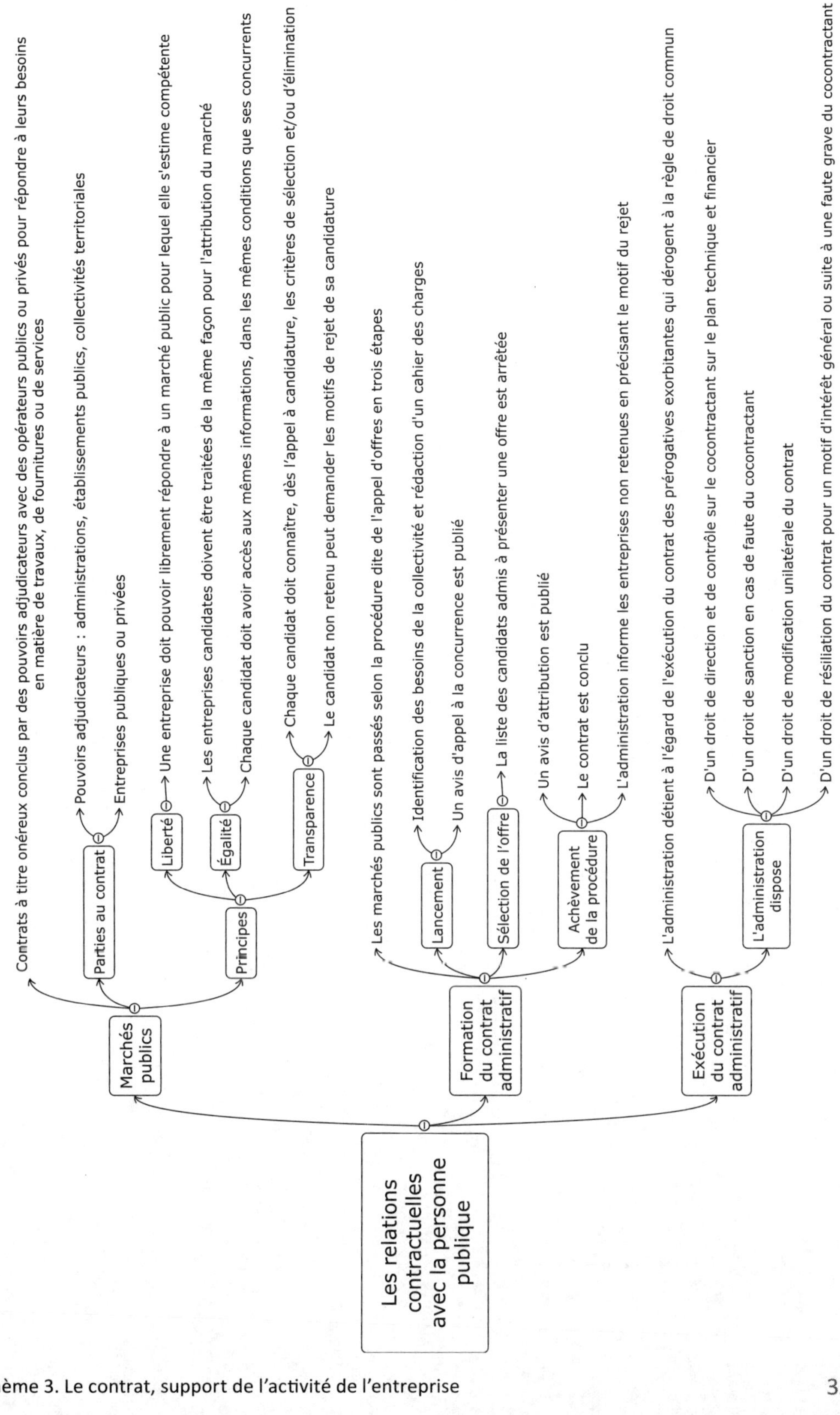

Les relations contractuelles avec la personne publique
Marchés publics
Contrats à titre onéreux conclus par des pouvoirs adjudicateurs avec des opérateurs publics ou privés pour répondre à leurs besoins en matière de travaux, de fournitures ou de services
Parties au contrat
Pouvoirs adjudicateurs : administrations, établissements publics, collectivités territoriales
Entreprises publiques ou privées
Principes
Liberté
Une entreprise doit pouvoir librement répondre à un marché public pour lequel elle s'estime compétente
Égalité
Les entreprises candidates doivent être traitées de la même façon pour l'attribution du marché
Chaque candidat doit avoir accès aux mêmes informations, dans les mêmes conditions que ses concurrents
Transparence
Chaque candidat doit connaître, dès l'appel à candidature, les critères de sélection et/ou d'élimination
Le candidat non retenu peut demander les motifs de rejet de sa candidature
Formation du contrat administratif
Les marchés publics sont passés selon la procédure dite de l'appel d'offres en trois étapes
Lancement
Identification des besoins de la collectivité et rédaction d'un cahier des charges
Un avis d'appel à la concurrence est publié
Sélection de l'offre
La liste des candidats admis à présenter une offre est arrêtée
Achèvement de la procédure
Un avis d'attribution est publié
Le contrat est conclu
L'administration informe les entreprises non retenues en précisant le motif du rejet
Exécution du contrat administratif
L'administration détient à l'égard de l'exécution du contrat des prérogatives exorbitantes qui dérogent à la règle de droit commun
L'administration dispose
D'un droit de direction et de contrôle sur le cocontractant sur le plan technique et financier
D'un droit de sanction en cas de faute du cocontractant
D'un droit de modification unilatérale du contrat
D'un droit de résiliation du contrat pour un motif d'intérêt général ou suite à une faute grave du cocontractant

THÈME 4

L'immatériel dans les relations économiques

14. Le contrat électronique

Qu'est-ce que le commerce électronique ?

Le commerce électronique est l'activité économique par laquelle une personne propose ou assure à distance et par voie électronique la fourniture de biens ou de services.

Le commerce électronique **s'apparente à la vente à distance** telle que définie par le Code de la consommation.

Comme toute activité économique, **le commerce électronique exige le support d'un contrat précédé d'une offre commerciale électronique.** Les offres commerciales des entreprises, effectuées par voie électronique (via Internet), doivent respecter des obligations imposées tant par le droit national (Code de la consommation) que par le droit communautaire (directives, règlements).

Qu'est-ce qu'une offre commerciale électronique ?

L'offre de contracter (ou pollicitation) se définit comme une proposition qui comporte tous les éléments du contrat projeté, de telle sorte que l'acceptation suffit à former le contrat.

L'offre commerciale électronique présente des particularités : difficulté à établir qui du consommateur ou du professionnel a eu l'initiative de la relation contractuelle; difficulté à identifier avec certitude l'offreur, éloigné et parfois installé à l'étranger.

Différentes règles encadrent l'offre électronique. Ces règles s'appliquent à tout professionnel proposant des produits et des services en ligne.

Les règles de droit commun :

- Proposition ferme de conclure
- Offre contenant les éléments essentiels du contrat et les conditions d'exécution (caractéristiques du produit, prix...)
- Le délai de validité de l'offre doit être clair et précis.

Les règles spécifiques à l'offre électronique

- L'identification de l'offrant
- Les conditions générales de vente
- Les conditions contractuelles (modalités de paiement et de livraison, droit de rétractation..)
- Les garanties commerciales et légales
- Les conditions de résiliation du contrat lorsque celui-ci est à durée indéterminée
- Les modalités d'archivage du contrat et les conditions d'accès au contrat archivé

En cas de non-respect de ces obligations, le cybermarchand encourt une amende de 1500 €. L'offrant reste engagé tant que l'offre reste sur son site.

Qu'est-ce qu'un contrat électronique ?

Le contrat est une convention par laquelle une ou plusieurs personnes s'obligent envers une ou plusieurs autres, à donner, faire ou à ne pas faire quelque chose.

Les parties au contrat électronique : le vendeur (cybermarchand ou e-marchand) et l'acheteur (cyberacheteur ou cyberconsommateur).

Les conditions de validité : comme tout contrat, le contrat électronique doit respecter les quatre conditions de validité : le consentement, la capacité, l'objet et la cause.

- **Le consentement des parties au contrat doit exister et être exempt de vices** (erreur, dol, violence). Lors d'une transaction électronique, le cyberacheteur exprime son consentement en cliquant sur un bouton qui l'invite à valider une décision d'achat. Le cybermarchand doit mettre en œuvre une procédure de validation obligatoire du "oui" par **double clic**. L'affichage d'un prix erroné entraîne un vice du consentement et donc la nullité du contrat. Le consentement se traduit par l'acceptation de l'offre commerciale.
- **La capacité** : en principe, toute personne majeure peut contracter car elle dispose d'une pleine capacité. Toutefois, le mineur non émancipé et le majeur incapable (sous tutelle ou curatelle), doivent être représentés lors de la conclusion du contrat. Il est cependant difficile pour le cybermarchand de s'assurer que les personnes connectées satisfont bien aux critères requis pour pouvoir avoir accès à tel ou tel produit ou service.
- **L'objet c'est-à-dire la prestation promise doit être licite et conforme à l'ordre public**. Le cybermarchand est obligé de s'assurer que les produits proposés sont autorisés par les lois nationales
- **La cause c'est-à-dire les raisons qui ont conduit les parties à contracter doit être licite et conforme à l'ordre public et aux bonnes mœurs**.

Pourquoi et comment la loi protège-elle le consommateur électronique ?

La loi protège le consommateur en raison du contexte particulier de la consommation électronique caractérisé par :

- L'intrusion dans la vie privée du consommateur
- La nécessité d'un délai entre la commande et la livraison
- Le consentement donné par le consommateur sur la base de simples images ou vidéos
- L'éloignement du vendeur.

Les textes juridiques de référence sont : la loi **Informatique et liberté** (1978) et la loi sur **la confiance dans l'économie numérique** (LCEN) (2004). **Les principes à respecter par le cybermarchand** sont :

- **Le respect de l'ordre public et les bonnes mœurs**
- **Le respect de la vie privée**
- **La règle de l'opt-in, c'est-à-dire le consentement préalable du consommateur**
- **Le spamming est considéré comme un délit**
- **L'obligation de loyauté** : le cybermarchand doit s'abstenir de toute pratique déloyale ou trompeuse. Il doit également s'abstenir d'inclure des clauses abusives dans son offre commerciale.
- **L'obligation de transparence** : le cybermarchand doit mettre à la disposition du cyberconsommateur toutes les informations nécessaires.

La protection des données recueillies par l'offrant : les entreprises sont amenées à collecter et à utiliser des données nominatives sur les consommateurs et les prospects via Internet. Le législateur a instauré les règles qui assurent la protection des données à caractère personnel collectées par l'offrant.

- **Les techniques de collecte (questionnaires, cookies...) ne doivent pas être mises en œuvre à l'insu et sans l'accord de l'internaute**
- **Les données collectées doivent être exactes et complètes**
- **Les données ne doivent pas contenir des données sensibles : origine raciale, appartenance politique...**
- **Les données doivent pouvoir faire l'objet d'une rectification ou d'une suppression de la part du consommateur**
- **Le consommateur doit être au courant de l'existence du fichier de données et de sa finalité.**

Comment s'effectue la formation du contrat électronique?

Le cybermarchand doit présenter une offre commerciale contenant tous les éléments essentiels du contrat.

Le cyberacheteur exprime son consentement en cliquant sur un bouton qui l'invite à valider une décision d'achat. Or des erreurs de manipulation sont possibles. Aussi, le cybermarchand doit mettre en œuvre une procédure de validation obligatoire **au moyen de la règle du "double clic"**. Le client internaute doit pouvoir vérifier sa commande, notamment le détail et le prix (premier clic). Il doit ensuite confirmer sa commande (deuxième clic). Le cybermarchand doit alors accuser réception sans délai et par voie électronique de la commande qui lui a été ainsi adressée.

L'écrit électronique est obligatoire car il constate l'existence du contrat. L'archivage du contrat conclu par voie électronique doit être effectué par le vendeur. Si le montant est supérieur à 120 €, le délai de conservation est de 10 ans. **Un contrat conclu exclusivement par échange de courriers électroniques est similaire à la formation d'un contrat classique établi par correspondence.**

Le droit de rétractation : le cyberacheteur bénéficie d'un délai de rétractation sans avoir à justifier de motifs, ni à payer des pénalités à l'exception des frais de retour. **Délai de 7 jours francs pour les biens (à compter de la réception) et pour les services (à compter de l'acceptation de l'offre).**

La preuve : le texte de référence est la loi du 13 Mars 2000, relative à la signature électronique. **L'écrit sous forme électronique est admis en preuve au même titre que l'écrit sur support papier.** L'écrit sur support électronique a la même force probante que l'écrit sur support papier.

Comment s'effectue l'exécution du contrat électronique ?

Les obligations du cybermarchand :

- Le cybermarchand doit **offrir un moyen de paiement sécurisé**. En cas de fraude la responsabilité du prestataire est engagée et le remboursement du cyberconsommateur est assuré
- Il doit **s'engager sur la date ou le délai de livraison**
- Il doit **réparer, remplacer ou rembourser le produit en cas de défaut**
- Il doit informer l'acheteur en cas d'indisponibilité du produit, le rembourser ou le remplacer
- Il doit **exécuter le contrat dans un délai de 30 jours**

La responsabilité du cybermarchand s'exerce de plein droit à l'égard du cyberconsommateur. Elle porte sur la bonne exécution des obligations résultant du contrat même si ces obligations sont à exécuter par d'autres que le cybermarchand. Celui-ci ne peut pas prévoir de clause limitant sa responsabilité ou l'exonérant de toute responsabilité.

Le cybermarchand peut s'exonérer de sa responsabilité en apportant la preuve que l'inexécution du contrat est imputable soit à l'acheteur, soit au fait insurmontable et imprévisible d'un tiers, soit à un cas de force majeure.

Les obligations du cyberacheteur :

- **L'obligation de retirement** : le cyberacheteur doit prendre livraison de la chose. S'il ne le fait pas, le cybermarchand peut refuser d'exécuter ses propres obligations, demander l'exécution forcée de la vente ou demander la résolution (annulation) de la vente.
- **L'obligation de payer** : le cyberacheteur doit payer le prix au jour et lieu prévus dans le contrat de vente. Le règlement s'effectue soit immédiatement, soit de manière différée à la livraison du bien. Le moyen de paiement le plus utilisé est la carte bancaire, couplée à une solution de cryptage des données. L'internaute donne son numéro de carte, sa date de validité et un code inscrit au dos de la carte. La transaction est ensuite réalisée si la carte existe et si elle n'a pas été déclarée comme volée. Le paiement par carte bancaire, sauf utilisation frauduleuse, est irrévocable.

Les garanties : le professionnel doit garantir un produit conforme à la description initiale et sans défaut. En cas de problème, l'acheteur a le choix entre la réparation ou le remplacement du bien. L'acheteur non professionnel peut bénéficier de quatre garanties différentes : **la garantie légale de conformité du bien**, **la garantie légale des vices cachés**, **la garantie d'éviction** (le cybermarchand doit indemniser l'acheteur au cas où la propriété de la chose serait reconnue appartenir à un tiers) et **la garantie contractuelle** (garantie supplémentaire, gratuite ou payante, accordée par le cybervendeur).

Le règlement des litiges : en principe les parties au contrat ont le libre choix de la loi applicable en cas de litige. A défaut, la loi applicable est celle du pays où se situe la résidence du consommateur.

Le juge compétent : compétence des tribunaux français dès lors qu'une des parties au contrat est française.

Compétence territoriale : tribunal du domicile du défendeur ou le lieu d'exécution de l'obligation.

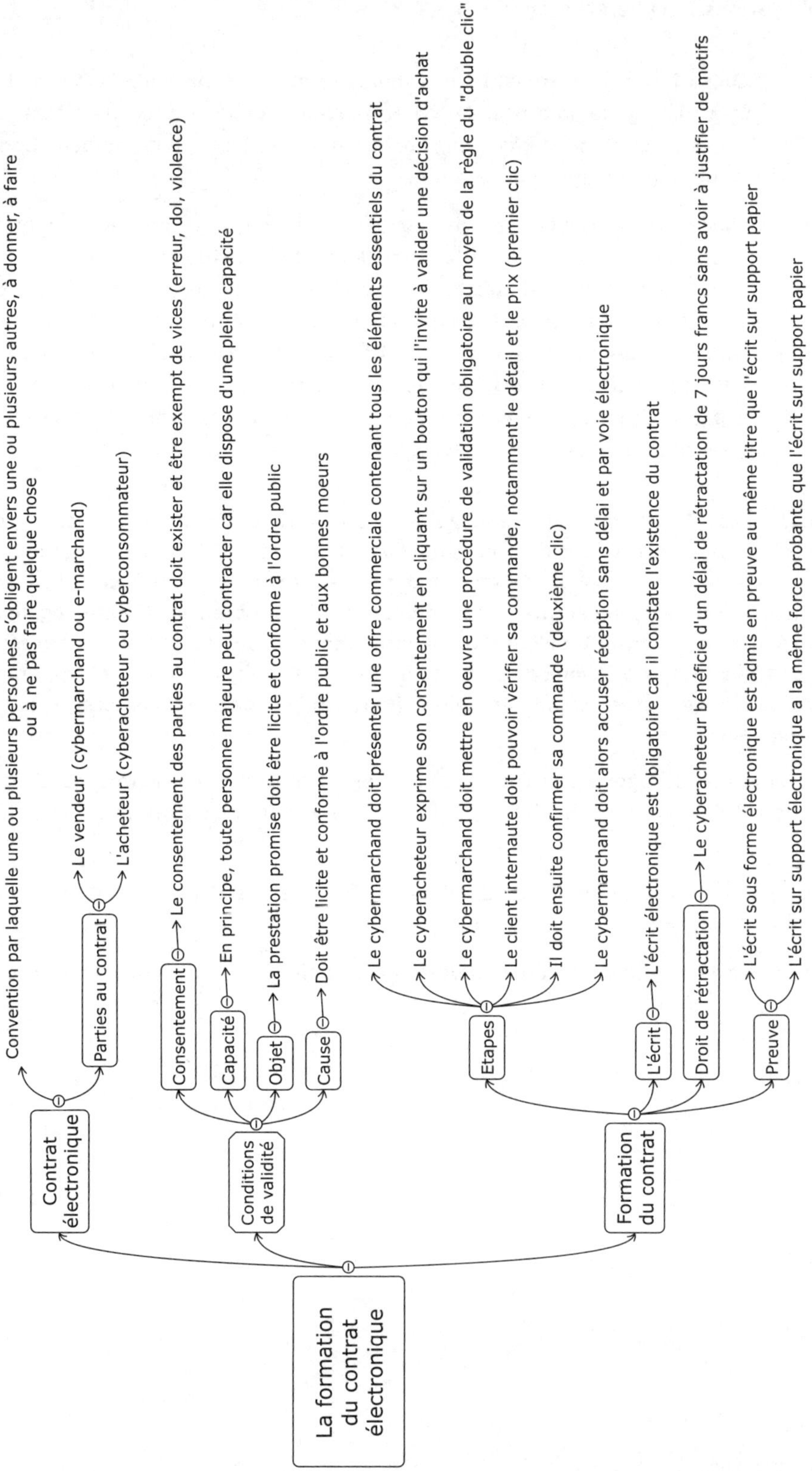

La formation du contrat électronique
Contrat électronique
Convention par laquelle une ou plusieurs personnes s'obligent envers une ou plusieurs autres, à donner, à faire ou à ne pas faire quelque chose
Parties au contrat
Le vendeur (cybermarchand ou e-marchand)
L'acheteur (cyberacheteur ou cyberconsommateur)
Conditions de validité
Consentement
Le consentement des parties au contrat doit exister et être exempt de vices (erreur, dol, violence)
Capacité
En principe, toute personne majeure peut contracter car elle dispose d'une pleine capacité
Objet
La prestation promise doit être licite et conforme à l'ordre public
Cause
Doit être licite et conforme à l'ordre public et aux bonnes moeurs
Formation du contrat
Etapes
Le cybermarchand doit présenter une offre commerciale contenant tous les éléments essentiels du contrat
Le cyberacheteur exprime son consentement en cliquant sur un bouton qui l'invite à valider une décision d'achat
Le cybermarchand doit mettre en oeuvre une procédure de validation obligatoire au moyen de la règle du "double clic"
Le client internaute doit pouvoir vérifier sa commande, notamment le détail et le prix (premier clic)
Il doit ensuite confirmer sa commande (deuxième clic)
Le cybermarchand doit alors accuser réception sans délai et par voie électronique
L'écrit
L'écrit électronique est obligatoire car il constate l'existence du contrat
Droit de rétractation
Le cyberacheteur bénéficie d'un délai de rétractation de 7 jours francs sans avoir à justifier de motifs
Preuve
L'écrit sous forme électronique est admis en preuve au même titre que l'écrit sur support papier
L'écrit sur support électronique a la même force probante que l'écrit sur support papier

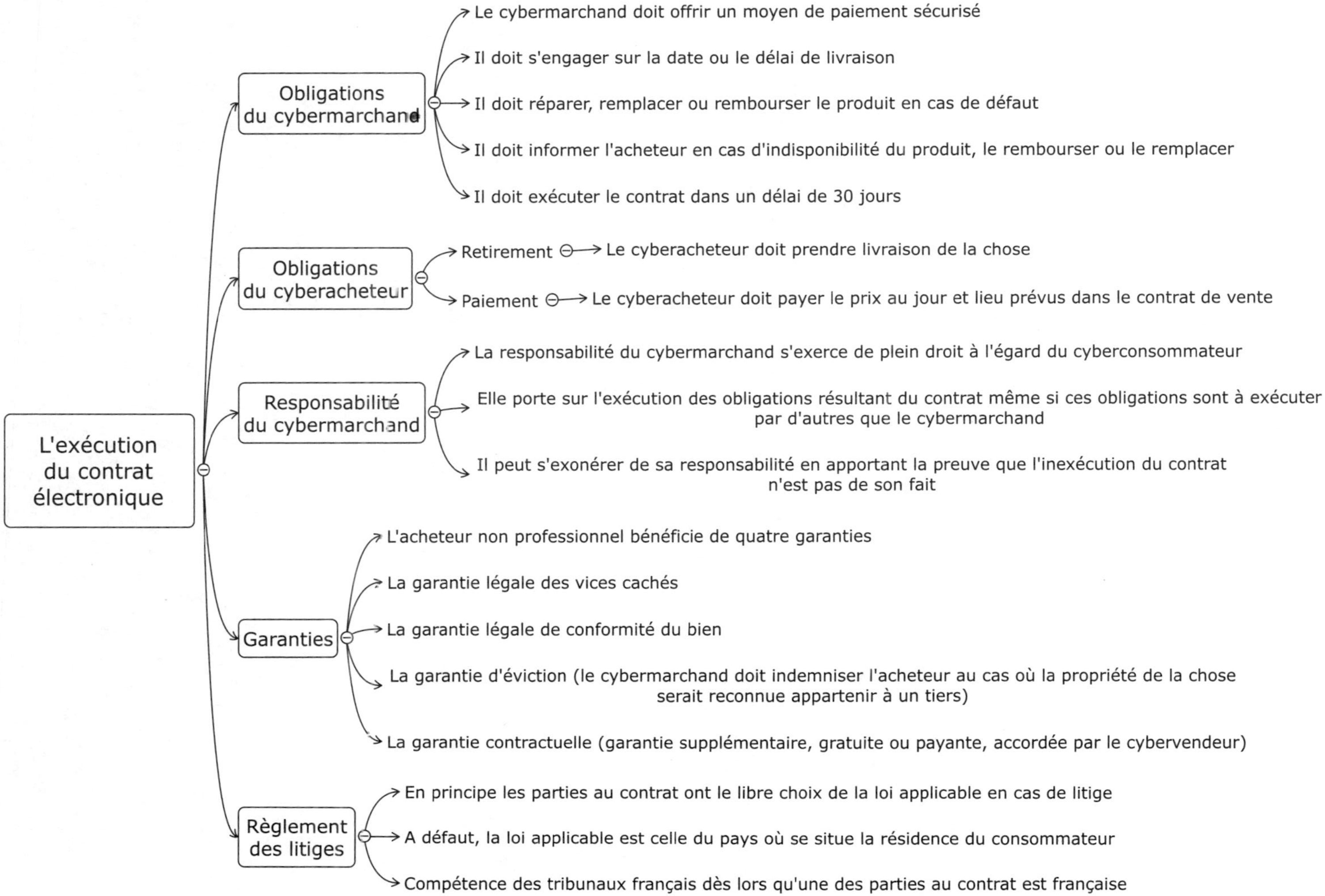
L'exécution du contrat électronique
Obligations du cybermarchand
Le cybermarchand doit offrir un moyen de paiement sécurisé
Il doit s'engager sur la date ou le délai de livraison
Il doit réparer, remplacer ou rembourser le produit en cas de défaut
Il doit informer l'acheteur en cas d'indisponibilité du produit, le rembourser ou le remplacer
Il doit exécuter le contrat dans un délai de 30 jours
Obligations du cyberacheteur
Retirement
Le cyberacheteur doit prendre livraison de la chose
Paiement
Le cyberacheteur doit payer le prix au jour et lieu prévus dans le contrat de vente
Responsabilité du cybermarchand
La responsabilité du cybermarchand s'exerce de plein droit à l'égard du cyberconsommateur
Elle porte sur l'exécution des obligations résultant du contrat même si ces obligations sont à exécuter par d'autres que le cybermarchand
Il peut s'exonérer de sa responsabilité en apportant la preuve que l'inexécution du contrat n'est pas de son fait
Garanties
L'acheteur non professionnel bénéficie de quatre garanties
La garantie légale des vices cachés
La garantie légale de conformité du bien
La garantie d'éviction (le cybermarchand doit indemniser l'acheteur au cas où la propriété de la chose serait reconnue appartenir à un tiers)
La garantie contractuelle (garantie supplémentaire, gratuite ou payante, accordée par le cybervendeur)
Règlement des litiges
En principe les parties au contrat ont le libre choix de la loi applicable en cas de litige
A défaut, la loi applicable est celle du pays où se situe la résidence du consommateur
Compétence des tribunaux français dès lors qu'une des parties au contrat est française

15. Droit d'auteur et univers numérique

Qu'est-ce que le droit d'auteur ?

Le Code de la propriété intellectuelle **(CPI)** stipule que "**l'auteur d'une œuvre de l'esprit jouit sur cette œuvre, du seul fait de sa création, d'un droit de propriété incorporelle exclusif et opposable à tous**".

Le droit d'auteur est un droit issu du droit de propriété. La protection qu'il met en place (encore appelée propriété littéraire et artistique) porte sur l'œuvre d'esprit, de sa création jusqu'à 70 ans après le décès de son auteur. Ce droit s'applique aussi bien au monde réel qu'à l'univers numérique.

Ce droit ne doit pas être confondu avec les droits de propriété industrielle qui comprennent notamment le droit des brevets, des marques, des dessins et modèles. Contrairement à ces droits, **il n'est pas nécessaire d'effectuer de formalité administrative particulière afin d'obtenir la protection par le droit d'auteur** : l'œuvre est protégée du fait même de son existence.

- **Les textes de référence** : **directive européenne du 22 mai 2001 sur les droits d'auteur dans la société de l'information ; loi DADVSI** (Droits d'Auteur et Droits Voisins dans la Société d'Information) du 1° août 2006 ; l**oi HADOPI 2** (Haute Autorité pour la Diffusion des Œuvres et la Protection des droits sur Internet) du 28 octobre 2009

- **Les œuvres protégées** : sont ainsi protégées toutes les œuvres de l'esprit, quels qu'en soient le genre (littéraire, artistique, musical, informatique...), la forme d'expression (écrite, orale...), le mérite ou la destination (esthétique, utilitaire), l'état (inachevées ou en cours d'élaboration, esquisses, ébauches). Toutefois, les idées, les concepts ou les méthodes à l'origine de la création sont exclus de la protection légale.

- **Les conditions de la protection** : l'œuvre d'esprit doit impérativement revêtir deux qualités : une forme et une originalité. Une forme qui permet la communication de l'œuvre de l'esprit à autrui (visuelle, auditive, mais aussi gustative, olfactive, tactile...). Une originalité (l'œuvre doit être nouvelle et exprimer la personnalité de son auteur).

- **Les bénéficiaires de la protection** : la qualité d'auteur est reconnue à «*celui ou ceux sous le nom de qui l'œuvre est divulguée*». Néanmoins, cette présomption n'est pas irréfragable : la preuve contraire peut donc être apportée par celui qui affirme être le véritable auteur de l'œuvre.

Quelles sont les composantes du droit d'auteur ?

L'auteur d'une œuvre d'esprit dispose de deux types de prérogatives : des droits moraux et des droits patrimoniaux.

Les droits moraux ont pour finalité la protection de la personnalité de l'auteur exprimée à travers son œuvre :

- **Le droit de divulgation** : l'auteur dispose d'un droit de circulation de son œuvre. Il décide seul du moment et du procédé de la divulgation (ou de la non-divulgation) au public.
- **Le droit de paternité** : ce droit permet à l'auteur d'exiger la mention de son nom lors de chaque présentation de son œuvre.
- **Le droit au respect de l'œuvre** : l'auteur a droit au respect de son œuvre. Celle-ci doit être communiquée dans son intégrité et dans les détails. Ce droit permet à l'auteur de s'opposer à toute modification susceptible de dénaturer son œuvre.
- **Le droit de repentir et de retrait** : l'auteur a la possibilité d'exercer un droit de retrait (il peut retirer l'œuvre de la circulation). De même, il a la possibilité d'exercer un droit de repentir (il peut modifier sa création).

Un droit moral est perpétuel : il subsiste tant que la personnalité de l'auteur s'exprime dans l'œuvre. Il est **inaliénable** : l'auteur ne peut pas le céder à un tiers. Il est **imprescriptible** : l'auteur ne le perd pas par le non-usage.

Les droits patrimoniaux permettent à l'auteur d'autoriser les différents modes d'utilisation de son œuvre et de percevoir une rémunération.

- **Le droit de représentation** : l'auteur peut également autoriser la représentation de son œuvre au public. Ce droit est cessible contre rémunération.
- **Le droit de reproduction :** l'auteur dispose d'un droit exclusif d'exploitation de son œuvre sous quelque forme que ce soit et d'en tirer un profit pécuniaire. Il peut autoriser la reproduction de son œuvre sur un support par tout procédé (support papier, support numérique...). Ce droit est cessible contre rémunération.
- **Le droit de suite :** ce droit concerne les œuvres graphiques et plastiques. L'auteur perçoit 3% du prix de revente de son œuvre si cette revente a lieu aux enchères publiques ou chez un commerçant.
- **Le droit de destination :** l'auteur a le droit d'imposer la destination qu'il avait prévue pour son œuvre.

Ces droits sont valables pendant toute la vie de l'auteur et 70 ans après pour ses ayants droit (ses héritiers).

Comment s'effectue la défense des droits d'auteur ?

Dans l'univers numérique, les atteintes aux droits moraux et patrimoniaux de l'auteur sont nombreuses. L'œuvre peut être diffusée sur Internet sans l'accord de son auteur et sans la mention de son nom. Elle peut être diffusée sur un support numérique non choisi par l'auteur. Elle peut subir des atteintes « matérielles » (mutilation, modification...) ou des atteintes « spirituelles ».

- **Sur le plan technique, les moyens de défense des droits d'auteur sont appelés DRMS** (Digital Rights Management Systems). Les DRM permettent d'identifier l'utilisateur de l'œuvre, et de s'assurer du respect des licences d'utilisation. Elles sont intégrées dans les DVD et dans les fichiers numériques, qu'ils soient diffusés en streaming ou téléchargeables. Le contournement et la suppression des DRM représentent une infraction.
  Cependant, cette protection technique est controversée. Nombre d'éditeurs de supports numériques y ont renoncé. Elle présente un danger pour la vie privée des utilisateurs et rend difficilement compatible le droit d'auteur avec le droit du propriétaire du support.

- **Sur le plan légal**, l'action en contrefaçon et la loi dite « Hadopi 2 » protègent l'auteur contre les atteintes portées à ses droits.
  - **L'action en contrefaçon** : tout usage d'une œuvre sans autorisation de son auteur constitue un délit de contrefaçon. La contrefaçon se définit comme une atteinte aux droits de reproduction et de représentation d'une œuvre sans l'accord de l'auteur.
    La violation du droit d'auteur engage la responsabilité pénale et la responsabilité civile du contrefacteur. Les sanctions pénales sont des peines d'emprisonnement (3 ans) et d'amende (300 000 euros). Les sanctions civiles sont la réparation et la cessation de l'acte de contrefaçon. A ce titre, l'auteur peut demander que lui soient versés des dommages et intérêts pour réparation de son préjudice moral et patrimonial.
  - **La loi du 28 octobre 2009, dite « Hadopi 2 »**, a créé un dispositif pour protéger les droits des auteurs dans l'univers numérique. Elle a vocation à empêcher le téléchargement illicite d'œuvres musicales ou cinématographiques.

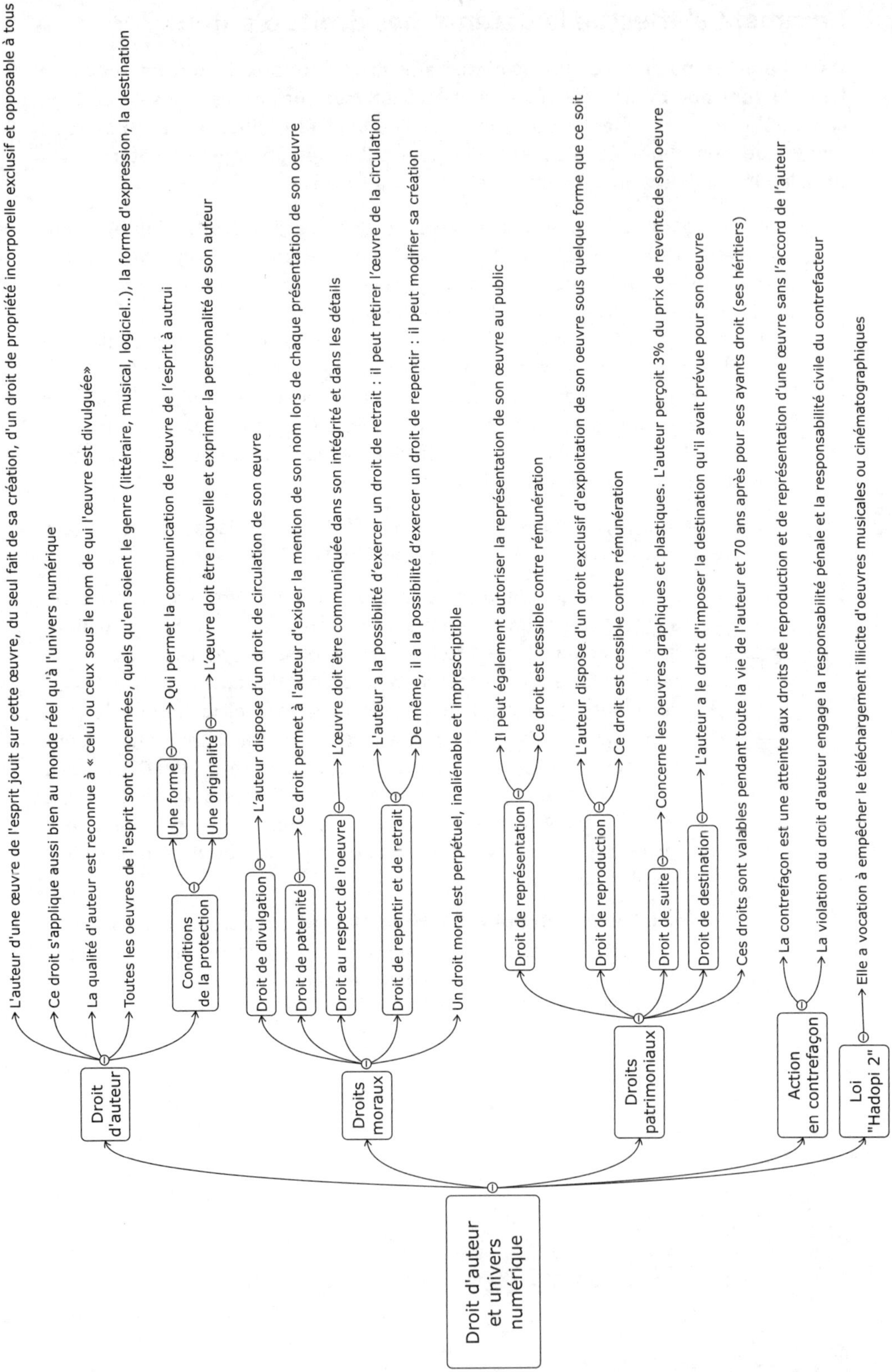
Droit d'auteur et univers numérique
Droit d'auteur
L'auteur d'une œuvre de l'esprit jouit sur cette œuvre, du seul fait de sa création, d'un droit de propriété incorporelle exclusif et opposable à tous
Ce droit s'applique aussi bien au monde réel qu'à l'univers numérique
La qualité d'auteur est reconnue à « celui ou ceux sous le nom de qui l'œuvre est divulguée»
Toutes les oeuvres de l'esprit sont concernées, quels qu'en soient le genre (littéraire, musical, logiciel..), la forme d'expression, la destination
Conditions de la protection
Une forme
Qui permet la communication de l'œuvre de l'esprit à autrui
Une originalité
L'œuvre doit être nouvelle et exprimer la personnalité de son auteur
Droits moraux
Droit de divulgation
L'auteur dispose d'un droit de circulation de son œuvre
Droit de paternité
Ce droit permet à l'auteur d'exiger la mention de son nom lors de chaque présentation de son oeuvre
Droit au respect de l'oeuvre
L'œuvre doit être communiquée dans son intégrité et dans les détails
Droit de repentir et de retrait
L'auteur a la possibilité d'exercer un droit de retrait : il peut retirer l'œuvre de la circulation
De même, il a la possibilité d'exercer un droit de repentir : il peut modifier sa création
Un droit moral est perpétuel, inaliénable et imprescriptible
Droits patrimoniaux
Droit de représentation
Il peut également autoriser la représentation de son œuvre au public
Ce droit est cessible contre rémunération
Droit de reproduction
L'auteur dispose d'un droit exclusif d'exploitation de son oeuvre sous quelque forme que ce soit
Ce droit est cessible contre rémunération
Droit de suite
Concerne les oeuvres graphiques et plastiques. L'auteur perçoit 3% du prix de revente de son oeuvre
Droit de destination
L'auteur a le droit d'imposer la destination qu'il avait prévue pour son oeuvre
Ces droits sont valables pendant toute la vie de l'auteur et 70 ans après pour ses ayants droit (ses héritiers)
Action en contrefaçon
La contrefaçon est une atteinte aux droits de reproduction et de représentation d'une œuvre sans l'accord de l'auteur
La violation du droit d'auteur engage la responsabilité pénale et la responsabilité civile du contrefacteur
Loi "Hadopi 2"
Elle a vocation à empêcher le téléchargement illicite d'oeuvres musicales ou cinématographiques

16. Droit des créations numériques

Comment s'effectue la protection juridique d'une base de données ?

Les créations numériques, notamment les bases de données et les sites web, donnent naissance à des valeurs économiques nouvelles qu'il faut encourager et protéger dans un cadre juridique approprié.

Une base de données est un recueil d'œuvres, de données et d'autres éléments indépendants, disposés de manière systématique ou méthodique et individuellement accessibles par des moyens électroniques ou par tout autre moyen.

La base de données peut être protégée conjointement par le droit d'auteur et par le droit du producteur (ou droit sui generis).

L'originalité et l'investissement substantiel sont les deux critères retenus par le législateur pour justifier la protection d'une base de données.

- **Originalité** : la protection par le droit d'auteur s'opère à la condition que la base de données présente un caractère d'originalité suffisant dans sa structure. Le droit d'auteur protège la structure même de la base de données. La protection de la base de données par le droit d'auteur récompense l'apport créatif de son concepteur.
- **Investissement substantiel** : le droit du producteur, droit voisin du droit d'auteur, protège le contenu de la base de données. Bénéficie de la qualité de producteur d'une base de données toute personne qui prend l'initiative et le risque des investissements correspondants. La protection par le droit du producteur récompense l'effort de collecte des données réalisé par le producteur de la base de données.

Le producteur d'une base de données a le droit d'interdire l'extraction de la totalité ou d'une partie du contenu de la base et la réutilisation de la totalité ou d'une partie du contenu de la base, quelle qu'en soit la forme.

La violation de ces droits entraîne une sanction pénale de 3 ans et 300 000 € d'amende. La durée de la protection est de 15 ans.

Comment s'effectue la protection juridique d'un site Internet ?

Un site Web est un ensemble de documents structurés, nommés pages, stockés sur un serveur et accessibles sur la Toile à partir d'une même adresse. Une page web peut contenir du texte, des images, des sons, des vidéos, des liens hypertextes... Le site web constitue une **œuvre de l'esprit** et en conséquence il est **protégé par le droit de la propriété intellectuelle**.

Chaque site web a un propriétaire : une entreprise, une association, une administration ou un particulier (on parle dans ce dernier cas de blog). **De fait, toute reproduction, représentation ou modification d'un site web, faite sans le consentement de l'auteur ou du titulaire des droits, est illicite et constitue une contrefaçon.**

La protection du site peut aussi être assurée en protégeant les différents éléments du site : le contenu, les créations graphiques, le nom de domaine, la marque.

- **Le contenu du site** (écrit, images, vidéo...) est protégé par les droits d'auteur.
- **La partie logicielle** qui permet la navigation, les liens, l'interactivité bénéficie du régime du droit d'auteur.
- **Les créations graphiques** : si elles font l'objet d'un dépôt, celles-ci peuvent être protégées par le droit des dessins et modèles.
- **La protection du nom de domaine** : un nom de domaine est déposé pour une période donnée variant de 1 à 10 ans. Le dépôt du nom de domaine permet au propriétaire du site d'engager une action en contrefaçon en cas d'utilisation du nom par une autre personne.
- **La protection de la marque** : le nom de domaine peut être protégé par le droit des marques, s'il en constitue une.

Pour défendre ses droits, le propriétaire d'un site web peut exercer deux types d'actions en justice : l'action en contrefaçon et l'action en concurrence déloyale :

- **L'action en contrefaçon :** la contrefaçon se définit comme une atteinte aux droits de reproduction et de représentation d'une œuvre sans l'accord de l'auteur. La violation de ces droits engage la responsabilité pénale et la responsabilité civile du contrefacteur.
- **L'action en concurrence déloyale :** la concurrence déloyale désigne les procédés concurrentiels malhonnêtes et contraires à la loi et aux usages et pouvant porter préjudice aux concurrents. Elle est sanctionnée par des dommages et intérêts, la cessation de la pratique déloyale ainsi que la publication possible du jugement.

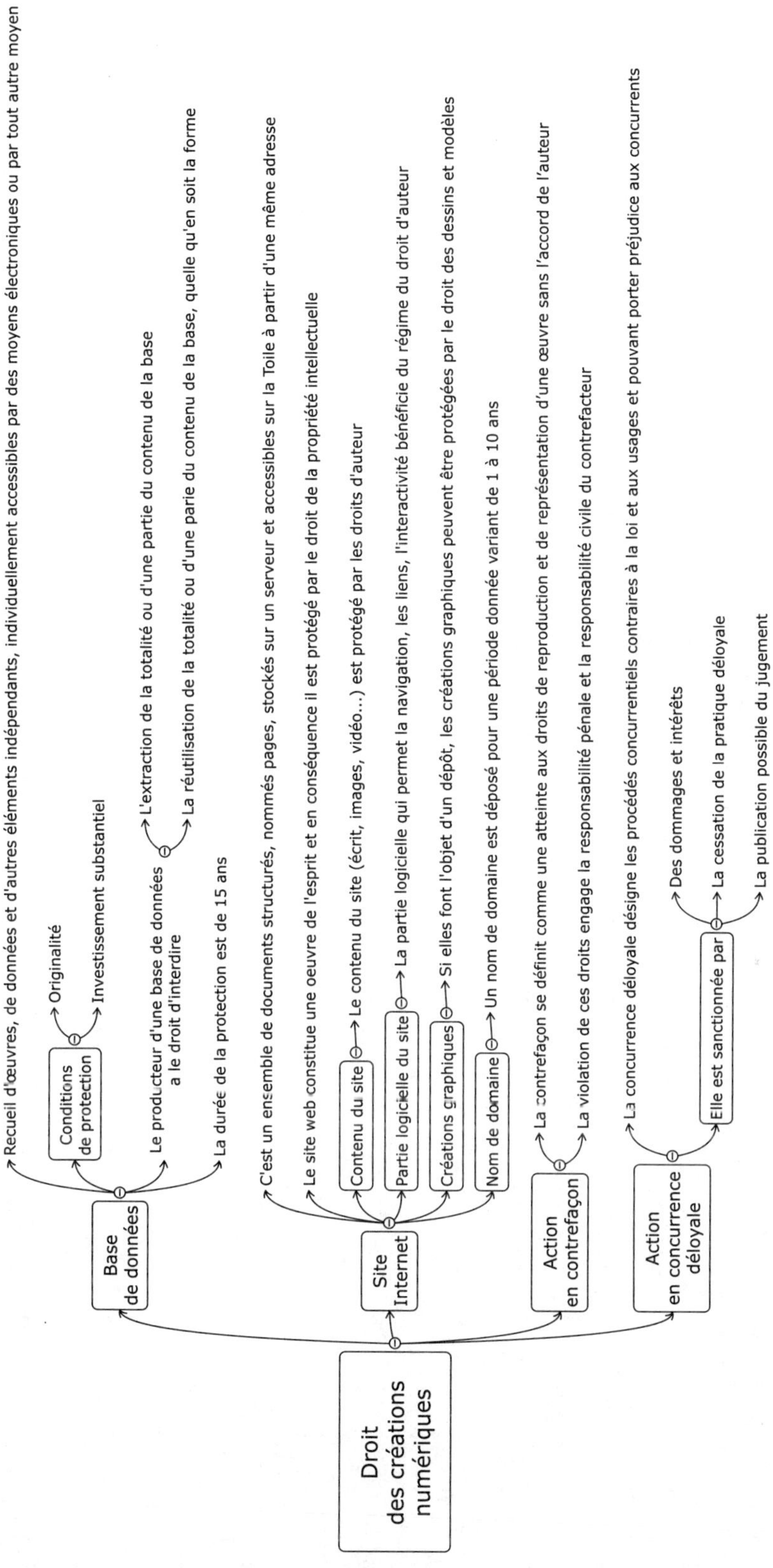
Droit des créations numériques
Base de données
Recueil d'œuvres, de données et d'autres éléments indépendants, individuellement accessibles par des moyens électroniques ou par tout autre moyen
Conditions de protection
Originalité
Investissement substantiel
Le producteur d'une base de données a le droit d'interdire
L'extraction de la totalité ou d'une partie du contenu de la base
La réutilisation de la totalité ou d'une parie du contenu de la base, quelle qu'en soit la forme
La durée de la protection est de 15 ans
Site Internet
C'est un ensemble de documents structurés, nommés pages, stockés sur un serveur et accessibles sur la Toile à partir d'une même adresse
Le site web constitue une oeuvre de l'esprit et en conséquence il est protégé par le droit de la propriété intellectuelle
Contenu du site
Le contenu du site (écrit, images, vidéo…) est protégé par les droits d'auteur
Partie logicielle du site
La partie logicielle qui permet la navigation, les liens, l'interactivité bénéficie du régime du droit d'auteur
Créations graphiques
Si elles font l'objet d'un dépôt, les créations graphiques peuvent être protégées par le droit des dessins et modèles
Nom de domaine
Un nom de domaine est déposé pour une période donnée variant de 1 à 10 ans
Action en contrefaçon
La contrefaçon se définit comme une atteinte aux droits de reproduction et de représentation d'une œuvre sans l'accord de l'auteur
La violation de ces droits engage la responsabilité pénale et la responsabilité civile du contrefacteur
Action en concurrence déloyale
La concurrence déloyale désigne les procédés concurrentiels contraires à la loi et aux usages et pouvant porter préjudice aux concurrents
Elle est sanctionnée par
Des dommages et intérêts
La cessation de la pratique déloyale
La publication possible du jugement

17. Données à caractère personnel et protection de la personne

Quels sont les droits de la personne ?

Les personnes bénéficient de droits et libertés qui sont protégés par le droit en toutes circonstances y compris lors de l'utilisation d'outils informatiques.

Les droits patrimoniaux concernent les biens que peut posséder une personne.

- **Droits réels** : droits sur des choses. *Ex : droit de propriété*
- **Droits personnels :** droits que peut avoir une personne sur une autre. *Ex : droit de créance*
- **Droits intellectuels** : droits sur une production intellectuelle. *Ex : les droits d'auteur, les brevets*

Les droits extrapatrimoniaux : droits qui ne concernent pas les biens. Ils ne peuvent donc faire l'objet d'aucun commerce :

- **Droits à l'intégrité physique.** *Ex : le droit au refus des dons d'organes*
- **Droits à l'intégrité morale.** *Ex : droit à l'honneur, à l'intimité de la vie privée, à l'image ...*
- **Droits de la famille.** *Ex : droit des parents à l'éducation*

Ces droits sont reconnus par la Constitution et les textes communautaires. Ils sont fondamentaux, inaliénables et sont à la base de la démocratie.

Qu'est-ce qu'une donnée à caractère personnel ?

La **loi "Informatique et libertés"** précise les notions de donnée, traitement et fichier de données à caractère personnel.

- **Donnée :** toute information relative à une personne physique identifiée ou qui peut être identifiée, directement ou indirectement, par référence à un numéro d'identification ou à un ou plusieurs éléments qui lui sont propres. Ex : nom, adresse IP, empreintes génétiques, données de connexion, signature électronique, code carte bancaire...

- **Traitement de données :** constitue un traitement de données à caractère personnel toute opération de collecte, d'enregistrement, de conservation, de modification, d'extraction, de diffusion, d'effacement ou de destruction.

- **Fichier** : constitue un fichier de données à caractère personnel tout ensemble structuré et stable de données à caractère personnel accessible selon des critères déterminés.

Quels sont les risques d'atteinte aux droits de la personne engendrés par les TIC ?

Les techniques d'information et de communication (TIC) ont multiplié les possibilités de collecte et de traitement des données, en particulier celles à caractère personnel. Les réseaux sociaux, les moteurs de recherche, la biométrie, la géolocalisation et la vidéosurveillance ont pour conséquence l'accroissement des risques d'atteinte aux libertés publiques et à la vie privée.

La **loi du 6 août 2004** relative à l'informatique, aux fichiers et aux libertés a transposé la directive européenne de 1995. Elle stipule que «**l'informatique ne doit porter atteinte ni à l'identité humaine, ni aux droits de l'homme, ni à la vie privée, ni aux libertés individuelles ou publiques**». Elle renforce :

- Les pouvoirs de la Commission nationale de l'informatique et des libertés
- La protection des droits des personnes
- Les obligations des responsables des traitements des données

Quels sont les missions et les pouvoirs de la Cnil ?

Afin de garantir la protection des données à caractère personnel, la loi a institué la Commission nationale de l'informatique et des libertés (Cnil). **La Cnil est une autorité administrative indépendante** qui fonctionne avec une dotation du budget de l'État.

Elle a pour missions de protéger la vie privée et les libertés dans le monde numérique ; de veiller à l'application de la loi dans ce domaine ; de contribuer à l'élaboration des règles dans son domaine en répondant par des avis.

La Cnil peut opérer des vérifications et des enquêtes. Elle peut entendre des personnes ou se rendre dans des lieux pour effectuer des contrôles (**pouvoir de contrôle**). Elle peut adresser des avertissements, faire des injonctions. Elle peut prononcer des sanctions pécuniaires et dénoncer des affaires à la justice (**pouvoir de sanction**).

Quels sont les droits d'une personne physique en cas d'utilisation de ses données personnelles dans un fichier ?

La loi offre aux personnes figurant sur un fichier de données à caractère personnel quatre droits essentiels :

- **Le droit d'accès** : toute personne a le droit d'interroger le responsable d'un fichier pour savoir s'il détient des informations sur elle et le cas échéant d'en obtenir la communication.
- **Le droit d'opposition** : toute personne a la possibilité de s'opposer, pour des motifs légitimes, à figurer dans un fichier.
- **Le droit de rectification et de radiation** : l'exercice du droit d'accès permet à la personne concernée de contrôler l'exactitude des données et au besoin de les faire rectifier.
- **Droit à l'oubli** : les données doivent être conservées pour une durée limitée.

Les personnes peuvent saisir la Cnil en cas de difficultés dans l'exercice de leurs droits.

Quelles sont les obligations des responsables du traitement des données à caractère personnel ?

La loi soumet les responsables de la collecte et du traitement d'informations à caractère personnel à cinq d'obligations principales :

- **L'autorisation de la Cnil** : les traitements informatiques qui présentent des risques d'atteinte aux droits et aux libertés doivent, avant leur mise en œuvre être soumis à l'autorisation de la Cnil.
- **La sécurité et la confidentialité des données** : tout responsable de fichier a l'obligation d'assurer la sécurité et la confidentialité des données contre la destruction, la diffusion ou l'accès non autorisé.
- **L'information des personnes** : toute personne a le droit de savoir si elle est fichée et dans quels fichiers elle est recensée.
- **La finalité des traitements** : un fichier doit avoir un objectif précis. Les informations exploitées dans un fichier doivent être cohérentes par rapport à son objectif.
- **La conservation des informations** : Le responsable d'un fichier fixe une durée de conservation raisonnable en fonction de l'objectif du fichier.

Le non-respect de ces obligations peut engager la responsabilité civile et pénale du responsable du traitement ou de son employeur.

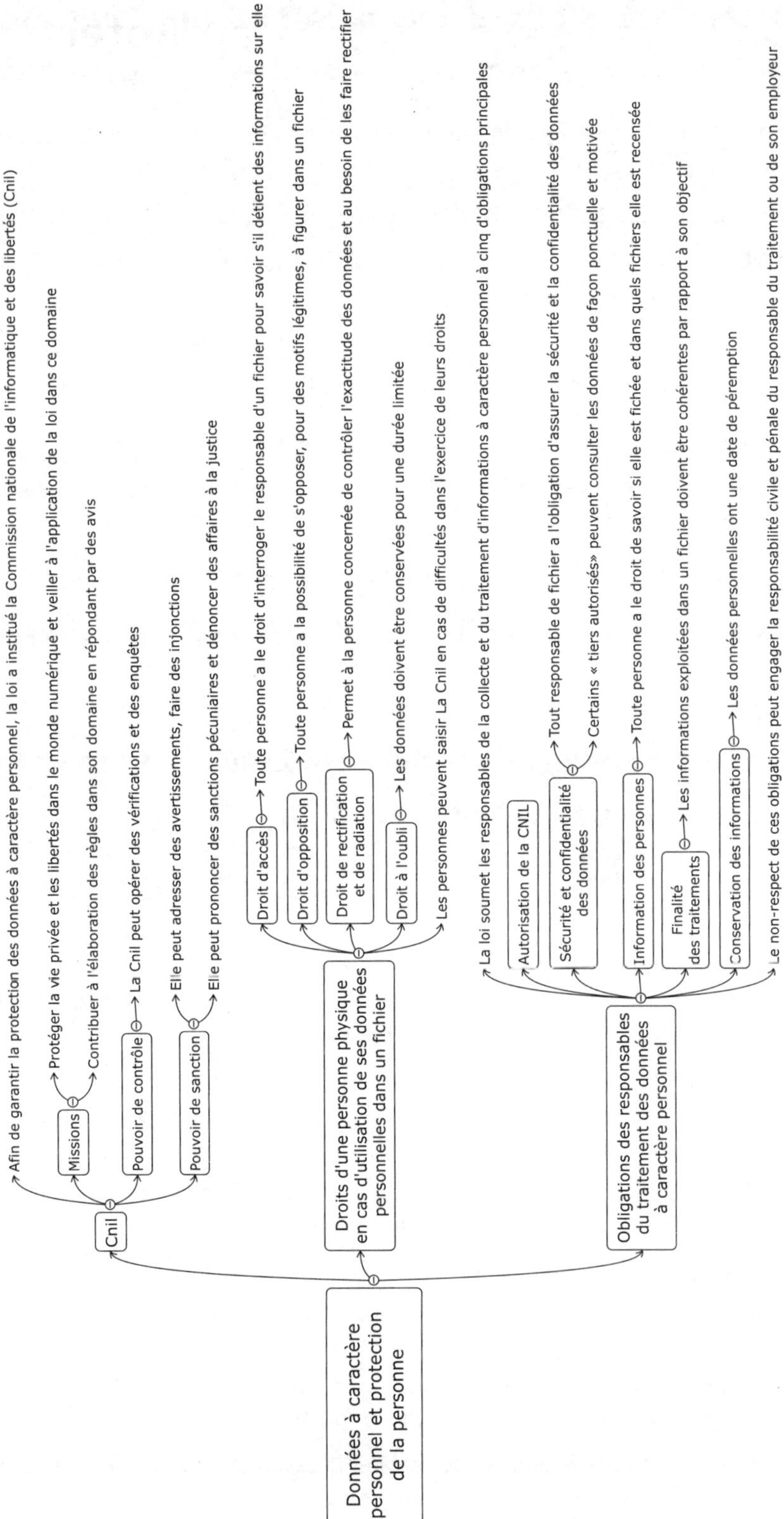
Données à caractère personnel et protection de la personne
Cnil
Afin de garantir la protection des données à caractère personnel, la loi a institué la Commission nationale de l'informatique et des libertés (Cnil)
Missions
Protéger la vie privée et les libertés dans le monde numérique et veiller à l'application de la loi dans ce domaine
Contribuer à l'élaboration des règles dans son domaine en répondant par des avis
Pouvoir de contrôle
La Cnil peut opérer des vérifications et des enquêtes
Pouvoir de sanction
Elle peut adresser des avertissements, faire des injonctions
Elle peut prononcer des sanctions pécuniaires et dénoncer des affaires à la justice
Droits d'une personne physique en cas d'utilisation de ses données personnelles dans un fichier
Droit d'accès
Toute personne a le droit d'interroger le responsable d'un fichier pour savoir s'il détient des informations sur elle
Droit d'opposition
Toute personne a la possibilité de s'opposer, pour des motifs légitimes, à figurer dans un fichier
Droit de rectification et de radiation
Permet à la personne concernée de contrôler l'exactitude des données et au besoin de les faire rectifier
Droit à l'oubli
Les données doivent être conservées pour une durée limitée
Les personnes peuvent saisir La Cnil en cas de difficultés dans l'exercice de leurs droits
Obligations des responsables du traitement des données à caractère personnel
La loi soumet les responsables de la collecte et du traitement d'informations à caractère personnel à cinq d'obligations principales
Autorisation de la CNIL
Sécurité et confidentialité des données
Tout responsable de fichier a l'obligation d'assurer la sécurité et la confidentialité des données
Certains « tiers autorisés» peuvent consulter les données de façon ponctuelle et motivée
Information des personnes
Toute personne a le droit de savoir si elle est fichée et dans quels fichiers elle est recensée
Finalité des traitements
Les informations exploitées dans un fichier doivent être cohérentes par rapport à son objectif
Conservation des informations
Les données personnelles ont une date de péremption
Le non-respect de ces obligations peut engager la responsabilité civile et pénale du responsable du traitement ou de son employeur

18. Utilisation des TIC et protection du salarié

Quelles sont les règles à respecter lors de l'utilisation des TIC par l'employeur ?

La multiplication des usages des TIC rendent nécessaire un contrôle de leur utilisation par l'employeur pour limiter les abus et les atteintes aux droits fondamentaux des salariés.

- **Lors du recrutement** : la loi interdit à l'employeur d'utiliser des traitements automatisés de sélection des candidatures (obligation d'une appréciation humaine des candidatures). Les informations demandées au candidat doivent présenter un lien direct avec l'emploi proposé ou avec les aptitudes professionnelles du candidat. Il est interdit de collecter et de conserver des données personnelles qui font apparaître les origines raciales ou ethniques, les opinions politiques, philosophiques ou religieuses, les appartenances syndicales, la vie sexuelle des personnes. De telles informations peuvent être collectées lorsqu'elles sont justifiées par la spécificité du poste à pourvoir et avec un accord express et écrit du candidat.

  Le candidat a un droit d'accès à son dossier et un droit de rectification. Le candidat a la possibilité de se retourner contre l'employeur pour discrimination y compris si sa non-sélection est fondée sur des critères objectifs.

  Deux types de recours s'offrent au candidat qui s'estime discriminé : le pénal et le civil. Le candidat peut déposer une plainte afin que les agissements qu'il a subi soient pénalement sanctionnés. Le recours civil a lieu devant le Conseil des Prud'hommes. L'objet du recours est de faire annuler la décision et d'obtenir réparation du préjudice subi.

- **Lors de l'exécution du contrat de travail** : l'employeur peut par son pouvoir de direction être amené à contrôler l'activité de ses salariés.
  La cybersurveillance est licite si l'employeur respecte trois principes : transparence, proportionnalité et loyauté.
  - **Le principe de transparence** : l'employeur doit informer préalablement le salarié sur les dispositifs de contrôle mis en œuvre pour le surveiller. Il doit informer les institutions représentatives du personnel notamment le comité d'entreprise (CE).
  - **Le principe de proportionnalité** : l'employeur doit utiliser des procédés de contrôle justifiés et proportionnés au but recherché.
  - **Le principe de loyauté** : l'employeur ne doit pas utiliser à d'autres finalités les données à caractère personnel de ses salariés.

Si ces conditions ne sont pas respectées, les informations obtenues ne pourront pas servir à prouver l'abus constaté. Elles rendront illicites les sanctions prises par l'employeur.

Quelles sont les règles à respecter lors de l'utilisation des TIC par les salariés ?

- **L'usage d'Internet par le salarié à des fins privées est toléré** si l'utilisation est raisonnable, conforme à l'ordre public et ne met pas en jeu la sécurité de l'entreprise. L'employeur peut fixer des conditions et limites d'utilisation. Il peut contrôler l'utilisation d'Internet si les salariés sont informés et si les systèmes de contrôles ont fait préalablement l'objet d'une déclaration à la Cnil.
- **L'utilisation de la messagerie par le salarié est possible** dans les mêmes conditions que l'accès aux sites Internet. Le salarié a le droit au respect de la correspondance signalée privée. **L'employeur a la possibilité de contrôler les e-mails et fichiers professionnels même en l'absence du salarié.**

Qu'est-ce qu'une charte informatique ?

L'employeur peut être responsable des agissements illégaux commis sur Internet par ses salariés dans le cadre de leur travail. **Pour limiter sa responsabilité, il a intérêt à rédiger une charte informatique, document qui réglemente l'usage des TIC par les salariés.**

La charte indique clairement les règles d'utilisation des ressources informatiques mises à la disposition des salariés. Elle spécifie les sites et les pratiques interdits (téléchargements, participation à des réseaux sociaux, chats...). Elle informe sur les règles de sécurité et de sauvegarde à respecter ainsi que sur les contrôles et vérifications mis en place.

Pour la rendre obligatoire et applicable à l'ensemble des salariés, **son insertion dans le règlement intérieur est nécessaire** après consultation du comité d'entreprise (s'il existe). **Elle doit respecter la réglementation en vigueur, les droits et libertés de la personne et informer les salariés individuellement**.

Qu'est-ce que le télétravail ?

Le télétravail est une forme d'organisation et/ou de réalisation du travail utilisant les technologies de l'information dans le cadre d'un contrat de travail effectué hors des locaux de l'entreprise de façon régulière.

Il concerne uniquement les salariés, pas les travailleurs indépendants.

Les sources de droit du télétravail : l'accord national interprofessionnel du 10 juillet 2005 négocié par les partenaires sociaux au niveau national.

Les principes à respecter lors de la mise en œuvre du télétravail : dans la mise en œuvre du télétravail, l'employeur doit respecter un certain nombre de principes :

- **Information** : l'employeur doit consulter les représentants des salariés sur la mise en place du télétravail
- **Volontariat** : le télétravail doit être mis en œuvre dans le cadre du volontariat
- **Écrit** : le télétravail doit être formalisé par écrit
- **Égalité** : l'employeur doit garantir l'égalité de traitement entre les télétravailleurs et les salariés classiques
- **Résultats exigés** : les résultats exigés du télétravailleur doivent être équivalents, en situation comparable, à ceux des salariés travaillant dans les locaux de l'entreprise
- **Santé et sécurité** : l'employeur doit respecter les dispositions légales en matière de santé et de sécurité des télétravailleurs
- **Réversibilité** : le contrat de travail doit prévoir une clause de réversibilité, avec priorité d'accès à un poste au sein des locaux de l'entreprise.

Un certain nombre d'obligations incombent au télétravailleur : exécuter le travail dans les conditions prévues, prendre soin du matériel confié et respecter les normes de l'usage des TIC en vigueur dans l'entreprise.

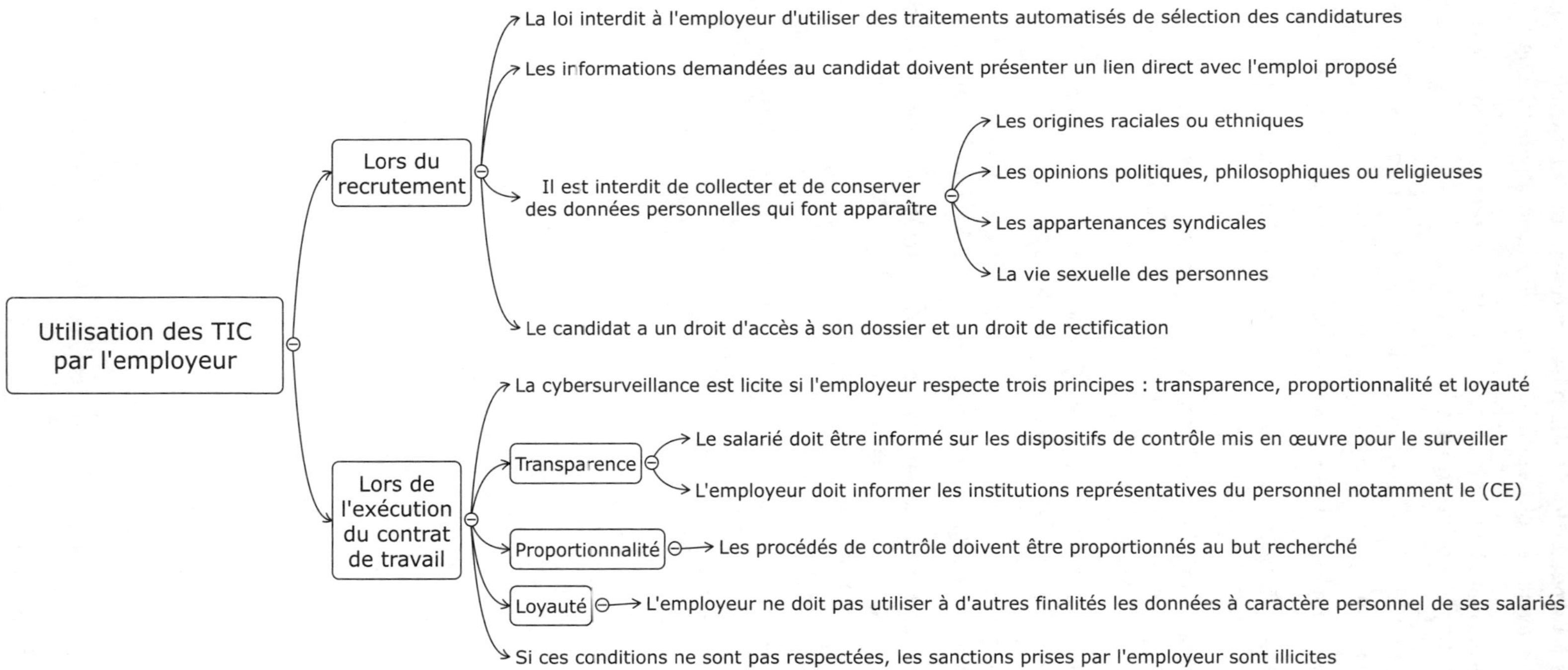
Utilisation des TIC par l'employeur
Lors du recrutement
La loi interdit à l'employeur d'utiliser des traitements automatisés de sélection des candidatures
Les informations demandées au candidat doivent présenter un lien direct avec l'emploi proposé
Il est interdit de collecter et de conserver des données personnelles qui font apparaître
Les origines raciales ou ethniques
Les opinions politiques, philosophiques ou religieuses
Les appartenances syndicales
La vie sexuelle des personnes
Le candidat a un droit d'accès à son dossier et un droit de rectification
Lors de l'exécution du contrat de travail
La cybersurveillance est licite si l'employeur respecte trois principes : transparence, proportionnalité et loyauté
Transparence
Le salarié doit être informé sur les dispositifs de contrôle mis en œuvre pour le surveiller
L'employeur doit informer les institutions représentatives du personnel notamment le (CE)
Proportionnalité
Les procédés de contrôle doivent être proportionnés au but recherché
Loyauté
L'employeur ne doit pas utiliser à d'autres finalités les données à caractère personnel de ses salariés
Si ces conditions ne sont pas respectées, les sanctions prises par l'employeur sont illicites

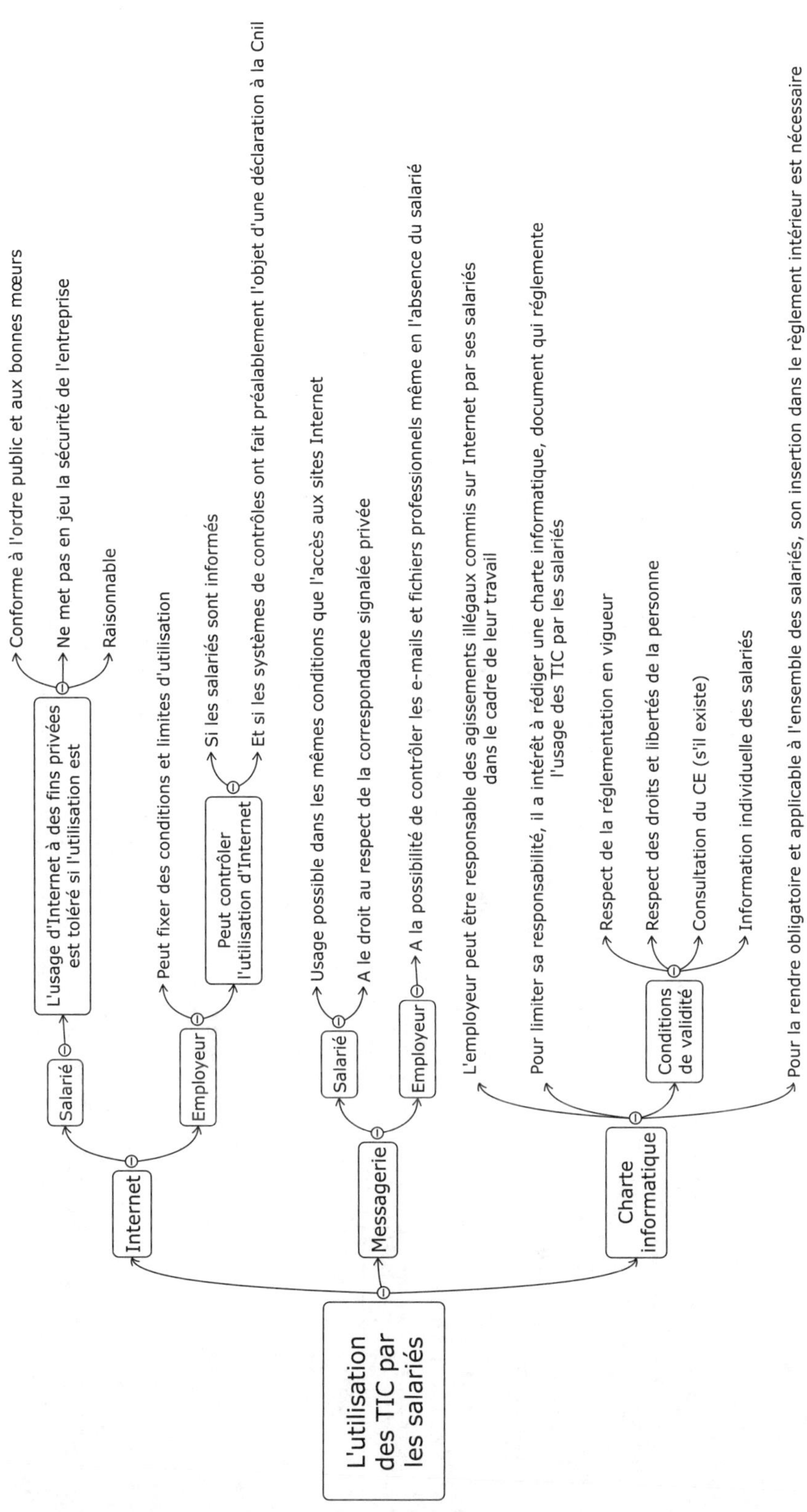
L'utilisation des TIC par les salariés
Internet
Salarié
L'usage d'Internet à des fins privées est toléré si l'utilisation est
Conforme à l'ordre public et aux bonnes mœurs
Ne met pas en jeu la sécurité de l'entreprise
Raisonnable
Employeur
Peut fixer des conditions et limites d'utilisation
Peut contrôler l'utilisation d'Internet
Si les salariés sont informés
Et si les systèmes de contrôles ont fait préalablement l'objet d'une déclaration à la Cnil
Messagerie
Salarié
Usage possible dans les mêmes conditions que l'accès aux sites Internet
A le droit au respect de la correspondance signalée privée
Employeur
A la possibilité de contrôler les e-mails et fichiers professionnels même en l'absence du salarié
Charte informatique
L'employeur peut être responsable des agissements illégaux commis sur Internet par ses salariés dans le cadre de leur travail
Pour limiter sa responsabilité, il a intérêt à rédiger une charte informatique, document qui réglemente l'usage des TIC par les salariés
Conditions de validité
Respect de la réglementation en vigueur
Respect des droits et libertés de la personne
Consultation du CE (s'il existe)
Information individuelle des salariés
Pour la rendre obligatoire et applicable à l'ensemble des salariés, son insertion dans le règlement intérieur est nécessaire

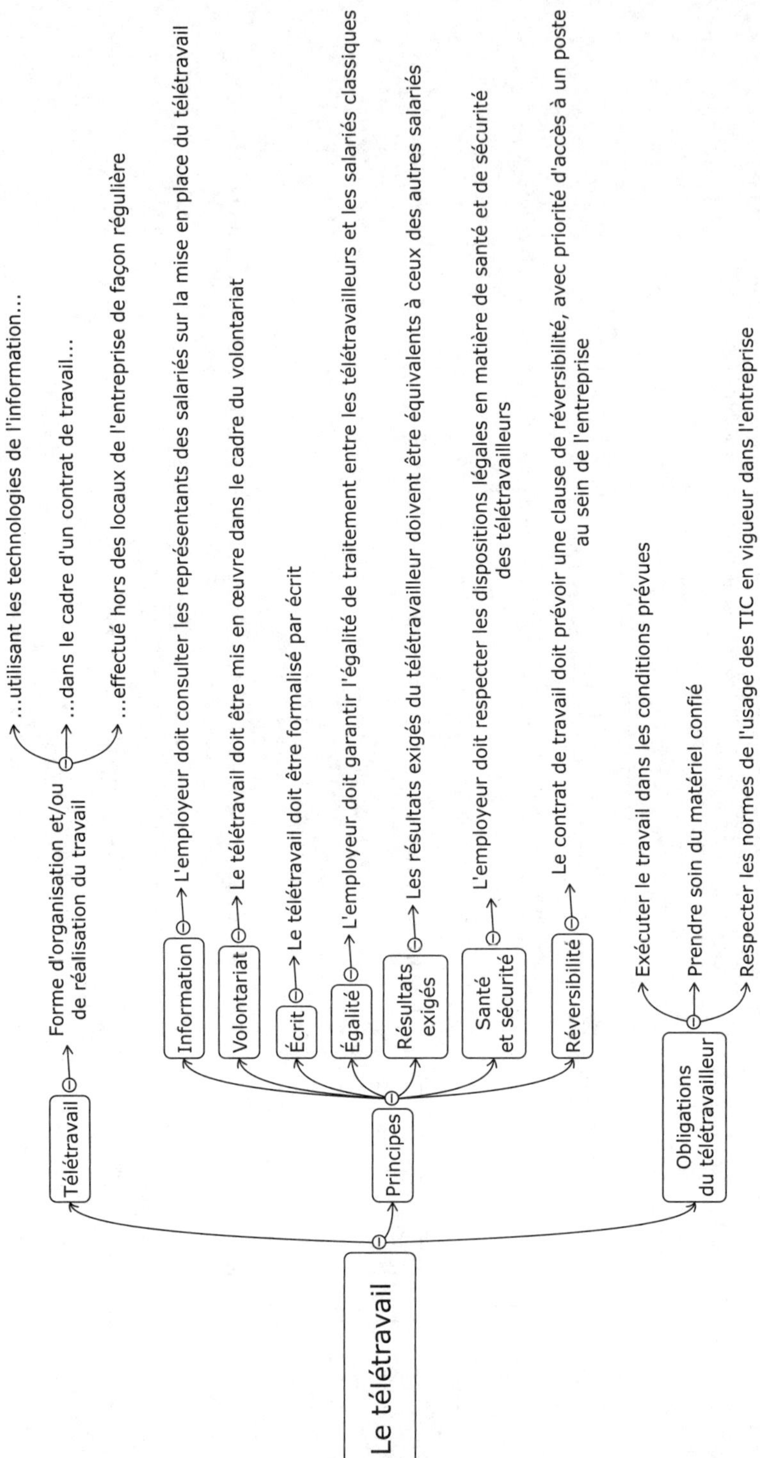
Le télétravail
Télétravail
Forme d'organisation et/ou de réalisation du travail
...utilisant les technologies de l'information...
...dans le cadre d'un contrat de travail...
...effectué hors des locaux de l'entreprise de façon régulière
Principes
Information
L'employeur doit consulter les représentants des salariés sur la mise en place du télétravail
Volontariat
Le télétravail doit être mis en œuvre dans le cadre du volontariat
Écrit
Le télétravail doit être formalisé par écrit
Égalité
L'employeur doit garantir l'égalité de traitement entre les télétravailleurs et les salariés classiques
Résultats exigés
Les résultats exigés du télétravailleur doivent être équivalents à ceux des autres salariés
Santé et sécurité
L'employeur doit respecter les dispositions légales en matière de santé et de sécurité des télétravailleurs
Réversibilité
Le contrat de travail doit prévoir une clause de réversibilité, avec priorité d'accès à un poste au sein de l'entreprise
Obligations du télétravailleur
Exécuter le travail dans les conditions prévues
Prendre soin du matériel confié
Respecter les normes de l'usage des TIC en vigueur dans l'entreprise

THÈME 5 L'entreprise face au risque

19. Identifier le risque pour protéger

Qu'est-ce que le risque ?

Dans le langage courant, le mot « risque » désigne un danger, un inconvénient plus ou moins prévisible.

En droit, **le risque est un événement dont la survenance est incertaine quant à sa réalisation ou à la date de cette réalisation susceptible de causer un dommage aux personnes et/ou aux biens.**

Au cours de ces dernières années, la notion de risque a beaucoup évolué, sa perception aussi. Deux grandes tendances sont perceptibles : l'apparition de nouveaux risques et la baisse du niveau d'acceptation du risque

- **L'apparition de nouveaux risques** : risques dus au progrès des techniques et des sciences ; à l'urbanisation massive et ses effets ; à la multiplication des déplacements et ses conséquences. Ce sont, le plus souvent, des risques diffus (l'identification du responsable du dommage est difficile à établir) et sériels (risques de masse qui se propagent rapidement).
- **La baisse du niveau d'acceptation du risque** : si les risques ont évolué, la perception que nous en avons a aussi beaucoup changé. La notion de risque acceptable s'est transformée et le seuil de tolérance aux risques a baissé d'où le développement du droit à indemnisation. **Tout risque doit aujourd'hui être attribué à un responsable**.

Cette transformation de la notion de risque s'est accompagnée d'une transformation de sa prise en charge. D'une part, la responsabilité individuelle fondée sur la faute va laisser peu à peu la place à une responsabilité sans faute fondée sur le risque. D'autre part, à côté du mécanisme traditionnel de la responsabilité, le législateur a imaginé de nouveaux dispositifs de collectivisation par les assurances et par les fonds de garanties.

Qu'est-ce que la responsabilité individuelle fondée sur la faute ?

D'après le Code Civil (1804), la responsabilité est individuelle ou subjective. **Elle se définit comme l'obligation de répondre devant la justice d'un dommage et d'en réparer les conséquences en indemnisant la victime**. Le fondement est la faute (article 1382 du Code Civil), voire la négligence ou l'imprudence (article 1383).

L'auteur d'un dommage doit en répondre chaque fois qu'il est en faute mais il n'en répond qu'à cette condition. On est également responsable des personnes dont on doit répondre et des choses que l'on a sous sa garde (art. 1384 Code civil).

L'indemnisation du préjudice causé à la victime est liée à la responsabilité individuelle de l'auteur du dommage. Celui-ci répondait de ses biens propres pour indemniser la victime. **La victime doit prouver la faute de l'auteur du dommage pour pouvoir obtenir une indemnisation.**

Vers la fin du XIXe siècle, la responsabilité civile fondée sur la faute s'est avérée insuffisamment protectrice des victimes. L'apparition du machinisme, le développement des moyens de transport, ont rendu les dommages plus graves et plus nombreux. Il est devenu plus difficile de déterminer si ces dommages étaient dus ou non à une faute.

Tout ceci a conduit le droit de la responsabilité à évoluer et à retenir, à coté de la faute, un nouveau fondement : le risque.

Qu'est-ce que la responsabilité individuelle fondée sur le risque ?

La fin du XIXème siècle et le XXème siècle marquent le recul de la responsabilité fondée sur la faute et l'avènement de la responsabilité fondée sur le risque. **Toute activité faisant naître un risque pour autrui rend son auteur responsable du préjudice qu'elle peut causer, sans qu'il ait à prouver une faute à son origine**. On parle de responsabilité objective. Elle fait supporter aux individus la responsabilité des risques qu'ils génèrent pour autrui en raison des activités qu'ils pratiquent. **La victime est automatiquement indemnisée sans avoir à prouver la faute de l'auteur du dommage.**

Cependant, la faute est souvent prise en compte pour diminuer ou augmenter l'indemnisation. L'apparition du risque comme nouveau fondement de la responsabilité a coïncidé avec le développement de la technique de l'assurance.

On assiste aujourd'hui à une collectivisation du risque et au déclin de la responsabilité individuelle dans sa fonction d'indemnisation. Que l'auteur du dommage soit solvable ou non, qu'il soit connu ou non, ses victimes sont ainsi certaines d'être indemnisées.

La collectivisation du risque prend deux formes : la mutualisation et la socialisation.

Qu'est-ce que la mutualisation du risque ?

Mutualiser un risque consiste à le répartir à égalité parmi les membres d'un groupe homogène (une mutualité).

Pour être assuré le risque doit revêtir quatre caractères : être futur, être incertain, ne pas dépendre totalement de la volonté de l'assuré et qu'il ne survienne pas au même moment pour tous les assurés. L'assureur organise la solidarité entre les assurés : les sinistres de certains sont financés par les primes ou les cotisations de tous.

L'objectif est de diminuer le coût d'indemnisation pour l'auteur du dommage et assurer une indemnisation de la victime. L'assureur peut être une organisation publique ou privée.

L'assurance publique est le fondement de la Sécurité Sociale qui couvre les risques maladie, maternité, décès, accidents de travail... L'assurance privée est assurée par les compagnies d'assurance et les mutuelles.

Qu'est-ce que la socialisation du risque ?

Les assureurs privés ne peuvent ou ne souhaitent pas couvrir certains risques. C'est le cas lorsque l'identification du responsable est difficile et le coût d'indemnisation est prohibitif. Pour pallier la non-intervention des assureurs, la loi intervient pour socialiser le risque.

La socialisation du risque consiste à le faire prendre en charge par la société en impliquant l'Etat par le biais des fonds de garantie. Il s'agit d'organismes dotés de la personnalité morale qui **permettent d'indemniser les victimes lorsque l'auteur d'un accident est inconnu ou insolvable, lorsqu'une société d'assurances est mise en liquidation ou lorsque les coûts de l'indemnisation sont trop lourds à supporter.** *Exemples : le fonds d'indemnisation des accidents médicaux, le fonds d'indemnisation des victimes de l'amiante, le fonds d'indemnisation des personnes atteintes par la maladie de Creutzfeldt-Jakob.*

Les fonds de garantie engagent un recours subrogatoire (à la place de la victime) contre le responsable fautif. Des sanctions pénales sont prévues pour certains sinistres afin d'éviter de déresponsabiliser l'auteur du préjudice.

Ces fonds sont financés par divers moyens : l'impôt, des cotisations versées par les victimes potentielles et des cotisations versées par ceux qui contribuent à créer le risque.

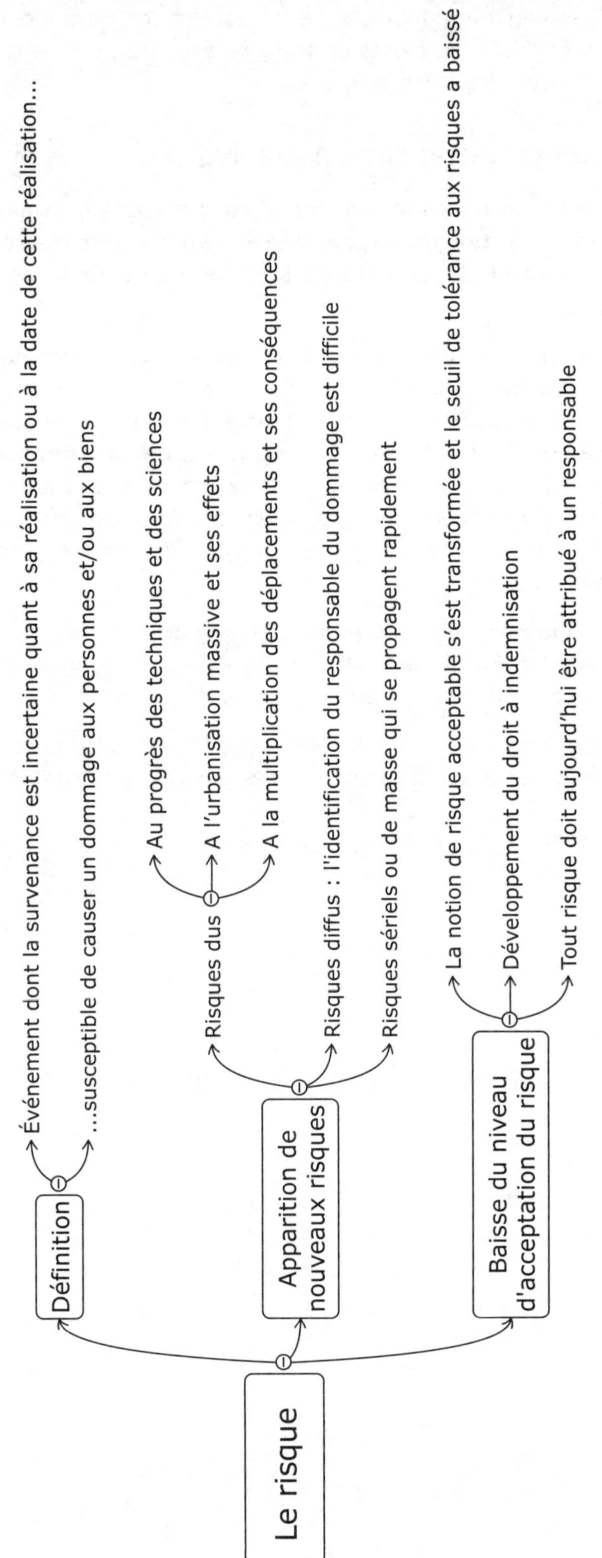
Le risque
Définition
Événement dont la survenance est incertaine quant à sa réalisation ou à la date de cette réalisation…
…susceptible de causer un dommage aux personnes et/ou aux biens
Apparition de nouveaux risques
Risques dus
Au progrès des techniques et des sciences
A l'urbanisation massive et ses effets
A la multiplication des déplacements et ses conséquences
Risques diffus : l'identification du responsable du dommage est difficile
Risques sériels ou de masse qui se propagent rapidement
Baisse du niveau d'acceptation du risque
La notion de risque acceptable s'est transformée et le seuil de tolérance aux risques a baissé
Développement du droit à indemnisation
Tout risque doit aujourd'hui être attribué à un responsable

- **Prise en charge des risques**
  - **Responsabilité individuelle fondée sur la faute**
    - Se définit comme l'obligation de répondre devant la justice d'un dommage et d'en réparer les conséquences en indemnisant la victime
    - On est également responsable des personnes dont on doit répondre et des choses que l'on a sous sa garde (art. 1384 Code civil)
    - La victime doit prouver la faute de l'auteur du dommage pour pouvoir obtenir une indemnisation
    - Vers la fin du XIXe siècle, la responsabilité civile fondée sur la faute s'est avérée insuffisamment protectrice des victimes
    - L'apparition du machinisme, le développement des moyens de transport, ont rendu les dommages plus graves et plus nombreux
    - Tout ceci a conduit le droit de la responsabilité à évoluer et à retenir, à coté de la faute, un nouveau fondement : le risque
  - **Responsabilité individuelle fondée sur le risque**
    - Toute activité faisant naître un risque pour autrui rend son auteur responsable du préjudice qu'elle peut causer
    - La victime est automatiquement indemnisée sans avoir à prouver la faute de l'auteur du dommage
  - **Responsabilité collective**
    - On assiste aujourd'hui à une" collectivisation du risque" et au déclin de la responsabilité individuelle dans sa fonction d'indemnisation
    - Que l'auteur du dommage soit solvable ou non, qu'il soit connu ou non, ses victimes sont ainsi certaines d'être indemnisées
    - **Mutualisation du risque**
      - On parle de mutualisation du risque lorsque celui-ci est pris en charge par l'assurance
      - **Assurance privée**
        - Directe → Assurances de ses propres biens, assurances contre les accidents...
        - Indirecte → Assurance de responsabilité
      - **Assurance publique**
        - La Sécurité sociale qui couvre les risques maladie, maternité, décès, accidents de travail...
    - **Socialisation du risque**
      - On parle de socialisation du risque lorsque celui-ci est pris en charge par des fonds de garantie
      - **Fonds de garantie**
        - Il s'agit d'organismes qui prennent en charge la réparation de certains types de dommages
        - **Permettent d'indemniser les victimes**
          - Lorsque l'auteur d'un accident est inconnu ou insolvable
          - Lorsqu'une société d'assurances est mise en liquidation
          - Lorsque les coûts de l'indemnisation sont trop lourds à supporter

20. Anticiper le risque pour éviter sa réalisation

Qu'est-ce que le principe de prévention ?

Le principe de prévention consiste à anticiper et à prendre des mesures permettant d'éviter ou de réduire un risque. Il s'applique à la préservation de la santé au travail et aux risques technologique et environnemental.

- **La protection de la santé du salarié au travail** : les conditions et les relations de travail peuvent générer des risques préjudiciables à la santé physique et mentale du salarié. Sous l'impulsion du droit communautaire, l'employeur a l'obligation de mettre en œuvre des dispositifs de prévention des risques liés au travail (article L.4121-1 du Code de travail). L'employeur doit prendre des mesures pour assurer la sécurité et protéger la santé physique et mentale des travailleurs. L'employeur est tenu à une **obligation de résultat de sécurité**, l'absence de faute de sa part ne l'exonère pas de sa responsabilité.

  Trois instances sont chargées de la protection de la santé au travail : **l'inspection du travail, la médecine du travail et le CHSCT**. L'inspecteur du travail veille à l'application du droit du travail, en particulier la prévention des risques professionnels ; le médecin du travail exerce une médecine préventive à la charge des employeurs ; le CHSCT (Comité d'Hygiène et de Sécurité et des Conditions de Travail), dans les entreprises de 50 salariés et plus, est consulté pour tout ce qui concerne la santé et la sécurité des salariés.

  En cas de situation de danger grave et imminent, le salarié dispose d'un droit d'alerte et d'un droit de retrait.

  - **Droit d'alerte** : tout salarié dispose d'un droit qui lui permet d'alerter la direction de l'entreprise d'un danger grave et imminent auquel il pense être confronté. Il peut alerter immédiatement l'employeur de toute défectuosité qu'il constate dans les systèmes de protection.

  - **Droit de retrait** : le salarié dispose d'un droit individuel de retrait qui lui permet de cesser le travail s'il estime raisonnablement être confronté à un danger grave et imminent pour sa vie ou pour sa santé. Cependant, le retrait ne doit pas provoquer un danger plus grand.

  Pour une appréhension plus globale de l'individu, la notion de santé au travail intègre le harcèlement moral ainsi que les maladies d'origine psychosociale.

- **Le risque technologique**, engendré par l'activité humaine, résulte de la manipulation, de la production, du stockage ou du transport de produits dangereux. *Exemples : Seveso en Italie (1976) ; Three Mile Island aux USA (1979) ; Bhopal en Inde (1984) ; Tchernobyl en Ukraine (1986) ; l'explosion du site AZF à Toulouse en 2001.*

- **Le risque environnemental** désigne la possibilité de survenance d'incidents ou accidents générés par l'activité d'une entreprise pouvant avoir des répercussions nuisibles et significatives sur l'environnement. *Exemples : les naufrages de l'Erika ou de l'Exxon Valdez.*

Qu'est-ce le principe de précaution ?

La prévention peut avoir lieu si le risque est connu et avéré tandis que la précaution vise à prévenir des risques qui ne sont pas encore déterminés.

La précaution est une attitude et un principe d'action face à un risque potentiel plausible mais incertain.

- **Le principe de précaution**, qui tient son origine du droit de l'environnement, est fondé sur l'idée suivante : « **L'absence de certitudes, compte tenu des connaissances scientifiques et techniques du moment, ne doit pas retarder l'adoption de mesures effectives et proportionnées visant à prévenir un risque de dommages graves et irréversibles à l'environnement à un coût économique acceptable** ».

- Ce principe a été introduit en droit communautaire par le traité de Maastricht (1992) et en droit français par la loi Barnier (1995). En 2005, le Parlement a incorporé la charte de l'environnement à la constitution.

- **La constitutionnalisation du principe de précaution** a pour conséquence qu'aucune loi, qu'elle soit nationale, communautaire ou internationale, ne pourrait être rendue exécutoire si elle est contraire à ce principe. **Le principe de précaution s'applique dans la protection de l'environnement, la protection de la santé publique et la défense de la sécurité alimentaire.**

- **Mise en œuvre du principe de précaution** : des mesures préventives sont prises même s'il n'existe pas de certitude sur l'existence d'un danger et sur l'étendue des dommages qu'il peut causer. Face à des risques éventuels, les pouvoirs publics sont amenés à prendre toute mesure nécessaire. *Exemples : le principe de précaution a été utilisé pour suspendre la mise en culture du maïs OGM, le retrait du marché de l'insecticide "gaucho" en raison du risque qu'il présentait pour les abeilles.*

- **Les limites du principe de précaution** : selon certains auteurs, le principe de précaution, s'il est mal utilisé, peut retarder les pays qui l'appliquent dans la voie du progrès technique.

Qu'est-ce que l'obligation de sécurité ?

Le risque de sécurité inhérent aux ventes de biens et services articule les principes de prévention et de précaution. Afin de protéger l'acheteur et le consommateur, le droit communautaire et le droit français ont mis à la charge du producteur une obligation d'information et de sécurité.

- **Obligation de sécurité** : le producteur est tenu à l'obligation de concevoir le produit en conformité avec les prescriptions légales relatives à la sécurité et à la santé des personnes. Il est tenu à l'obligation de rappel ou de retrait du produit du marché lorsqu'un risque est avéré.
- **Obligation d'information** : le producteur doit informer le public en cas d'apparition d'un danger après la mise sur le marché. Il est tenu à l'obligation d'information générale sur le produit : mode d'emploi, mises en garde...

Qu'il soit ou non lié par contrat à la victime, **le producteur est responsable du dommage causé par un défaut de sécurité de son produit**. Si le producteur n'est pas identifié, c'est le distributeur qui est responsable du défaut de sécurité du produit.

La victime doit prouver le dommage, le défaut et le lien de causalité entre les deux. **La responsabilité du producteur est réduite ou supprimée si, conjointement au défaut du produit, il y a faute de la victime.**

La Commission de la sécurité des consommateurs est une autorité administrative indépendante qui centralise les événements relatifs à la sécurité des produits. Les pouvoirs publics prennent des mesures pour retirer un produit du marché ou suspendre la prestation d'un service en cas de danger grave et immédiat.

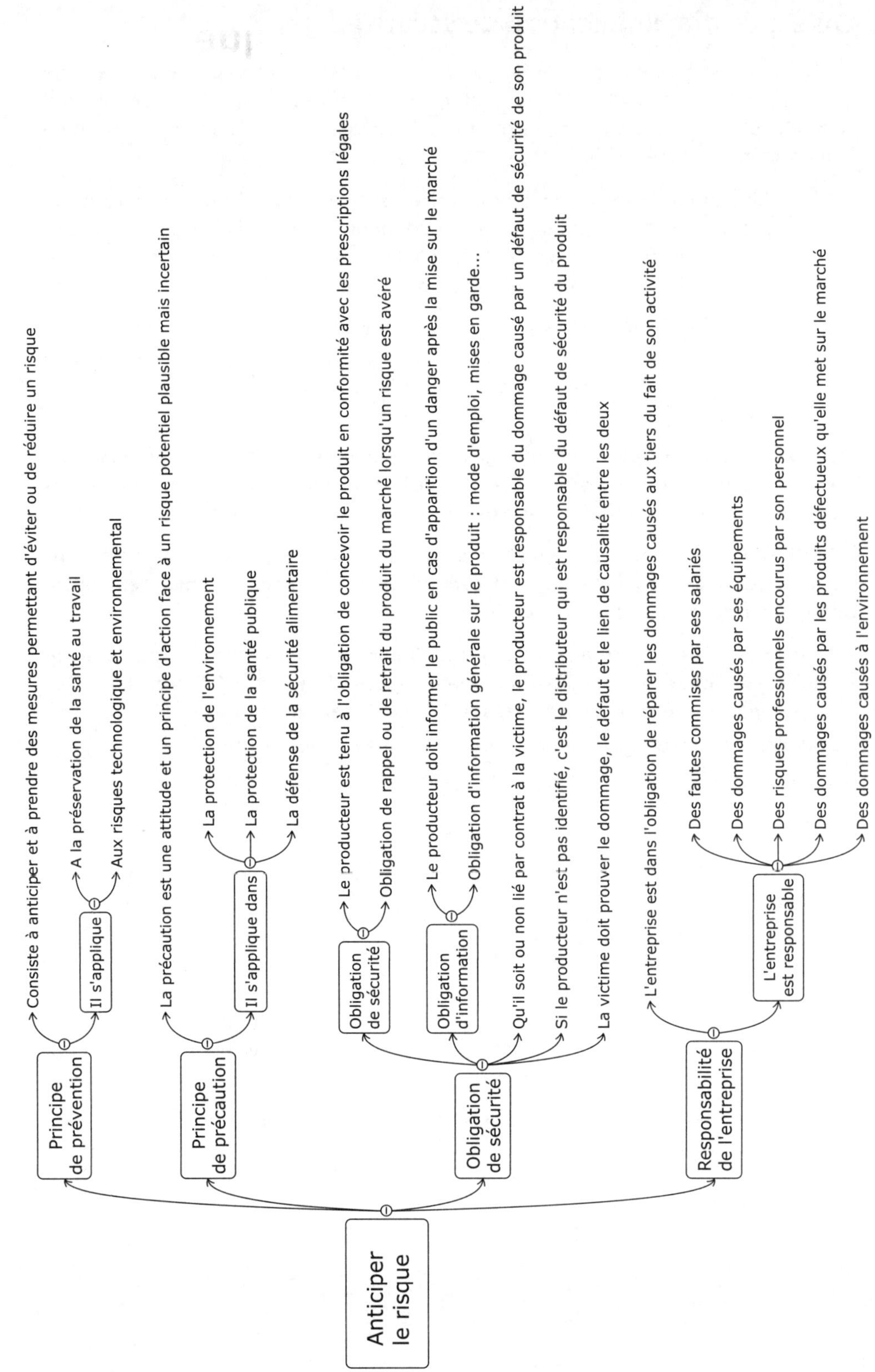
Anticiper le risque
Principe de prévention
Consiste à anticiper et à prendre des mesures permettant d'éviter ou de réduire un risque
Il s'applique
A la préservation de la santé au travail
Aux risques technologique et environnemental
Principe de précaution
La précaution est une attitude et un principe d'action face à un risque potentiel plausible mais incertain
Il s'applique dans
La protection de l'environnement
La protection de la santé publique
La défense de la sécurité alimentaire
Obligation de sécurité
Obligation de sécurité
Le producteur est tenu à l'obligation de concevoir le produit en conformité avec les prescriptions légales
Obligation de rappel ou de retrait du produit du marché lorsqu'un risque est avéré
Obligation d'information
Le producteur doit informer le public en cas d'apparition d'un danger après la mise sur le marché
Obligation d'information générale sur le produit : mode d'emploi, mises en garde...
Qu'il soit ou non lié par contrat à la victime, le producteur est responsable du dommage causé par un défaut de sécurité de son produit
Si le producteur n'est pas identifié, c'est le distributeur qui est responsable du défaut de sécurité du produit
La victime doit prouver le dommage, le défaut et le lien de causalité entre les deux
Responsabilité de l'entreprise
L'entreprise est dans l'obligation de réparer les dommages causés aux tiers du fait de son activité
L'entreprise est responsable
Des fautes commises par ses salariés
Des dommages causés par ses équipements
Des risques professionnels encourus par son personnel
Des dommages causés par les produits défectueux qu'elle met sur le marché
Des dommages causés à l'environnement

21. Assumer le risque

Qu'est-ce qu'un dommage réparable ?

Du fait de son activité, une entreprise multiplie les risques qui peuvent générer des dommages et engager sa responsabilité. L'entreprise est responsable des fautes commises par ses salariés ; des dommages causés par ses équipements ; des risques professionnels encourus par son personnel ; des dommages causés par les produits défectueux qu'elle met sur le marché et des dommages causés à l'environnement.

L'entreprise est dans l'obligation de réparer les dommages causés aux tiers du fait de son activité. **Le dommage réparable est un préjudice subi par la victime d'un fait illicite ou de l'inexécution partielle ou totale d'un contrat.**
Le dommage réparable peut être matériel (toute atteinte au patrimoine d'une personne physique ou morale), **moral** (atteinte à l'honneur, à la réputation, douleur physique (*pretium doloris*) ; souffrances psychologiques), **corporel** (atteinte à l'intégrité physique, souffrances physiques, préjudice esthétique, d'agrément...), **écologique** (atteinte à des ressources naturelles).

Les conditions du dommage réparable : **pour être réparable, le dommage doit porter atteinte à un intérêt légitime juridiquement protégé**. Seuls les dommages présentant les caractères suivants donnent droit à indemnisation. Le dommage doit être **certain, actuel ou futur** (la perte d'une chance, réelle et sérieuse, est également indemnisée), **direct** (quand il est personnel et découle directement du fait générateur néanmoins, la jurisprudence reconnaît le "dommage par ricochet" (dommage personnel subi par les proches de la victime), **licite** (le dommage ne doit pas être contraire à l'ordre public et aux bonnes mœurs).

La victime d'un dommage peut intenter une action en réparation pour en obtenir réparation.

Comment s'effectue la réparation des dommages ?

La responsabilité civile est l'obligation de réparer le dommage causé à autrui. Le dommage peut résulter de l'inobservation du devoir général de ne pas porter préjudice à autrui (responsabilité civile délictuelle), de l'inexécution d'une obligation née d'un contrat (responsabilité civile contractuelle). La victime peut obtenir réparation en allant devant les juridictions civiles.

- **La responsabilité civile délictuelle** naît d'un délit ou d'un quasi-délit. Traditionnellement, c'est l'existence d'une faute qui fonde la responsabilité délictuelle. Cependant, le législateur considère, aujourd'hui, que l'entreprise doit assumer les risques liés à son activité même en l'absence de faute. La mise en œuvre de la responsabilité délictuelle exige la réunion de trois conditions : un dommage, un fait générateur et un lien de causalité entre les deux.

- **Un dommage réparable** : le dommage est une condition indispensable de la mise en œuvre de la responsabilité civile.
- **Un fait générateur** : le fait générateur est le comportement ou l'événement qui se trouve à l'origine de la mise en cause de la responsabilité. Il peut s'agir d'un fait du responsable lui-même, d'un fait d'un tiers dont le responsable doit répondre ou d'un fait d'une chose dont le responsable a la garde.
- **Un lien de causalité** : un lien de cause à effet doit exister entre le fait et le dommage.

- **La responsabilité civile contractuelle est l'obligation de réparer le dommage résultant de l'inexécution d'un contrat**. L'inexécution du contrat constitue une faute. Il appartient au créancier de prouver que le contrat n'a pas été exécuté. La mise en demeure du débiteur est obligatoire.

  Dans le cadre d'un contrat, la responsabilité de l'une des parties pourra être engagée si les trois conditions suivantes sont présentes : un **dommage** réparable (causé à l'une des parties au contrat), un **fait générateur** (inexécution fautive ou mauvaise exécution d'une obligation contractuelle), un **lien de causalité** (un lien de cause à effet doit exister entre le fait et le dommage).

  Le préjudice doit être la conséquence immédiate et directe de l'inexécution du contrat. L'inexécution fautive s'apprécie différemment selon le type d'obligation prévu au contrat : obligation de moyens ou obligation de résultat.

  - **Obligation de résultat** : le débiteur d'une obligation s'engage à atteindre un résultat déterminé. Il suffit que le résultat ne soit pas atteint pour que sa responsabilité soit engagée. Le créancier de l'obligation n'a pas à faire la preuve d'une quelconque faute faite par le débiteur. Le débiteur de l'obligation ne peut s'exonérer qu'en apportant la preuve d'une cause étrangère.
  - **Obligation de moyens :** pour engager la responsabilité du débiteur de l'obligation, le créancier de l'obligation doit prouver que tous les moyens adéquats n'ont pas été mis en œuvre.

Les causes d'exonération de la responsabilité civile : chaque régime de responsabilité a des causes d'exonération propres.

Cependant, d'une manière générale, **le responsable d'un dommage peut s'exonérer de sa responsabilité s'il prouve que le dommage résulte d'une cause étrangère** : force majeure (événement extérieur, imprévisible et insurmontable), fait d'un tiers, faute de la victime (exonère totalement ou partiellement le débiteur).

La réparation du dommage : l'action en réparation peut être tentée par la victime directe ou par les victimes par ricochet *(ex: les proches en cas de décès de la victime)*. La réparation se fait en nature ou par équivalent (versement de dommages-intérêts).

La prescription est de 10 ans en matière délictuelle et de 30 ans en matière contractuelle.

Les responsabilités civiles délictuelle et contractuelle ne peuvent pas être cumulées. C'est le juge qui détermine la nature de la responsabilité. **Lorsque les conditions de la responsabilité contractuelle sont réunies, le recours à la responsabilité délictuelle est exclu**.

Qu'est-ce la responsabilité du fait des produits défectueux ?

La responsabilité des fournisseurs de produits défectueux évince la responsabilité de droit commun (délictuelle et contractuelle).

La loi du 19 mai 1998 stipule que le fabricant est tenu d'une obligation de sécurité quant aux produits qu'il met en vente sur le marché.

Il s'agit d'une responsabilité de plein droit du producteur, c'est-à-dire d'une responsabilité sans faute. C'est une obligation de résultat.

Quatre éléments caractérisent le domaine de la responsabilité du fait des produits défectueux : le produit, le dommage, la victime et le responsable.

- **Le produit** : tout bien meuble, même s'il est incorporé dans un immeuble, y compris les produits du sol, de l'élevage, de la chasse, de la pêche et l'électricité. Un produit est défectueux lorsqu'il n'offre pas la sécurité à laquelle on peut légitimement s'attendre.

- **Le dommage** : la loi s'applique aux dommages causés aux personnes et aux biens autres que le produit défectueux lui-même.

- **La victime** : il s'agit des personnes qui utilisent le produit ou des tiers. Le demandeur à l'action de réparation, victime du dommage peut être aussi bien un professionnel qu'un consommateur.

- **Le responsable** : le producteur est responsable du dommage causé par un défaut de son produit, qu'il soit ou non lié par un contrat avec la victime. Il s'agit du producteur, entendu comme celui qui, à titre professionnel, est fabricant d'un produit fini, producteur d'une matière première ou fabricant de composants. Sont assimilés l'importateur, le vendeur ou bien encore le loueur du produit.

La mise en œuvre de la responsabilité du fait des produits défectueux exige la réunion de trois conditions : un dommage, un fait générateur et un lien de causalité entre les deux. La victime doit prouver le dommage (à la personne ou aux biens mais pas au produit défectueux lui-même), le fait générateur (le défaut de sécurité du produit) et le lien de causalité entre le dommage et le défaut.

L'extinction de l'action : la victime doit intenter son action dans un délai de trois ans à compter de la date à laquelle elle a eu connaissance du défaut, du dommage ou de l'identité du producteur. **La responsabilité du producteur s'éteint au bout de dix ans**

à compter de la mise en circulation du produit qui a causé le dommage. Au delà de 10 ans, la responsabilité du producteur ne pourra plus être recherchée sur le terrain de la responsabilité du fait des produits défectueux.

Qu'est-ce que le principe de l'assurance ?

L'assurance se définit comme l'opération par laquelle un assureur s'engage à effectuer une prestation, moyennant le paiement d'une prime ou cotisation, en cas de réalisation d'un risque.

L'assurance repose sur le **principe de la mutualisation** des risques. Elle peut être utilisée dans de nombreuses activités : domestiques, économiques et sociales...

On distingue deux types d'assurance : les assurances de biens et les assurances de responsabilité.

- **Les assurances de biens ont pour objet l'indemnisation d'un dommage subi par l'assuré**, qui résulte de la destruction, de la dégradation ou de la disparition d'un bien de son patrimoine. Les biens de l'entreprise susceptibles d'être garantis sont notamment les bâtiments, les matériels, les marchandises et les véhicules.
- **Les assurances de responsabilité couvrent un dommage causé par l'assuré à un tiers**. Le dommage se traduit par l'indemnisation de la victime. L'assurance de responsabilité a pour objet de garantir les conséquences financières des dommages corporels, matériels et immatériels causés à autrui (les tiers et les clients) du fait de l'activité de l'entreprise.

Cinq notions sont à la base de la technique de l'assurance : le risque, la prime, le sinistre, la garantie et la franchise.

- **Le transfert du risque** : durant son activité, l'entreprise est parfois responsable des dommages corporels, matériels, immatériels causés à des tiers ainsi que des dommages causés à l'environnement. Ces dommages peuvent être dus au chef d'entreprise, au personnel ou aux installations. L'entreprise a la possibilité ou l'obligation légale de s'assurer contre certains risques, moyennant le paiement d'une somme d'argent. L'assureur versera à sa place l'indemnité visant à réparer le préjudice subi. Le contrat d'assurance est le moyen juridique qui permet de transférer le risque de l'assuré à l'assureur.
- **La prime** : c'est la contribution versée par l'assuré à l'assureur en échange de la garantie qui lui est accordée. Le montant de la prime dépend du niveau de garantie souhaité, du nombre de personnes assurées et de la probabilité de survenance du risque.
- **Le sinistre** est constitué lorsqu'il y a réalisation d'un événement (incendie, vol, dégât des eaux, accident de la circulation, catastrophe naturelle...) prévu par une police d'assurance et que le dommage subi ou la réclamation d'un tiers entraîne la mise en jeu d'une garantie : versement d'indemnités, de capital ou de rentes.

- **La garantie** : c'est la ou les prestations que l'assureur s'engage à fournir si le sinistre se réalise. En vertu de la liberté contractuelle, l'assureur peut exclure certains risques de la garantie qu'il offre.
- **La franchise** : c'est la somme restant à la charge de l'assuré après indemnisation (donc non indemnisée) dans le cas où survient un sinistre.

L'assurance présente des limites : certains risques aux conséquences trop coûteuses sont exclus. Certaines personnes qui ne présenteraient pas de garanties suffisantes ne sont pas acceptées. La mutualisation encourage à prendre des risques puisque leurs conséquences sont prises en charge par l'assurance.

Qu'est-ce qu'un contrat d'assurance ?

Le contrat d'assurance est une convention par laquelle un assureur s'engage à verser à l'assuré une somme d'argent réparant le préjudice subi lors de la survenance de sinistres, en échange du paiement d'une somme versée à l'origine (prime) ou périodiquement (cotisation).

- **Preuve du contrat** : la police d'assurance est l'écrit qui constitue la preuve du contrat. Elle comporte des conditions générales et des conditions spécifiques.
- **Parties au contrat** : le souscripteur, qui est le plus souvent l'assuré et une compagnie d'assurances.
- **Éléments constitutifs** : le contrat d'assurance repose donc sur 3 éléments constitutifs : un risque, une prime ou cotisation, une prestation de garantie de l'assureur en cas de sinistre.
- **Obligations de l'assureur** : l'assureur a une obligation d'information sur les garanties proposées et sur celles qui ne sont pas prises en compte. Il doit assurer la prestation prévue par le contrat d'assurance en cas de réalisation du sinistre.
- **Obligations de l'assuré** : l'assuré doit payer le montant de la prime à la date d'échéance. Il a une obligation de loyauté dans ses déclarations à la formation du contrat et lors de la réalisation du sinistre.
- **La modification du contrat** donne lieu à la rédaction d'un avenant qui est rajouté au contrat.
- **La résiliation du contrat** d'assurance peut être du fait de l'assureur (non-paiement des cotisations, sinistre trop coûteux) ou de l'assuré (contrat auprès d'une autre compagnie, perte totale de la chose assurée ...).

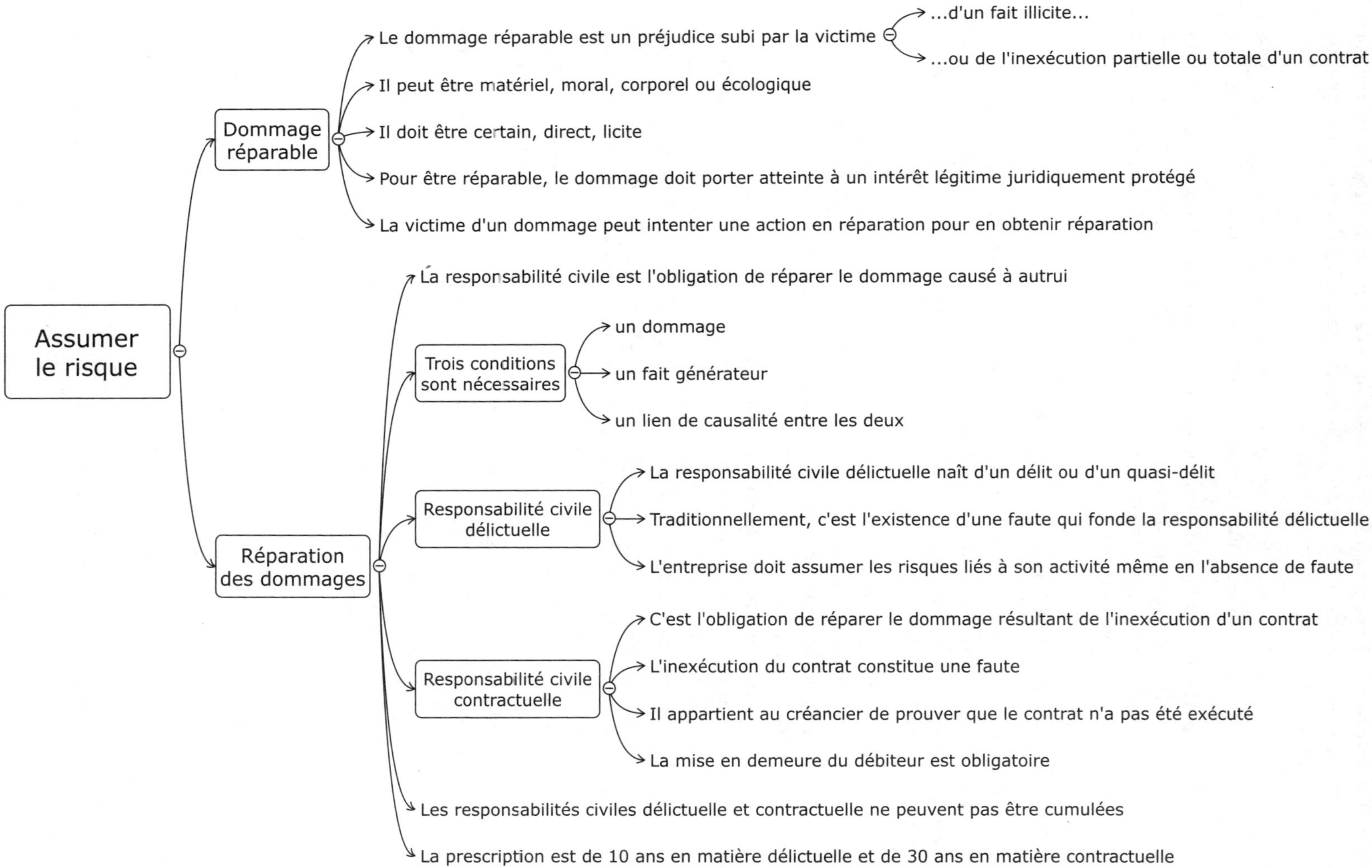
Assumer le risque
Dommage réparable
Le dommage réparable est un préjudice subi par la victime
...d'un fait illicite...
...ou de l'inexécution partielle ou totale d'un contrat
Il peut être matériel, moral, corporel ou écologique
Il doit être certain, direct, licite
Pour être réparable, le dommage doit porter atteinte à un intérêt légitime juridiquement protégé
La victime d'un dommage peut intenter une action en réparation pour en obtenir réparation
Réparation des dommages
La responsabilité civile est l'obligation de réparer le dommage causé à autrui
Trois conditions sont nécessaires
un dommage
un fait générateur
un lien de causalité entre les deux
Responsabilité civile délictuelle
La responsabilité civile délictuelle naît d'un délit ou d'un quasi-délit
Traditionnellement, c'est l'existence d'une faute qui fonde la responsabilité délictuelle
L'entreprise doit assumer les risques liés à son activité même en l'absence de faute
Responsabilité civile contractuelle
C'est l'obligation de réparer le dommage résultant de l'inexécution d'un contrat
L'inexécution du contrat constitue une faute
Il appartient au créancier de prouver que le contrat n'a pas été exécuté
La mise en demeure du débiteur est obligatoire
Les responsabilités civiles délictuelle et contractuelle ne peuvent pas être cumulées
La prescription est de 10 ans en matière délictuelle et de 30 ans en matière contractuelle

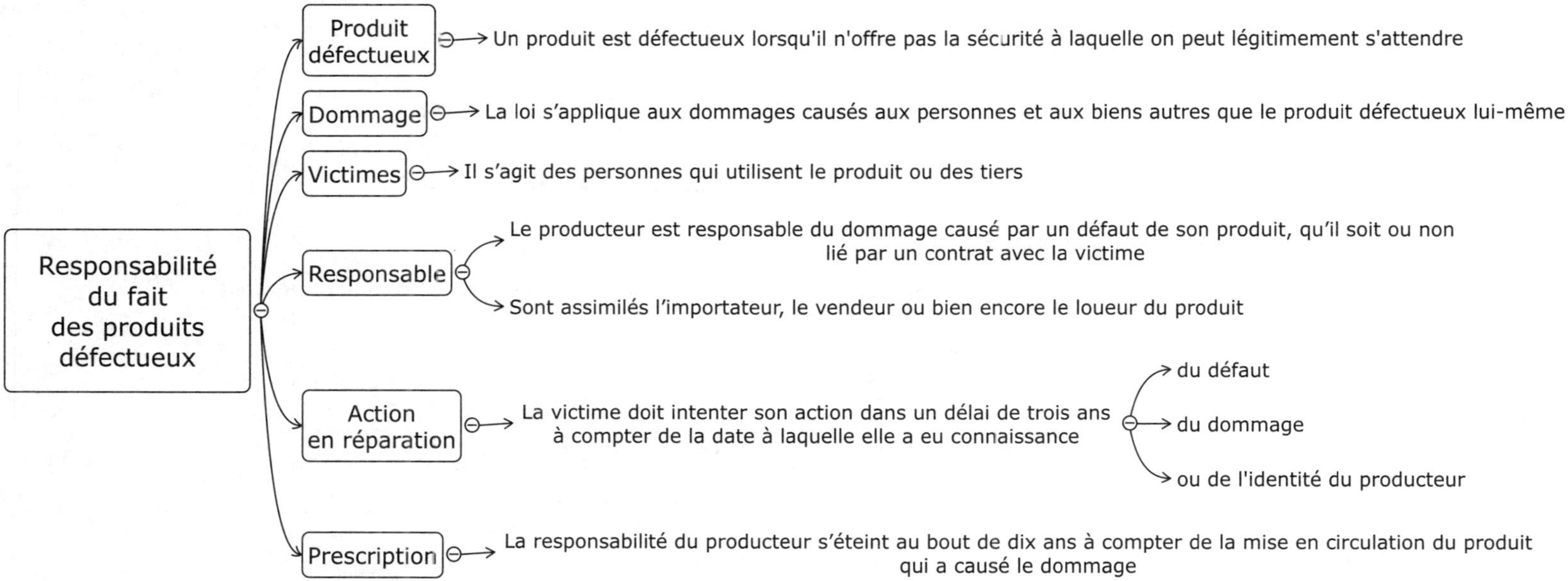
Responsabilité du fait des produits défectueux
Produit défectueux
Un produit est défectueux lorsqu'il n'offre pas la sécurité à laquelle on peut légitimement s'attendre
Dommage
La loi s'applique aux dommages causés aux personnes et aux biens autres que le produit défectueux lui-même
Victimes
Il s'agit des personnes qui utilisent le produit ou des tiers
Responsable
Le producteur est responsable du dommage causé par un défaut de son produit, qu'il soit ou non lié par un contrat avec la victime
Sont assimilés l'importateur, le vendeur ou bien encore le loueur du produit
Action en réparation
La victime doit intenter son action dans un délai de trois ans à compter de la date à laquelle elle a eu connaissance
du défaut
du dommage
ou de l'identité du producteur
Prescription
La responsabilité du producteur s'éteint au bout de dix ans à compter de la mise en circulation du produit qui a causé le dommage

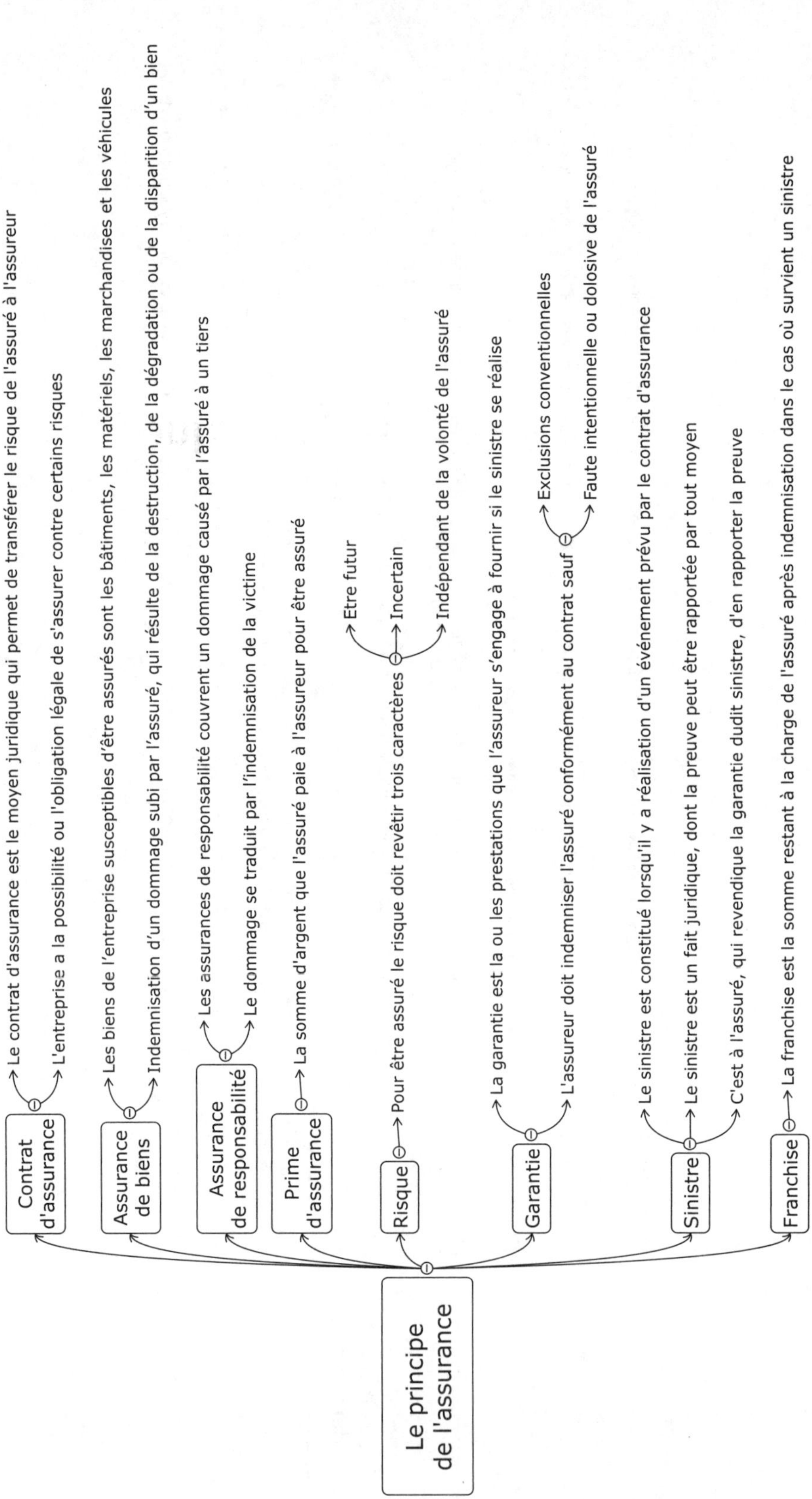
Le principe de l'assurance
Contrat d'assurance
Le contrat d'assurance est le moyen juridique qui permet de transférer le risque de l'assuré à l'assureur
L'entreprise a la possibilité ou l'obligation légale de s'assurer contre certains risques
Assurance de biens
Les biens de l'entreprise susceptibles d'être assurés sont les bâtiments, les matériels, les marchandises et les véhicules
Indemnisation d'un dommage subi par l'assuré, qui résulte de la destruction, de la dégradation ou de la disparition d'un bien
Assurance de responsabilité
Les assurances de responsabilité couvrent un dommage causé par l'assuré à un tiers
Le dommage se traduit par l'indemnisation de la victime
Prime d'assurance
La somme d'argent que l'assuré paie à l'assureur pour être assuré
Risque
Pour être assuré le risque doit revêtir trois caractères
Etre futur
Incertain
Indépendant de la volonté de l'assuré
Garantie
La garantie est la ou les prestations que l'assureur s'engage à fournir si le sinistre se réalise
L'assureur doit indemniser l'assuré conformément au contrat sauf
Exclusions conventionnelles
Faute intentionnelle ou dolosive de l'assuré
Sinistre
Le sinistre est constitué lorsqu'il y a réalisation d'un événement prévu par le contrat d'assurance
Le sinistre est un fait juridique, dont la preuve peut être rapportée par tout moyen
C'est à l'assuré, qui revendique la garantie dudit sinistre, d'en rapporter la preuve
Franchise
La franchise est la somme restant à la charge de l'assuré après indemnisation dans le cas où survient un sinistre

Schémas méthodologiques
Partie juridique

- Rédiger une note structurée et argumentée en droit
  - Note
    - Le sujet de droit se présente sous la forme d'une situation contextualisée accompagnée d'un dossier documentaire et d'une série de questions
    - La réponse à ces questions doit se faire sous forme d'une note structurée
    - La note doit faire apparaître explicitement un plan
  - Décrypter la consigne
    - Chacune des questions posées fait intervenir une consigne (le travail à faire) sous forme de verbe d'action
    - Exemples
      - Présenter, identifier, analyser, caractériser, montrer, justifier
  - Définir les mots-clés
    - Relever et définir les mots-clés de la question
    - Les définitions doivent être claires, précises et intelligibles
  - Rédiger la note
    - Plan
      - Le plus souvent, l'énoncé du sujet fournit la structure générale de la note
      - Structurer l'argumentation juridique en parties et sous parties
      - Faire apparaitre l'intitulé ou une reformulation de la question en titre de partie
    - Introduction
      - Commencer par une courte introduction qui rappelle le contexte de l'étude
      - Annoncer et définir les éléments de droit qui vont être abordés dans la note
    - Développement
      - Exposer les principes et règles juridiques qui s'appliquent au problème identifié
      - Indiquer l'origine des règles à appliquer (article de loi, jurisprudence, etc...)
    - Conclusion
      - Donner une réponse aux questions posées en formulant des propositions ou suggestions
    - Forme
      - Faire des phrases courtes dans un style neutre et impersonnel (pas de "je")
      - Aérer la copie. Sauter une ligne entre les parties et sous parties
      - Relire pour corriger les fautes d'orthographe, les erreurs de syntaxe, la ponctuation

- **Résoudre un cas pratique juridique**
  - **Qualifier les faits**
    - Repérer les parties et les relations juridiques qui existent entre elles
    - Repérer la chronologie des événements qui sont à l'origine du conflit
  - **Formuler le problème de droit**
    - Identifier la question juridique soulevée par la situation
    - Utiliser une formulation aussi générale que possible
    - Ne pas faire allusion aux acteurs de la situation
  - **Déterminer les règles applicables**
    - Repérer les règles susceptibles d'apporter une solution au problème posé
    - Indiquer la source (article de loi, jurisprudence, contrat...) de la règle à appliquer
    - Exposer le contenu de la règle à partir de la documentation fournie en annexe
    - Ne pas donner son point de vue mais seulement présenter la règle de droit
  - **Formuler une solution au cas**
    - Formuler une solution juridiquement fondée en appliquant le syllogisme
    - Le syllogisme est une opération essentielle du raisonnement juridique
    - C'est une démonstration en trois temps : majeure, mineure, conclusion
    - La majeure
      - C'est l'affirmation d'une règle de droit générale
      - Elle est souvent précédée par "Selon la règle..." ou "En vertu de..."
    - La mineure
      - Rend compte d'un ou de plusieurs faits qualifiés
      - Elle est souvent précédée par "Etant donné que..." ou "Or..."
    - La conclusion
      - Donne le résultat de l'application de la majeure (la règle) à la mineure (aux faits)
      - Elle est souvent précédée par "Il résulte donc..." ou "Donc..."

Vocabulaire de la procedure judiciaire
Tribunaux de 1°degré
Procédure
Ester en justice, former ou intenter une action en justice
Parties
Le demandeur
Celui qui intente l'action en justice
Le défendeur
Celui contre qui l'action en justice est intentée
Jugement
Déboute le demandeur (il perd son procès)
Condamne le défendeur
Cour d'Appel
Procédure
Interjeter ou faire appel
Parties
L'appelant
Celui qui fait appel de la décision d'un tribunal de 1°degré
L'intimé
Défendeur devant la Cour d'Appel
Arrêt
Confirmatif
L'arrêt d'une cour d'appel confirme le jugement d'une juridiction du 1°degré
L'arrêt de la cour d'appel va dans le même sens que la décision du tribunal de 1°degré
Infirmatif
L'arrêt d'une cour d'appel infirme le jugement d'une juridiction du 1° degré
La cour d'appel rend une décision contraire à celle du tribunal de 1°degré
Cour de Cassation
Procédure
Se pourvoir en cassation
Parties
Demandeur au pourvoi
Défendeur au pourvoi
Arrêt
Arrêt de rejet
La cour de cassation rejette le pourvoi et, donc, confirme la décision précédemment rendue
Les juges de la cour de cassation donnent raison aux juges de la juridiction qui a précédemment statué
Arrêt de cassation
La cour de cassation accepte le pourvoi, casse et annule la décision précédemment rendue
Les juges de la cour de cassation donnent tort aux juges de la juridiction qui a précédemment statué
La cour de cassation renvoie l'affaire devant une juridiction de même nature que celle qui a précédemment statué

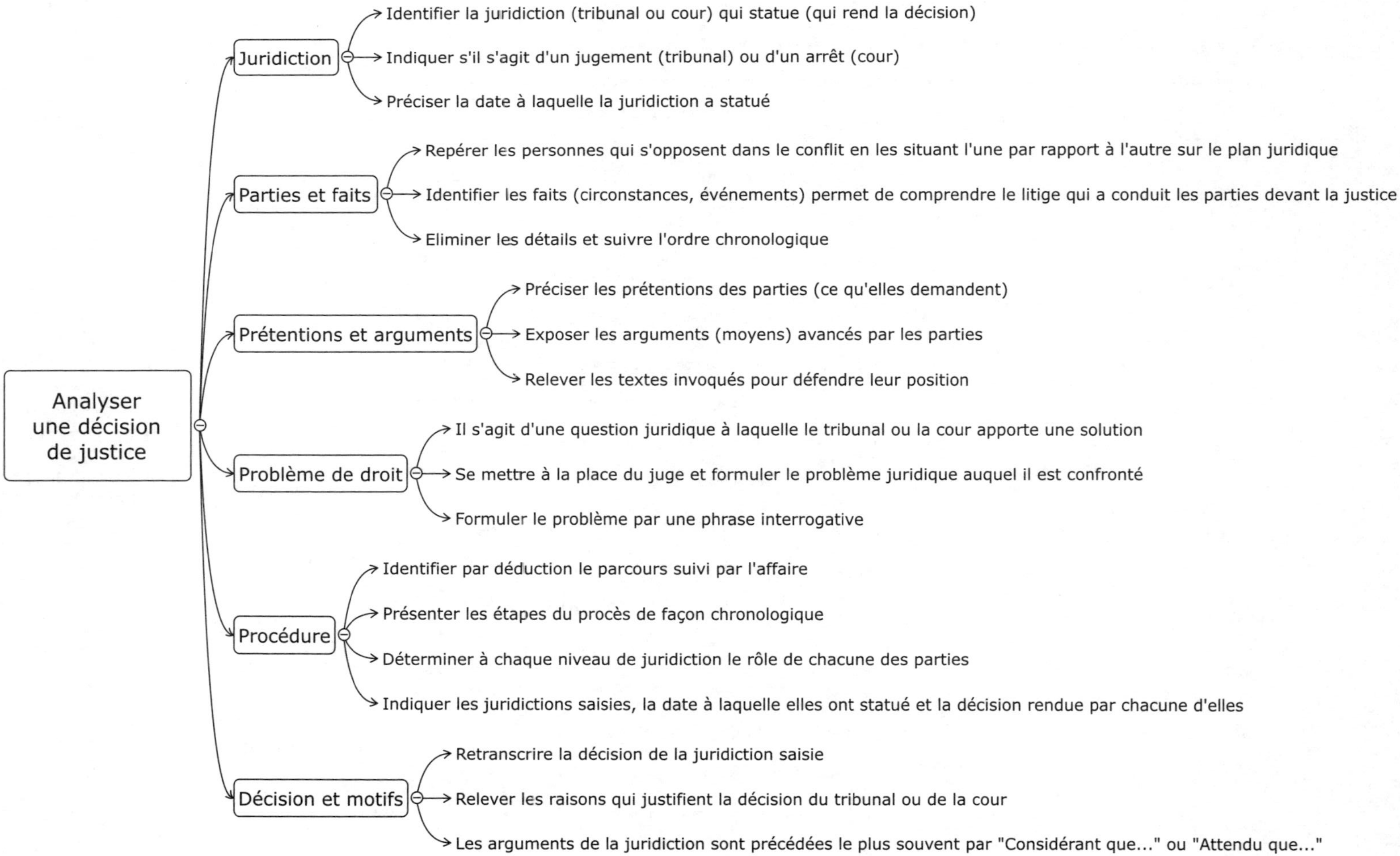

Analyser une décision de justice
Juridiction
Identifier la juridiction (tribunal ou cour) qui statue (qui rend la décision)
Indiquer s'il s'agit d'un jugement (tribunal) ou d'un arrêt (cour)
Préciser la date à laquelle la juridiction a statué
Parties et faits
Repérer les personnes qui s'opposent dans le conflit en les situant l'une par rapport à l'autre sur le plan juridique
Identifier les faits (circonstances, événements) permet de comprendre le litige qui a conduit les parties devant la justice
Eliminer les détails et suivre l'ordre chronologique
Prétentions et arguments
Préciser les prétentions des parties (ce qu'elles demandent)
Exposer les arguments (moyens) avancés par les parties
Relever les textes invoqués pour défendre leur position
Problème de droit
Il s'agit d'une question juridique à laquelle le tribunal ou la cour apporte une solution
Se mettre à la place du juge et formuler le problème juridique auquel il est confronté
Formuler le problème par une phrase interrogative
Procédure
Identifier par déduction le parcours suivi par l'affaire
Présenter les étapes du procès de façon chronologique
Déterminer à chaque niveau de juridiction le rôle de chacune des parties
Indiquer les juridictions saisies, la date à laquelle elles ont statué et la décision rendue par chacune d'elles
Décision et motifs
Retranscrire la décision de la juridiction saisie
Relever les raisons qui justifient la décision du tribunal ou de la cour
Les arguments de la juridiction sont précédées le plus souvent par "Considérant que..." ou "Attendu que..."

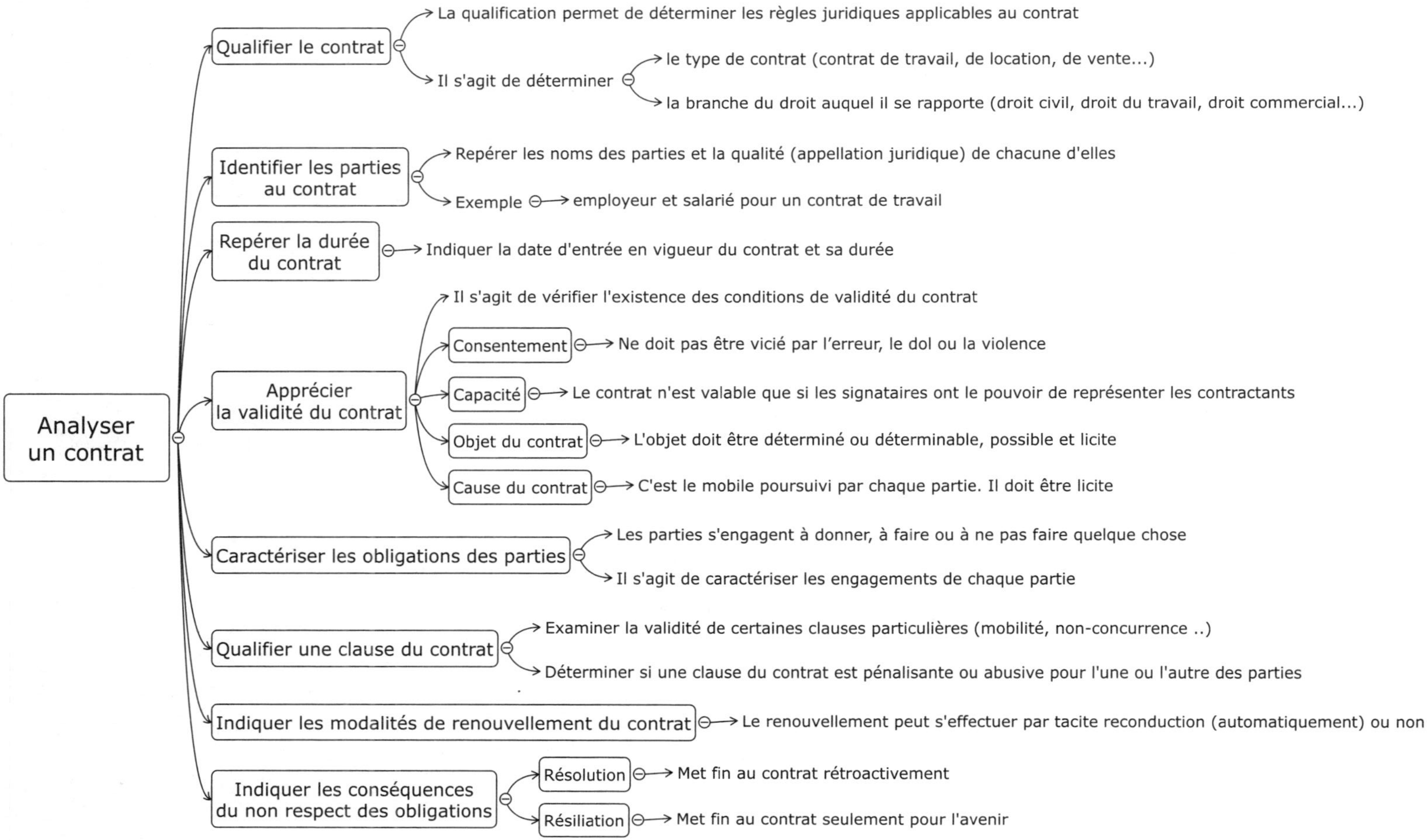
Analyser un contrat
Qualifier le contrat
La qualification permet de déterminer les règles juridiques applicables au contrat
Il s'agit de déterminer
le type de contrat (contrat de travail, de location, de vente...)
la branche du droit auquel il se rapporte (droit civil, droit du travail, droit commercial...)
Identifier les parties au contrat
Repérer les noms des parties et la qualité (appellation juridique) de chacune d'elles
Exemple
employeur et salarié pour un contrat de travail
Repérer la durée du contrat
Indiquer la date d'entrée en vigueur du contrat et sa durée
Apprécier la validité du contrat
Il s'agit de vérifier l'existence des conditions de validité du contrat
Consentement
Ne doit pas être vicié par l'erreur, le dol ou la violence
Capacité
Le contrat n'est valable que si les signataires ont le pouvoir de représenter les contractants
Objet du contrat
L'objet doit être déterminé ou déterminable, possible et licite
Cause du contrat
C'est le mobile poursuivi par chaque partie. Il doit être licite
Caractériser les obligations des parties
Les parties s'engagent à donner, à faire ou à ne pas faire quelque chose
Il s'agit de caractériser les engagements de chaque partie
Qualifier une clause du contrat
Examiner la validité de certaines clauses particulières (mobilité, non-concurrence ..)
Déterminer si une clause du contrat est pénalisante ou abusive pour l'une ou l'autre des parties
Indiquer les modalités de renouvellement du contrat
Le renouvellement peut s'effectuer par tacite reconduction (automatiquement) ou non
Indiquer les conséquences du non respect des obligations
Résolution
Met fin au contrat rétroactivement
Résiliation
Met fin au contrat seulement pour l'avenir

Entrainements par les annales
Partie juridique

Massier

Nouvelle-Calédonie – session 2011

Référentiel	**Thème 1 L'individu au travail** 122. L'adaptation aux évolutions de l'activité professionnelle 123. L'adaptation de la relation de travail par le droit négocié
Compétences	Qualifier les modifications de la relation de travail et en déduire les conséquences juridiques Apprécier l'efficacité de l'information et de la protection des salariés dans une situation donnée Identifier les enjeux d'une négociation collective Repérer l'articulation de diverses sources de droit dans une situation de travail

Le Groupe Massier SA est spécialisé dans la fabrication d'appareils à très forte valeur ajoutée dans le domaine médical. Le groupe se compose de trois sociétés dont le technocentre de Lyon. Ces trois sociétés sont contrôlées majoritairement par Massier Holding, une société de forme anonyme.

Le technocentre de Lyon est spécialisé dans l'imagerie médicale, l'un des domaines de la médecine qui a le plus progressé ces vingt dernières années. Ces récentes découvertes permettent non seulement un meilleur diagnostic mais offrent aussi de nouveaux espoirs de traitement pour de nombreuses maladies.

Le technocentre de Lyon emploie 160 salariés. Face à la concurrence chinoise qui se profile, l'entreprise est tendue sur ses objectifs. Le directeur du technocentre de Lyon entend négocier avec les partenaires sociaux un accord collectif d'évaluation et de prévention du stress professionnel. A cette fin, il envisage de convoquer les syndicats de l'entreprise pour une négociation collective.

Vous êtes l'assistant(e) de Romain MASSIER, directeur des ressources humaines et vous collaborez à différents dossiers.

Première partie - Le technocentre de Lyon

Les dernières élections au comité d'entreprise se sont déroulées le mardi 2 février 2010. Les résultats sont fournis en annexe 1.

Depuis trois ans, un nombre significatif de salariés du technocentre est syndiqué à l'Entente Syndicale Lyonnaise (ESL). Ce syndicat résulte d'une scission d'un grand syndicat français. Développant une intense activité depuis sa création, il a été très en pointe dans la dénonciation du suicide d'un salarié. Toutefois, l'ESL n'est implantée que dans le technocentre de Lyon.

M. Massier envisage de négocier un accord posant les bases d'une lutte véritable contre les formes de violence au travail.

M. Massier vous demande de lui rédiger une note structurée lui permettant de répondre aux interrogations suivantes :

1. **Un dispositif d'évaluation du stress au travail entre-t-il dans le champ d'application de la négociation collective ?**
2. **L'Entente Syndicale Lyonnaise est-elle autorisée à négocier l'accord sur le stress ?**

Deuxième partie - Le cas de Corinne Pink

Corinne Pink est assistante commerciale au technocentre de Lyon. Jeune femme vive, travaillant sérieusement, Corinne est passionnée par les technologies de la communication. Elle reçoit un grand nombre de mails à caractère personnel et en adresse une quantité impressionnante à des fins tout aussi personnelles. Certains jours, cette correspondance privée prend une heure du temps de travail de Mademoiselle Pink. Plusieurs fois, des collègues ont fait remarquer à Corinne que cet usage excessif de l'ordinateur professionnel contrevenait à la Charte informatique de l'entreprise qui interdit l'emploi à des fins privées du matériel mis à disposition des salariés. A ces remarques, Corinne rétorque que la Charte est illégale sur ce point.

Par ailleurs, sur le disque dur de Corinne, on trouve de nombreux dossiers et fichiers qui mêlent, dans un grand désordre, informations professionnelles et personnelles.

La semaine dernière Henry Ledoyen, le chef de service de Corinne, a reçu par erreur divers mails adressés par cette dernière pour prendre un rendez-vous chez le coiffeur et organiser ses prochaines vacances au Brésil. Excédé par ce comportement, il en réfère à l'employeur qui envisage de licencier Corinne pour faute. A cette fin, celui-ci souhaite convoquer Corinne à un entretien en vue de l'éventualité d'un licenciement. Il pense s'appuyer sur les copies des courriels et fichiers privés qu'il a obtenues en piratant l'ordinateur de cette salariée.

M. Massier sollicite votre conseil :

1. **Ses arguments sont-ils valables dans l'hypothèse d'un licenciement de Corinne ? A cet effet, vous analyserez le comportement de la salariée et les moyens de preuve que l'employeur peut produire.**
2. **Quelle procédure devra-t-il respecter s'il maintient sa décision de licencier ?**

Annexe 1 Résultats des élections du 2 février 2010 au comité d'entreprise

Collège des ouvriers et employés

Nombre d'inscrits	110
Nombre de votants	52
Suffrages valablement exprimés	52
Ont obtenu • liste conduite par le syndicat A • liste conduite par le syndicat B • liste conduite par ESL • liste conduite par le syndicat D	 10 12 22 08

Collège des ingénieurs, chefs de service, techniciens, agents de maîtrise et assimilés

Nombre d'inscrits	50
Nombre de votants	40
Suffrages valablement exprimés	38
Ont obtenu • liste conduite par le syndicat A • liste conduite par le syndicat B • liste conduite par le syndicat C	 02 06 30

Annexe 2 Code du travail

Article L. 2121 -1

La représentativité des organisations syndicales est déterminée d'après les critères cumulatifs suivants :

1. Le respect des valeurs républicaines
2. L'indépendance[2]
3. La transparence financière ;
4. Une ancienneté minimale de deux ans dans le champ professionnel et géographique couvrant le champ de la négociation. Cette ancienneté s'apprécie à compter de la date de dépôt légal des statuts ;
5. L'audience établie selon les niveaux de négociation conformément aux articles L. 2122-1, L. 2122-5, L. 21 22-6 et L. 2122-9 ;
6. L'influence, prioritairement caractérisée par l'activité et l'expérience ;
7. Les effectifs d'adhérents et les cotisations.

[1] La charge de la preuve incombe à l'employeur

[2] L'indépendance s'apprécie par rapport à l'employeur

Entraînements

Article L 2122-1

Dans l'entreprise ou l'établissement, sont représentatives les organisations syndicales qui satisfont aux critères de l'article L. 2121-1 et qui ont recueilli au moins 10 % des suffrages exprimés au premier tour des dernières élections des titulaires au comité d'entreprise ou à la délégation unique du personnel ou, à défaut, des délégués du personnel, quel que soit le nombre de votants.

Annexe 3 Messagerie et Internet : droits des salariés et pouvoirs de l'employeur.

Envoyer des mails personnels via sa messagerie professionnelle ou profiter de l'accès à l'Internet de l'entreprise pour son propre compte n'est pas un droit pour le salarié. Toutefois, une interdiction générale et absolue de toute utilisation (...) ne paraît pas réaliste et semble disproportionnée au regard de la jurisprudence (...) C'est pourquoi les entreprises tolèrent l'usage à titre personnel de ces outils (...) Si l'utilisation des outils informatiques de l'entreprise à des fins personnelles est tolérée par l'employeur, encore faut-il que la salarié n'en fasse par un usage abusif (...) Depuis l'arrêt Nikon (Cass. Soc, 2 octobre 2001, n°99-42.942), la jurisprudence considère que « le salarié a droit, même au temps et au lieu de travail, au respect de l'intimité de sa vie privée. Celle-ci implique en particulier le secret des correspondances. L'employeur ne peut dès lors, sans violation de cette liberté fondamentale, prendre connaissance des messages personnels émis par le salarié et reçus par lui grâce à l'outil informatique mis à sa disposition pour son travail, et cela même au cas où l'employeur aurait interdit une utilisation non professionnelle de l'ordinateur (Cass. Soc, 2 octobre 2001, n°99-42.942P)...»

«Tout ce qui n'est pas identifié comme « personnel » est réputé être professionnel, de sorte que l'employeur peut y accéder librement » (Guide CNIL, 2008, p 20).

Liaisons sociales quotidien, mercredi 19 août 2009, n°169/2009.

Sidomex

Polynésie – session 2011

Référentiel	**Thème 3** **Le contrat, support de l'activité de l'entreprise** 321. Les relations contractuelles entre personnes privées **Thème 5** **L'entreprise face au risque** 521. Identifier le risque pour protéger 523. Assumer le risque
Compétences	Qualifier une situation précontractuelle ou contractuelle Rédiger et/ou adapter tout ou partie d'un contrat Caractériser le risque inhérent à une situation professionnelle donnée et déterminer le droit applicable Identifier la nature juridique de la responsabilité dans une situation donnée

Dans le secteur du bâtiment et travaux publics (BTP) qui emploie plus d'1,5 million de salariés, les employeurs sont confrontés à des risques contractuel et professionnel aux origines diverses (conditions climatiques, contexte économique, dangerosité de l'activité...). Ce secteur enregistre à lui seul 18 % des accidents du travail. Ces accidents sont principalement la conséquence de manutentions manuelles, et des emplacements de travail.

Vous êtes l'assistant(e) de M. Grand, directeur de la société SIDOMEX BTP qui emploie 200 salariés. Cette entreprise de construction et de travaux publics est sur le point de conclure un contrat avec la SARL GD MARKET, représentée par son gérant, M. Decoin, qui prévoit l'agrandissement et la rénovation d'un hypermarché en zone non urbaine.

À l'aide de vos connaissances et de la documentation annexée, traitez les situations juridiques suivantes :

Dossier 1 – La formation du contrat

C'est la première fois que SIDOMEX BTP et GD MARKET travaillent ensemble. Le contrat entre SIDOMEX BTP et GD MARKET doit prendre effet le 25 avril de l'année N. Le chantier doit débuter le 1er juin de l'année N et la réception des travaux est prévue pour le 1er octobre de l'année N. M. Decoin a exigé l'introduction d'une clause relative à des pénalités de retard qui figure à l'article 15 du contrat.

1. **M. Grand a rédigé un projet de contrat qui devra être signé avec la SARL GD MARKET. Il vous soumet ce projet et vous demande d'en vérifier les conditions de validité. Justifiez votre réponse.**

2. **M. Grand vous demande d'apprécier l'intérêt et la validité pour sa société de la clause énoncée dans l'article 15 du contrat.**

Dossier 2 – Le risque professionnel

Jeudi 15 juin au matin, un accident s'est produit sur le chantier. Un ouvrier de 20 ans, Pierre LOUIS, manœuvrait le bras articulé d'une toupie de béton (*) pour couler la dalle du bâtiment en construction, quand un arc électrique (**) se serait produit à l'approche d'une ligne moyenne tension de 20 000 volts. Électrisé, le jeune employé de la société SIDOMEX BTP a été grièvement blessé aux mains, aux pieds et au thorax.

Conformément aux consignes de sécurité énoncées dans le règlement intérieur, le salarié portait au moment de l'accident, l'équipement de sécurité (casques, chaussures, gants...). Le salarié n'a commis aucune faute dans l'exécution de sa tâche, et aucune information sur le risque d'arc électrique n'avait été portée à sa connaissance.

(*) Le fonctionnement d'une toupie à béton : un camion malaxeur ou camion toupie désigne un camion spécialisé dans le transport du béton frais. Le camion, pour l'essentiel pourvu d'un réservoir rotatif en forme de toupie est incliné suivant un axe presque horizontal. Les camions toupies sont parfois équipés d'une pompe à béton, permettant de transporter le béton directement sur le lieu de coulage. Lorsque le bras d'une pompe à béton est déployé, sa longueur varie entre 5 et 50 mètres.

(**) Distances de sécurité et lignes électriques : des lignes électriques peuvent passer à proximité du chantier. Cela représente un danger pour la pompe à béton si elle entre en contact avec l'arc électrique. Il est important de garantir une distance minimum entre la pompe à béton et les lignes électriques pour garantir la sécurité électrique. Cette distance varie selon la tension de la ligne électrique. Cette distance dépend du danger de l'arc électrique. La distance minimale entre l'engin et les lignes électriques est de 3 mètres si la tension est inférieure à 57 000 V et 5 mètres dans le cas contraire.

3. **M. Grand souhaite connaître les risques encourus par sa société à la suite de cet accident. Justifiez votre réponse.**

Dossier 3 – L' exécution du contrat

Au cours du mois de septembre de l'année N, de violents orages ont retardé la poursuite du chantier qui a été inondé et rendu inaccessible pendant toute une semaine. De ce fait, la réception des travaux n'a pu avoir lieu comme prévu le premier octobre ; elle a été reportée au 20 octobre. Un contentieux se crée entre les parties.

4. **M. Grand vous demande de présenter les conséquences juridiques pour l'entreprise SIDOMEX BTP de ce retard de livraison.**

Annexe 1 Extraits du contrat

La société SIDOMEX BTP Société anonyme au capital de 3 295 658 € ayant son siège social 12 rue Charles Martin 87100 LIMOGES, représentée par M. Grand Président du Conseil d'administration, dénommé le Prestataire,
Et
La société GD Market, au capital de 5 742 906 €, ayant son siège social 1 Esplanade de Franco 19 100 Brive-la-Gaillarde représentée par M. Decoin, dénommé le Client,
Il a été convenu ce qui suit :

Article 1 : objet

Le présent contrat est un contrat de prestations de service ayant pour objet la rénovation et l'agrandissement de la surface commerciale selon la mission définie au cahier des charges intégré au présent contrat.

Article 2 : prix

En contrepartie de la réalisation des prestations définies dans le cahier des charges, le client versera au prestataire la somme de 2 000 000 €, ventilée de la manière suivante :

- 500 000 € à la signature du contrat,
- 500 000 € au 45ème jour suivant la signature du contrat,
- 1 000 000 €, constituant le solde, à la réception des travaux.

Article 3 : durée

Le prestataire s'engage à débuter les travaux le 1er juin de l'année N. La réception des travaux est fixée au 1er octobre de l'année N [...]

Article 6 : nature des obligations

Pour l'accomplissement des prestations prévues au cahier des charges, le prestataire s'engage à donner ses meilleurs soins, conformément aux règles de l'art. La présente obligation constitue une obligation de résultat. [...]

Article 15 : pénalités

Toute méconnaissance des délais stipulés à l'article 3 ci-dessus, engendrera l'obligation pour le prestataire de payer au client la somme de 16 000 €, par jour de retard.

Fait à Limoges, Le

Signature du client :
M. Decoin gérant GD Market

Signature du prestataire :
M. Grand, Président société SIDOMEX BTP

Entrainements

Annexe 2 Extraits du Code civil

Article 1134

Les conventions légalement formées tiennent lieu de loi à ceux qui les ont faites.

Article 1147

Le débiteur est condamné, s'il y a lieu, au paiement de dommages et intérêts, soit à raison de l'inexécution de l'obligation, soit à raison du retard dans l'exécution, toutes les fois qu'il ne justifie pas que l'inexécution provient d'une cause étrangère qui ne peut lui être imputée, encore qu'il n'y ait aucune mauvaise foi de sa part.

Article 1148

Il n'y a lieu à aucun dommages et intérêts lorsque, par suite d'une force majeure ou d'un cas fortuit, le débiteur a été empêché de donner ou de faire ce à quoi il était obligé, ou a fait ce qui lui était interdit.

Article 1382

Tout fait quelconque de l'homme, qui cause à autrui un dommage, oblige celui par la faute duquel il est arrivé à le réparer.

Article 1383

Chacun est responsable du dommage qu'il a causé non seulement par son fait, mais encore par sa négligence ou par son imprudence.

Annexe 3 Arrêt de la Cour de cassation Cour de cassation, chambre sociale, du 11 avril 2002

Sur le moyen unique, pris en sa seconde branche :

Vu l'article 1147 du Code civil, ensemble l'article L. 230-2 du Code du travail, et les articles L. 411-1 et L. 452-1 du Code de la sécurité sociale;

Attendu qu'en vertu du contrat de travail le liant à son salarié, l'employeur est tenu envers ce dernier d'une obligation de sécurité de résultat, notamment en ce qui concerne les accidents du travail; que le manquement à cette obligation a le caractère d'une faute inexcusable, au sens de l'article L. 452-1 du Code de la sécurité sociale, lorsque l'employeur avait ou aurait dû avoir conscience du danger auquel était exposé le salarié, et qu'il n'a pas pris les mesures nécessaires pour l'en préserver ;

Attendu, selon les énonciations des juges du fond, que, le 13 mai 1994, Miloud Y..., salarié de la société C---- industrie, a été retrouvé mourant à son poste de travail, le crâne fracassé par le tour multibroches sur lequel il travaillait et dont les capots de protection avaient été déposés ; que, le 6 juin 1995, le tribunal correctionnel a condamné le dirigeant de la société C---- industrie des chefs d'homicide par imprudence et de violation des mesures relatives à l'hygiène et à la sécurité du travail à raison du défaut de protection des tubes guide-barres ;

Attendu que la cour d'appel a rejeté la demande d'indemnisation fondée sur l'existence d'une faute inexcusable de l'employeur formée par Mme X..., veuve de la victime, aux motifs que la condamnation pénale de l'employeur n'entraîne reconnaissance d'une faute inexcusable que si cette faute a été la cause déterminante de l'accident du travail de Miloud Y..., que même si l'absence de protection au niveau des tubes guide-barres a constitué une infraction pénalement sanctionnée, il ne peut cependant être considéré, eu égard aux circonstances demeurées inconnues de l'accident, que c'est ce défaut de protection qui en a été la cause déterminante, et qu'en fonction de ces éléments, lesquels ne permettent pas d'expliquer quel type d'intervention la victime a pu effectuer sur une machine qui ne se trouvait pas à l'arrêt, ni pourquoi elle a avancé la tête dans la zone dangereuse du tour, il y a lieu de considérer que l'employeur ne pouvait avoir conscience du danger auquel il exposait son salarié en l'affectant à une machine sur laquelle il était habitué à travailler ;

Attendu qu'en statuant ainsi par des motifs inopérants la cour d'appel a violé les textes susvisés ;

Par ces motifs, et sans qu'il y ait lieu de statuer sur la première branche :

CASSE ET ANNULE, dans toutes ses dispositions, l'arrêt rendu le 29 juin 1999, entre les parties, par la cour d'appel de Dijon ; remet, en conséquence, la cause et les parties dans l'état où elles se trouvaient avant ledit arrêt et, pour être fait droit, les renvoie devant la cour d'appel de Lyon.

La ferme avicole

Métropole – session 2011

Référentiel	**Thème 3** **Le contrat, support de l'activité de l'entreprise** **322. Les relations contractuelles avec la personne publique** 322-1 Caractéristiques du contrat administratif 322-4 Exécution du contrat **Thème 4** **L'immatériel dans les relations économiques** **421 L'immatériel et les relations contractuelles** 421-1 Offre commerciale électronique 421-3 Contrat électronique
Compétences	Qualifier une situation contractuelle impliquant une personne publique Analyser une relation contractuelle et ses effets juridiques Apprécier si l'offre commerciale électronique est conforme au droit positif Rédiger et qualifier quelques clauses d'un contrat électronique Apprécier l'opportunité de tout ou partie d'un contrat par rapport à des objectifs et sa légalité

«*L'élevage familial de poules tiendra une place importante dans les habitudes des français de demain*». C'est la phrase que n'a cessé de répéter Yves Morel, le gérant de l'EURL « Ferme avicole normande », lors du salon de l'agriculture de 2010.

Depuis plus de 20 ans, il commercialise, en effet, du matériel pour l'élevage familial des volailles ainsi que des poules pondeuses, à chairs et d'ornements, il croit fermement au développement de ces élevages familiaux, notamment dans le cadre de la réduction des déchets ménagers. Selon ses propos, une poule mange entre 50 et 150 kilos de déchets ménagers par an, selon la race.

Son argumentation commence à séduire :

- Il a été contacté par le maire d'une commune rurale de Seine Maritime. Ce maire souhaite proposer à ses habitants d'adopter des poules pour diminuer la quantité de déchets ramassés par les services communaux et donc, à terme, baisser la taxe sur les ordures ménagères. Un partenariat entre la mairie et la «Ferme avicole normande» pourrait ainsi voir le jour, notamment pour fournir la commune en gallinacés.
- Beaucoup de ses clients, des particuliers, lui suggèrent de commercialiser ses produits par internet. M. Morel souhaite donc se lancer dans le commerce en ligne.

M. Morel a fait appel au cabinet de conseil «Kéops» spécialisé dans l'aide aux PME. Vous êtes l'assistant(e) du directeur.

Première partie - Le partenariat avec une commune de Seine Maritime

La «Ferme avicole normande » a signé un contrat (annexe 1) avec la commune X concernant la fourniture de 1 800 poules sur trois années.

Au bout d'une année de partenariat, la commune a décidé de résilier unilatéralement le contrat. Les habitants n'ont, dans l'ensemble, pas adhéré à la démarche de la commune et ne souhaitent pas adopter de gallinacés.

La commune X, ne sachant plus que faire des poules, pense donc sérieusement abandonner le projet. Elle est prête à lui verser une indemnisation, consciente des problèmes économiques que cette décision peut engendrer pour la « Ferme avicole normande ».

1. **Conseillez l'EURL « Ferme avicole normande » quant à la justification et à la légalité de la résiliation unilatérale demandée par la commune X.**

Deuxième partie – La vente par internet

Yves Morel a décidé d'accroître ses ventes par le biais d'Internet. Il a créé un site de ventes en ligne qui propose l'ensemble du catalogue de l'entreprise. Cependant, si Yves Morel est habitué à la vente classique, les règles en matière de commerce électronique lui échappent un peu.

2. **Appréciez la validité du processus de l'article 3 des conditions générales de vente et modifiez cet article si nécessaire.**

Troisième partie – Une couveuse défectueuse

La mise en place d'un site de ventes en ligne est une réussite pour la «Ferme avicole normande». Le chiffre d'affaires a été multiplié par deux en l'espace de deux mois. C'est la couveuse NX 22 qui connaît le plus grand succès. L'entreprise en a écoulé plus de 50. Ce succès risque fort de ne pas être pérenne depuis l'accident qu'a subi un particulier, client de l'entreprise un court-circuit de la couveuse a provoqué un incendie, qui n'a, heureusement, fait aucune victime. Il s'agit probablement d'un défaut de fabrication. Mais l'information a très vite circulé sur la toile et aujourd'hui, un autre client, un particulier, souhaite se rétracter suite à l'achat d'une couveuse NX 22, livrée il y a trois jours, qu'il avait commandée par Internet.

3. **Dans une note structurée :**

- **vous apprécierez la légalité de la demande de rétractation du contrat électronique du client de l'EURL « Ferme avicole normande » ;**

- **vous indiquerez les fondements juridiques sur lesquels pourraient s'appuyer les clients de l'EURL « Ferme avicole normande » dans le cas où ils subiraient un dommage du fait de la défectuosité de la couveuse NX 22.**

Annexe 1 **Extrait du contrat conclu entre la commune et l'Eurl Ferme de Cailly**

MARCHE PUBLIC DE FOURNITURE DE POULES

Entre : La commune X, représentée par son Maire, Ci-après dénommée la Collectivité, d'une part,
Et : EURL « Ferme avicole normande », 20 Rue Neuve, 76690 Cailly, téléphone: 02 35 35 XX XX, représentée par son Gérant, M. Yves Morel, Ci-après dénommé le fournisseur, d'autre part,
Il a été convenu ce qui suit :

Article 1 - Objet de la mission

Il est confié au fournisseur la mission de fournir à la Collectivité des poules pondeuses en vue de réduire le volume des déchets ménagers ramassés.

Article 2 - Définition de la mission

La mission consiste à fournir à la commune 600 poules pondeuses par an âgées de plus de huit mois et de moins de deux ans. Ces poules, de race Marans, seront vaccinées contre la maladie de Marek par le fournisseur.

Article 3 — Exclusion

Est exclue de la mission la livraison des poules aux habitants, qui sera effectuée par les services de la Collectivité.

Article 4 — Rémunération de la mission

La rémunération est fixée à 5 € la poule vendue. Le fournisseur sera payé à terme échu par échéances trimestrielles payables les 1er mars, 1er juin, 1er septembre et 1er décembre et sur présentation des factures.

Article 5 — Durée du marché

Le présent marché public est conclu pour une durée de trois ans à compter de sa date d'effet fixée contractuellement au 1er janvier 2011.

Annexe 2 Éléments de jurisprudence

Sur l'indemnité demandée par le sieur X... pour rupture abusive du contrat :
Considérant qu'à la suite du décès de l'architecte chargé, par une décision du 11 septembre 1959, de prêter son concours au projet d'extension de l'école normale d'apprentissage de jeunes filles de Toulouse, le sieur X... a été désigné, par une décision du ministre de l'Éducation nationale en date du 26 février 1962, pour établir le dossier d'exécution et assurer la réalisation de ce projet; que la mission confiée au sieur X... a fait l'objet d'une convention, en date du 26 septembre 1962, [...];

Considérant que l'abandon du projet par l'administration a constitué en l'espèce pour celle-ci, un motif légitime de résiliation; qu'il résulte de l'instruction que le sieur X... a été informé, dès le 14 mars 1966, de l'abandon définitif du projet d'extension de l'école normale et qu'il a perçu, pour les prestations qu'il avait fournies, des honoraires calculés dans les conditions prévues par l'article 7, alinéa 3, de la convention du 26 septembre 1962 pour "le cas où les modifications décidées par le maître de l'ouvrage seraient d'une telle importance que l'étude doive être reprise fondamentalement sur de nouvelles bases" ; [...]. Que, si l'administration n'a pas renoncé à construire, à Toulouse, des locaux destinés à recevoir une école normale d'apprentissage de jeunes filles, le nouveau programme, établi en 1970, présente, tant en ce qui concerne l'implantation des bâtiments que leur importance et leur mode de construction, le caractère d'un projet différent de celui qui faisait l'objet de la convention passée avec le sieur X... ; que celui-ci, dès lors, ne saurait se prévaloir d'aucun droit à l'attribution du nouveau contrat; qu'il n'est pas fondé, par suite, à soutenir que c'est à tort que, par le jugement attaqué en date du 6 novembre 1975, le tribunal administratif de Toulouse a rejeté sa demande d'indemnité;

DÉCIDE : Article 1er - La requête du sieur X... est rejetée.

Conseil d'État, 8 décembre 1978, Bergerioux, n°1708

Annexe 3 Extrait des conditions générales de vente

Article 3 : Commande

Le client clique sur « commander », sélectionne le ou les produits qui l'intéresse(nt), précise la quantité souhaitée, saisit ses coordonnées, le mode de livraison ainsi que le mode de paiement.

Dès la prise en compte de sa commande, le client reçoit un courriel lui indiquant la date de livraison.

Article 8 : Paiement

Le règlement des achats s'effectue en euros :

- Soit par chèque bancaire à l'ordre de «Ferme avicole normande» et adressé à Ferme du Cailly, 20 Rue Neuve, 76690 Cailly. Dans ce cas, la commande ne sera traitée qu'à la réception du chèque

- Soit par mandat lettre adressé à : Ferme avicole normande, 20 Rue Neuve, 76690 Cailly
- Soit par carte bancaire : carte gold, visa ou MasterCard.

Article 11 : Retour, remboursement et échange

Conformément aux articles L121-16 et suivants du Code de la consommation, le client dispose d'un délai de 7 jours à compter de la livraison pour retourner le ou les produits ne lui convenant pas.

Le client dispose de 15 jours pour retourner son article et en demander l'échange. Dans les deux cas, le retour des produits devra s'effectuer dans leur emballage d'origine, en parfait état et complet.

Les produits retournés incomplets, abîmés, endommagés ou utilisés ne pourront ni être échangés, ni être remboursés.

La « Ferme avicole normande » procédera au remboursement par chèque.

Annexe 4 — Extraits du Code civil

Article 1134 : Les conventions légalement formées tiennent lieu de loi à ceux qui les ont faites. Elles ne peuvent être révoquées que de leur consentement mutuel, ou pour les causes que la loi autorise. Elles doivent être exécutées de bonne foi.

Article 1386-6 : Est producteur, lorsqu'il agit à titre professionnel, le fabricant d'un produit fini, le producteur d'une matière première, le fabricant d'une partie composante. (...)

Article 1386-7 : Si le producteur ne peut être identifié, le vendeur, le loueur, à l'exception du crédit-bailleur ou du loueur assimilable au crédit-bailleur, ou tout autre fournisseur professionnel, est responsable du défaut de sécurité du produit, dans les mêmes conditions que le producteur, à moins qu'il ne désigne son propre fournisseur ou le producteur, dans un délai de trois mois à compter de la date à laquelle la demande de la victime lui a été notifiée.

Source: Code civil; éditions Dalloz; 2009

Rêves de jardins

Métropole – session 2012

Référentiel	**Thème 1** **l'individu au travail** **121 Les régimes juridiques de l'activité professionnelle** 121-2 Régime juridique du salarié de droit privé **Thème 2** **Les structures et les organisations** **222. La pérennité de l'entreprise** 222-2 Cessation de paiement 222-3 Conséquences de la procédure pour les créanciers **Thème 4** **L'immatériel dans les relations économiques** **423. L'immatériel et la protection de la personne** 423-3 Statut des formes particulières de travail salarié
Compétences	Analyser tout ou partie d'un engagement professionnel Vérifier la légalité des formalités et des conditions d'accès à une profession et d'une procédure de recrutement Analyser les difficultés d'une entreprise et caractériser la procédure à mettre en œuvre ou à préconiser Apprécier la légalité d'une situation au regard de la protection de la personne dans la sphère privée et professionnelle Caractériser les éléments principaux de cette protection

RÊVES DE JARDINS est une entreprise familiale installée depuis 10 ans sur la côte landaise. Son gérant, M. LABORDE, a su exploiter le dynamisme du secteur du paysage pour développer des activités liées à la création, l'aménagement et à l'entretien des jardins.

Les services administratif, commercial et technique de l'entreprise emploient 25 personnes à temps plein. Un bureau d'études composé de deux salariés permet de travailler sur les projets définis avec une clientèle de particuliers et d'entreprises.

Pour accompagner le développement de l'entreprise, M. LABORDE a misé sur l'utilisation massive des TIC ; il a pu ainsi réduire le délai de réponse aux clients, augmenter la productivité et rester en contact permanent avec les équipes de terrain.

Malgré le ralentissement de la croissance, M. LABORDE veut saisir les opportunités liées à la protection de l'environnement et à l'engouement des Français pour les espaces verts. Il envisage de développer un nouveau secteur d'activité, celui des «bassins écologiques»[1].

[1] Le « bassin écologique », encore appelé bassin naturel, fonctionne sur le principe du lagunage (lagune) basé sur la filtration de l'eau par les plantes aquatiques et divers organismes vivants.

En tant qu'assistant(e), vous conseillez M. LABORDE sur trois dossiers juridiques.

Dossier 1 – Le recrutement d'un salarié (annexes 1 à 3)

M. LABORDE souhaite recruter pour la nouvelle activité «bassins écologiques» un commercial paysagiste. Etant donné l'importance des missions qui seront confiées à ce salarié et l'autonomie dont il disposera dans son travail, M. LABORDE veut éviter toute erreur de recrutement. Il vous transmet ses exigences par note (annexe 1). M. LABORDE veut pouvoir accorder toute sa confiance au salarié qui sera recruté. Or, des études très récentes[2] sur les CV l'inquiètent. En effet, les statistiques sont alarmantes : plus de 70 % des CV seraient « faussés ».

1. **Apprécier la légalité de la procédure de recrutement définie par M.LABORDE**
2. **Identifier le principe général auquel les candidats sont soumis lors d'un processus de recrutement. Préciser le risque encouru en cas de non respect de ce principe.**

[2] Etudes « Processus de recrutement et chasse aux CV truqués » de Financial Carreers avril 2011 6e édition de l'étude du cabinet de Florian Mentione —article Ouest-France- septembre 2011.

Dossier 2 – L'exécution du contrat d'un salarié en télétravail (annexe 4)

Monsieur LABORDE a décidé d'embaucher le nouveau commercial paysagiste en « télétravail ». Le salarié accomplira quatre jours sur cinq en dehors de l'entreprise, soit chez les clients (démarchage, conseil, contrôle des chantiers, des équipes), soit à son domicile (mise en forme des projets, élaboration des devis, commandes des matériaux...). Il pourra se connecter au réseau de l'entreprise et avoir accès aux données professionnelles nécessaires à son activité.

M. LABORDE souhaite s'assurer que le futur salarié n'utilisera pas le matériel à des fins personnelles et envisage de mettre en place un moyen de surveillance.

3. **Rappeler à M. LABORDE les obligations de l'employeur en matière de télétravail.**

Dossier 3 – Le défaut de paiement d'un client (annexe 5)

Le nouveau commercial paysagiste en « télétravail » a conclu un contrat important avec un parc animalier et botanique « PARCABO », pour l'installation de trois bassins écologiques. Le parc connaît depuis quelque temps une baisse de fréquentation et espère ainsi relancer son activité. Cette prestation a donné lieu à l'établissement d'une facture datée du 25 février 2012 d'un montant de 75 000 € HT. Le paiement de la facture est prévu fin mars.

Le 10 avril ce client annonce à Monsieur LABORDE que sa situation financière s'est dégradée et qu'il est dans l'impossibilité de régler le montant de la facture car son actif disponible ne lui permet plus de faire face à son passif exigible. Les procédures amiables engagées n'ont pas abouti. Cependant, il souhaiterait conclure un contrat de maintenance des bassins avec l'entreprise REVES DE JARDIN afin de permettre l'utilisation des bassins pour la saison qui s'annonce.

4. **Dans une note structurée et argumentée à destination de M. Laborde, qualifier la situation du client PARCABO, identifier la procédure judiciaire qui permettra d'assurer la continuation de l'exploitation, indiquer les effets de la procédure judiciaire sur les créances existantes et à venir.**

Annexe 1 Les exigences de M. LABORDE

1. L'offre d'emploi (presse spécialisée et Internet)

Je souhaite recruter un commercial paysagiste capable de concevoir et de réaliser tout travail d'aménagement paysager sur des sites très divers. Il sera également responsable d'un secteur de 30 km autour de Mont-de-Marsan. Il devra :

- être jeune (entre 25 et 35 ans), de sexe masculin de préférence (ou de sexe féminin mais sans obligation familiale)
- être titulaire d'un BTSA (aménagements paysagers) au minimum
- posséder une expérience de 3 ans minimum dans les fonctions demandées
- avoir des connaissances particulières dans les bassins écologiques

Il présentera les qualités suivantes :

- être créatif,
- avoir le sens de l'organisation,
- être très autonome (télétravail proposé sur 4 jours par semaine)
- avoir des qualités relationnelles et commerciales
- être capable de diriger une équipe sur le terrain
- être résistant physiquement.

Contrat proposé : CDI à temps complet dont 4 jours en télétravail, 2 000 € brut.

2. Méthodes et techniques utilisées au cours du recrutement

Le candidat devra :

- remplir un questionnaire (détails de sa formation, de ses expériences, projets menés, raisons du choix de l'entreprise REVES DE JARDIN, projet de carrière)
- répondre à des questions orales sur sa vie privée, sa santé et ses projets personnels réaliser des tests professionnels (simulations, questions techniques, de management) se soumettre à un examen graphologique.

Annexe 2 Extraits du Code du travail

Article L 1132-1 du Code du travail

Aucune personne ne peut être écartée d'une procédure de recrutement ou de l'accès à un stage ou à une période de formation en entreprise (...) en raison de son origine, de son sexe, de ses mœurs, de son orientation sexuelle, de son âge, de sa situation de famille ou de sa grossesse, de ses caractéristiques génétiques, de son appartenance ou de sa non- appartenance, vraie ou supposée, à une ethnie, une nation ou une race, de ses opinions politiques, de ses activités syndicales ou mutualistes, de ses convictions religieuses, de son apparence physique, de son nom de famille ou en raison de son état de santé ou de son handicap.

Article L. 1221-6 du Code du travail

Les informations demandées, sous quelque forme que ce soit, au candidat à un emploi ne peuvent avoir comme finalité que d'apprécier sa capacité à occuper l'emploi proposé ou ses aptitudes professionnelles.
Ces informations doivent présenter un lien direct et nécessaire avec l'emploi proposé ou avec l'évaluation des aptitudes professionnelles.
Le candidat est tenu de répondre de bonne foi à ces demandes d'informations.

Annexe 3 Article 1109 du Code civil

Il n'y a point de consentement valable si le consentement n'a été donné que par erreur ou s'il a été extorqué par violence ou surpris par dol.

Annexe 4 Accord National Interprofessionnel du 19 juillet 2005 sur le télétravail (extraits)

Article 1 - Définition

Le télétravail est une forme d'organisation et/ou de réalisation du travail, utilisant les technologies de l'information dans le cadre d'un contrat de travail et dans laquelle un travail, qui aurait également pu être réalisé dans les locaux de l'employeur, est effectué hors de ces locaux de façon régulière.

Cette définition du télétravail permet d'englober différentes formes de télétravail régulier répondant à un large éventail de situations et de pratiques sujettes à des évolutions rapides.

[...]

Le caractère régulier exigé par la définition n'implique pas que le travail doit être réalisé en totalité hors de l'entreprise, et n'exclut donc pas les formes alternant travail dans l'entreprise et travail hors de l'entreprise.

Article 2 - Caractère volontaire

Le télétravail revêt un caractère volontaire pour le salarié et l'employeur concernés. Le télétravail peut faire partie des conditions d'embauche du salarié ou être mis en place, par la suite, sur la base du volontariat. Dans ce cas, il doit faire l'objet d'un avenant au contrat de travail.

Article 6 - Vie privée

L'employeur est tenu de respecter la vie privée du télétravailleur. A cet effet, il fixe, en concertation avec le salarié, les plages horaires durant lesquelles il peut le contacter.

Si un moyen de surveillance est mis en place, il doit être pertinent et proportionné à l'objectif poursuivi et le télétravailleur doit en être informé.

La mise en place, par l'employeur, de tels moyens doit faire l'objet d'une information et d'une consultation préalable du comité d'entreprise ou, à défaut, des délégués du personnel dans les entreprises qui en sont dotées.

www.éditions-législatives.fr 2011

Annexe 5 Extraits du Code de commerce

Article L631-1

Il est institué une procédure de redressement judiciaire ouverte à tout débiteur [...] qui, dans l'impossibilité de faire face au passif exigible avec son actif disponible, est en état de cessation des paiements. La procédure de redressement judiciaire est destinée à permettre la poursuite de l'activité de l'entreprise, le maintien de l'emploi et l'apurement du passif. Elle donne lieu à un plan arrêté par jugement à l'issue d'une période d'observation [...].

Article L622-21

I. Le jugement d'ouverture interrompt ou interdit toute action en justice de la part de tous les créanciers [...] et tendant :

1. à la condamnation du débiteur au paiement d'une somme d'argent ;
2. à la résolution d'un contrat pour défaut de paiement d'une somme d'argent.

II. Il arrête ou interdit également toute procédure d'exécution de la part de ces créanciers tant sur les meubles que sur les immeubles ainsi que toute procédure de distribution n'ayant pas produit un effet attributif avant le jugement d'ouverture. [...]

Article L622-24

A partir de la publication du jugement, tous les créanciers dont la créance est née antérieurement au jugement d'ouverture, à l'exception des salariés, adressent la déclaration de leurs créances au mandataire judiciaire [...].

Les créances nées régulièrement après le jugement d'ouverture, [...] sont soumises aux dispositions du présent article. Les délais courent à compter de la date d'exigibilité de la créance.

Article L611-11

En cas d'ouverture d'une procédure de sauvegarde, de redressement judiciaire ou de liquidation judiciaire, les personnes qui avaient consenti, dans l'accord homologué [...] un nouvel apport en trésorerie au débiteur en vue d'assurer la poursuite d'activité de l'entreprise et sa pérennité, sont payées, pour le montant de cet apport, par privilège avant toutes les autres créances, [...]. Les personnes qui fournissent, dans l'accord homologué, un nouveau bien ou service en vue d'assurer la poursuite d'activité de l'entreprise et sa pérennité bénéficient du même privilège pour le prix de ce bien ou de ce service.

Flonn

Polynésie – session 2012

Référentiel	**Thème 1**	**L'individu au travail** 122. L'adaptation aux évolutions de l'activité professionnelle
	Thème 3	**Le contrat, support de l'activité de l'entreprise** 321. Les relations contractuelles entre personnes privées
	Thème 5	**L'entreprise face au risque** 523. Assumer le risque 523-1. Notions de dommage, réparation et responsabilité
Compétences	Qualifier les modifications de la relation de travail et en déduire les conséquences juridiques Apprécier la validité et les effets juridiques d'arrangements contractuels Identifier la nature juridique de la responsabilité dans une situation donnée Analyser une situation de dommage	

La SARL FLONN est une entreprise spécialisée dans la restauration évènementielle. Elle propose ses services pour des réceptions privées (Pacs, mariage, baptême, ...) et d'entreprises (table d'affaires, vernissage,...).

Son gérant, M. Ducas a choisi d'augmenter son chiffre d'affaires en développant l'activité de son site Internet (www.besoindunchef.com) à partir duquel les clients ont la possibilité de passer leurs commandes selon différentes formules (menus préétablis ou personnalisés).

L'entreprise se distingue par sa démarche éco-citoyenne (produits issus de l'agriculture biologique, conditionnements recyclables, norme ISO 14 001) et son engagement pour la qualité de ses produits. Concernant ce dernier point, M. Ducas a décidé de mettre en place un contrôle drastique du processus de production. Ainsi, chaque commande fait l'objet d'un traitement informatisé grâce à un progiciel de traçabilité alimentaire (PTA) qui permet de vérifier à tout moment les éléments de sécurité alimentaire et d'établir avec précision le numéro de la commande, le nom du client, l'origine des produits, la date et l'heure de réalisation des repas, ainsi que l'identité de l'agent les ayant confectionnés.

Un système de vidéo surveillance est également installé dans l'atelier de préparation des commandes.

En tant qu'assistant(e) de M. Ducas, vous devez traiter les situations juridiques suivantes, à l'aide de vos connaissances et de la documentation annexe jointe.

Dossier 1 – Litige dans l'exécution d'un contrat (annexe 1)

L'association « Le Jardin Bio » dont le but est de prodiguer des conseils dans la réalisation de potagers biologiques en zone urbaine a décidé d'organiser une manifestation pour fêter ses 10 ans d'existence. A ce titre, tous les membres de l'association ont été conviés à une journée festive. Mme Herbeval, présidente de l'association, a passé à cette occasion une commande d'un repas bio sur le site «besoindunchef.com» pour un montant de 2 300 €.

Or, le jour de la manifestation, Mme Herbeval découvre une erreur de livraison. Au lieu des repas bio commandés, on lui a livré des pizzas destinées à un club sportif. Immédiatement contacté par téléphone, M. Ducas, gérant de la SARL FLONN a présenté ses excuses pour l'erreur, tout en renvoyant Mme Herbeval aux conditions générales de vente (CGV), acceptées par l'Association lors de la commande, et dans lesquelles il est stipulé :

Article 14 : « En dehors des cas de réparation de dommages corporels relevant de la responsabilité du fait des produits défectueux, tels que définis à l'article 1386-4 du Code civil, la société FLONN ne pourra être tenue de répondre de quelque autre conséquence ou dommage que ce soit à l'égard de ses clients ».

1. **Apprécier la validité de l'article 14 des conditions générales de vente de la société FLONN.**

Dossier 2 – Les conséquences internes d'un litige (annexes 2 et 3)

Après consultation du progiciel de traçabilité alimentaire (PTA) de la société et du système de vidéosurveillance, M. Ducas a pu déterminer qu'un salarié de l'entreprise, M. Lapendrie, était à l'origine de l'erreur commise dans la préparation des menus de la commande destinée à Mme Herbeval. M. Ducas ignore s'il peut utiliser les données recueillies par ces systèmes pour établir la preuve de la faute du salarié.

2. **Préciser si la consultation du système de vidéosurveillance peut permettre à M. Ducas de prouver la faute du salarié ?**

M. Ducas a convoqué M. Lapendrie à un entretien au cours duquel ce dernier a reconnu sa faute dans la préparation de la commande. Soucieux d'éviter toute nouvelle erreur, M. Ducas estime que le maintien de M. Lapendrie à son poste n'est plus possible. Il envisage de le reclasser dans des fonctions à moindre responsabilité au sein d'un autre service de l'entreprise. Il se pose toutefois la question de savoir quelle pourrait être son action en cas d'un éventuel refus de M. Lapendrie.

3. **Présenter les solutions qui s'offrent à M. Ducas en cas de refus de reclassement de M. Lapendrie**

Dossier 3 – L'action en responsabilité

Deux jours après le repas organisé par l'association « Le Jardin Bio », M. Ducas reçoit un coup de fil de l'assureur de sa société. Ce dernier lui signale qu'une déclaration de sinistre vient de lui parvenir de la part de la compagnie d'assurance de Mme Herbeval. Selon le constat rédigé par Mme Herbeval et M. Luthrin, employé de la SARL en tant que livreur, ce dernier a endommagé le véhicule personnel de Mme Herbeval alors qu'il reculait au moment de livrer la commande à l'association « Le Jardin Bio ». Celui-ci s'était bien gardé de prévenir M. Ducas de cet incident. M. Ducas s'interroge sur son éventuelle responsabilité.

4. **Dans une note argumentée à destination de M. Ducas :**
   - **Qualifier la nature de la responsabilité compte tenu de la nature du dommage.**
   - **Présenter le raisonnement juridique qui permet de déterminer les responsabilités engagées et les cas d'exonération possibles.**

Annexe 1 Les abus dans la relation commerciale

Le principe de la liberté contractuelle a pour conséquence que les parties sont libres d'aménager, comme elles l'entendent, leur accord : c'est l'objet notamment des clauses de non-responsabilité, et des clauses limitatives de responsabilité, qui sont en principe licites [...]

[...] [Cependant], aux termes de l'arrêt du 22 octobre 1996, « Doit être réputée non écrite la clause limitative de responsabilité insérée dans un contrat de transport fixant l'indemnisation du retard au montant du prix du transport, dès lors que le transporteur, spécialiste du transport rapide garantissant la fiabilité et la célérité de son service, qui s'était engagé à livrer le pli de l'expéditeur dans un délai déterminé, avait, en ne livrant pas dans ce délai, manqué à cette obligation essentielle dont la cause contredit la portée ».

[D'une manière générale], la clause limitative de responsabilité est ainsi écartée en cas de manquement par le débiteur à une obligation essentielle du contrat, car elle prive l'engagement de cause.

http://www.pratiquescommerciales.minefi.gouv.fr/questions/abus.htm

Annexe 2 Extrait de la charte informatique de la société FLONN

La présente charte, associée au règlement intérieur de l'entreprise a pour objet de préciser la responsabilité des utilisateurs des systèmes d'information et de communication mis à la disposition des salariés par la société FLONN [...]

Article 4 : **Données personnelles**

Les conditions dans lesquelles le traitement des données personnelles est opéré sont définies conformément à la loi n° 78-17 du 6 janvier 1978 relative à l'informatique, aux fichiers et aux libertés [...]

Article 10 : Analyse et contrôle de l'utilisation des ressources informatiques et de communication

Les utilisateurs sont informés que de multiples traitements sont réalisés afin de surveiller l'activité du système d'information et de communication.
L'attention des utilisateurs est attirée sur le fait que la direction se réserve ainsi le droit de contrôler leur activité et leurs échanges via les logiciels, progiciels applicatifs ou le réseau interne de la société FLONN.

Article 11 : Vidéosurveillance

Les utilisateurs sont informés qu'un système de vidéosurveillance est installé dans l'entreprise.

Article 12 : Sanctions

Le manquement aux règles établies par la présente charte est susceptible d'engager la responsabilité de l'utilisateur et d'entraîner à son encontre des sanctions telles que définies au sein du règlement intérieur de la société FLONN.

Article 13 : Information des salariés

La présente charte fait l'objet d'un affichage au sein de la société FLONN et est annexée individuellement à chaque contrat de travail.

Annexe 3 Extrait de l'arrêt rendu le 25 mai 2011 par la Chambre sociale de la Cour de Cassation

Attendu, selon l'arrêt attaqué, qu'engagé le 25 février 1991 par la société Parfums Ulric de Varens en qualité de voyageur-représentant placier, M. X... a été promu directeur régional le 10 mars 1997 puis directeur commercial France le 1er avril 2000 ; qu'il a fait l'objet d'un avertissement le 12 mars 2003 ; que par lettre du 29 décembre 2003, l'employeur a proposé à M. X... de l'affecter aux fonctions de directeur commercial France responsable des grands comptes et de signer à cet effet un avenant à son contrat de travail ; que, s'opposant à sa nouvelle affectation le salarié a refusé de signer l'avenant à son contrat de travail [...] M. X... a saisi la juridiction prud'homale [...]

Attendu que [...] l'arrêt retient que la décision de l'employeur de retirer au salarié la direction de l'équipe commerciale et de lui proposer de nouvelles tâches et responsabilités au sein de la société s'analyse en une simple modification des tâches et conditions de travail insusceptibles de dénaturer l'emploi, dès lors que les tâches et fonctions nouvellement dévolues à M. X..., qui conservait son titre de directeur commercial, son salaire et tous les avantages prévus au contrat de travail, celui-ci ne subissant aucune autre modification, correspondaient aux qualifications de l'intéressé et n'altéraient en rien sa position hiérarchique; qu'en effet, si la responsabilité de l'équipe de vente lui était retirée, il se voyait désormais investi de la responsabilité des grands comptes, ayant en charge la négociation avec toutes les centrales d'achats de France; que contrairement à ce que prétend le salarié, cette mission ne se trouvait pas déjà comprise dans celles qui lui étaient antérieurement dévolues [...] qu'en refusant [...] ses nouvelles conditions de travail et en exigeant sa réintégration dans ses fonctions antérieures, le salarié a commis une faute que l'employeur était fondé invoquer au soutien de la mesure de licenciement;

Qu'en statuant ainsi, alors qu'elle avait constaté que le salarié s'était vu retirer la responsabilité de l'équipe commerciale ce dont il résultait que le changement de fonctions de M. X... s'analysait en une modification de son contrat de travail nécessitant l'accord exprès du salarié, la cour d'appel, qui n'a pas tiré les conséquences légales de ses propres constatations, a violé les textes susvisés ;

PAR CES MOTIFS : CASSE ET ANNULE,

Annexe 4 — Extrait de l'arrêt rendu le 12 mai 2011 par la 2ème chambre civile de la Cour de Cassation

« Vu l'article 1384, alinéa 5, du code civil [...]
Le commettant ne s'exonère de sa responsabilité de plein droit que si son préposé a agi hors des fonctions auxquelles il était employé, sans autorisation et à des fins étrangères à ses attributions ».

Kid's Meubles

Nouvelle-Calédonie – session 2012

Référentiel	**Thème 3** **Le contrat, support de l'activité de l'entreprise** 321. Les relations contractuelles entre personnes privées 321-2 Négociation : processus et représentation **Thème 4** **L'immatériel dans les relations économiques** 423 L'immatériel et la protection de la personne 423-1 Données à caractère personnel : règles de protection des droits de la personne 423-2 Respect des données à caractère personnel lors de la conclusion du contrat de travail
Compétences	Qualifier une situation précontractuelle ou contractuelle Rédiger et/ou adapter tout ou partie d'un contrat Apprécier la légalité d'une situation au regard de la protection de la personne dans la sphère privée et professionnelle Caractériser les éléments principaux de cette protection

La SA Kid's Meubles est une entreprise spécialisée dans la fabrication de meubles pour enfants (lits, armoires, coffres à jouets, bureaux, étagères...) qu'elle vend par l'intermédiaire d'un réseau de franchisés. Elle négocie la fourniture de bois destinée à la fabrication des meubles.

Depuis cinq mois, elle a eu différents contacts avec une société spécialisée dans la fourniture de bois : la société Bois d'or qui se fournit en Indonésie où sont produits des bois exotiques destinés à entrer dans la fabrication de meubles.

Le directeur de la production et le directeur commercial de la SA Kid's Meubles se sont rendus à deux reprises en Indonésie.

En tant qu'assistant(e), vous conseillez la direction de la SA Kid's Meubles sur trois dossiers juridiques.

Dossier 1 – La négociation d'un avant contrat entre professionnels (annexes 1 et 2)

Un avant contrat a été envoyé par la société Bois d'Or à la SA Kid's Meubles. Après lecture de cet avant contrat, le directeur commercial s'interroge sur la validité de la clause d'indexation.

1. **Apprécier la légalité de la clause d'indexation figurant dans cet avant contrat et proposer, si nécessaire, à la Société Bois d'Or une autre formulation de cette clause.**

Dossier 2 – La rupture de négociation des contrats et ses conséquences juridiques (annexes 3 et 4)

L'avant contrat a été signé par les deux parties. Deux jours avant de signer le contrat définitif, la Société Bois d'Or met fin aux négociations commerciales.

La SA Kid's Meubles se trouve dans une situation difficile : elle doit trouver un nouveau fournisseur pour assurer ses approvisionnements et recommencer les négociations. La nouvelle collection risque de ne pas pouvoir sortir à temps, ce qui représenterait un manque à gagner important.

La SA Kid's Meubles envisage de poursuivre la société Bois d'Or en justice afin d'obtenir réparation.

2. **Présenter le raisonnement juridique qui permettrait d'évaluer les chances de la société Kid's Meubles d'obtenir gain de cause (plusieurs arguments doivent être développés).**

Dossier 3 – Le pouvoir de contrôle et de surveillance de l'employeur dans le domaine des TIC (annexes 5 et 6)

La SA Kid's Meubles avec le développement de ses activités, s'est équipée d'un matériel informatique performant fonctionnant en réseau. Depuis quelques temps, le directeur des ressources humaines s'inquiète de l'utilisation importante d'Internet à des fins personnelles par les salariés et souhaite réguler et contrôler le fonctionnement du réseau et notamment les accès à Internet. Il vous demande conseil en ce qui concerne le contrôle des fichiers et courriels des salariés.

3. **Dans une note argumentée et structurée à destination de la direction de Kid's Meubles, vous justifierez d'une part le pouvoir de surveillance et de contrôle de l'employeur concernant l'utilisation des TIC par les salariés dans l'entreprise. Vous préciserez d'autre part les conditions à respecter par celui-ci pour exercer le contrôle et pour accéder aux courriels et aux fichiers personnels des salariés.**

Annexe 1 **Extrait de l'avant contrat entre la SA Kid's Meubles et la société Bois d'Or**

SA BOIS D'OR
18, rue de la République
37000 TOURS

SA KID'S MEUBLES
11, rue Victor Hugo
45 000 MONTARGIS

Objet : Pré accord fourniture de bois

Tours, le 30 septembre 2011

Madame, Monsieur,

A la suite de nos rendez-vous du 24 juin, 30 août et 10 septembre et dans le cadre de nos pourparlers, vous trouverez ci-dessous les différents points évoqués lors des négociations, qui devraient permettre d'arriver à un accord définitif pour le 1er novembre 2011 :

1. **Livraison de bois exotique pour la fabrication de meubles pour enfants**
   Pour une durée de trois ans à la signature du contrat.
   Quantité à déterminer (sous forme de planches), lieu de livraison : Montargis.
   Mode de livraison : par camion de la société Transroutes, Orléans.
2. **Modalités de paiement : Lettre de change 30 jours fin de mois.**
3. **Clause d'indexation :** La clause d'indexation suivante devra figurer dans le contrat définitif. Le prix des planches de bois pourra varier au cours de l'exécution du contrat en fonction du SMIC en vigueur dans la convention collective de la branche d'activité « Travail du bois et fabrication d'articles en bois ».

Nous vous prions de nous retourner un exemplaire de cet avant contrat signé.

Le responsable des ventes C. DOUMERY

Annexe 2 **Article L112-2 du Code monétaire et financier (extrait)**

« Dans les dispositions statutaires ou conventionnelles, est interdite toute clause prévoyant des indexations fondées sur le salaire minimum de croissance, sur le niveau général des prix ou des salaires ou sur les prix des biens, produits ou services n'ayant pas de relation directe avec l'objet du statut ou de la convention ou avec l'activité de l'une des parties. »

Annexe 3 **Article 1382 du Code civil**

« Tout fait quelconque de l'homme, qui cause à autrui un dommage, oblige celui par la faute duquel il est arrivé à le réparer. »

Annexe 4 Rupture abusive des négociations

Dans quelle mesure, la rupture des négociations sera-t-elle qualifiée d'abusive ? La partie qui demande réparation suite à la rupture de pourparlers devra établir la faute de son partenaire. Cette faute consiste en un manquement à l'obligation de bonne foi et de loyauté que tout négociateur doit s'efforcer de respecter. Néanmoins, ce concept est très général et il n'est pas toujours aisé en pratique de déterminer les types de comportement constitutifs d'une rupture abusive. Cela dépend des conditions dans lesquelles la rupture a eu lieu. Les juges examineront les circonstances de fait entourant cette rupture afin de décider si la rupture est abusive ou non. Trois éléments en particulier attirent leur attention, à savoir :

- L'avancement des pourparlers. En effet, la rupture ne prendra pas le même sens si les parties étaient en négociation depuis une durée considérable et si les point-clés avaient été abordés et résolus ou si, au contraire, elles venaient à peine d'entrer en contact et n'avaient abordé que des points préliminaires. Les juges prennent ainsi en compte la nature et la qualité des relations antérieures.

- La brutalité de la rupture. Là encore tout est question de modération. On ne rompt pas une négociation menée de longue date par un simple coup de téléphone le jour prévu de la signature. Il est nécessaire d'avoir un minimum d'égard envers son partenaire.

- La croyance légitime de l'autre partie. Cette question de fait est souvent difficile à évaluer. La croyance légitime s'apprécie au regard des échanges qui ont eu lieu entre les parties. Celles-ci ont-elles pris le soin de manifester des réserves ? Ou n'ont-elles jamais fait part du moindre doute quant à l'issue des négociations et ont trompé leur partenaire en lui faisant croire que le projet allait incontestablement prendre forme ? Aussi les juges seront amenés à examiner le comportement de la partie initiatrice de la rupture, celle-ci sera d'autant plus blâmable si elle a suscité chez l'autre partie la confiance dans la conclusion du contrat envisagé.

Source : Cessionentreprise.com

Annexe 5 Extraits des rapports et des fiches pratiques de la CNIL

L'utilisation à titre personnel d'Internet ne doit pas se faire au-delà d'un délai raisonnable, et les sites consultés ne doivent pas avoir un contenu contraire à l'ordre public et aux bonnes mœurs.

Elle doit rester raisonnable et ne doit pas affecter la sécurité des réseaux ou la productivité de l'entreprise ou de l'administration concernée.

Nécessité d'informer les salariés : les salariés doivent être informés des dispositifs mis en place et des modalités de contrôle de l'utilisation d'Internet

Le comité d'entreprise doit avoir été consulté et informé

Les salariés doivent être informés, notamment de la finalité du dispositif de contrôle et de la durée pendant laquelle les données de connexion sont conservées. Une durée de conservation de l'ordre de six mois est suffisante, dans la plupart des cas, pour dissuader tout usage abusif d'internet.

Si des procédures disciplinaires sont susceptibles d'être engagées sur la base de ces fichiers, les salariés doivent en être explicitement informés (par exemple au moyen d'une charte).

Annexe 6 — Extraits de jurisprudence et d'une fiche pratique de la CNIL

« Attendu que le salarié a droit, même au temps et au lieu de travail, au respect de l'intimité de sa vie privée ; que celle-ci implique en particulier le secret des correspondances ; que l'employeur ne peut dès lors sans violation de cette liberté fondamentale prendra connaissance des messages personnels émis par le salarié et reçus par lui grâce à un outil informatique mis à sa disposition pour son travail et ceci même au cas où l'employeur aurait interdit une utilisation non professionnelle de l'ordinateur [...] »

Source : Cour de cassation, du 2 octobre 2001

La Cour de cassation considère qu'un message envoyé ou reçu depuis le poste de travail mis à disposition par l'employeur revêt un caractère professionnel, sauf s'il est identifié comme étant « personnel », dans l'objet du message par exemple (Cour de cassation, 30 mai 2007).

Il appartient à l'employé d'identifier les messages qui sont personnels. À défaut d'une telle identification, les messages sont présumés être professionnels.

Source : Fiche pratique de la CNIL

Golf Clos des Prés

Métropole – session 2013

Référentiel	**Thème 1 L'individu au travail** 121. Les régimes juridiques de l'activité professionnelle 121-2. Régime juridique du salarié de droit privé 121-5. Particularités du régime juridique : Indépendance ou subordination
	Thème 2 Les structures et les organisations 221. Le choix d'une structure juridique **Thème 5 L'entreprise face au risque** 523. Assumer le risque 523-1. Notions de dommage, réparation et responsabilité
Compétences	Identifier les différents régimes juridiques d'exercice de l'activité professionnelle et leurs effets dans une situation donnée Justifier le choix d'une structure adaptée à une situation donnée Identifier la nature juridique de la responsabilité dans une situation donnée

Créé en 1997 par Monsieur Gayet, le Golf Domaine du Clos des Prés se situe dans la campagne angevine sur un terrain aux courbes naturelles planté d'arbres et bordé d'étangs. Le Domaine du Clos des Prés est un parcours proposant une exceptionnelle diversité de coups à jouer et d'un niveau technique élevé. Monsieur Gayet dirige son golf en tant qu'entrepreneur individuel et a mis en place un certain nombre d'infrastructures : club house comprenant accueil, pro-shop (1), douches, bar-restauration rapide.

Rendez-vous incontournable pour les golfeurs en quête de défis, la demande est forte en prestations golfiques. Monsieur Gayet propose des services variés : abonnement annuel Membres-Club, green fees (2), location de matériel (balles, charriots, voiturettes), conseils et vente équipement golf, cours et stages, école de golf...

Le charme et la qualité du site ont généré une augmentation importante du chiffre d'affaires et du résultat d'exploitation. Conscient de ces évolutions, Monsieur Gayet sait que des changements s'imposent et qu'il va devoir prendre des décisions inhérentes au fonctionnement et au développement de son entreprise.

Il contacte votre cabinet de conseil juridique Juridixia afin que vous puissiez le conseiller dans ses prises de décisions. Monsieur LEGUY, votre responsable hiérarchique, vous charge de ce travail et vous confie trois dossiers. Vous traiterez ces trois dossiers à partir des annexes et de vos connaissances.

(1) magasin spécialisé dans les équipements et articles de golf
(2) droits de jeu à payer pour accès au parcours 6-9-18 trous

Dossier 1 – La nature du contrat (annexes 1, 2 et 3)

Monsieur Gayet emploie en contrat à durée indéterminée (CDI) sept personnes : une responsable accueil ; un responsable entretien-parcours assisté de deux jardiniers ; un cuisinier ; une serveuse et une employée de ménage (temps partiel) pour l'entretien des locaux commerciaux et des sanitaires.

En outre, pour assurer l'enseignement de golf, Monsieur Gayet utilise depuis deux ans les services d'un moniteur de golf diplômé d'Etat - Monsieur Delage - exerçant pour son compte. Il a conclu avec lui un contrat de prestations de services. Du fait du développement du site golfique et de la croissance du taux de fréquentation de la clientèle, ce moniteur veut intégrer l'équipe de Monsieur Gayet. Il estime avoir exercé ses fonctions dans un cadre de salariat plutôt que de simple collaboration. Il demande donc à Monsieur Gayet de reconsidérer son contrat.

1. **Appréciez la légitimité de la demande de Monsieur Delage.**

Dossier 2 – La responsabilité civile délictuelle (annexes 4 et 5)

Monsieur Delage est désormais salarié de l'entreprise Golf Domaine Clos des Prés. Sa journée de travail terminée, il emprunte une "golfette" (voiturette électrique utilisée sur le parcours), sans prévenir Monsieur Gayet, afin de rentrer chez lui par la route. En chemin, il croise un client du golf qu'il prend à son bord.

Pendant le trajet, la voiturette se renverse dans le fossé blessant le client. Celui-ci demande réparation du préjudice subi en assignant en justice Monsieur Gayet, employeur de Monsieur Delage.

2. **Indiquez si les conditions de mise en œuvre de la responsabilité de Monsieur Gayet sont réunies. Dans l'affirmative, Monsieur Gayet peut-il s'exonérer de sa responsabilité ?**

Dossier 3 – La cession ou la transformation de l'entreprise (annexes 6 et 7)

Le succès et la notoriété de son activité conduisent Monsieur Gayet à s'interroger sur l'opportunité de vendre l'entreprise ou d'en transformer la structure juridique. En effet, il a reçu plusieurs propositions intéressantes de rachat qui pourraient lui faire envisager la cession de son entreprise mais, soucieux de l'intérêt de ses salariés, il s'interroge sur leur sort.

Il est également tenté par la modification de la forme juridique de l'entreprise afin de répondre aux besoins d'investissement qu'il projette (parking, extension du club house, construction d'un practice d'entraînement...), besoins qu'il ne peut assumer seul et pour lesquels il envisage de s'associer. Dans cette perspective, il souhaite protéger son patrimoine personnel.

3. **Dans une note structurée, présentez à Monsieur Gayet :**

- **d'une part, les conséquences d'un changement d'employeur sur les contrats de travail de ses salariés ;**
- **d'autre part, la forme sociétaire la plus appropriée à ses motivations.**

Annexe 1 **Contrat de prestations de services de Monsieur Delage (extrait)**

[...] Entre Golf Domaine Clos des Prés, représenté par Monsieur Gayet et Monsieur Delage en tant que Moniteur de golf diplômé d'Etat — statut d'indépendant (immatriculé au RCS et assujetti aux cotisations RSI)

Article 1 - Monsieur Delage sera chargé de l'enseignement de golf et des activités afférentes dans les conditions fixées ci-après.

Article 2 - Monsieur Delage devra exercer ses fonctions de moniteur de golf auprès de la clientèle du golf (cours individuels et collectifs ; stages ; école de golf...) aux heures d'ouverture de l'entreprise (8h00 - 18h00) et les mercredis et samedis concernant l'Ecole de golf (14h00 - 18h00).

Le planning des interventions sera remis par Monsieur Gayet 7 jours avant.
Une fiche de présence sera remise à l'accueil tous les jours, sur laquelle seront notées les interventions.

Concernant les activités afférentes, il convient, en tant que spécialiste des équipements golfiques, de proposer aux clients des conseils et la vente d'articles de golf du pro-shop.

Article 3 - Le jour de congé sera le dimanche, sauf demande exceptionnelle dans l'Intérêt du golf.
Monsieur Delage organise ses périodes d'absences pour congé avec un maximum de 8 jours consécutifs en juillet et août (haute-saison).

Article 4 - Monsieur Gayet laisse la libre jouissance du parcours et de ses accessoires (locaux, matériels golfique et informatique, voiturettes) afin qu'il puisse exercer ses fonctions dans les meilleures conditions.

Article 5 - L'entreprise Golf Domaine Clos des Prés facture les prestations fournies par Monsieur Delage selon les modalités suivantes :

- une partie pour la rémunération de l'indépendant représentant un pourcentage du chiffre d'affaires réalisé avec la clientèle ;

- un pourcentage sur les ventes d'équipements et vêtements du pro-shop.[...]

Annexe 2 : Extraits du Code du travail

Article L8221-6

I. - Sont présumées ne pas être liées avec le donneur d'ordre par un contrat de travail [...]

1° Les personnes physiques immatriculées au registre du commerce et des sociétés, au répertoire des métiers [...]

II. - L'existence d'un contrat de travail peut toutefois être établie lorsque les personnes mentionnées au **I.** fournissent directement [. . .] des prestations à un donneur d'ordre dans des conditions qui les placent dans un lien de subordination juridique permanente à l'égard de celui-ci.

Annexe 3 Jurisprudence URSSAF et Société Générale

Cass.Soc. 13 novembre 1996, n°94-13187
[...]
Vu l'article L242-1 du Code de la sécurité sociale [...]
Attendu [...] que pour le calcul des cotisations [...] sont considérées comme rémunérations toutes les sommes versées aux travailleurs en contrepartie ou à l'occasion d'un travail accompli dans un lien de subordination ; que le lien de subordination est caractérisé par l'exécution d'un travail sous l'autorité d'un employeur qui a le pouvoir de donner des ordres et des directives, d'en contrôler l'exécution [...] ; que le travail au sein d'un service organisé peut constituer un indice du lien de subordination lorsque l'employeur détermine unilatéralement les conditions d'exécution du travail [...]

www.legifrance.gouv.fr

Annexe 4 Extraits du Code civil

Article 1382

« Tout fait quelconque de l'homme, qui cause à autrui un dommage, oblige celui par la faute duquel il est arrivé à le réparer. »

Article 1383

« Chacun est responsable du dommage qu'il a causé non seulement par son fait, mais encore par sa négligence ou par son imprudence. »

Article 1384

« On est responsable non seulement du dommage que l'on cause par son propre fait, mais encore de celui qui est causé par le fait des personnes dont on doit répondre, ou des choses que l'on a sous sa garde.
Les maîtres et les commettants (employeurs) sont responsables du dommage causé par leurs domestiques et préposés (salariés) dans les fonctions auxquelles ils les ont employés. »

Annexe 5 Jurisprudence Cour de Cassation

Par ailleurs, le salarié qui a causé un accident de la circulation en conduisant un véhicule de l'entreprise dans les limites de la mission qui lui a été confiée par l'employeur ne saurait être tenu d'indemniser la victime de cet accident.

Cass.2e civ.28 mai 2009 n°08-13.310

L'employeur est, seul, responsable des dommages causés à cette victime à moins pour lui de démontrer que le salarié a agi hors des fonctions auxquelles il était employé, sans autorisation et à des fins étrangères à ses attributions.

Cass. crim. 7 janvier 2003 n°02-80.614

Annexe 6 Etendue de la responsabilité des associés par rapport à celle de l'entrepreneur individuel

Entreprise individuelle	L'entrepreneur individuel est seul responsable sur l'ensemble de ses biens personnels. Ses biens fonciers bâtis ou non bâtis non affectés à un usage professionnel peuvent cependant être protégés en effectuant une déclaration d'insaisissabilité devant notaire. Nouveau : Depuis le 1er janvier 2011, l'entrepreneur individuel peut opter pour le régime de l'EIRL et constituer un patrimoine affecté à son activité professionnelle distinct de son patrimoine personnel. L'EIRL lui permettra d'isoler ses biens personnels des poursuites des créanciers professionnels.
EURL	La responsabilité de l'associé est limitée au montant de ses apports, sauf s'il a commis des fautes de gestion ou accordé des cautions à titre personnel.
SARL	La responsabilité des associés est limitée au montant de leurs apports, sauf s'ils ont commis des fautes de gestion ou accordé des cautions à titre personnel.
SA (forme classique)	La responsabilité des associés est limitée au montant de leurs apports.
SAS/SASU	La responsabilité des associés est limitée au montant de leurs apports.
SNC	Les associés sont responsables indéfiniment, sur l'ensemble de leurs biens personnels, et solidairement.

Source : www.apce.fr

Annexe 7 Extraits Code du travail et directive européenne

Article L.1224-1

« Lorsque survient une modification dans la situation juridique de l'employeur, notamment par succession, vente [. . .], mise en société de l'entreprise, tous les contrats de travail en cours au jour de la modification subsistent entre le nouvel employeur et le personnel de l'entreprise. »

Article L.1224-2

« Le nouvel employeur est tenu, à l'égard des salariés dont les contrats subsistent, aux obligations qui incombaient à l'ancien employeur [...]. »

Directive européenne du 12 mars 2001— Maintien des droits des travailleurs en cas de transfert d'entreprise

[...] La présente directive est applicable à tout transfert d'entreprise à un autre employeur résultant d'une cession [...] sous réserve du transfert d'une entité économique maintenant son identité, entendue comme un ensemble organisé de moyens, en vue de la poursuite d'une activité économique [...]

TAVIV

Nouvelle Calédonie - session 2013

Référentiel	**Thème 2** **Les structures et les organisations** 221. Le choix d'une structure juridique 221-3 structures et évolutions **Thème 5** **L'entreprise face au risque** 522. Anticiper le risque pour éviter sa réalisation 523. Assumer le risque
Compétences	Justifier le choix d'une structure adaptée dans le processus de croissance de l'entreprise, au regard des motivations patrimoniales financières et stratégiques. Déterminer les obstacles à certaines transformations juridiques dans une situation donnée. Choisir une autre structure adaptée, compte tenu du contexte. Analyser l'obligation de résultat de sécurité à la charge de l'employeur et vérifier son étendue au travers de la jurisprudence. Montrer comment l'employeur doit anticiper le risque (principe de prévention) et mettre en place des mesures le combattant à la source. Caractériser la notion de santé au travail qui s'élargit par la reconnaissance de harcèlement moral. Déterminer les conséquences juridiques pour l'employeur d'un manquement à cette obligation. Mettre en évidence la responsabilité contractuelle du commettant du fait de son préposé

L'entreprise TAVIV a été créée en 2006 à Marcq-en-Barœul (Nord de la France), par Monsieur MARTIN, dans le secteur des services à la personne : aide au ménage et aide à la personne dépendante. Il a fait le choix de s'associer par la suite, pour constituer une SARL dont il est gérant majoritaire (il possède plus de 50 % des parts sociales).
La croissance de son entreprise a été rapide : la taille actuelle de sa société atteint un effectif de 70 salariés à temps plein ou partiel. Monsieur MARTIN considère que la structure juridique actuelle pose des problèmes de développement de sa société.

Par ailleurs, différentes manifestations de violences verbales se sont multipliées, à la fois dans un cadre hiérarchique et entre collègues de même niveau. Monsieur MARTIN, conscient que cette situation présente des risques, souhaite réagir.

En tant qu'assistant(e), vous conseillez Monsieur MARTIN sur ces deux dossiers. Vous traiterez ces deux dossiers à partir des annexes et de vos connaissances personnelles.

Dossier 1 – Le choix d'une structure juridique (annexes 1 et 2)

TAVIV a réalisé, en 2010, un chiffre d'affaires de quatre millions d'euros. Monsieur MARTIN, qui est confronté à des besoins de financement pour la croissance de l'entreprise, envisage avec ses associés de transformer cette SARL (Société A Responsabilité Limitée) de 4 associés, en SA (Société Anonyme) dont il serait le Président directeur général.

Monsieur MARTIN vous demande dans une note structurée, de traiter les points suivants :

1. **Les effets de la transformation de la SARL en SA sur l'exercice du pouvoir et sur le financement de l'entreprise.**
2. **Les conséquences de cette transformation sur la situation fiscale et sociale de Monsieur MARTIN.**

Dossier 2 – La prévention des risques liés à la santé et à la sécurité des salariés (annexes 3 et 4)

L'une des salariées de l'entreprise TAVIV, Madame DUPONT, se plaint régulièrement de violences morales (humiliations devant les clients, réduction non justifiée des heures d'intervention,...) exercées par son supérieur hiérarchique, Monsieur PASCAL. Madame DUPONT a obtenu plusieurs fois des arrêts de travail et la médecine du travail a établi qu'elle souffrait de dépression post-traumatique.

Monsieur MARTIN est pourtant intervenu en rappelant à Monsieur PASCAL les règles élémentaires de courtoisie. Il l'a mis en garde sur les effets de ces violences.

Les faits n'ont pas cessé et Monsieur MARTIN, malgré les précautions qu'il a prises, craint des poursuites judiciaires à son encontre. Il vous demande de l'aider dans la conduite future à mener.

3. **Précisez à Monsieur MARTIN la nature juridique de l'obligation qui pèse sur l'employeur en matière de prévention des risques liés à la santé et à la sécurité des salariés et déterminez s'il a manqué à cette obligation.**
4. **En cas de manquement à cette obligation, informez Monsieur MARTIN sur les conséquences juridiques auxquelles il s'expose.**

Annexe 1 Les motivations habituelles de transformation de la SARL en SA

Une SA dispose d'une grande souplesse de financement : elle peut faire appel public à l'épargne et émettre divers titres sur le marché financier. Il peut donc s'avérer judicieux pour une SARL, dont l'activité en pleine expansion nécessite des capitaux importants, de se transformer en SA.

En outre, l'importance de son capital et la présence obligatoire d'un commissaire aux comptes inspire confiance aux créanciers (fournisseurs, banquiers).

L'entrée et la sortie des associés d'une SA peut être organisée avec plus de souplesse à travers un pacte d'actionnaires. La transformation d'une SARL en SA est parfois imposée par la loi :

- Lorsque la SARL exerce une activité réservée par la loi aux SA (entreprises d'assurance, sociétés à objet sportif, coopératives de commerçants détaillants, par exemple).
- Lorsque la SARL compte plus de 100 associés : elle doit, dans un délai de 2 ans, se transformer en SA (à moins que le nombre d'associés ne redevienne inférieur ou égal à 100). A défaut, elle est dissoute.

APCE.com Mars 2012

Le statut social du dirigeant

Sont rattachés au régime général de la sécurité sociale des salariés :

- Les gérants minoritaires ou égalitaires de SARL
- Les présidents et directeurs généraux de SA
- Les présidents de SAS

Ces dirigeants sont considérés comme des « assimilés-salariés » car ils bénéficient de la même protection que les salariés, à l'exception de l'assurance-chômage. Les autres dirigeants relèvent du « régime social des travailleurs non-salariés » (TNS). Il s'agit principalement :

- Des entrepreneurs individuels
- Des gérants majoritaires de SARL
- De l'associé unique d'EURL

Le régime fiscal du dirigeant

Les gérants, qu'ils soient minoritaires ou majoritaires, relèvent du même régime fiscal que les salariés. Ils doivent porter leur rémunération sur leur déclaration de revenus.

Qu'ils soient titulaires ou non d'un contrat de travail, le président du conseil d'administration et le directeur général relèvent du régime fiscal des salariés. Ils sont imposés au titre de l'impôt sur le revenu dans la catégorie des traitements et salaires.

Annexe 2 Extraits du Code de commerce

Article L 224-2 (Chapitre IV : Des sociétés anonymes)

Le capital social doit être de 37 000 euros au moins.

Article L 225-17 (Chapitre V : Des sociétés anonymes)

La société anonyme est administrée par un conseil d'administration composé de trois membres au moins. Les statuts fixent le nombre maximum des membres du conseil, qui ne peut dépasser dix-huit [...].

Article L 225-47 (Chapitre V : Des sociétés anonymes)

Le conseil d'administration élit parmi ses membres un président qui est, à peine de nullité de la nomination, une personne physique. Il détermine sa rémunération.
Le président est nommé pour une durée qui ne peut excéder celle de son mandat d'administrateur. Il est rééligible. Le conseil d'administration peut le révoquer à tout moment. Toute disposition contraire est réputée non écrite.

Article L225-1

La société anonyme est la société dont le capital est divisé en actions et qui est constituée entre des associés qui ne supportent les pertes qu'à concurrence de leurs apports. Le nombre des associés ne peut être inférieur à sept.

Article L223-14 (Chapitre III : Des sociétés à responsabilité limitée).

Les parts sociales ne peuvent être cédées à des tiers étrangers à la société qu'avec le consentement de la majorité des associés représentant au moins la moitié des parts sociales, à moins que les statuts prévoient une majorité plus forte.

Annexe 3 Extraits du Code du travail

Article L1152-1

Aucun salarié ne doit subir les agissements répétés de harcèlement moral qui ont pour objet ou pour effet une dégradation de ses conditions de travail susceptible de porter atteinte à ses droits et à sa dignité, d'altérer sa santé physique ou mentale ou de compromettre son avenir professionnel.

Article L1152-4

L'employeur prend toutes dispositions nécessaires en vue de prévenir les agissements de harcèlement moral.

Article L4121-1

L'employeur prend les mesures nécessaires pour assurer la sécurité et protéger la santé physique et mentale des travailleurs. L'employeur veille à l'adaptation de ces mesures pour tenir compte du changement des circonstances et tendre à l'amélioration des situations existantes.

Annexe 4 Jurisprudence de la Cour de cassation

Chambre sociale. 21 novembre 2012

ALORS, ENFIN, QUE l'employeur, tenu d'une obligation de sécurité de résultat en matière de protection de la santé et de la sécurité des travailleurs, manque à cette obligation lorsqu'un salarié est victime, sur son lieu de travail, de violences physiques ou morales exercées par l'un de ses salariés, même s'il a pris des mesures pour faire cesser ces agissements ; qu'en retenant, pour juger que LA POSTE n'avait pas manqué à son obligation de sécurité de résultat, qu'elle avait diligenté une enquête et constaté qu'aucun élément ne laissait présumer l'existence d'un harcèlement moral, la cour d'appel a violé les articles L. 1152-1, L. 1154-1, L. 4121-1 et L. 4121-2 du code du travail.

La Petite Grenouille

Polynésie session 2013

Référentiel	**Thème 1** **L'individu au travail** 121. Les régimes juridiques de l'activité professionnelle 121-2. Régime juridique du salarié de droit privé 122. L'adaptation aux évolutions de l'activité professionnelle 122-2. Modification des conditions de travail 122-4. Rupture de la relation de travail **Thème 4** **L'immatériel dans les relations économiques** 421. Le contrat électronique **Thème 5** **L'entreprise face au risque** 523. Assumer le risque
Compétences	Analyser tout ou partie d'un engagement professionnel Qualifier les modifications de la relation de travail et en déduire les conséquences juridiques Apprécier la validité de tout ou partie d'un contrat électronique et préciser ses effets juridiques Identifier la nature juridique de la responsabilité dans une situation donnée Qualifier les modifications de la relation de travail et en apprécier les conséquences juridiques

La SARL « La Petite Grenouille », gérée par Madame VERNON, vend des vêtements pour enfants. Son siège social est à Strasbourg et son effectif est de vingt salariés. La SARL exploite plusieurs magasins dans l'Est de la France et depuis peu un sur Tours, dans la région Centre.

Plusieurs problèmes juridiques se posent à l'entreprise et Madame VERNON s'est adressée à son cabinet de conseils juridiques, dirigé par Monsieur BELLAC dont vous êtes l'assistant. Monsieur BELLAC vous confie la gestion des dossiers VERNON.

Vous traiterez les trois dossiers à partir des annexes et de vos connaissances personnelles

Dossier 1 – Le changement du lieu de travail (annexes 1, 2, 3)

Le magasin de Tours est particulièrement dynamique et il accroît ses ventes au point qu'il est nécessaire de recruter un nouveau salarié.

Madame VERNON souhaite recruter en interne car le magasin de Metz connaît une baisse de son chiffre d'affaires. Elle informe Monsieur PLESSIS, salarié dans le magasin de Metz, dont le contrat de travail contient une clause de mobilité, de sa mutation prochaine à Tours. Il devra prendre ses nouvelles fonctions dans six mois. Monsieur PLESSIS, installé depuis dix ans avec sa famille à Metz, est fort mécontent de cette décision. À la relecture de son contrat de travail, il doute de la validité de la clause de mobilité et il pense qu'il a le droit de refuser sa mutation à Tours.

1. **La clause de mobilité insérée dans le contrat de travail de Monsieur PLESSIS est-elle valable ?**

2. **Monsieur PLESSIS est-il en droit de refuser sa mutation à Tours ? Quelles seraient les conséquences d'un éventuel refus ?**

Dossier 2 – Le comportement fautif du salarié (annexe 4)

Constatant plusieurs impayés dans le magasin de Nancy, Madame VERNON fait envoyer des relances auprès des clients concernés. Ceux-ci affirment avoir payé par chèque le jour même de leur achat et contestent la relance. Craignant d'avoir à payer une seconde fois, ils saisissent une association de défense des consommateurs.

Après enquête, Madame VERNON découvre qu'une des salariés du magasin, embauchée par contrat de travail à durée indéterminée, Madame HUGON, a détourné une trentaine de chèques à son profit depuis le début de l'année.

Soucieuse de l'image du magasin, Madame VERNON se rapproche de l'association des consommateurs et des clients ayant fait l'objet d'une relance, abandonne bien évidemment toute poursuite à leur encontre et leur accorde une remise substantielle sur les achats à venir.

3. **Appréciez les chances de succès d'une action en responsabilité civile de la SARL contre Madame HUGON.**

4. **Indiquez à Madame VERNON si le comportement de Madame HUGON peut justifier une rupture du contrat de travail.**

Dossier 3 – La vente de produits en ligne (annexes 5, 6)

Du fait du succès de ses ventes et pour répondre à l'attente de ses clients, Madame VERNON souhaite pouvoir vendre ses produits en ligne. Elle rédige un projet de contrat électronique qu'elle soumet à son cabinet de conseils juridiques.

5. **Relevez les clauses du projet de contrat non conformes au droit en justifiant votre réponse.**

6. **Proposez, selon les cas, une rédaction conforme ou la suppression des clauses incriminées.**

Annexe 1 Extrait du contrat de travail de Monsieur PLESSIS

Article 11 Mobilité

En raison de l'évolution de l'organisation de l'entreprise, afin de garantir son bon fonctionnement, la société se réserve la possibilité de modifier tant l'établissement que le bureau de rattachement de Monsieur PLESSIS qui pourra être muté dans tout magasin situé en Alsace-Lorraine.

Monsieur PLESSIS disposera d'un délai de six mois pour rejoindre sa nouvelle affectation. Le refus de Monsieur PLESSIS de rejoindre son nouveau poste s'analyserait en une inexécution de ses obligations contractuelles pouvant légitimer son licenciement pour faute.

Annexe 2 Arrêt de la chambre sociale de la Cour de cassation du 02 juillet 2006

Vu les articles L. 122-6, L. 122-8, L. 122-9 du Code du travail et 1134 du Code civil

Attendu que Mme X... a été engagée en mars 1996 par la société Groupama en qualité de chargée de clientèle polyvalente, son contrat de travail prévoyant qu'elle exercerait son activité à l'agence de Folelli (Corse), et serait rattachée à l'établissement d'Ajaccio, mais que « les évolutions dans l'organisation de l'entreprise pourront amener cette dernière à modifier tant l'établissement que le bureau de rattachement »; que la salariée a bénéficié d'un congé sabbatique du 1er janvier 2001 au 31 mai 2002 qu'ayant refusé à l'issue de ce congé d'être mutée à l'agence de Corte (Corse), elle a été licenciée pour faute grave le 6 août 2002, motif pris de son « refus de mobilité géographique prévue par le contrat de travail » ; que la salariée a saisi la juridiction prud'homale ;

Attendu que, pour juger que le licenciement de la salariée reposait sur une faute grave et débouter celle-ci de ses demandes en paiement d'indemnités, l'arrêt retient que l'emploi précédemment occupé par la salariée n'était plus disponible à l'issue de son congé sabbatique, qu'il lui a été proposé, de manière régulière, un emploi similaire conformément à la clause de mobilité stipulée au contrat de travail et que le refus de l'intéressée est injustifié

Attendu, cependant, qu'une clause de mobilité doit définir de façon précise sa zone géographique d'application ; qu'en statuant comme elle l'a fait, la cour d'appel a violé les textes susvisés ;

PAR CES MOTIFS,

CASSE ET ANNULE, dans toutes ses dispositions, l'arrêt rendu le 11 mai 2004, entre les parties, par la cour d'appel de Bastia ;

Annexe 3 Modification du contrat et des conditions de travail

Le changement de lieu de travail constitue une modification du contrat de travail si le nouveau lieu de travail se situe dans un secteur géographique différent. Même dans ce cas, il n'y a toutefois pas modification du contrat de travail si le salarié est soumis à une obligation contractuelle ou conventionnelle de mobilité. (...)

Le simple changement des conditions de travail peut être imposé par l'employeur dans le cadre de son pouvoir de direction. Le refus du salarié n'entraîne pas, à lui seul, la rupture du contrat mais constitue une faute professionnelle que l'employeur peut sanctionner, au besoin par le licenciement. L'employeur peut éventuellement prononcer un licenciement pour faute grave, sans préavis ni indemnités.

(...) En cas de refus de la modification d'un élément essentiel du contrat, il appartient à l'employeur, soit de renoncer à modifier le contrat, soit de licencier le salarié. Il doit alors respecter la procédure de licenciement, le préavis et, le cas échéant, verser des indemnités de licenciement.

http://travail-emploi.gouv.fr

Annexe 4 Extraits du Code civil

Article 1382

Tout fait quelconque de l'homme, qui cause à autrui un dommage, oblige celui par la faute duquel il est arrivé à le réparer.

Article 1383

Chacun est responsable du dommage qu'il a causé non seulement par son fait, mais encore par sa négligence ou par son imprudence.

Article 1384

On est responsable non seulement du dommage que l'on cause par son propre fait, mais encore de celui qui est causé par le fait des personnes dont on doit répondre, ou des choses que l'on a sous sa garde.
Les maîtres et les commettants (employeurs) sont responsables du dommage causé par leurs domestiques et préposés (salariés) dans les fonctions auxquelles ils les ont employés.

Annexe 5 Conditions générales de vente (extraits)

Article 1 - PRODUITS

Tous les articles présentés sur le site www.lapetitegrenouille.com bénéficient de notre service d'achat à distance.

Article 2 - TARIFS

Le prix de chaque produit est indiqué en euros toutes taxes comprises, frais de port inclus.
Les prix de vente des produits peuvent être modifiés à tout moment.

Article 3 - FORMATION DU CONTRAT

Le contrat est formé à la suite du processus suivant :

- l'acheteur lit attentivement les conditions générales de vente qui figurent sur la page d'accueil du site,
- il remplit le bon de commande,
- il clique sur le bouton « valider »,

- il vérifie sa commande, éventuellement la modifie, puis la confirme par un second clic; dès cet instant, le contrat est formé.
- Le vendeur délivre, par voie électronique, un accusé de réception récapitulant la commande.

Article 8 - PAIEMENT

Sauf stipulation contraire, les produits sont payables à la commande. Les règlements peuvent se faire par carte bancaire (Carte bleue, Visa, Eurocard, Mastercard). Le vendeur utilise les services sécurisés de la Sogenal.

Les règlements par chèques sont acceptés. Néanmoins, le chèque sera d'abord encaissé pour déclencher la prise en compte de la commande. La monnaie utilisée est l'euro.

Article 9 - LIVRAISON DES PRODUITS

La livraison est effectuée par La Poste. Elle ne peut intervenir qu'une fois la commande validée par le client et le paiement effectué.

Les produits sont livrés dans les meilleurs délais.

Article 10 - DROIT DE RÉTRACTATION

L'acheteur dispose d'un délai de 7 jours à compter de la réception des produits pour exercer son droit de rétractation sans avoir à payer de pénalités.

Le motif de l'exercice de ce droit de rétractation est soumis à l'appréciation de l'entreprise.

Plusieurs problèmes juridiques se posent à l'entreprise et Madame VERNON s'est adressée à son cabinet de conseils juridiques, dirigé par Monsieur BELLAC dont vous êtes l'assistant. Monsieur BELLAC vous confie la gestion du dossier VERNON.

Annexe 6 Extraits du Code de la consommation et du Code civil

Article L-121-20-3 du code de la consommation

Le fournisseur doit indiquer, avant la conclusion du contrat, la date limite à laquelle il s'engage à livrer le bien ou à exécuter la prestation de services. A défaut, le fournisseur est réputé devoir délivrer le bien ou exécuter la prestation de services dès la conclusion du contrat (...)

Article L-1134 du Code civil

Les conventions légalement formées tiennent lieu de loi à ceux qui les ont faites (...). Elles doivent être exécutées de bonne foi.

Article L-121-20 du code de la consommation

Le consommateur dispose d'un délai de sept jours francs pour exercer son droit de rétractation sans avoir à justifier de motifs ni à payer de pénalités, à l'exception, le cas échéant, des frais de retour. (...)

Les tuiles de Juliette

Métropole – session 2014

Référentiel	**Thème 1** **L'individu au travail** 122. L'adaptation aux évolutions de l'activité professionnelle 122-3. Rôle des représentants des salariés **Thème 2** **Les structures et les organisations** 222. La pérennité de l'entreprise 222-1 Prévention **Thème 5** **L'entreprise face au risque** 523. Assumer le risque 523-1. Notion de dommage, de réparation, de responsabilité contractuelle et délictuelle 523-2. Notion de producteur et de produit, conditions de mise en œuvre, causes d'exonération
Compétences	Qualifier les modifications de la relation de travail et en déduire les conséquences juridiques Apprécier l'efficacité de l'information et de la protection des salariés dans une situation donnée Analyser les difficultés d'une entreprise et caractériser la procédure à mettre en œuvre ou à préconiser Identifier la nature juridique de la responsabilité dans une situation donnée Analyser une situation juridique

M. Jérémy LATUILE est couvreur de métier. Il a créé son entreprise individuelle en 1990 puis a développé son activité. L'entreprise a été transformée en société anonyme, à laquelle il a donné le prénom de sa fille : « Les tuiles de Juliette ». Cette SA compte aujourd'hui 55 salariés, 10 actionnaires et est présidée par M. LATUILE.

Aujourd'hui, la société a diversifié son activité et réalise certains travaux de maçonnerie et de charpente. Elle intervient sur plusieurs départements de la région Centre.

Malgré le dynamisme de l'entreprise, la crise dans le secteur oblige M. LATUILE à surveiller sa trésorerie pour éviter des difficultés financières. En effet, l'entreprise bénéficiait jusqu'à présent d'un découvert de 50 000 euros. Or, ce découvert est régulièrement dépassé du fait d'impayés. Comme le solde du compte courant est fréquemment débiteur, la banque demande à Monsieur LATUILE de surveiller cette situation qui peut devenir préoccupante.

En tant qu'assistant(e) au service juridique de la SA « Les tuiles de Juliette », vous traiterez les trois dossiers suivants à partir des annexes et de vos connaissances personnelles.

Dossier 1 – La représentation du personnel (annexe 1)

Les seuils sociaux requis pour instituer la représentation du personnel étant atteints, les salariés qui ont contribué à la croissance et à la notoriété de l'entreprise demandent à Monsieur LATUILE de procéder à l'organisation des élections du personnel.

Monsieur LATUILE, soucieux de maintenir le dialogue social et de respecter à la lettre la règlementation en la matière, vient vous demander conseil.

1. **Présentez, dans une note structurée, les obligations de Monsieur LATUILE en matière de représentation du personnel.**

Dossier 2 – La responsabilité du producteur (annexe 2)

M. LEBLANC, client de M. LATUILE, a subi un sinistre important : une partie de la toiture de sa maison vient de s'effondrer. La charpente et la couverture avaient été posées l'an dernier par la société «Les tuiles de Juliette». Après expertise il s'avère que le bois utilisé pour la charpente, provenant du fournisseur «Tout bois», était de mauvaise qualité.

M. LEBLANC met en cause la responsabilité de l'entreprise « Les tuiles de Juliette » et demande réparation du préjudice occasionné.

2. **Justifiez la mise en cause de la responsabilité de l'entreprise «Les tuiles de Juliette» par Monsieur LEBLANC et précisez l'action que cette entreprise pourrait exercer à l'encontre du fournisseur «Tout bois».**

Dossier 2 – La responsabilité du producteur (annexe 2)

A la suite de la perte d'un client important, l'entreprise « Les tuiles de Juliette » connaît des difficultés de trésorerie mais elle n'est pas en cessation de paiements. Les salariés s'inquiètent et se tournent vers les membres du comité d'entreprise récemment élus qui estiment qu'une procédure de médiation ou de conciliation serait prématurée.

Les membres de ce comité viennent vous consulter afin de connaître leurs droits.

3. **Proposez aux membres du comité d'entreprise le dispositif légal leur permettant d'anticiper et prévenir une aggravation de la situation financière de l'entreprise et précisez leur si d'autres acteurs peuvent également intervenir. Justifiez votre réponse.**

Annexe 1 Quelques institutions représentatives du personnel

Entre 25 000 et 30 000 comités d'entreprise où siègent plus de 100 000 élus, autant de comités d'hygiène, de sécurité et des conditions de travail, près de 300 000 délégués du personnel, un peu plus de 40 000 délégués syndicaux font vivre la représentation des salariés. Celle-ci repose à la fois sur les organisations syndicales et sur des institutions élues, directement ou indirectement, par les salariés qui constituent, ensemble, un système de représentation du personnel très complet.

Comité d'Hygiène, de Sécurité et des Conditions de Travail (CHSCT)

Constitués dans les entreprises d'au moins 50 salariés, les comités d'hygiène, de sécurité et des conditions de travail (CHSCT) ont pour mission de contribuer à la protection de la santé et de la sécurité des salariés ainsi qu'à l'amélioration des conditions de travail. Ils peuvent dans certaines situations se faire assister d'un expert [...J

Délégués syndicaux (DS)

Chaque syndicat représentatif dans une entreprise de 50 salariés minimum peut désigner au moins un délégué syndical (DS). Nommé pour une durée indéterminée, le délégué syndical exerce un rôle de représentation du syndicat auquel il appartient et de négociateur de conventions ou d'accords collectifs.

http://travailcmploi.gouv.fr

Annexe 2 Code civil Titre IV bis : De la responsabilité du fait des produits défectueux (extraits)

Article 1386-1

Le producteur est responsable du dommage causé par un défaut de son produit, qu'il soit ou non lié par un contrat avec la victime.

Article 1386-2

Les dispositions du présent titre s'appliquent à la réparation du dommage qui résulte d'une atteinte à la personne.
Elles s'appliquent également à la réparation du dommage supérieur à un montant déterminé par décret, qui résulte d'une atteinte à un bien autre que le produit défectueux lui-même.

Article 1386-3

Est un produit tout bien meuble, même s'il est incorporé dans un immeuble, y compris les produits du sol, de l'élevage, de la chasse et de la pêche. L'électricité est considérée comme un produit.

Article 1386-6

Est producteur, lorsqu'il agit à titre professionnel, le fabricant d'un produit fini, le producteur d'une matière première, le fabricant d'une partie composante.
Est assimilée à un producteur pour l'application du présent titre toute personne agissant à titre professionnel (...)

Article 1386-8

En cas de dommage causé par le défaut d'un produit incorporé dans un autre, le producteur de la partie composante et celui qui a réalisé l'incorporation sont solidairement responsables.

Annexe 3 La prévention à l'initiative des tiers : le droit d'alerte du comité d'entreprise

Le comité d'entreprise (CE) peut déclencher un droit d'alerte quand « il a connaissance de faits de nature à affecter de manière préoccupante la situation économique de l'entreprise », ce qui lui ouvre un large domaine d'intervention dans la mesure où le caractère préoccupant des faits est laissé à son appréciation: le fondement du droit d'alerte du comité d'entreprise est la crainte légitime, davantage que le risque immédiat d'ordre financier.

Le critère de mise en œuvre de la procédure est donc plus large que celui qui est retenu pour les commissaires aux comptes et pour le tribunal de commerce. Il n'implique pas forcément des faits de nature à rompre la continuité de l'exploitation mais seulement susceptibles de susciter une inquiétude sur l'évolution de l'entreprise [...] il peut s'agir par exemple de la perte de marchés, d'un endettement excessif, d'une inadaptation des produits de l'entreprise aux besoins de la clientèle.
Le comité d'entreprise ne peut néanmoins déclencher l'alerte à la légère et les faits motivant la procédure doivent revêtir une certaine intensité ; si le comité surestime la gravité des faits retenus, à défaut d'engager sa responsabilité, il peut se heurter à un refus de la direction de l'entreprise. Même si la jurisprudence (arrêt de la Cour de Cassation du 8 mars 1995) donne une grande liberté au comité d'entreprise pour apprécier les faits de nature préoccupante, il évite, en s'appuyant sur l'expert-comptable choisi pour l'assister, d'abuser de ses prérogatives.
Le comité d'entreprise déclenche le droit d'alerte en demandant à l'employeur de lui fournir des explications sur ces faits, qui doivent être énoncés. La direction doit répondre à cette demande — un refus pouvant être assimilé à un délit d'entrave — dans le cadre général de l'information du CE (réponse précise et écrite, mais la loi n'indique pas de délai). Si cette réponse ne satisfait pas le comité, ou si elle le conforte dans ses inquiétudes, il vote la poursuite de la procédure et, s'il le souhaite, l'assistance d'un expert-comptable dont le coût est à la charge de l'entreprise (dans la limite toutefois d'une fois par exercice).

La procédure se poursuit par la rédaction d'un rapport analysant les différents aspects du problème et des réponses apportées (ou non). Ce rapport, en principe rédigé par le comité d'entreprise, ou la commission économique lorsqu'elle existe, est présenté à une deuxième réunion de CE, l'expert-comptable nommé étant présent. Destiné à l'employeur, il est également souhaitable que le rapport d'alerte soit adressé aux commissaires aux comptes, ce qui permet de procéder à des échanges d'informations entre les deux principaux acteurs de la procédure d'alerte. Un vote est à nouveau nécessaire pour décider d'une saisine éventuelle de l'organe d'administration, de surveillance, ou éventuellement des actionnaires ; l'avis de l'expert-comptable est joint à ce vote. Le CE doit recevoir une réponse motivée dans le mois qui suit la délibération de l'organe d'administration.

Conseil supérieur de l'Ordre des Experts comptables

Coque-only

Polynésie- session 2014

Référentiel	**Thème 1** **L'individu au travail** 122. L'adaptation aux évolutions de l'activité professionnelle **Thème 2** **Les structures et les organisations** 221. Le choix d'une structure juridique **Thème 3** **Le contrat, support de l'activité de l'entreprise** 321. Les relations contractuelles entre partenaires privés
Compétences	Apprécier l'efficacité de l'information et de la protection des salariés dans une situation donnée Justifier le choix d'une structure adaptée à une situation donnée Apprécier l'opportunité, la validité et les effets juridiques d'arrangements contractuels Rédiger et/ou adapter tout ou partie d'un contrat

Martin DULAC, Sébastien FOURCADE et Fanny BRÉGENT, respectivement ingénieur technique, designer et responsable marketing, occupent des postes de cadre au sein d'une entreprise qui fabrique et commercialise des meubles de bureau ergonomiques. L'entreprise connaît de graves difficultés économiques et est placée en redressement judiciaire le 3 décembre 2013.

Les trois collaborateurs envisageaient depuis quelques mois une reconversion professionnelle. Leur expérience de 10 ans au sein de l'entreprise, leur qualification, leurs compétences et leur réel désir de changement les amènent à envisager de créer ensemble leur entreprise. Ils disposent déjà d'un local situé dans la résidence de Martin DULAC.

Après plusieurs mois de veille informationnelle, ils s'orientent vers une activité qui fait l'objet d'un véritable engouement : la fabrication de coques de téléphones portables, devenues un accessoire de mode incontournable. Chaque année, sept millions de coques sont vendues dans le monde. Elles présentent une grande diversité : coque à batterie intégrée, coque à téléobjectif, coque en relief et coque personnalisable.

Dossier 1 – La structure juridique (annexe 2)

Les trois collaborateurs ont affiné leur projet professionnel, réalisé l'étude de marché et établi les comptes prévisionnels pour les trois années à venir, Ils doivent donner une structure juridique à leur entreprise. Au cours d'une réunion, ils ont défini les critères d'organisation de l'entreprise qu'ils veulent créer.

Ils apportent un capital de 300 000 € réparti de la manière suivante :

- Fanny BREGENT : 150 000€
- Martin DULAC : 90 000€
- Sébastien FOURCADE : 60 000 €

Ils désirent protéger leur patrimoine personnel.

Fanny BREGENT ayant apporté la majorité du capital, elle souhaite occuper la fonction de direction et bénéficier de la protection sociale des assimilés salariés. En revanche, les trois collaborateurs veulent prendre les décisions collégialement.
Leurs connaissances leur permettent d'assurer la fabrication et la commercialisation des produits mais ils ont besoin de compétences juridiques pour accompagner la création et la vie de leur entreprise.

Ils font donc appel au cabinet juridique auquel vous appartenez.

Vous devez les conseiller à partir de l'annexe 2 et de vos connaissances.

1. **Présentez et justifiez la structure juridique adaptée aux motivations des créateurs.**

Dossier 2 – Rupture du contrat de travail (annexe 1)

Six mois après la création de la structure juridique, dénommée « COQUE-ONLY », la croissance de l'activité conduit les trois associés à recruter un commercial, Bertrand FOURNIER, chargé du développement de la prospection de la clientèle dans les autres régions de France et en Europe. Bertrand FOURNIER dispose d'un bureau équipé d'un poste de travail informatique et d'une clé USB professionnelle.

Le vendredi 20 décembre 2013, après la fermeture des bureaux, Fanny BREGENT reçoit une commande urgente de M. ARNAUD, dirigeant d'un site de vente de coques en ligne. Fanny BREGENT a donc besoin de consulter le contrat de vente de M. ARNAUD ainsi que sa fiche client. Elle se connecte sur le poste informatique de M. Bertrand FOURNIER et ne retrouve pas les informations nécessaires. Elle consulte alors la clé USB professionnelle de Bertrand FOURNIER restée connectée sur le poste de travail informatique. Elle découvre des fichiers, non identifiés comme personnels, qui répertorient les adresses électroniques des dirigeants des deux principaux concurrents et des courriers dévoilant des secrets de fabrication des différentes coques personnalisées.

Fanny BREGENT envisage la rupture du contrat de travail de M. FOURNIER pour cet acte qu'elle considère fautif.

2. **Indiquez à Fanny BREGENT si elle peut s'appuyer sur ce moyen de preuve pour rompre le contrat de travail de M. FOURNIER.**

Dossier 3 – Clauses contractuelles (annexes 3,4 et 5)

L'entreprise, dénommée « COQUE-ONLY», a été créée par les trois collaborateurs, Fanny, Martin et Sébastien. Au cours de leur parcours professionnel antérieur, ils ont tissé des relations étroites avec des clients professionnels (sites de vente en ligne, points de vente physiques de leur région).

Ces derniers montrent un vif intérêt pour ces coques en plastique de téléphone portable réalisées à partir de dérivés de produits pétroliers.

Afin de commencer la commercialisation, Fanny BREGENT a établi un projet de contrat de vente.

> **3. Vérifiez la validité des clauses contractuelles des articles 6 et 8 du projet de contrat de vente et proposez une nouvelle rédaction, si nécessaire.**

Annexe 1 Cour de cassation, civile, Chambre sociale, 12 février 2013

Sur le moyen unique :

Vu les articles 9 du code de procédure civile et L. 1121-1 du code du travail :
Attendu selon l'arrêt attaqué, que Mme X..., engagée le 26 juillet 2006 en qualité d'assistante administrative par la société PBS, a été licenciée pour faute grave par lettre du 20 février 2009 motif pris notamment de l'enregistrement sur une clé USB d'informations confidentielles concernant l'entreprise et de documents personnels de collègues et du dirigeant de l'entreprise ;

Attendu que pour dire le licenciement sans cause réelle et sérieuse, la cour d'appel retient que l'employeur ne peut se prévaloir d'un moyen de preuve illicite, la salariée n'étant pas présente lorsque sa clef USB personnelle a été consultée par son employeur et n'ayant donc pas été informée de son droit d'en refuser le contrôle ou d'exiger la présence d'un témoin ;

Attendu cependant qu'une clé USB, dès lors qu'elle est connectée à un outil informatique mis à la disposition du salarié par l'employeur pour l'exécution du contrat de travail, étant présumée utilisée à des fins professionnelles, l'employeur peut avoir accès aux fichiers non identifiés comme personnels qu'elle contient, hors la présence du salarié ;

Qu'en statuant comme elle a fait, la cour d'appel a violé les textes susvisés ;

PAR CES MOTIFS :

CASSE ET ANNULE, dans toutes ses dispositions, l'arrêt rendu le 25 octobre 2011, entre les parties, par la cour d'appel de Rouen ; remet, en conséquence, la cause et les parties dans l'état où elles se trouvaient avant ledit arrêt et, pour être fait droit, les renvoie devant la cour d'appel de Caen.

Annexe 2 Les différents statuts juridiques

Structure juridique	Nombre d'associés	Étendue de la responsabilité	Direction et décision	Régime social du dirigeant	Régime social des associés
Entreprise individuelle	Entrepreneur individuel	Seul responsable sur l'ensemble de ses biens personnels (*)	L'entrepreneur individuel prend seul les décisions	Travailleur non salarié	Pas d'associés
EURL Entreprise unipersonnelle à responsabilité limitée (SARL unipersonnelle)	1 seul	Responsabilité limitée au montant des apports	L'EURL est dirigée par un gérant. S'il n'est pas l'associé unique, ce dernier peut limiter les pouvoirs du gérant	Associé unique : Travailleur non salarié Gérant tiers : assimilé salarié	Travailleur non salarié
SARL Société à responsabilité limitée	2 à 100	Responsabilité limitée au montant des apports	La SARL peut être dirigée par un ou plusieurs gérants, minoritaire(s) ou majoritaire(s) qui prennent les décisions de gestion courante	Gérant majoritaire: travailleur non salarié Gérant minoritaire assimilé salarié	Régime des salariés s'ils sont titulaires d'un contrat de travail
SA Société anonyme	Au moins 7	Responsabilité limitée au montant des apports	La SA est dirigée par le président du conseil d'administration ou du conseil de surveillance et les décisions sont prises par le président et/ou par le directeur général	Président est assimilé salarié	Régime des salariés s'ils sont titulaires d'un contrat de travail
SAS Société par actions simplifiée	2 minimum (sauf 1 pour **SASU**)	Responsabilité limitée au montant des apports	Un président doit être nommé mais les associés déterminent librement dans les statuts, les modalités d'adoption des décisions	Président est assimilé salarié	Régime des salariés s'ils sont titulaires d'un contrat de travail
SNC Société en nom collectif	2 minimum	Responsabilité indéfinie et solidaire sur les biens personnels	La SNC peut être dirigée par un ou plusieurs gérants, minoritaire(s) ou majoritaire(s) qui prennent les décisions de gestion courante	Travailleur non salarié	Travailleur non salarié

(*) La loi de 2010 permet d'affecter une partie de son patrimoine à son activité et de limiter la responsabilité

D'après apce. com

Annexe 3 Extraits du Code civil

Article 1226 du Code civil

La clause pénale est celle par laquelle une personne, pour assurer l'exécution d'une convention, s'engage à quelque chose en cas d'inexécution.

Annexe 4 Extrait du projet de contrat de vente

CONDITIONS GENERALES DE VENTE

Les présentes conditions sont conclues entre, d'une part la « structure juridique », dénommée « COQUE-ONLY» représentée par Fanny BREGENT, «dirigeant », et d'autre part, la société « X, Y, Z » représentée par « M ou Mme A », « dirigeant », Les parties conviennent que leurs relations seront régies par le présent contrat.

Article 1 : Objet

Par le présent contrat, COQUEONLY s'engage à fournir une quantité « déterminée avec l'acheteur » de coques de téléphones portables, chaque 5 du mois, et a renouveler 20 % de la gamme selon une périodicité trimestrielle

Article 4 : Conditions de livraison

COQUE-ONLY assurera seule, sous sa responsabilité, l'emballage et le transport. Les coques seront livrées le 5 de chaque mois

Article 6 : Prix

Le prix de vente est fixé au cours du jour des métaux non ferreux (conformément à l'indice du cours des matières premières défini à la bourse de Londres).

Article 8 : Pénalités

Chacune des parties s'engage à verser à l'autre à titre de clause pénale, une somme représentant 2 % du montant des ventes, pour le cas ou elle n'exécuterait pas l'une des obligations mise à sa charge par le présent contrat.

Annexe 5 Les clauses limitatives de responsabilité et d'indexation

Les clauses limitatives de responsabilité

« Les clauses limitatives de responsabilité sont, en principe, parfaitement valables entre professionnels, en application de l'article : 1150 du Code civil. Elles ne sont pas valables envers un consommateur »

« Les clauses limitatives ne peuvent écarter ce qui est l'objet essentiel de la convention. À défaut, elle porterait atteinte à l'essence même du contrat (par exemple : une clause dans un contrat de bail, par laquelle le bailleur ne s'engage pas à assurer l'usage de la chose louée ou encore un contrat de vente qui prévoit que le vendeur ne s'engage pas à livrer la totalité de la chose vendue) ».

Les clauses d'indexation

« L'ordonnance du 30 décembre 1958 pose les conditions de validité des clauses d'indexation : l'indice de référence choisi doit avoir «une relation directe avec l'objet de la convention ou l'activité de l'une des parties», ce qui exclut les indices généraux (ex : référence au SMIC, au niveau général des prix...). Le cours du blé peut être retenu comme indice de référence lorsque le contrat concerne un boulanger. Si les parties qui prévoient une clause d'indexation ne précisent pas quel est l'indice de référence, le juge ne peut le faire à leur place, par conséquent la clause est nulle (cassation, 4 octobre 1989) ».

Cabinet d'avocat Jurisexpert.com, Blandine POIDEVIN, 11 avril 2013
Droit de l'entreprise, Lamy, 2012-2013
Les contrats civils et commerciaux », éditions LGDJ

Éléments de corrigé proposés à titre indicatif
Partie juridique

Massier

Nouvelle-Calédonie – session 2011

Première partie - Le technocentre de Lyon

1. Un dispositif d'évaluation du stress au travail entre-t-il dans le champ d'application de la négociation collective ?

Faits

M. Massier envisage de négocier un accord posant les bases d'une lutte véritable contre les formes de violence au travail, à la suite du suicide de 3 salariés.

Problème de droit

Quel peut être l'objet de la négociation collective ?

Règles de droit applicables

La négociation collective est le processus qui conduit les partenaires sociaux à se rencontrer, discuter et, éventuellement, conclure des accords et des conventions collectives. Ce processus peut aboutir à la conclusion d'un accord collectif. Celui-ci se définit comme un acte écrit qui a vocation à traiter d'un aspect des conditions d'emploi, de travail et des garanties sociales.

Solution appliquée au cas

Au cas d'espèce, l'accord vise à évaluer et à prévenir le stress au travail. Il concerne les conditions de travail et entre dans le champ d'application de la négociation collective.

2. L'entente Syndicale Lyonnaise est-elle autorisée à négocier l'accord sur le stress ?

Faits

L'Entente Syndicale Lyonnaise (ESL) a pour adhérents un grand nombre de salariés. Ce syndicat a été très en pointe dans la dénonciation du suicide d'un salarié et souhaite être invité à la table des négociations.

Problème de droit

À quelles conditions un syndicat est-il représentatif ?

Règles de droit applicables

La loi n° 2008-789 du 20 août 2008 portant rénovation de la démocratie sociale et réforme du temps de travail a refondu les règles relatives à la représentativité des syndicats dans l'entreprise.

La représentativité s'entend de la capacité des syndicats à parler au nom des salariés et à les engager. Depuis la loi de 2008, elle est fondée sur 7 critères cumulatifs posés par l'article L. 2121- I du Code du travail.

Parmi les 7 critères, celui relatif à l'audience électorale est défini par l'article L. 2122-1 du même Code. Aux termes de celui-ci, «dans les entreprises ou établissements, sont représentatives les organisations qui satisfont aux critères de l'article L. 2121-1 et qui ont recueilli au moins 10 % des suffrages exprimés au premier tour des dernières élections des titulaires au comité d'entreprise ou à la délégation unique du personnel, quel que soit le nombre de votants ».

Solution appliquée au cas

Au cas d'espèce, pour participer à la négociation de l'accord sur le stress, l'Entente Syndicale Lyonnaise devra faire la preuve de sa représentativité en utilisant les 7 critères fournis par la loi de 2008.

Les hypothèses fournies par le cas permettent de vérifier que certains critères sont validés :

- L'ESL a une ancienneté suffisante: elle est de trois ans alors que la loi exige seulement deux ans.
- Aux dernières élections professionnelles, dans le collège des ouvriers et employés, ce syndicat a obtenu plus de 42 % des suffrages exprimés. Son audience est donc établie.
- L'ESL a une activité intense et on peut donc admettre que le critère de l'influence est validé.
- Ce syndicat e été très en pointe dans l'affaire du salarié suicidé, ce qui peut démontrer son indépendance par rapport à l'employeur.
- Par ailleurs, comme ce syndicat syndique un nombre significatif de personnes, on peut penser que le septième critère est validé.

Les hypothèses fournies par le cas ne permettent pas d'apprécier les critères relatifs au respect des valeurs républicaines et à la transparence.

Deuxième partie - Le cas de Corinne Pink

1. **Les arguments de M. Massier sont-ils valables dans l'hypothèse d'un licenciement de Corinne ? A cet effet, vous analyserez le comportement de la salariée et les moyens de preuve que l'employeur peut produire.**

Faits

Corinne Pink, salariée du technocentre de Lyon envoie et reçoit un grand nombre de courriels à caractère personnel sur son lieu de travail, ce qui peut lui prendre jusqu'à une heure de son temps par jour. La semaine dernière, le chef de service a reçu par erreur des courriers personnels de la salariée qui est de ce fait menacée de licenciement.

Problèmes de droit

À quelles conditions l'usage d'un ordinateur professionnel à des fins personnelles est-il autorisé?

En cas de licenciement pour motif personnel, quels sont les moyens de preuve que l'employeur peut produire pour justifier d'une cause réelle et sérieuse de licenciement ?

Règles de droit applicables

Concernant l'usage d'un ordinateur professionnel à des fins personnels, La jurisprudence (Cour de cassation : arrêt Nikon du 2 octobre 2001) reconnaît le caractère inviolable de la correspondance privée. Elle considère que « le salarié a droit, même au temps et au lieu du travail, au respect de l'intimité de sa vie privée. Celle-ci implique en particulier le secret des correspondances ». Lorsque le salarié souhaite protéger le secret de sa correspondance, il doit prendre des précautions en indiquant que le dossier ou tel mail est « personnel ». A partir de ce moment les informations contenues dans ces documents ne peuvent pas, en principe, être utilisées contre lui. Cependant, il existe deux exceptions :

- L'ordinateur fourni par l'employeur a une finalité professionnelle. En conséquence tous les documents figurant dans cet ordinateur et non identifiés comme personnels sont considérés comme professionnels. Ils peuvent donc être ouverts, lus par l'employeur qui, au surplus, peut en tirer des conséquences mettant même en cause la présence du salarié dans l'entreprise.

- L'employeur peut accéder aux fichiers personnels du salarié en présence de celui-ci ou après l'avoir appelé. Si le salarié est absent ou s'il n'a pas été prévenu, l'employeur ne peut accéder à ces fichiers que si un risque ou un événement particulier le justifie (exemple : concurrence déloyale du salarié).

Concernant les moyens de preuve en vue d'un licenciement pour faute, la cause du licenciement doit être réelle et sérieuse. La cause est qualifiée de réelle quand elle existe, se traduit par des manifestations extérieures vérifiables (elle est objective) et exacte. Elle est également sérieuse, c'est-à-dire qu'elle présente une gravité qui rend impossible la poursuite des relations de travail.

Solution appliquée au cas

Au cas d'espèce, l'usage de l'ordinateur à des fins personnelles est toléré par la jurisprudence de la Cour de cassation. L'employeur ne pourra pas utiliser les fichiers de Corinne qu'il a «piratés ». Les quelques mails reçus à propos des rendez-vous de Corinne apparaissent anodins. En revanche, s'il arrive à prouver par des moyens licites que Corinne passe de nombreuses heures à régler des problèmes personnels au bureau, il pourra la licencier pour motif personnel avec cause réelle et sérieuse.

2. Quelle procédure devra-t-il respecter s'il maintient sa décision de licencier ?

Faits

Du fait du comportement abusif de Corinne, l'employeur décide de la licencier.

Problème de droit

Quelles sont les étapes à respecter en matière de procédure relative au licenciement pour motif personnel ?

Règles de droit applicables

Le licenciement pour des motifs personnels, notamment pour faute disciplinaire repose sur une procédure protectrice des droits des salariés.

Pour l'essentiel la procédure est en trois temps :

- D'abord, l'employeur convoque le salarié à un entretien. La lettre remise en mains propres ou adressée en recommandé comporte diverses mentions: objet, date, lieu, heure et possibilité de se faire assister (par une personne de son choix appartenant au personnel de l'entreprise ou, quand il n'y a pas de représentant du personnel dans l'entreprise, par un conseiller choisi sur une liste dressée par l'autorité administrative).

- Ensuite, pendant l'entretien, l'employeur fournit au salarié les raisons de son licenciement, il écoute ses explications. Cet échange de vues respecte le principe du contradictoire.

- Enfin, l'employeur notifie au salarié son licenciement et les raisons qui le justifient.

Solution appliquée au cas

Dans cette affaire, il s'agit d'un licenciement pour faute. L'employeur devra donc respecter les trois étapes de la procédure.

Sidomex

Polynésie – session 2011

1. **M. Grand a rédigé un projet de contrat qui devra être signé avec la SARL GD MARKET. Il vous soumet ce projet et vous demande d'en vérifier les conditions de validité. Justifiez votre réponse.**

Faits

Les sociétés SIDOMEX BTP et UC MARKET ont conclu un contrat de prestations de services.

Problème de droit

Quelles sont les conditions de validité d'un contrat conclu entre personnes morales de droit privé ?

Règles de droit applicables

Un contrat conclu entre personnes morales de droit privé doit remplir les conditions générales de validité énoncées à l'article 1108 du Code civil :

- Le consentement de la partie qui s'oblige ;
- Sa capacité de contracter ;
- Un objet certain qui forme la matière de l'engagement ;
- Une cause licite dans l'obligation.

Le consentement ne doit pas être vicié (exempt d'erreur, de dol, de violence).

Solution à donner au cas

En l'espèce, le contrat est valablement formé. En effet, les conditions générales de validité sont réunies :

- Existence du consentement des parties ; consentement non vicié ;
- Les parties au contrat sont présumées disposer de la capacité juridique de contracter.
- L'objet du contrat est licite et déterminé (rénovation et agrandissement d'un bien immeuble)
- La cause est réelle et elle est conforme à l'ordre public et aux bonnes mœurs.

2. **M. Grand vous demande d'apprécier l'intérêt et la validité pour sa société de la clause énoncée dans l'article 15 du contrat.**

Faits

Dans le contrat signé entre les sociétés SIDOMEX BTP et GD MARKET, M. Decoin a exigé l'introduction d'une clause (article 15) relative à des pénalités de retard.

Problèmes de droit

Quelle est l'utilité d'une clause pénale insérée dans un contrat ?

Dans quels cas cette clause peut- elle être remise en cause par le juge ?

Règles de droit applicables

Une clause pénale insérée dans un contrat prévoit une sanction pécuniaire déterminée par avance par les parties et mise en œuvre quand un cocontractant manque à l'une de ses obligations. Elle a pour but d'éviter une éventuelle action en justice.

En vertu de l'article 1134 du Code civil, les parties peuvent prévoir ce type de sanction. Toutefois, le juge peut entrer dans l'économie de cette clause quand elle est manifestement excessive ou dérisoire.

La clause figurant à l'article 15 du contrat est effectivement une clause pénale.

Solution à donner au cas

Ainsi, si SIDOMEX BTP ne respecte pas le délai de réalisation des travaux, elle devra verser à son client GD MARKET la somme de 16 000 € par jour de retard.

En l'espèce, la somme de 16 000 euros par jour de retard pourrait être considérée comme excessive par un juge saisi de l'affaire. Il est donc conseillé à M. Grand de faire réduire de façon significative le montant de cette clause.

3. **M. Grand souhaite connaître les risques encourus par sa société à la suite de cet accident. Justifiez votre réponse.**

L'employeur doit avoir conscience des dangers qui menacent ses salariés. Selon l'arrêt rendu par la Cour de cassation le 11 avril 2002, l'employeur est tenu envers eux d'une obligation de sécurité de résultat, notamment en ce qui concerne les accidents du travail.

Tout manquement à cette obligation a le caractère d'une faute inexcusable, au sens de l'article L. 452-1 du Code de la sécurité sociale, lorsque l'employeur avait ou aurait dû avoir conscience du danger auquel était exposé le salarié, et qu'il n'a pas pris les mesures nécessaires pour l'en préserver.

Ainsi, lorsque le salarié de la société SIDOMEX BTP est victime d'un dommage à l'occasion de la mise en œuvre de son contrat de travail, l'obligation de résultat de sécurité n'est pas remplie. L'employeur est donc responsable bien qu'il n'ait commis aucune faute.

4. M. Grand vous demande de présenter les conséquences juridiques pour l'entreprise SIDOMEX BTP de ce retard de livraison.

Faits

L'entreprise SIDOMEX BTP est débitrice envers la société GD MARKET d'une obligation qui devait être réalisée le 1er octobre de l'année. L'échéance du contrat n'est pas respectée et est reportée au 20 octobre N. En effet, de violents orages ont compromis la poursuite des travaux.

Problème de droit

À quelles conditions les intempéries peuvent-elles être assimilées à un cas de force majeure ?

Règles de droit applicables

Au regard de l'article 1147 du Code Civil, « *Le débiteur est condamné, s'il y a lieu, au paiement de dommages et intérêts, soit à raison de l'inexécution de l'obligation, soit à raison du retard dans l'exécution...* ».

Cependant, l'article 1148 du Code civil prévoit des cas d'exonération du débiteur d'une obligation contractuelle, notamment la force majeure.

Dans le dernier état de sa jurisprudence, la Cour de cassation considère que la force majeure est un événement extérieur aux parties, imprévisible au moment de la formation du contrat, et irrésistible lors de son exécution.

Solution à donner au cas

En l'espèce, le retard dans l'exécution de l'obligation est avéré. L'entreprise SIDOMEX BTP pourrait se voir opposer la clause pénale (article 15 du contrat) fixant les dommages- intérêts à hauteur de 16 000 € par jour de retard.

Or, le retard dans la réception des travaux est dû à un évènement de force majeure. Les orages ont inondé le chantier et rendu toute poursuite des travaux impossible. De ce fait, la réception des travaux n'a pu avoir lieu comme prévu, le 1er octobre, mais seulement le 20 de ce même mois.

Par conséquent, l'article 15 du contrat ne peut s'appliquer et des dommages et intérêts ne pourront être octroyés.

La ferme avicole

Métropole – session 2011

Première partie - Le partenariat avec une commune de Seine Maritime

1. Conseillez l'EURL « Ferme avicole normande » quant à la justification et à la légalité de la résiliation unilatérale demandée par la commune X.

Faits

La Commune X a décidé de rompre unilatéralement le contrat administratif arguant de l'abandon du projet. Ce contrat peut être qualifié d'administratif car il est conclu par une personne publique et il répond aux critères jurisprudentiels : il contient des clauses exorbitantes de droit commun et il est lié à l'exécution du service public.

Problème de droit

Une commune est-elle fondée à rompre unilatéralement ce contrat administratif ?

Règles de droit applicables

D'après une jurisprudence constante du Conseil d'État depuis un siècle et demi, l'administration dispose d'un droit de résiliation unilatérale des contrats administratifs (Conseil d'Etat, 17 mars 1864, Paul Dupont).

Le Conseil d'Etat précise qu'en l'absence de faute du cocontractant, l'administration ne peut rompre unilatéralement le contrat administratif qu'en arguant d'un motif légitime. Pour compenser cette rupture, elle devra verser des indemnités.

Le Conseil d'État, dans son arrêt du 8 décembre 1978 (cf. annexe), a considéré que l'abandon d'un projet était un motif légitime de résiliation unilatérale d'un marché public.

Solution appliquée au cas

La Commune X, qui invoque l'abandon du projet, est donc fondée à rompre unilatéralement le contrat. Elle devra cependant verser des indemnités.

Deuxième partie – La vente par internet

2. Appréciez la validité du processus de l'article 3 des conditions générales de vente et modifiez cet article si nécessaire.

Faits

Le processus de formation du contrat électronique de la « Ferme avicole normande» obéit à deux étapes : le client saisit ses coordonnées, son mode de livraison et son mode de paiement, valide sa commande et un courriel est envoyé indiquant la date de livraison.

Problème de droit

À quelles conditions un contrat électronique est-il valablement formé ?

Règles de droit applicables

Un contrat électronique, pour être valable, doit obéir à un processus spécifique :

- Le client doit pouvoir vérifier sa commande (1er clic).
- Le client doit confirmer sa commande (2eme clic).
- Le cybermarchand doit accuser réception de la commande sans délai injustifié et par voie électronique.

Solution appliquée au cas

Le processus de formation du contrat électronique de la « Ferme avicole normande» n'est donc pas légal puisque le client ne peut pas vérifier sa commande et l'entreprise n'envoie pas d'accusé de réception de la commande mais seulement la date de livraison.

Il est donc nécessaire de le réécrire afin que sa validité ne puisse être contestée.

Troisième partie – Une couveuse défectueuse

3. Dans une note structurée :

vous apprécierez la légalité de la demande de rétractation du contrat électronique du client de l'EURL « Ferme avicole normande » ;

vous indiquerez les fondements juridiques sur lesquels pourraient s'appuyer les clients de l'EURL « Ferme avicole normande » dans le cas où ils subiraient un dommage du fait de la défectuosité de la couveuse NX 22.

Demande de rétractation

Faits

Un client particulier, donc un consommateur, a conclu un contrat avec l'Eurl « Ferme avicole normande » portant sur la vente d'une couveuse. Le consommateur souhaite se rétracter après la livraison de la couveuse NX 22 qu'il a reçue il y a trois jours.

Problème de droit

À quelles conditions un consommateur peut-il user de son droit de rétractation lors de la conclusion d'un contrat électronique ?

Règles de droit applicables

Les articles L 121-16 et suivants du Code de la consommation prévoient un droit de rétractation de sept jours francs, pour les contrats qui utilisent lors de leur conclusion une ou plusieurs techniques de communication à distance.

Solution appliquée au cas

Ce contrat a été conclu par le biais d'une technique de communication à distance (un site internet) et le délai de 7 jours francs n'est pas dépassé. Le consommateur peut donc se rétracter.

Fondements juridiques

Faits

L'Eurl « Ferme avicole normande » est confrontée au dommage subi par un client particulier provoqué par un court circuit sur la couveuse NX 22.

Problème de droit

Quels sont les différents fondements juridiques susceptibles d'être utilisés par un consommateur contre le vendeur professionnel d'un produit défectueux ?

Règles de droit applicables

Lorsqu'un client subit un dommage du fait de la défectuosité d'un produit, il peut demander réparation sur plusieurs fondements juridiques :

- **la responsabilité contractuelle** : le vendeur est soumis à une obligation de sécurité. Cette obligation le rend responsable des dommages causés par un défaut de son produit. La victime devra montrer l'existence d'une faute (le manquement à son obligation de sécurité), le dommage et le lien de causalité entre les deux.
- **la responsabilité du fait des produits défectueux** : le producteur est responsable du dommage causé par un défaut de son produit. La victime pourra agir contre le producteur d'un produit en montrant l'existence d'un défaut, d'un dommage et d'un lien de causalité entre les deux. Si le producteur ne peut pas être identifié, la victime peut engager la responsabilité du fournisseur ou du vendeur.

Solution appliquée au cas

L'Eurl « Ferme avicole normande » commercialise la couveuse mais n'est pas le producteur. Donc, en principe, la victime de la couveuse ne pourra pas engager la responsabilité de la « Ferme avicole normande » sur le fondement de la responsabilité du fait des produits défectueux sauf si le producteur de la couveuse ne peut pas être identifié.

La victime pourra par contre engager la responsabilité de la « Ferme avicole normande » sur le fondement de la responsabilité contractuelle.

Rêves de jardins

Métropole – session 2012

Dossier 1 – Le recrutement d'un salarié

1. Apprécier la légalité de la procédure de recrutement définie par M.LABORDE

Les faits

- **L'offre d'emploi** : Monsieur Laborde désire recruter un commercial de sexe masculin de préférence (ou de sexe féminin mais sans obligation familiale), jeune et résistant physiquement.
- **Les techniques de recrutement** : Monsieur Laborde compte au cours de l'entretien de recrutement poser des questions sur la vie privée, la santé et les projets personnels du candidat.

Problème de droit

La procédure de recrutement définie par M. LABORDE est-elle légale ?

Règles de droit applicables

- **Principe** : liberté d'embauche de l'employeur. Principe découlant de la liberté d'entreprendre (liberté du commerce et de l'industrie).
- **Restrictions à cette liberté énoncées par le code du travail :**
    - **Interdiction des discriminations** (assurer l'égalité des traitements) fondées sur le sexe, santé, opinions, âge, race etc. (cf. article 1132-1 du code du travail)
    - **Respect des droits et des libertés au niveau de la nature des informations** demandées (les informations demandées « doivent présenter un lien direct et nécessaire avec l'emploi proposé ou avec l'évaluation des aptitudes professionnelles »).

Solutions à donner au cas

L'offre d'emploi

- Conserver les critères de choix liés au diplôme, aux qualités nécessaires pour occuper l'emploi.
- Supprimer toute allusion à l'âge, au sexe (préciser H/F), à l'absence de charge familiale et à la santé physique (rôle du médecin du travail lors de la visite d'embauche).

Les techniques de recrutement

- Le questionnaire est à conserver tel quel
- Les tests professionnels sont à conserver

- Au cours de l'entretien aucune allusion à la vie privée, la santé etc. ne devra être faîte, il s'agit d'une atteinte à la vie privée, liberté individuelle fondamentale.

2. Identifier le principe général auquel les candidats sont soumis lors d'un processus de recrutement. Préciser le risque encouru en cas de non respect de ce principe.

Les faits

Les questions sont posées aussi bien par écrit (questionnaire) qu'au cours de l'entretien avec l'employeur (en face à face). Elles concernent notamment le parcours professionnel du candidat.

Problèmes de droit

- Quel est le principe auquel est soumis un candidat lors de son recrutement ?
- Quels risques encourt-il en cas de non respect de ce principe ?

Règles de droit applicables

- **L'article L. 1221-6 du code du travail** dispose que « le candidat est tenu de répondre de bonne foi à ces demandes d'informations ».
- **L'article 1109 du code civil** dispose qu' « il n'y a point de consentement valable si le consentement n'a été donné que par erreur ou s'il a été extorqué par violence ou surpris par dol.

Solutions à donner au cas

- Lors d'un recrutement, le candidat est tenu de répondre de bonne foi aux questions qui lui sont posées. De fausses informations données par le candidat seraient contraires à ce principe et empêcheraient l'employeur de juger le candidat avec objectivité.
- Les fausses informations pourraient constituer un dol viciant le consentement de l'employeur. Attention : pour qu'il y ait « dol », il faut une intention de nuire de la part du candidat.

Conclusion : si le contrat de travail était conclu à la suite de cette tromperie, il serait frappé de nullité.

Dossier 2 – L'exécution du contrat d'un salarié en télétravail

1. **Rappeler à M. LABORDE les obligations de l'employeur en matière de télétravail.**

Les faits

Monsieur LABORDE a décidé d'embaucher le nouveau commercial paysagiste en télétravail. Le salarié exercera son activité quatre jours sur cinq en dehors des locaux de l'entreprise, soit chez les clients, soit à son domicile. Il pourra se connecter au réseau de l'entreprise et avoir accès aux données professionnelles nécessaires à son activité. M. LABORDE souhaite s'assurer que le futur salarié n'utilisera pas le matériel à des fins personnelles et envisage de mettre en place un moyen de surveillance.

Problèmes de droit

Quelles sont les obligations de l'employeur en matière de télétravail ?

Règles de droit applicables

L'accord National interprofessionnel (ANI) du 19 juillet 2005 constitue le cadre juridique du télétravail (droit du travail négocié).
L'article 1 de l'ANI donne la définition du télétravail : il « est une forme d'organisation et/ou de réalisation du travail, utilisant les technologies de l'information dans le cadre d'un contrat de travail et dans laquelle un travail, qui aurait également pu être réalisé dans les locaux de l'employeur, est effectué hors de ces locaux de façon régulière ».
Les articles 2 et 6 énoncent les principales obligations de l'employeur en matière de télétravail :

- L'article 2 dispose que le télétravail revêt un caractère volontaire pour le salarié et l'employeur concernés, que ce soit au moment de l'embauche ou en cours d'exécution du contrat, (il devra dans ce dernier cas faire l'objet d'un avenant au contrat de travail).

- L'article 6 dispose que l'employeur est tenu de respecter la vie privée du télétravaillleur. À cet effet, il fixe, en concertation avec le salarié, les plages horaires durant lesquelles il peut le contacter.

Solution à donner au cas

Si un moyen de surveillance est mis en place, il doit être pertinent et proportionné à l'objectif poursuivi et le télétravailleur doit en être informé. La mise en place, par l'employeur, de tels moyens doit faire l'objet d'une information et d'une consultation préalable du comité d'entreprise ou, à défaut, des délégués du personnel dans les entreprises qui en sont dotées.

Dossier 3 – Le défaut de paiement d'un client

Dans une note structurée et argumentée à destination de M. Laborde, qualifier la situation du client PARCABO, identifier la procédure judiciaire qui permettra d'assurer la continuation de l'exploitation, indiquer les effets de la procédure judiciaire sur les créances existantes et à venir.

1. Qualification juridique de la situation du client

Le 10 avril, le client « PARCABO », annonce à Monsieur LABORDE que sa situation financière s'est dégradée et qu'il est dans l'impossibilité de régler le montant de la facture car son actif disponible ne lui permet plus de faire face à son passif exigible. Il s'agit de la définition de la cessation de paiements (Article L631-1 du code de commerce).

2. Procédure judiciaire qui permettra d'assurer la continuation de l'exploitation

L'article L631-1 du code de commerce dispose qu'en cas de cessation de paiements, la procédure de redressement judiciaire est destinée à permettre la poursuite de l'activité de l'entreprise, le maintien de l'emploi et l'apurement du passif.

3. Effets de la procédure sur les créances existantes

L'article L622-21 dispose que le jugement d'ouverture (du redressement judiciaire) interrompt ou interdit toute action en justice de la part de tous les créanciers. [...] et tendant à la condamnation du débiteur au paiement d'une somme d'argent, à la résolution d'un contrat pour défaut de paiement d'une somme d'argent.

L'entreprise Rêves de jardin devra donc s'abstenir d'engager une procédure de recouvrement de ses créances contre l'entreprise Parcabo et devra adresser une déclaration de sa créance au mandataire judiciaire (Article L622-24).

4. Effets de la procédure sur les créances à venir

De la même manière, la facture qui naîtrait du contrat de maintenance devrait être adressée au mandataire judiciaire. Cette facture serait payée par privilège avant toutes les créances car la prestation de maintenance permettrait d'assurer la poursuite d'activité de l'entreprise et sa pérennité.

Flonn

Polynésie – session 2012

Dossier 1 – Litige relatif aux conditions générales de vente

1. Apprécier la validité de l'article 14 des conditions générales de venter de la société FLONN

Faits

Il s'agit d'une situation dans laquelle l'entreprise FLONN passe, dans le cadre de son activité, un contrat avec un client, l'association « le jardin bio ». Dans les conditions générales de vente figurent des clauses limitatives de responsabilité.

Problème de droit

Toutes clauses de non responsabilité ou limitatives de responsabilité dans les accords de vente entre professionnels sont-elles licites ?

Règles de droit applicables

En passant commande sur le site Internet de la société FLONN, l'association « Le jardin Bio » est entrée dans une relation contractuelle soumise aux conditions générales de vente (CGV) proposées par le vendeur. L'article 14 des CGV énonce certaines conditions relatives à la responsabilité de la société FLONN. Elle peut être juridiquement qualifiée de clause limitative de responsabilité.

Selon le principe de la liberté contractuelle (réaffirmé dans l'annexe 1), les parties déterminent librement leur engagement contractuel selon un commun accord et peuvent donc le cas échéant y inclure des clauses limitatives ou exonératoires de responsabilité dès lors quelles font l'objet d'un consentement libre et éclairé de l'ensemble des parties.

Cependant, l'arrêt de la Cour de cassation du 22 octobre 1996 établit clairement que, dans les relations entre professionnels si la liberté contractuelle prévaut elle ne saurait cependant conduire à permettre l'exclusion de la responsabilité du débiteur de l'obligation essentielle du contrat.

Solution appliquée au cas

En l'espèce, les CCV, acceptées par l'Association, prévoit une limitation de la responsabilité de l'entreprise FLONN aux seuls cas des produits défectueux, écartant donc toute autre forme de responsabilité de la société.

La validité de la clause, telle qu'introduite dans les conditions générales de vente de la société FLONN est donc contestable. En effet si la prise en compte de la défectuosité des produits va dans le sens de l'obligation essentielle du contrat, il n'en reste pas moins que d'autres éléments peuvent toucher à celle-ci. Ainsi la conformité des produits à la commande réalisée par le client paraît effectivement être une obligation essentielle du fournisseur et celui-ci ne saurait donc y échapper par une clause limitative de responsabilité.

Dossier 2 – Les conséquences juridiques internes du litige

2. Préciser si la consultation du système de vidéosurveillance peut permettre à M. Ducas de prouver la faute du salarié ?

Faits

Monsieur Ducas, gérant de la société FLCNN a mis en place un système de vidéosurveillance. Ce système a pour objectif d'assurer la sécurité des salariés dans l'entreprise mais permet aussi de surveiller les salariés. Cette surveillance s'effectue dans le respect des droits individuels des salariés.

Problème de droit

La surveillance d'un salarié dans l'entreprise à l'aide de la vidéo surveillance peut-elle s'effectuer sans que l'information sur la question ait été diffusée ?

Règles de droit applicables

Le contrôle des salariés pendant l'exécution de la prestation de travail constitue une prérogative accordée à l'employeur, qui découle du lien de subordination présent dans le contrat de travail.

Cependant, si ce droit autorise l'employeur à utiliser, pour des motifs légitimes, des moyens de contrôle telle que la mise en place d'un système de vidéosurveillance, celui-ci doit s'effectuer dans le respect des droits individuels du salarié.

À ce titre, il appartient à l'employeur :

- d'informer et de consulter les instances représentatives des salariés préalablement â la décision de mise en place de ce dispositif
- d'informer individuellement chaque salarié de l'existence des dispositifs de contrôle mis en place et la collecte d'informations le concernant
- si le dispositif conduit à recueillir des données personnelles sur les salaries une déclaration préalable à la CNIL des fichiers ainsi constitués est par ailleurs obligatoire.

Solution appliquée au cas

La charte informatique, en vigueur dans l'entreprise, dispose en son article 11 qu'un système de vidéosurveillance est installé dans l'entreprise. En outre l'article 13 précise de façon expresse que cette charte fait l'objet d'un affichage au sein de la société et est annexée à chaque contrat de travail.

En conséquence, M. Ducas peut utiliser les données recueillies par le système de videosurveillance pour établir la faute du salarie effectuée lors de la préparation de la commande pour l'association « Le Jardin Bio ».

3. Présenter les solutions qui s'offrent à M. Ducas en cas de refus de reclassement de M. Lapendrie

Faits

Monsieur Lapendrie, salarié de l'entreprise FLONN, a commis une erreur dans la préparation de la commande du client « le jardin bio ». Monsieur Ducas estime que le maintien de Monsieur Lapendrie n'est plus possible et envisage de le reclasser dans des fonctions à moindres responsabilités.

Problème de droit

Les modifications des relations contractuelles entre un employeur et un salarié sont-elles toujours de nature à remettre en cause le contrat de travail ?

Règles de droit applicables

Quel que soit le motif de la modification des relations contractuelles entre un employeur et un salarié, il importe de déterminer préalablement si les évolutions proposées au salarie s'analysent comme des modifications des tâches et conditions de travail ou à l'inverse comme une modification des éléments essentiels du contrat de travail.

L'intérêt de la distinction tient dans le fait que, dans le premier cas, l'employeur peut, du fait du lien de subordination inhérent à la relation de travail passer outre le refus du salarie et lui imposer le changement des dites conditions de travail alors que dans le cas d'une modification du contrat de travail, la Cour de cassation rappelle en son arrêt du 25 mai 2011, que « l'accord exprès du salarié » est nécessaire.

Solutions appliquées au cas

Solutions qui s'offrent à M. Ducas :

Les nouvelles tâches confiées à monsieur Lapendrie s'analysent comme de simples modifications de tâches :

- L'accord exprès du salarié n'est pas exigé.
- En ne les acceptant pas M. Lapendrie pourra être licencié pour faute (en considérant que la faute est suffisamment importante pour constituer un motif réel et sérieux de licenciement). En effet il s'agit du non respect du lien de subordination.

Les nouvelles missions proposées modifient le contrat de travail.

- La proposition de reclasser M. Lapendrie peut être analysée comme une modification du contrat de travail dès lors qu'elle touche a un élément essentiel du contrat, à savoir ses fonctions dans l'entreprise FLONN ce qui est le cas ici puisque Monsieur Ducas envisage de le reclasser dans des fonctions à moindre responsabilité.
- L'accord exprès du salarié est exigé
- En cas de refus du salarié, l'employeur M. Ducas peut décider de poursuivre le contrat aux conditions initiales ou de prendre l'initiative de le rompre en

invoquant une cause réelle et sérieuse qui peut être économique ou personnelle.

Dossier 3 – L'action en responsabilité

4. **Dans une note argumentée à destination de M. Ducas :**

- **Qualifier la nature de la responsabilité compte tenu de la nature du dommage.**
- **Présenter le raisonnement juridique qui permet de déterminer les responsabilités engagées et les cas d'exonération possibles.**

1. Nature de la responsabilité compte tenu de la nature du dommage

Les faits présentés dans ce dossier relèvent du régime de la responsabilité civile délictuelle (RCD) et non pas de la responsabilité civile contractuelle (RCC) dans la mesure où le dommage occasionné est totalement extérieur à la situation contractuelle évoquée. En effet les dommages sont causés au véhicule personnel de Mme Herbeval et sont donc étrangers à toute relation contractuelle entre les deux parties.

2. Responsabilité civile délictuelle et cas d'exonération

En matière de responsabilité civile délictuelle, il existe une présomption de responsabilité du commettant du fait de son préposé. Il appartient donc à la victime, pour engager la responsabilité de l'employeur, de prouver qu'il y a bien eu à son encontre un dommage, que ce dernier à été causé par un salarié, et qu'il y a bien un lien de causalité entre le fait du salarié et le préjudice subi.

Dans le cas présent, M. Luthrin, salarié de la SARL FLONN est, par ses mauvaises manœuvres, à l'origine d'un dommage, en l'occurrence des dégâts matériels sur le véhicule de Mme Herbeval.
Le lien de causalité entre son action et le dommage est bien présent, puisque c'est l'erreur de M. Luthrin qui est à l'origine des dégâts.
En principe, Mme Herbeval est donc en droit d'obtenir, via sa compagnie d'assurance, la réparation de son préjudice auprès de l'employeur; la société FLONN.
La jurisprudence reconnaît au commettant la possibilité de s'exonérer de sa responsabilité par la preuve de trois conditions cumulatives : le salarié a agi sans autorisation de sa part ; il a agi en dehors de ses fonctions ; il a agi à des fins étrangères à ses attributions.
En l'espèce M Luhtrin a agi sous les ordres de son employeur (livraison d'une commande). En livrant les repas à l'association il a agi dans les fonctions qui sont habituellement les siennes au sein de la société (il est livreur). Il n'a pas agi à des fins étrangères à ses attributions dans la mesure où la livraison était bien effectuée pour le compte de l'entreprise qui l'emploie.

Kid's Meubles

Nouvelle-Calédonie – session 2012

Dossier 1 – La négociation d'un avant contrat entre professionnels

1. **Apprécier la légalité de la clause d'indexation figurant dans cet avant contrat et proposer, si nécessaire, à la Société Bois d'Or une autre formulation de cette clause.**

Faits

Il s'agit d'une situation concernant la formation d'un contrat entre professionnels. Le contrat entre professionnels se forme après des négociations ou pourparlers. Les négociations entre la SA Kid's meubles et la société Bois d'Or sont des pourparlers.

Le document présenté dans l'annexe 1 est un accord de principe : les parties se sont entendues sur le principe de contracter ensemble mais certaines modalités du contrat restent à déterminer. Avec ce préaccord ou avant contrat, les parties doivent arriver à un contrat définitif.

Problème de droit

La clause d'indexation figurant dans l'avant contrat est-elle légale ?

Règles de droit applicables

Article L112-2 du Code monétaire et financier : «Dans les dispositions statutaires ou conventionnelles, est interdite toute clause prévoyant des indexations fondées sur le salaire minimum de croissance, sur le niveau général des prix ou des salaires ou sur les prix des biens, produits ou services n'ayant pas de relation directe avec l'objet du statut ou de la convention ou avec l'activité de l'une des parties. »

Solution appliquée au cas

La clause d'indexation figurant dans cet avant contrat n'est pas légale, l'indice retenu est interdit puisqu'il s'agit du SMIC de référence dans la branche d'activité à laquelle est rattachée la société Bois d'or. (voir annexe 2).

L'indice choisi doit être en relation directe avec l'objet du contrat ou l'activité de l'une des parties.

La clause suivante pourrait être insérée dans l'avant contrat :

« Le prix des planches de bois pourra varier au cours de l'exécution du contrat en fonction du cours mondial du bois entrant dans la fabrication des meubles ».

Dossier 2 – La rupture de négociations commerciales et ses conséquences juridiques

Faits

L'avant contrat a été signé par deux entreprises de droit privé : les sociétés Kid's meubles et Bois d'or. En période de pourparlers et deux jours avant de signer le contrat définitif, la Société Bois d'Or met fin aux négociations commerciales.
La SA Kid's Meubles se trouve dans une situation difficile : elle doit trouver un nouveau fournisseur en ce qui concerne ses approvisionnements et recommencer les négociations. La nouvelle collection risque de ne pas pouvoir sortir à temps, ce qui représenterait un manque à gagner important.

Problème de droit

La rupture des pourparlers peut-elle être qualifiée d'abusive et engager la responsabilité de la société Bois d'or ?

Règles de droit applicables

En vertu de la liberté contractuelle, chacune des parties est libre de rompre les négociations à tout moment mais la rupture doit être faite de bonne foi et de façon non brutale. Une rupture brutale des pourparlers peut constituer une faute qui engage la responsabilité civile délictuelle (article 1382 du Code civil) de la partie qui rompt.
De plus, la jurisprudence tient également compte de l'avancement des pourparlers et de la croyance légitime de l'autre partie pour qualifier une rupture abusive ou non.

Solution appliquée au cas

La SA Kid's Meubles pourrait obtenir réparation en engageant la responsabilité civile délictuelle de la société Bois d'or en montrant :

- La faute de la société Bois d'or : la rupture a été brutale et de mauvaise foi puisque cette rupture a été faite deux jours avant de signer le contrat définitif, de nombreux contacts avaient été établis entre les deux sociétés et deux voyages en Indonésie avaient eu lieu.

- Le préjudice subi par la société Kid's meubles : cette situation met la SA Kid's Meubles dans une situation difficile. Elle a engagé des frais de déplacement et la société n'étant plus en mesure de sortir la nouvelle collection, le manque à gagner risque d'être important.

- Le lien de causalité direct entre la faute et le préjudice : la SA Kid's Meubles devra prouver que l'échec des négociations a eu une relation de cause à effet avec la baisse du chiffre d'affaires et l'a empêchée de sortir réellement la nouvelle collection. Elle pourra être indemnisée en prenant en compte les frais de déplacement en Asie lors des négociations et éventuellement le manque à gagner.

On pourra également mentionner l'évident avancement des pourparlers (qui dataient de plus de 5 mois et qui avaient nécessité de nombreux déplacements). De même, la SA Kid's Meubles pouvait légitimement croire à la conclusion du contrat définitif.

Dossier 3 – Le pouvoir de contrôle et de surveillance de l'employeur dans le domaine des TIC

1. **Dans une note argumentée et structurée à destination de la direction de Kid's Meubles, vous justifierez d'une part le pouvoir de surveillance et de contrôle de l'employeur concernant l'utilisation des TIC par les salariés dans l'entreprise. Vous préciserez d'autre part les conditions à respecter par celui-ci pour exercer le contrôle et pour accéder aux courriels et aux fichiers personnels des salariés.**

Justification du pouvoir de surveillance et de contrôle de l'employeur

Le lien de subordination qui caractérise le contrat de travail confère à l'employeur un pouvoir de direction. Celui-ci inclut un pouvoir de contrôle sur ses salariés. Il peut donc à ce titre contrôler l'usage des moyens de communication utilisés par les salariés et notamment l'usage d'internet.

Les recommandations de la CNIL sont les suivantes : l'utilisation d'Internet sur le lieu de travail à des fins personnelles doivent être d'une durée « raisonnable », strictement privée et conforme à l'ordre public et aux bonnes mœurs. Elle doit rester raisonnable et ne doit pas affecter la sécurité des réseaux ou la productivité de l'entreprise.

Les conditions à respecter par l'employeur pour exercer le contrôle

Pour exercer le contrôle et accéder aux courriels et aux fichiers personnels des salariés l'employeur doit satisfaire aux obligations suivantes :

- **Le comité d'entreprise doit avoir été consulté et informé**
- **Les salariés doivent être informés,** notamment **de la finalité** du dispositif de contrôle et **de la durée** pendant laquelle les données de connexion sont conservées. Une durée de conservation de l'ordre de six mois est suffisante, dans la plupart des cas, pour dissuader tout usage abusif d'internet.

Si des procédures disciplinaires sont susceptibles d'être engagées sur la base de ces fichiers, les salariés doivent en être explicitement informés (par exemple au moyen d'une charte).

Enfin, la jurisprudence considère que l'envoi de messages par Internet est de la correspondance privée et qu'à ce titre les mails ou courriels sont protégés par le secret de la correspondance même si l'usage d'Internet à des fins personnelles a été interdit dans l'entreprise. Le salarié a droit au respect de sa vie privée sur son lieu de travail (arrêt Nikon 2001).

Golf Clos des Prés

Métropole – session 2013

Dossier 1 – La nature du contrat

1. Appréciez la légitimité de la demande de Monsieur Delage

Faits

Monsieur Delage, moniteur de golf indépendant, sur le Golf Domaine Clos des Prés, exploité par Monsieur Gayet considère que les fonctions qu'il exerce sur le site relèvent des obligations d'un contrat de travail. Il demande donc à Monsieur Gayet de reconsidérer son statut de prestataire indépendant en statut de salarié.

Problèmes de droit

Un contrat de prestations de services peut-il être reconsidéré en contrat de travail? Quelles en sont les conséquences juridiques pour l'employeur ?

Règles de droit applicables

Le statut de salarié suppose une « convention par laquelle une personne s'engage à mettre son activité à la disposition d'une autre sous la subordination de laquelle elle se place, moyennant rémunération ».

Les éléments constitutifs d'un contrat de travail sont : la prestation, la rémunération et surtout le lien de subordination. Ce dernier élément, caractéristique essentielle du contrat de travail, permet la distinction avec un contrat de prestations de services.

Le lien de subordination est défini par la jurisprudence (Cour de cassation — Chambre sociale 13 novembre 1996 - cas Société Générale) : « [...] Le lien de subordination est caractérisé par l'exécution d'un travail sous l'autorité d'un employeur qui a le pouvoir de donner des ordres et directives, d'en contrôler l'exécution, [...} au sein d'un service organisé [...], l'employeur détermine unilatéralement les conditions d'exécution du travail [...]. »

Le contrat de travail a des conséquences contraignantes pour l'employeur qui devra appliquer les dispositions du droit du travail (respect des horaires hebdomadaires, des congés payés, de la rémunération, de l'ancienneté ...).

Solutions appliquées au cas

Il s'agit d'apprécier en l'espèce, si les conditions d'exécution des prestations fournies par Monsieur Delage se font dans le cadre d'un lien de subordination ou non. Or, si on analyse le contrat de prestations de services de Monsieur Delage, nous constatons un faisceau d'indices prouvant l'existence d'un lien de subordination. En effet, Monsieur Delage bien que supposé être indépendant car exerçant pour son compte (immatriculé au RCS et assujetti au RSI), est en réalité subordonné à Monsieur Gayet :

- Monsieur Gayet détermine les conditions de travail de façon unilatérale (horaires de cours imposés et assujettis aux heures d'ouverture de l'entreprise ; obligation de prendre en charge l'école de golf les mercredis et samedis après-midi...);
- De plus, le planning des diverses prestations de Monsieur Delage (cours individuels, collectifs, stages) est établi par Monsieur Gayet;
- Monsieur Gayet exerce un pouvoir de direction et de contrôle (fiche de présence détaillée à remettre à l'accueil tous les jours ; obligation pour les moniteurs de se tenir à la disposition de Monsieur Gayet le dimanche si l'activité de l'entreprise le nécessite ; ne pas prendre plus de 8 jours de congés en été...)
- Monsieur Gayet laisse à disposition de Monsieur Delage le parcours, les locaux, les matériels divers pour exercer son activité.
- De plus, Monsieur Delage perçoit bien une rémunération.

Par conséquent, la demande de reconsidération du contrat de prestations de services de Monsieur Delage en contrat de travail est légitime car les éléments constitutifs du contrat de travail sont réunis.

Dossier 2 – La responsabilité civile délictuelle

2. Indiquez si les conditions de mise en œuvre de la responsabilité de Monsieur Gayet sont réunies. Dans l'affirmative, Monsieur Gayet peut-il s'exonérer de sa responsabilité ?

Faits

Après sa journée de travail, Monsieur Delage, salarié, a emprunté une voiturette électrique sans autorisation pour rentrer chez lui. En cours de route, il ramène un client à son domicile et provoque un accident dans lequel le client a été blessé. Celui-ci considère que l'employeur est responsable.

Problèmes de droit

L'employeur est-il responsable des dommages causés par ses salariés ?
Dans quels cas peut-il s'exonérer de cette responsabilité ?
OU
À quelles conditions un employeur est-il responsable des dommages causés par ses salariés ?

Règles de droit applicables

La responsabilité civile délictuelle trouve ses fondements dans l'article 1382 du Code civil et suivants qui le précisent. L'article 1382 évoque la responsabilité du fait personnel. L'article 1384 énonce les principes de responsabilité du fait d'autrui.

On est responsable non seulement du dommage que l'on cause par son propre fait, mais encore celui qui est causé par le fait des personnes dont on doit répondre [...]
À ce titre, le commettant (employeur) est responsable des dommages causés par ses préposés (salariés) dans le cadre de leurs fonctions.

Plusieurs conditions doivent être réunies pour que la responsabilité de l'employeur soit engagée

- Un fait générateur (le fait du salarié dans le cadre de ses fonctions),
- Un dommage ou préjudice
- Un lien de causalité entre le fait générateur et le dommage (le dommage est la conséquence directe du fait générateur).

Cependant, la jurisprudence intervient et précise que l'employeur peut s'exonérer de sa responsabilité en prouvant l'abus de fonction du salarié. Cass.Crim.7 janvier 2003. Il doit alors prouver que le salarié a agi :

- sans autorisation,
- à des fins étrangères à ses attributions,
- hors des fonctions pour lesquelles il est employé.

<u>Solution appliquée au cas</u>

Il semblerait que les conditions de mise en œuvre de la responsabilité de Monsieur Gayet soient réunies.

- En effet, le fait du salarié, en empruntant la voiturette (fait générateur) a causé un dommage corporel à un client lors d'un accident avec un véhicule appartenant à l'employeur. Le dommage (les blessures) est bien la conséquence directe du fait générateur.

- Cependant, le salarié a emprunté la voiturette après son travail, sans autorisation, pour rentrer chez lui et ramener un client par la route. Il a donc agi en dehors de ses fonctions.

Monsieur Gayet peut donc s'exonérer de sa responsabilité. Le salarié, Monsieur Delage, est responsable du dommage corporel causé au client.

Dossier 3 – La cession ou la transformation de l'entreprise

3. Dans une note structurée, présentez à Monsieur Gayet :

- **d'une part, les conséquences d'un changement d'employeur sur les contrats de travail de ses salariés ;**
- **d'autre part, la forme sociétaire la plus appropriée à ses motivations.**

Conséquences d'un changement d'employeur sur les contrats de travail des salariés

En application des droits national et communautaire, la cession d'une entreprise comme « entité économique autonome » emporte maintien des contrats de travail en cours. En effet, l'article L.1224-1 du Code du travail s'impose aux employeurs et protège les salariés. Cet article stipule que lors d'une cession « tous les contrats en cours au jour de la modification subsistent entre le nouvel employeur et le personnel de l'entreprise » et que le nouvel employeur est soumis aux obligations habituelles des contrats de travail.

Le Droit Communautaire impose, de son côté, une condition lors d'un transfert de l'entreprise: la Directive européenne du 12 mars 2001 prévoit le maintien des contrats et droits des salariés, en cas de cession d'entreprise, à la condition qu'une entité économique transférée conserve son identité permettant de poursuivre l'activité économique. En conséquence, les contrats de travail conclus par Monsieur Gayet s'imposeront au nouvel employeur dans toutes leurs dispositions (conditions de travail, rémunérations, avantages sociaux...). Toutefois, le nouvel employeur peut, après le transfert, procéder à une modification ou à une rupture des contrats (licenciements économiques notamment) mais il en supportera les conséquences juridiques.

Forme sociétaire la plus appropriée à Monsieur Gayet

Transformer une entreprise individuelle en société a des conséquences sur la responsabilité du dirigeant et permet, en s'associant, de réunir des capitaux plus importants qu'en restant seul. Cette transformation répond souvent au développement de l'activité de l'entreprise.
Monsieur Gayet souhaitant s'engager avec d'autres associés, les sociétés unipersonnelles (EURL, SASU) sont à exclure et son choix va s'orienter parmi les sociétés pluripersonnelles (sociétés de personnes, de capitaux et sociétés mixtes).
L'avantage de la forme sociétaire, par rapport à l'entreprise individuelle, est qu'elle est dotée de la personnalité juridique et donc d'un patrimoine propre distinct du ou des associé(s) qui la créent.
Toutefois, si Monsieur Gayet s'associe, il a intérêt à choisir une société de capitaux type SA ou SAS ou bien une société mixte comme la SARL. En effet, ces sociétés permettent de protéger le patrimoine personnel de l'entrepreneur car la responsabilité des associés est limitée à leurs apports.
Il n'a pas intérêt à choisir la SNC, société de personnes dont la responsabilité des associés est illimitée (indéfinie et solidaire).

TAVIV

Nouvelle Calédonie - session 2013

Dossier 1 – Le choix d'une structure juridique

Notre société est en développement et rencontre des difficultés de capacité de financement. Sa structure est une SARL, ce qui limite de fait son nombre d'associés. Afin d'augmenter ses capacités de financement, vous envisagez de la transformer en société anonyme.

Cette situation nous amène à nous poser deux questions : Quels sont les effets de la transformation d'une SARL en SA sur l'exercice du pouvoir et le financement de l'entreprise ? Quelles seraient les conséquences de cette transformation sur votre situation fiscale et sociale ?

1. Les effets de la transformation d'une SARL en SA sur l'exercice du pouvoir et le financement de l'entreprise

a) L'exercice du pouvoir

Actuellement, en tant que gérant majoritaire de la SARL, vous bénéficiez d'un pouvoir de direction très étendu. La SA doit comporter au minimum 7 associés (actionnaires), personnes physiques ou morales. Il n'existe pas de maximum. L'augmentation du nombre d'associés entraine de fait une dilution du pouvoir.

« La société anonyme est dirigée par un conseil d'administration, comprenant 3 à 18 membres (Article L225-47 du Code de commerce) ».

« Le conseil d'administration élit parmi ses membres un président qui est, à peine de nullité de la nomination, une personne physique. Il détermine sa rémunération.
Le président est nommé pour une durée qui ne peut excéder celle de son mandat d'administrateur. Il est rééligible.

Le conseil d'administration peut le révoquer à tout moment. Toute disposition contraire est réputée non écrite » (Article L225-47 du Code de commerce).

La révocation du président « ad nutum », signifie qu'elle peut se faire sans préavis, sans motif et sans indemnités. La personne révoquée ne pourra donc pas demander des dommages-intérêts pour une révocation sans juste motif.

En tant que PDG de la nouvelle structure, vous devrez répondre de vos actes devant le conseil d'administration et serez révocable à tout moment.

Par ailleurs, dans le cadre d'une SARL, vous bénéficiez d'un droit de regard sur le choix de vos associés (*intuitu personae*), ce qui ne sera plus le cas avec une Société anonyme.

b) Le financement de l'entreprise

La création d'une société anonyme nécessite la constitution d'un capital social minimum d'un montant de 37000 euros.

Une SA dispose d'une grande souplesse de financement :

- Elle ne fixe pas un nombre maximum d'associés, contrairement à la SARL (100).
- Elle peut faire appel public à l'épargne et émettre divers titres sur le marché.

Cette structure vous permettra donc de répondre à vos besoins de financement pour développer l'activité de votre entreprise.

2. Les conséquences de la transformation d'une SARL en SA sur le statut social et le régime fiscal du dirigeant.

a) Le statut social

Aujourd'hui gérant majoritaire d'une SARL, vous êtes considéré comme un travailleur indépendant et dépendez du régime des travailleurs non salariés (TNS).

En devenant PDG d'une SA, vous serez affilié au régime des "assimilés salariés". Vous bénéficierez de régime de sécurité sociale et de retraite des salariés, et ce, quel que soit le nombre d'actions que vous détiendrez.

b) Le régime fiscal du dirigeant

La rémunération du gérant majoritaire d'une SARL ou du président du conseil d'administration d'une SA est imposée à l'impôt sur le revenu dans la catégorie fiscale des traitements et salaires.

Que vous soyez gérant majoritaire d'une SARL ou PDG d'une SA vous êtes donc soumis à l'impôt sur le revenu.

Dossier 2 – La prévention des risques liés à la santé et à la sécurité des salariés

3. Précisez à Monsieur MARTIN la nature juridique de l'obligation qui pèse sur l'employeur en matière de prévention des risques liés à la santé et à la sécurité des salariés.

Les faits et leur qualification juridique

La salariée Madame DUPONT se plaint régulièrement de violences morales exercées par son supérieur hiérarchique, Monsieur PASCAL (humiliations devant les clients, réduction non justifiée des heures d'intervention...).

Monsieur MARTIN, employeur de Madame DUPONT, est pourtant intervenu auprès de Monsieur PASCAL et l'a mis en garde sur les effets de ces violences. Les faits n'ont pas cessé et ont altéré la santé de Madame DUPONT.

Problème de droit

Quelle est la nature juridique de l'obligation qui pèse sur l'employeur en matière de prévention des risques liés à la santé et à la sécurité des salariés ?

Règles de droit applicables

L'article L4121-1 du Code du travail dispose que l'employeur prend les mesures nécessaires pour assurer la sécurité et protéger la santé physique et mentale des travailleurs.

De plus, la Cour de cassation précise que « l'employeur, tenu d'une obligation de résultat de sécurité en matière de protection de la santé et de la sécurité des travailleurs, manque à cette obligation lorsqu'un salarié est victime, sur son lieu de travail, de violences physiques ou morales exercées par l'un de ses salariés, même s'il a pris des mesures pour faire cesser ces agissements ».

Proposition d'une solution

Monsieur MARTIN est donc tenu de protéger la santé physique et mentale de ses salariés, il ne s'agit pas seulement d'une obligation de moyens mais comme le précise la Cour de cassation, d'une obligation de résultat.
Dans le cas présent, l'obligation de résultat consisterait en la cessation des agissements de Monsieur PASCAL et en la protection effective de la santé de Madame DUPONT.
Monsieur MARTIN a certes tenté de faire cesser ces agissements mais n'y est pas parvenu et la santé de Madame DUPONT s'est dégradée. Il a donc manqué à son obligation de résultat de sécurité.

4. En cas de manquement à cette obligation, informez Monsieur MARTIN sur les conséquences juridiques auxquelles il s'expose.

Les faits et leur qualification juridique

Madame DUPONT a déjà des séquelles d'ordre psychologique portant atteinte à son intégrité à la suite d'humiliations devant les clients, de réduction non justifiée des heures d'intervention chez les utilisateurs. Elle souffre d'une dépression post-traumatique, elle subit donc un préjudice psychologique.
Ces faits ont été constatés par la médecine du travail. De plus, elle a déjà perdu des journées de travail, elle subit donc un préjudice financier.

Problème de droit

Quels sont les risques encourus par Monsieur MARTIN en cas de manquement à son obligation de sécurité de résultat ?

Règles de droit applicables

L'article L1152-1 du Code du travail dispose que « Aucun salarié ne doit subir les agissements répétés de harcèlement moral qui ont pour objet ou pour effet une dégradation de ses conditions de travail susceptible de porter atteinte à ses droits et à sa dignité, d'altérer sa santé physique ou mentale ou de compromettre son avenir professionnel ».

De plus, l'article L1152-4 précise que « L'employeur prend toutes dispositions nécessaires en vue de prévenir les agissements de harcèlement moral ».

Proposition d'une solution

La situation de Madame DUPONT harcelée par Monsieur PASCAL, réunit les caractéristiques décrites par la loi sur le harcèlement moral :

- La situation perdure, il s'agit donc d'agissements répétés, qui ont pour effet une forte dégradation des conditions de travail,
- Madame DUPONT est humiliée, il y a donc atteinte à sa dignité,
- Madame DUPONT souffre d'une dépression, il y a donc altération de sa santé mentale.

Elle peut donc engager la responsabilité civile de son employeur devant le conseil de prud'hommes pour obtenir réparation du préjudice subi (dommages et intérêts) en présentant les faits permettant de présumer l'existence d'un harcèlement moral.

La Petite Grenouille

Polynésie – session 2013

Dossier 1 – Le changement du lieu de travail

1. La clause de mobilité insérée dans le contrat de travail de Monsieur PLESSIS est-elle valable ?

Les faits

Madame VERNON, gérante de la SARL, a pris la décision de muter son salarié, Monsieur PLESSIS, de Metz à Tours en se fondant sur la clause de mobilité insérée dans son contrat de travail. En effet, le magasin de Tours a besoin d'un nouvel employé et celui de Metz connaît une baisse de son chiffre d'affaires.

La clause prévoit la modification du lieu de travail de Monsieur PLESSIS à l'initiative de l'employeur en raison de l'évolution de l'organisation de l'entreprise et avec un délai de prévenance de 6 mois.

Monsieur PLESSIS doute de la validité de cette clause.

Le problème de droit

Quelles sont les conditions de validité d'une clause de mobilité ?

Les règles de droit applicables

La clause de mobilité prévoit à l'avance la modification du lieu de travail.
Selon la jurisprudence (annexe 2), pour être valable « une clause de mobilité doit définir de façon précise sa zone géographique d'application ».
Elle doit en outre être justifiée par l'intérêt légitime de l'entreprise et compter un délai de prévenance.

Les solutions appliquées au cas

La clause est bien conforme à l'intérêt légitime de l'entreprise : réorganisation, bon fonctionnement. Elle est bien assortie d'un délai de prévenance. Elle précise l'étendue géographique de la zone de mobilité. Par conséquent, cette clause est valable.

2. Monsieur PLESSIS est-il en droit de refuser sa mutation à Tours ? Quelles seraient les conséquences d'un éventuel refus ?

Les faits

Monsieur PLESSIS s'interroge sur les effets juridiques de la modification de son lieu de travail.

Le problème de droit

La modification du lieu de travail du salarié constitue-t-elle une modification du contrat de travail ou une simple modification des conditions de travail ?

Les règles de droit applicables

Un employeur ne peut imposer une modification du contrat de travail, c'est-à-dire d'un élément essentiel du contrat. Le lieu de travail ou secteur géographique est un élément essentiel du contrat.

Le refus d'une modification du contrat ne constitue pas une faute professionnelle mais peut justifier un licenciement pour motif économique.

L'employeur peut imposer un changement des conditions de travail (en application de son pouvoir de direction). Le refus d'une modification du contrat de travail constitue une faute professionnelle pouvant justifier un licenciement pour cause personnelle.

Les solutions appliquées au cas

Metz n'étant pas dans le même secteur géographique que Tours, il s'agit d'une modification du contrat de travail de Monsieur PLESSIS. Il a donc le droit de refuser cette mutation mais il s'expose à un licenciement pour motif économique. L'employeur peut néanmoins renoncer à la mutation de Monsieur PLESSIS.

Dossier 2 – Le comportement fautif du salarié

3. Appréciez les chances de succès d'une action en responsabilité de la SARL contre Madame HUGON.

Faits

Une salariée, Madame HUGON, a détourné des chèques à son profit et Madame VERNON a fait envoyer des relances injustifiées aux clients concernés. Craignant pour l'image du magasin, elle leur a accordé une remise substantielle sur les achats à venir. Elle souhaite agir en responsabilité civile délictuelle.

Problème de droit

Les conditions de la responsabilité civile délictuelle sont-elles réunies ?

Règles de droit applicables

Quiconque cause un dommage à autrui engage sa responsabilité et doit le réparer. La mise en œuvre de la responsabilité civile délictuelle suppose la réunion de trois conditions : le fait générateur, le dommage et le lien de causalité entre le fait générateur et le dommage.

Solution

Madame HUGON a détourné à son profit une trentaine de chèques des clients de l'entreprise : le fait générateur est bien constitué. L'entreprise subit un dommage matériel : le montant des chèques détournés et le risque hypothétique d'une baisse du chiffre d'affaires. Elle subit également un dommage moral du fait de l'atteinte à son image.

Ces dommages sont bien la conséquence directe du comportement de la salariée il y a lien de causalité.

La responsabilité de la salariée peut donc être engagée et cette dernière devra verser des dommages et intérêts à l'entreprise.

4. Indiquez à Madame VERNON si le comportement de Madame HUGON peut justifier une rupture du contrat de travail.

Faits

Du fait du comportement fautif de sa salariée, Madame VERNON envisage de la licencier pour cause personnelle.

Problème de droit

Le détournement d'argent constitue-t-il un motif réel et sérieux de licenciement pour cause personnelle ?

Règles de droit applicables

Le licenciement consiste en la rupture d'un contrat de travail à durée indéterminée à l'initiative de l'employeur.
Pour justifier la rupture du contrat de travail, le licenciement doit reposer sur une cause réelle (prouvée) et sérieuse (suffisamment importante).

Solution

Le détournement d'argent est établi (cause réelle) et constitue manifestement une faute sérieuse justifiant la rupture du contrat. Par conséquent, Madame VERNON peut licencier Madame HUGON.

Dossier 3 – La vente de produits en ligne

5. Relevez les clauses du projet de contrat non conformes au droit en justifiant votre réponse

Faits

Madame VERNON, souhaitant vendre ses produits en ligne, rédige un projet de contrat électronique qu'elle soumet à son cabinet de conseils juridiques.

Problème de droit

À quelles conditions un contrat électronique est-il valablement rédigé ?

Règles de droit applicables

En application de la force obligatoire des contrats, un contrat ne peut être modifié unilatéralement. Le contrat électronique doit donc respecter les conditions de validité des contrats. Selon l'article L 121-3 du Code de la consommation, le fournisseur doit indiquer avant la conclusion du contrat la date limite de livraison.

En application de l'article L 121-20 du Code de la consommation, le consommateur n'a pas à justifier de motif lorsqu'il exerce son droit de rétractation.

6. Proposez, selon les cas, une rédaction conforme ou la suppression des clauses incriminées.

Le projet de contrat présente un certain nombre d'anomalies.

- **Article 2-point b :** la clause autorise le vendeur à modifier le prix à tout moment, soit avant ou après la conclusion du contrat.
- **Article 2-b :** est à supprimer.
- **Article 9-point b :** Le projet de contrat prévoit une livraison dans les meilleurs délais sans indiquer de date limite.
- **Article 9-point b** : « les produits sont livrés dans un délai maximal de 15 jours ».
- **Article 10-point b** : Le projet de contrat soumet à l'appréciation de l'entreprise le motif de la rétractation.
- **Article 10-b** : est à supprimer.

Les tuiles de Juliette

Métropole – session 2014

Dossier 1 – La représentation du personnel

1. **Présentez une note structurée décrivant les obligations de M. LATUILE en matière de représentation du personnel.**

La loi crée différentes obligations à l'égard de l'employeur.

Tout d'abord, il a **l'obligation d'organiser des élections** de représentants du personnel dès que les seuils sociaux suivants sont atteints : 11 salariés pour un délégué du personnel (et plus si l'effectif augmente); 50 salariés pour la constitution d'un comité d'entreprise et l'élection des représentants élus au CE, pour la constitution d'un CHSCT également et pour la présence de délégués syndicaux (qui sont nommés par les syndicats représentatifs présents dans l'entreprise).

Par ailleurs, l'employeur a également **l'obligation d'informer les salariés** sur leurs droits (par affichage et mise à disposition des documents) et il doit **fournir les moyens financiers** (financement du CE) **et matériels** (locaux pour se réunir et moyens de télécommunication et d'affichage essentiellement) nécessaires à l'exercice de ces représentations.

En outre, l'entreprise fournit des **heures de délégation** aux salariés élus. Ces moyens sont entièrement à la charge de l'entreprise, ainsi que le temps de travail des salariés élus qui ne seront pas productifs pendant leurs heures de délégation.

Enfin, il a le devoir de rester neutre et **d'éviter le délit d'entrave** (le fait d'empêcher la représentation de s'exercer est une infraction pénale).

En conséquence, une entreprise comme la SA de Monsieur LATUILE, doit avoir déjà procédé aux élections des délégués du personnel dès lors que le seuil des 11 salariés est dépassé.

La SA doit maintenant organiser les élections des membres du comité d'entreprise afin d'être en conformité avec la loi.

Il est bien évident que si l'entreprise ne dépasse pas les seuils, elle n'est pas astreinte à cette obligation légale mais peut néanmoins s'y soumettre dans un souci de dialogue social mais cette option facultative a un coût.

Dossier 2 – La responsabilité du producteur

2. **Justifiez la responsabilité de l'entreprise « Les tuiles de Juliette » et précisez l'action qu'elle pourrait exercer à l'encontre de son fournisseur.**

Faits

Monsieur LEBLANC, non professionnel, et la SA « Les tuiles de Juliette », professionnel, sont liés par un contrat de prestations de service. En effet, cette société a posé une charpente et refait la couverture de la maison de Monsieur LEBLANC. Or, une partie de la toiture vient de s'effondrer et l'expertise révèle que le bois utilisé pour cet ouvrage et provenant du fournisseur « Tout bois » était de mauvaise qualité.

Problème de droit

Quelles sont les conditions de mise en œuvre de la responsabilité civile du fait des produits défectueux et quelle est sa nature ?

Règles de droit

La responsabilité civile contractuelle comme délictuelle est mise en œuvre lorsque 3 éléments sont réunis : un dommage ou préjudice, un fait générateur (une faute ou un risque) et un lien de causalité entre ces éléments. Cependant, dans les contrats entre professionnels et non professionnels, le code civil dans les articles 1386-1 et suivants prévoit une responsabilité sans faute, dans le cadre de la responsabilité du producteur du fait des produits défectueux.
En outre, l'article 1386-8 prévoit une solidarité du producteur du produit défectueux et de celui qui a réalisé l'incorporation de ce produit dans son ouvrage.

Solution

L'effondrement de la toiture de Monsieur LEBLANC constitue un préjudice (dégâts et frais de reconstruction) dont la SA « Les tuiles de Juliette » est responsable et qu'elle devra réparer du fait du lien contractuel qui unit les deux partie.

Ce dommage a été occasionné par la fourniture d'un produit de mauvaise qualité émanant du producteur « Tout bois ». Monsieur LEBLANC n'a pas à prouver la faute du prestataire de services puisqu'il s'agit d'une responsabilité objective sans faute. Il devra prouver que l'effondrement de la toiture est bien dû à la défectuosité du bois de charpente utilisé.

Donc la société « Les tuiles de Juliette » est responsable envers son client, et ne peut se dégager de sa responsabilité de producteur du fait des produits défectueux fournis, au prétexte qu'elle n'a pas commis de faute, Il lui appartient de se retourner ensuite contre la société « Tout bois » son fournisseur de bois de charpente qui est solidairement responsable.

Dossier 3 – La prévention des difficultés

3. Proposez aux membres du comité d'entreprise le dispositif légal leur permettant d'anticiper et de prévenir une aggravation de la situation financière de l'entreprise et précisez-leur si d'autres acteurs peuvent également intervenir. Justifiez votre réponse.

Faits

Les salariés, par le biais de leurs représentants, s'inquiètent de la situation financière de leur entreprise suite à la perte d'un client important.

Les membres du CE souhaitent anticiper et prévenir une aggravation éventuelle de cette situation, pouvant déboucher sur une cessation des paiements si rien n'est fait.

Problèmes de droit

En cas de difficultés économiques, juridiques ou financières d'une entreprise, quels sont les dispositifs légaux permettant d'éviter leur aggravation ?

Quels sont les acteurs pouvant enclencher la procédure ?

Règles de droit

La loi du 26 juillet 2005, dite loi de sauvegarde des entreprises, renforce la prévention et l'anticipation, tout en évitant la cessation des paiements.

La loi accorde un droit spécifique à certains acteurs de l'entreprise, il s'agit du droit d'alerte. Ce droit a pour but d'informer le chef d'entreprise ainsi que les créanciers, les associés et les salariés des faits de nature à compromettre la continuité de l'exploitation et de prendre toutes les mesures nécessaires pour remédier à ces difficultés.

La procédure est enclenchée par certaines personnes : le commissaire aux comptes, le comité d'entreprise, les associés ou actionnaires.

Si les mesures prises par les dirigeants ne permettent pas d'assurer la continuité de l'exploitation, un rapport d'alerte est rédigé par les personnes responsables de l'alerte qui le transmettent au tribunal de commerce ou au tribunal de grande instance selon la nature juridique de l'entreprise (civile ou commerciale) .

Solution

Les membres du CE de l'entreprise peuvent enclencher une procédure d'alerte car ils ont eu connaissance de la perte d'un client important, ce qui peut affecter la situation économique de l'entreprise.

Ils peuvent demander à Monsieur LATUILE en tant que dirigeant de l'entreprise, de leur fournir des explications sur ces faits. Si ces explications ne sont pas convaincantes ou si leurs inquiétudes persistent, ils peuvent voter la poursuite de la procédure et se faire assister d'un expert-comptable. À l'issue de la procédure, le CE rédige un rapport d'alerte destiné à Monsieur LATUILE avec copie éventuelle au commissaire aux comptes.

La procédure d'alerte se clôture par un vote des membres du CE décidant de poursuivre ou non par l'information des organes de direction de la SA.

D'autres personnes pourraient également enclencher cette procédure, en plus des membres du CE. Il s'agit du commissaire aux comptes, des actionnaires de la SA, voire du tribunal de commerce, informés de la situation à partir des documents comptables communiqués conformément à la loi.

Coque-only

Polynésie- session 2014

Dossier 1 – La structure juridique

Présentez et justifiez la structure juridique la plus adaptée aux motivations des créateurs.

Faits

Fanny BREGENT, Martin DULAC, Sébastien FOURCADE viennent de définir les critères d'organisation de l'entreprise qu'ils souhaitent créer suite à leur reconversion professionnelle. Leurs apports sont respectivement de 150 000 euros pour Fanny, 90 000 euros pour Martin et 60 000 pour Sébastien. Fanny souhaite occuper la fonction de direction et bénéficier de la protection sociale des assimilés salariés. Elle veut néanmoins partager la prise de décision avec ses deux collaborateurs. Ces trois futurs créateurs veulent protéger leur patrimoine personnel.

Problème de droit

Quelles sont les conséquences des motivations des créateurs sur le choix de la structure juridique de l'entreprise ?

Règles de droit

Le choix de la structure juridique d'une entreprise est conditionné principalement par trois finalités : l'exercice du pouvoir et le nombre de personnes y participant, la responsabilité en cas de dettes professionnelles et le statut social des dirigeants.

L'exercice du pouvoir et le nombre de personnes y participant :

- Dans l'entreprise individuelle, l'entrepreneur reste seul maître à bord mais le montant du capital reste limité ;
- Dans la société, le pouvoir est partagé entre les associés, détenteurs de parts ou d'actions selon la forme juridique choisie (la SA qui exige au minimum 7 actionnaires, les autres formes ne requièrent qu'au minimum deux associés hormis les formes unipersonnelles : EURL et SASU) mais le montant du capital social est souvent important. La forme sociétaire permet de mieux accompagner le développement de l'activité.

La responsabilité en cas de dettes professionnelles :

- L'entreprise individuelle n'a pas d'existence juridique propre, l'entrepreneur, personne physique, a seul la personnalité juridique. La responsabilité de l'entrepreneur sur son patrimoine en cas de dettes est illimitée (sauf les lois de 2003, 2008, 2010 qui sont venues progressivement la limiter) ;
- Dans les sociétés à risques limités (sociétés commerciales mixtes : EURL et SARL, sociétés commerciales de capitaux : SA, SAS et SASU) la responsabilité des associés est limitée aux apports ;

- Dans les sociétés à risques illimités (ex : sociétés commerciales de personnes type SNC) la responsabilité des associés est indéfinie et solidaire si le patrimoine de la société est insuffisant pour répondre des dettes.

Le statut social des dirigeants :

- Dans l'entreprise individuelle, l'entrepreneur est un travailleur indépendant : régime du RSI, soumis à l'IS, rubrique BIC

- Dans la société, les associés dirigeants ont le choix entre RSI ou régime salarié et les bénéfices distribués sont soumis à l'IR, la société est soumise à l'IS.

Solution

Les trois collaborateurs souhaitent s'associer afin de créer leur entreprise. L'entreprise individuelle est inadaptée puisqu'ils souhaitent être associés, ce qui nous amène à proposer la forme sociétaire (mais à exclure l'EURL). De plus, la SA qui requiert la présence de 7 associés est également à écarter.

Les trois associés veulent protéger leur patrimoine, ce qui écarte la SNC, dans laquelle, les associés sont solidairement et indéfiniment responsables sur leurs biens propres. Il faut donc retenir les sociétés à responsabilité limitée aux apports.

Mme Fanny BREGENT veut assumer les fonctions de dirigeant tout en étant assimilée salariée. La SARL ne peut convenir car Fanny BREGENT apporte la majorité du capital et serait donc la gérante majoritaire ce qui l'empêcherait d'avoir la qualité de gérant salarié.

En conséquence, la SAS permettrait à Fanny BREGENT d'occuper le poste de président et de bénéficier du régime des assimilés salariés.

Enfin, tous les collaborateurs pourront décider collégialement car les associés dans une SAS peuvent déterminer librement les modalités d'adoption des décisions.

La structure SAS semble donc la plus adaptée.

Dossier 2 – Rupture du contrat de travail

Indiquez à Fanny BREGENT si elle peut s'appuyer sur ce moyen de preuve pour rompre le contrat de travail de M. Fournier.

Faits

M. ARNAUD a passé une commande urgente le vendredi 20 décembre 2013 après la fermeture des bureaux à Fanny BREGENT, qui a donc eu besoin d'informations concernant le contrat de vente et la fiche de ce client. Ces informations étaient centralisées sur le poste informatique de M. FOURNIER. Celui-ci n'était plus présent dans l'entreprise, elle a consulté les fichiers sur la clé USB restée connectée sur le poste de ce dernier. Elle a découvert dans les dossiers professionnels des mails adressés à deux dirigeants d'entreprises concurrentes et dévoilant les secrets de fabrication des différentes coques personnalisées.

Problème de droit

L'utilisation d'un fichier non identifié comme personnel peut-il constituer un moyen de preuve licite justifiant un licenciement pour faute ?

Règle de droit

Selon l'arrêt de la Cour de cassation du 12 février 2013, « une clé USB, dès lors qu'elle est connectée à un outil informatique mis à la disposition du salarié par l'employeur pour l'exécution du contrat de travail, est présumée utilisée à des fins professionnelles, l'employeur peut avoir accès aux fichiers non identifiés comme personnels qu'elle contient, hors la présence du salarié »

Solution

La clé USB étant le prolongement de l'outil informatique, Fanny BREGENT peut donc consulter les fichiers non identifiés comme « personnels » et les produire comme moyen de preuve licite. En effet, les agissements de Monsieur FOUNIER sont constitutifs d'une cause réelle et sérieuse de licenciement pour faute lourde dont la preuve peut être apportée au moyen des fichiers extraits de la clé USB restée connectée au poste informatique.

Dossier 3 – Clauses contractuelles

Vérifiez la validité des clauses contractuelles (articles 6 et 8 du projet de contrat de vente) et proposez une nouvelle rédaction si nécessaire.

Article 6 : clause d'indexation

Selon l'ordonnance du 30 décembre 1958, les conditions de validité des clauses d'indexation portent sur l'indice de référence choisi qui doit avoir « une relation directe avec l'objet de la convention ou l'activité de l'une des parties ».

Or, l'indice choisi par la société concerne les « métaux non ferreux » alors que les coques sont constituées d'éléments plastiques (dérivés du pétrole). L'indice choisi ne présente aucun lien direct avec les matières premières dont la société a besoin. Cette clause n'est donc pas valable.

Nouvelle version de la clause :

« Le prix de vente est fixé au cours du jour du baril de pétrole brut (conformément à l'indice du cours de pétrole brut défini quotidiennement à la bourse de Londres) ».

Article 8 : clause pénale

Selon l'article 1226 du code civil « La clause pénale est celle par laquelle une personne, pour assurer l'exécution d'une convention, s'engage à quelque chose en cas d'inexécution ».

Or, une clause pénale de 2 % du montant des ventes est prévue pour le cas où l'une des parties n'exécuterait pas l'une de ses obligations contractuelles.

La clause est donc valable.

SUJETS D'ANNALES MÉTROPOLE 2015

Externalités et intervention de l'Etat

Métropole-session 2015

Créée en 1946, l'Union Nationale de l'Apiculture Française (UNAF) est un syndicat qui a pour mission de défendre les intérêts de ses 22 000 membres, des apiculteurs amateurs, pluri-actifs et professionnels. Menant des actions régulières en faveur de la protection des abeilles auprès des pouvoirs publics, l'UNAF contribue aussi, à travers ses syndicats départementaux, à former de futurs apiculteurs dans des ruchers-école.

Depuis plusieurs années, l'UNAF s'inquiète d'une situation qui menace l'activité des apiculteurs : les abeilles disparaissent par millions. En conséquence, en France, les récoltes de miel sont en forte baisse et les importations en hausse.
Les membres de l'UNAF s'interrogent sur les raisons de cette baisse de l'activité apicole et craignent de ne pouvoir maintenir leur position sur le marché dans la mesure où les besoins des consommateurs français sont de plus en plus satisfaits par des produits d'origine étrangère.

Monsieur MOULIN, secrétaire de l'UNAF, décide de publier une étude dans le prochain bulletin trimestriel du syndicat. Ce bulletin d'information comportera un état des lieux et devra envisager les recours possibles auprès des pouvoirs publics.

Producteur apicole dans le Limousin et adhérent du syndicat, vous participez à la rédaction du prochain bulletin d'information.

À l'aide de vos connaissances et du dossier ci-joint, en veillant à préciser les principaux concepts utilisés et à exploiter les sources statistiques mises à votre disposition, vous devrez concevoir une note structurée et argumentée. Celle-ci répondra aux consignes ci-dessous :

1. **Analyser le déclin de l'activité apicole en France et préciser ses conséquences économiques sur la situation du marché du miel.**
2. **Montrer en quoi l'apiculture (en particulier à travers la pollinisation) génère et subit des externalités.**
3. **En prenant appui sur la notion de bien public mondial, présenter les actions possibles de l'État pour favoriser l'activité pollinisatrice des insectes.**

Document 1 La récolte de miel 2014 catastrophique en France et en Europe

L'Union Nationale de l'Apiculture Française (UNAF) dresse un bilan catastrophique et alarmant des récoltes de miel pour 2014, après une large consultation parmi ses 20 000 apiculteurs adhérents répartis sur l'ensemble du territoire national. L'UNAF appelle le gouvernement à soutenir d'urgence les producteurs et contrer le déclin des abeilles. [...]

Valeurs en milliers de tonnes

	1995	2011	2013	2014
Production nationale de miel	32	20	15	10
Importations de miel	6	24	26	30
Consommation nationale de miel	40	40	40	40

Le nombre de ruches en France est quasi constant depuis 1995 : entre 1 250 000 et 1 300 000.

Source : Les auteurs, d'après www.unaf-apiculture.info

Document 2 Le miel, un produit de luxe ?

La production de miel français a chuté de 25 % en deux ans, les prix explosent et des variétés de miel bas de gamme font leur apparition. Sans oublier les abeilles, victimes de la pollution...

[...] Le grand public a pris conscience du rôle essentiel joué par les abeilles dans le maintien de la biodiversité. En passant d'une fleur à l'autre pour récolter de quoi fabriquer du miel, les butineuses assurent la pollinisation* des arbres fruitiers, des légumes, des oléagineux...

Si l'on en croit les Compagnons du miel, association militant pour la protection de l'abeille, de la biodiversité et pour le développement de l'apiculture : "La reproduction de plus de 80 % des espèces végétales dépend des pollinisateurs et principalement des abeilles". [...]

Or, depuis une quinzaine d'années la population d'abeilles est en très nette diminution. Une disparition progressive attribuée aux changements climatiques, à la pollution, à l'utilisation massive de pesticides dans les campagnes et aux monocultures agricoles qui ne fournissent pas de nourriture suffisamment variée aux butineuses. « Selon les régions, on constate la perte de 15 à 30 % des colonies », déplore-t-on à l'Union Nationale de l'Apiculture Française (UNAF). Si le nombre de ruches est resté à peu près stable, la production hexagonale a été quasiment divisée par plus de deux entre 1995 et 2013. « Elle n'atteint même pas les 15 000 tonnes aujourd'hui, contre 33 000 tonnes en 1995. »

[...] Si la production hexagonale s'effondre, la consommation est restée forte. Selon le ministère de l'Agriculture, nous dégustons environ 40 000 tonnes de miel par an, soit 600 g par personne. La France est actuellement obligée d'importer environ 26 000 tonnes de miel par an. [...]

* La pollinisation désigne la fécondation indispensable à la reproduction des plantes à fleurs. Elle correspond au transport des grains de pollen par certains oiseaux, certains petits rongeurs mais surtout des insectes. Le peuple des pollinisateurs est avant tout constitué des insectes, parmi lesquels les abeilles sauvages ou domestiques.

Source : Publication du 28/07/2014 sur http://www.lexpress.fr

Document 3 Les abeilles, maillon essentiel de la biodiversité

Les abeilles sont des acteurs de la biodiversité. Leur présence est non seulement indispensable à la production nationale de miel et d'autres produits de l'apiculture mais aussi à la pollinisation et donc à l'agriculture. [...]

Les abeilles sont un maillon essentiel de la biodiversité : elles permettent la pollinisation de très nombreuses cultures et arbres fruitiers. La pollinisation est le transport de grains de pollen permettant de féconder les plantes. En 2005, l'apport des insectes pollinisateurs, dont l'abeille, aux principales cultures mondiales est évalué à 153 milliards d'euros, soit 9,5 % de la production alimentaire mondiale. [...]

Source : Article publié le 2 juin 2012 sur le site http://aqriculture.qouv.fr/

Document 4 La préservation de la biodiversité

La biodiversité, c'est tout le vivant [...], plus précisément, l'ensemble des milieux naturels et des formes de vie (plantes, animaux, êtres humains, champignons, bactéries, virus...) ainsi que toutes les relations et les interactions qui existent, d'une part, entre les organismes vivants eux-mêmes, et, d'autre part, entre ces organismes et leurs milieux de vie. [...]

La biodiversité est le produit de plus de 3 milliards d'années d'évolution et constitue un patrimoine naturel, une ressource vitale dont l'humanité dépend de multiples façons.

Les premières politiques de protection de la nature, apparues dès le début des années 30 (loi sur les monuments et les sites), puis en 1960 (création des premiers parcs nationaux...), visaient à protéger les espaces et les espèces «remarquables» (emblématiques d'une culture ou d'une région, exceptionnels...).

À partir des années 80, on a découvert que la diversité biologique était à la fois bien plus immense, complexe et fragile que ce que l'on avait pensé, et qu'elle était le patrimoine commun mondial.

Les observations scientifiques ont notamment montré que les espèces jusqu'alors considérées comme «communes» remplissaient des fonctions précises au sein des écosystèmes (et qu'elles étaient notamment nécessaires à la survie d'autres espèces), mais aussi que l'activité humaine les menaçait d'une manière souvent irréversible. [...]

Une nouvelle approche de la protection de la nature est alors apparue : protéger le vivant dans son ensemble et, pour cela, organiser la conservation de tous les milieux, de toutes les espèces et de leur diversité génétique. [...]

Source : http://www.developpement-durable.gouv.fr

Ecogym

Métropole-session 2015

La société ECOGYM SAS est créée en 2004 par Laure LENOIR et son conjoint, tous deux anciens professeurs des écoles.

La société ECOGYM SAS propose du matériel éducatif et pédagogique spécialement conçu pour l'éveil et la motricité des jeunes enfants (jeux d'encastrement, nattes, tapis, éléments de motricité en mousse, trottinettes, cordes à sauter...). Par ailleurs, la société développe un marché de niche destiné aux enfants atteints d'un handicap moteur.

Ces produits, dont la qualité est reconnue par l'ensemble des professionnels, sont fabriqués en France. Une attention particulière est portée à leur aspect visuel et leur ergonomie. Ces produits sont destinés aux particuliers mais aussi aux professionnels de la petite enfance (orthophonistes, psychomotriciens nourrices,...). La société souhaite développer sa clientèle, notamment par le biais du marché des crèches (crèches communales ou associatives).

Laure LENOIR, présidente de la SAS ECOGYM, contacte le cabinet de conseil juridique dans lequel vous êtes assistant(e). Monsieur THIBAUT, votre responsable hiérarchique, vous confie les trois dossiers concernant la société ECOGYM.

Vous traiterez ces trois dossiers à partir des annexes et de vos connaissances.

Dossier 1 La validité d'une clause du contrat de travail

La société ECOGYM a recruté un commercial, Pierre ROUSSEAU, en 2005 afin de développer l'activité. A l'époque, Laure LENOIR a inséré dans le contrat de travail une clause afin d'éviter que le salarié exerce une activité concurrentielle préjudiciable à l'entreprise à la fin de leur relation contractuelle. Sachant que le droit évolue rapidement dans ce domaine, elle se demande si cette clause est toujours valable.

1. **Apprécier la validité de la clause figurant dans le contrat de travail de Pierre ROUSSEAU**.

Dossier 2 La protection des données à caractère personnel

Dans un contexte de plus en plus concurrentiel, Laure LENOIR aimerait constituer un fichier client. Elle estime que la maîtrise et l'utilisation de cet outil seront un véritable atout pour l'entreprise en instaurant une politique commerciale basée sur une meilleure connaissance du client. La collecte des données sera réalisée par le biais du site Internet qui est de plus en plus visité et utilisé par les clients pour des commandes. Elle a téléchargé le formulaire de déclaration de la CNIL et souhaite connaître le cadre juridique de la collecte de données.

2. **Dans une note structurée, vous présentez à Laure LENOIR la protection des droits des clients en matière de protection des données personnelles ainsi que les principales obligations du responsable du traitement de ces données.**

Dossier 3 La rupture du contrat

Laure LENOIR souhaite diversifier sa clientèle et proposer les produits de la société aux établissements publics accueillant des enfants comme les écoles ou les crèches. Chaque matin, elle consulte sur Internet le BOAMP (Bulletin officiel des annonces des marchés publics). Suite à ces démarches, elle a réussi à conclure un contrat avec la commune de X. Cette dernière souhaite créer une crèche dans d'anciens locaux de la mairie. Des travaux d'aménagement sont prévus avant l'ouverture de la crèche à la rentrée prochaine. Dans le courant du mois précédent, la société ECOGYM fournira l'ensemble des équipements nécessaires au fonctionnement de la crèche. Toutefois, la commune de X a contacté Laure LENOIR pour lui annoncer la rupture de cette relation. En effet, des fragilités importantes dans les infrastructures ont été découvertes lors des premiers travaux. La commune a décidé d'abandonner le projet devenu trop coûteux. Laure LENOIR s'étonne de cette possibilité de rompre un contrat.

3. Apprécier si la décision de la commune est recevable.

Annexe 1 Extrait du contrat de travail de Pierre ROUSSEAU

Article 7 : « En cas de résiliation du présent contrat pour quelque cause que ce soit, il vous est interdit, pendant une durée de deux ans, à partir de la cessation de votre contrat, de créer ou d'acquérir une entreprise concurrente, de vous intéresser directement ou indirectement à une telle entreprise, de lui apporter votre travail ou votre concours pour les produits et accessoires se rapportant à l'activité de la société ECOGYM. L'application de cette clause se limite à la région Centre. L'interdiction est justifiée par la nécessité de protéger les intérêts de la société ECOGYM et notamment son savoir-faire et son portefeuille clients. En contrepartie de cette interdiction, vous percevrez une indemnité compensatrice d'un montant global égal à 100 euros ».

Annexe 2 Cour de cassation. Chambre sociale, du 15 novembre 2006

Attendu que M. X..., engagé le 2 juillet 1989 par la société Monier, aux droits de laquelle vient la société Comasud, employé en dernier lieu comme agent technico-commercial, a démissionné le 30 novembre 2002 ; que son contrat de travail contenait une clause de non-concurrence, lui interdisant d'exercer directement ou indirectement une activité susceptible de concurrencer la société, pendant deux ans, et dans le département ainsi que dans trois départements limitrophes et prévoyant la perception d'une indemnité spéciale à la fin de la durée de non concurrence, "égale à un dixième du salaire brut perçu au mois de janvier de la dernière année d'activité au sein de la société, durant le nombre de mois composant la période de non-concurrence" ; que contestant la validité de cette clause, il a saisi la juridiction prud'homale ; que la cour d'appel a fait droit à sa demande en décidant que la contrepartie financière prévue au contrat qui ne s'élevait qu'à l'équivalent de 2,4 mois de salaire pour une durée d'exécution de la clause de non-concurrence de 24 mois était dérisoire, eu égard aux importantes restrictions auxquelles était soumis le salarié, disproportionnées par rapport à l'indemnité mensuelle qui devait en être la contrepartie ; [...]

Attendu que la société Comasud fait grief à l'arrêt attaqué (Grenoble, 28 juin 2004), d'avoir déclaré illicite la clause de non-concurrence et de l'avoir condamnée à verser au salarié diverses sommes [...]

Mais attendu qu'une contrepartie financière dérisoire à la clause de non-concurrence contenue dans un contrat de travail équivaut à une absence de contrepartie ;

PAR CES MOTIFS : REJETTE le pourvoi ; [...]

Source : http://www.legifrance.fr

Annexe 3 Extraits du formulaire de déclaration à la CNIL

CNIL Déclaration normale

(Article 23 de la loi n° 78-17 du 6 janvier 1978 modifiée en 2004)

8 rue de Vivienne - 75083 PARIS cedex 02

T. 01 53 73 22 22 - F. 01 53 73 22 00

www.cnil.fr

1. Déclarant

☐ *Vous êtes un organisme (personne morale)*

☐ *Vous êtes une personne physique*

3. Finalité du traitement

Quelle est la finalité ou l'objectif de votre traitement (exemple : gestion du recrutement) ?

7. Sécurité/Confidentialité

Veuillez cocher les cases correspondant aux mesures de sécurité que vous prenez :

☐ *L'accès physique au traitement est protégé (bâtiment ou local sécurisé)*

☐ *Un procédé d'authentification des utilisateurs est mis en œuvre (ex : mot de passe individuel, carte à puce, certificat, signature...)*

☐ *Une journalisation des connexions est effectuée*

☐ *Le traitement est réalisé sur un réseau interne dédié (non relié à internet)*

☐ *Si des données sont échangées en réseau, le canal de transport ou les données sont chiffrées*

9. Le droit d'accès des personnes fichées

Le droit d'accès est le droit reconnu à toute personne d'interroger le responsable d'un traitement pour savoir s'il détient des informations sur elle, et le cas échéant d'en obtenir communication.

Cf article 32 de la loi + modèles de mentions dans la notice

Comment informez-vous les personnes concernées par votre traitement de leur droit d'accès ?

☐ *Mentions légales sur le formulaire* ☐ *Affichage* ☐ *Mentions sur site internet*

☐ *Envoi d'un courrier personnalisé* ☐ *Autres mesures : précisez*

Annexe 4 Article 2 Loi informatique et Liberté – 6 janvier 1978

Constitue une donnée à caractère personnel toute information relative à une personne physique identifiée ou qui peut être identifiée, directement ou indirectement, par référence à un numéro d'identification ou à un ou plusieurs éléments qui lui sont propres.

Annexe 5 La résiliation unilatérale des marchés publics par l'administration

2.1.1 Le droit de résilier

L'administration contractante « peut, en tout état de cause et en vertu des règles générales applicables aux contrats administratifs, mettre fin avant terme aux marchés publics, sous réserve des droits à indemnités des intéressés » (Conseil d'État 2 mai 1958).

Une clause privant la personne publique de ce droit de résilier est réputée nulle (Conseil d'État 6 mai 1985).

Les motifs de résiliation pour intérêt général peuvent être, par exemple :

- l'abandon d'un projet (Conseil d'État, 23 avril 2001), notamment en raison des difficultés techniques rencontrées en cours d'exécution (Conseil d'État 22 janvier 1965);
- le fait, non fautif, que le cocontractant ne dispose plus de garanties suffisantes pour remplir ses obligations (Conseil d'État 31 juillet 1996).

Direction des affaires juridiques - Ministère de l'économie et des finances (2011)
Source : http://www.boamp.fr

CORRIGÉS DES SUJETS D'ANNALES MÉTROPOLE 2015

1. Analyse du déclin de l'activité apicole en France et ses conséquences économiques sur la situation du marché du miel.

Le déclin de l'activité apicole en France

Depuis plusieurs années, les apiculteurs français s'inquiètent d'une situation qui menace leur activité : la disparition progressive des abeilles et l'effondrement des récoltes de miel. Selon l'Union Nationale de l'Apiculture Française, la production du miel en France n'atteint même pas les 15 000 tonnes aujourd'hui, contre 33 000 tonnes en 1995. Depuis une quinzaine d'années, alors que le nombre de ruches en France est quasi constant, la population d'abeilles est en nette diminution. Selon les régions, on constate la perte de 15 à 30 % des colonies.

Cette disparition progressive des abeilles est attribuée aux changements climatiques, à la pollution, à l'utilisation massive de pesticides dans les campagnes et aux monocultures agricoles qui ne fournissent pas de nourriture suffisamment variée aux butineuses.

La consommation du miel en France est restée constante durant les deux dernières décennies. Elle représente 40 000 tonnes par an, soit 600 g par personne. Pour satisfaire la demande en miel, la France est actuellement obligée d'importer environ 26 000 tonnes de miel par an.

Les conséquences économiques du déclin de l'activité apicole en France

Le déclin de l'activité apicole en France engendre, sur le plan économique, des conséquences importantes pour les différents acteurs du marché du miel :

Pour les apiculteurs français, deux conséquences néfastes sont à craindre :

- La compétitivité-prix des apiculteurs français s'est dégradée. Ils doivent faire face à une concurrence étrangère de plus en plus forte qui utilise le prix comme principal argument de vente. Ils risquent de ne pas pouvoir maintenir leur position sur le marché dans la mesure où les besoins des consommateurs français sont de plus en plus satisfaits par du miel d'origine étrangère.

- La chute de la récolte du miel entraine une baisse drastique des revenus tirés de l'activité de production de miel. Les exploitations apicoles les plus fragiles ou les plus menacées par la mortalité des abeilles risquent de disparaitre à court ou à moyen terme. Se pose alors la difficile reconversion des apiculteurs dont les compétences et l'expérience sont faiblement transposables à d'autres secteurs.

Pour les agriculteurs, les abeilles sont indispensables à la pollinisation, c'est à dire le transport de grains de pollen permettant de féconder de très nombreuses cultures et arbres fruitiers. On estime que la reproduction de 80 % des espèces végétales dépend des pollinisateurs et principalement des abeilles sauvages ou domestiques. La disparition des abeilles va donc impacter fortement la production agricole.

Pour les consommateurs ainsi que pour les entreprises qui utilisent le miel comme matière première, le déclin de l'activité apicole impacte le prix et la qualité du miel vendu sur le marché français : les prix explosent et des variétés de miel bas de gamme font leur apparition.

Pour les importateurs de miel et leurs fournisseurs, le déclin de l'activité apicole en France est une aubaine : de 1995 à 2014, les importations ont progressé de plus de 400 %.

Pour l'Etat français, le déclin de l'activité apicole va affecter les recettes et les dépenses budgétaires ainsi que le solde commercial :

- La baisse continue de la production de miel va générer moins d'impôts et de taxes. Les aides et subventions accordées au secteur apicole par les pouvoirs publics vont alourdir encore plus le déficit budgétaire.
- Le recours de plus en plus fréquent aux importations de miel va dégrader un peu plus la balance commerciale française.

Au final, le déclin de l'activité apicole en France va se traduire par une dégradation des conditions de production et de consommation du miel, une dégradation du budget de l'Etat et du solde commercial ainsi que l'atténuation de l'effet bénéfique de l'activité des abeilles butineuses sur les arbres fruitiers, les légumes et autres produits agricoles.

2. Montrer en quoi l'apiculture (en particulier à travers la pollinisation) génère et subit des externalités.

Une externalité (ou effet externe) est une situation par laquelle un agent économique occasionne par son action un impact sur un tiers ou un milieu sans qu'il y ait compensation financière. Si l'impact est un bienfait, on parle d'externalité positive. Si l'impact est un dommage, on parle d'externalité négative. Ce concept s'est largement développé dans les années récentes pour rendre compte des nuisances entraînées par l'activité économique.

L'activité apicole, en particulier à travers la pollinisation, engendre une externalité positive pour les agriculteurs. La pollinisation est indispensable à la reproduction des plantes à fleurs. Les agriculteurs en profitent gratuitement tandis que les apiculteurs n'ont aucune compensation financière en contrepartie.

Si l'apiculture génère une externalité positive, elle subit une externalité négative provenant de l'activité des autres agents économiques. La disparition progressive des abeilles est due aux changements climatiques, à la pollution et l'utilisation massive des pesticides utilisés dans l'agriculture. Les apiculteurs subissent cet effet externe nuisible à leur activité sans percevoir de compensation financière de la part des agents économiques responsables de cette externalité négative.

3. En prenant appui sur la notion de bien public mondial, présenter les actions possibles de l'État pour favoriser l'activité pollinisatrice des insectes.

Un bien public (ou collectif) est un bien susceptible d'être consommé par plusieurs consommateurs en même temps. Il présente deux caractéristiques :

- Il est indivisible : la consommation d'un individu ne réduit pas la quantité disponible pour les autres. Il n'existe pas de rivalité entre les consommateurs.
- Il est non excluable : il est impossible d'exclure un consommateur de l'accès à ce bien par un mécanisme de prix.

Un bien public mondial est un bien public qui concerne toute la planète.

Les biens publics ne peuvent être satisfaits par le marché pour deux raisons : du coté de l'offre, aucune entreprise privée ne serait en mesure de les produire avec profit. Du côté de la demande, les consommateurs adopteraient le comportement de passager clandestin *(profiter d'un bien sans payer)*. C'est donc l'Etat qui doit assumer la fourniture des biens publics en faisant supporter le coût à la collectivité par l'intermédiaire de la fiscalité.

La biodiversité, c'est à dire l'ensemble des milieux naturels et des formes de vie, constitue un bel exemple de bien public mondial. C'est le produit de plus de 3 milliards d'années d'évolution.

Les abeilles sont un maillon essentiel de la biodiversité : elles permettent la pollinisation de très nombreuses cultures et arbres fruitiers. En 2005, l'apport des insectes pollinisateurs, dont l'abeille, aux principales cultures mondiales est évalué à 153 milliards d'euros, soit 9,5 % de la production alimentaire mondiale. [...]

La biodiversité constitue une ressource vitale pour l'humanité. Or, ce patrimoine naturel est fortement menacé par l'activité humaine. Les premières politiques de protection de la nature apparues dès le début des années 1930 se limitaient à la protection de quelques espaces et espèces considérés comme "remarquables". Aujourd'hui une nouvelle approche de la protection de la biodiversité est apparue : protéger le vivant dans son ensemble et pour cela organiser la conservation de tous les milieux et toutes les espèces.

Pour favoriser l'activité pollinisatrice des insectes, les pouvoirs publics disposent de plusieurs instruments : la réglementation, la fiscalité et la coopération internationale.

En matière de réglementation, plusieurs actions sont possibles :

- Interdire ou diminuer l'utilisation des pesticides et autres produits chimiques impliqués dans la mortalité des insectes. Cependant, les actions des pouvoirs publics peuvent être contrariés par les groupes de pression des agriculteurs utilisateurs de pesticides, par les fabricants, les importateurs et distributeurs de ces pesticides.

- Financer des centres de recherche pour sélectionner des abeilles plus résistantes aux pesticides et à la pollution.
- Créer plus de parcs nationaux et de zones protégées susceptibles d'accueillir des exploitations apicoles.

En matière de fiscalité, les pouvoirs publics peuvent :

- Prendre des mesures incitatives : exonérations fiscales, subventions pour les apiculteurs.
- Appliquer le principe du « pollueur payeur » : les activités responsables des dommages causés à l'apiculture doivent en supporter le coût.

Etant donné que la biodiversité est un bien mondial, seule une action concertée et des accords entre les différents pays peuvent avoir des résultats tangibles et pérennes.

Ecogym Métropole-session 2015

Dossier 1 La validité d'une clause du contrat de travail

Les faits :

La société ECOGYM a recruté en 2005 un commercial, Pierre Rousseau. Le contrat de travail comporte une clause de non concurrence qui interdit pendant une durée de deux ans, à partir de la rupture du contrat, de créer ou d'acquérir une entreprise concurrente, de lui apporter son travail ou son concours pour les produits accessoires se rapportant à l'activité de la société ECOGYM. L'application de la clause se limite à la région Centre. En contrepartie Pierre Rousseau percevra une indemnité financière compensatrice d'un montant global égal à 100 €.

Problème de droit

À quelles conditions une clause de non concurrence insérée dans un contrat de travail est-elle valide ?

Règles juridiques applicables

La clause de non concurrence a pour objet d'interdire au salarié l'exercice d'une activité professionnelle concurrente pendant un certain temps après la rupture du contrat de travail. Cette clause est soumise à trois conditions :

- Répondre aux intérêts légitimes de l'entreprise
- Être limitée dans le temps et dans l'espace
- Comporter une contrepartie financière non dérisoire.

Par ailleurs, la jurisprudence « Arrêt de rejet Cour de cassation du 15 novembre 2006 » considère :

- D'une part, comme dérisoire une contrepartie financière à une clause de non concurrence d'un montant égal à 2,4 mois de salaire pour une durée d'exécution de 24 mois.

- D'autre part, une contrepartie financière dérisoire à la clause de non concurrence contenue dans un contrat de travail équivaut à une absence de contrepartie.

Solution à appliquer au cas

Pour être licite la clause de non concurrence contenue dans le contrat de travail de Pierre Rousseau doit respecter les trois conditions.

Concernant la première condition, la clause répond aux intérêts légitimes de la société ECOGYM, notamment son savoir-faire et son portefeuille clients. Cette condition est vérifiée.

Concernant la seconde condition, la clause est limitée dans le temps (deux ans) et dans l'espace (région Centre). Cette condition est vérifiée.

Concernant la troisième condition, la clause comporte une contrepartie financière d'un montant égal à 100 €. Or au regard de la jurisprudence cette somme peut être considérée comme dérisoire et équivaut à une absence de contrepartie.

La troisième condition n'étant pas vérifiée, il résulte donc que la clause de non concurrence figurant dans le contrat de travail de Pierre Rousseau est illicite. En conséquence, la société ECOGYM doit renégocier avec Pierre Rousseau la contrepartie financière de la clause de non concurrence. Elle doit lui proposer une indemnité mensuelle durant le nombre de mois composant la période de non concurrence.

Dossier 2 Protection des données à caractère personnel

À : Madame Laure LENOIR

Objet : protection des données à caractère personnel contenues dans le fichier clients

Madame,

Vous avez souhaité obtenir des informations concernant le cadre juridique de la collecte et de traitement des données à caractère personnel pour la constitution d'un fichier clients.

Après avoir présenté les principes et règles juridiques concernant la protection des données personnelles des clients, nous mettrons en évidence les obligations de la société ECOGYM concernant le traitement de ces données.

La protection des données à caractère personnel

La loi du 6 août 2004 relative à l'informatique, aux fichiers et aux libertés stipule que «l'informatique ne doit porter atteinte ni à l'identité humaine, ni aux droits de l'homme, ni à la vie privée, ni aux libertés individuelles ou publiques».

Afin de garantir la protection des données à caractère personnel, la loi a institué la Commission nationale de l'informatique et des libertés (Cnil). Cette autorité administrative indépendante a pour missions de protéger la vie privée et les libertés dans le monde numérique ; de veiller à l'application de la loi dans ce domaine.

La loi offre aux personnes figurant sur un fichier de données à caractère personnel quatre droits essentiels :

- **Le droit d'accès** : toute personne a le droit d'interroger le responsable d'un fichier pour savoir s'il détient des informations sur elle et le cas échéant d'en obtenir la communication.
- **Le droit d'opposition** : toute personne a la possibilité de s'opposer, pour des motifs légitimes, à figurer dans un fichier.

- **Le droit de rectification et de radiation** : l'exercice du droit d'accès permet à la personne concernée de contrôler l'exactitude des données et au besoin de les faire rectifier.
- **Droit à l'oubli** : les données doivent être conservées pour une durée limitée.

Les personnes peuvent saisir la Cnil en cas de difficultés dans l'exercice de leurs droits. La Cnil peut opérer des vérifications et des enquêtes. Elle peut entendre des personnes ou se rendre dans des lieux pour effectuer des contrôles. Elle peut adresser des avertissements, faire des injonctions. Elle peut prononcer des sanctions pécuniaires et dénoncer des affaires à la justice.

Les obligations des responsables du traitement des données à caractère personnel

La loi soumet les responsables de la collecte et du traitement d'informations à caractère personnel à cinq d'obligations principales :

- **L'autorisation de la Cnil** : les traitements informatiques qui présentent des risques d'atteinte aux droits et aux libertés doivent, avant leur mise en œuvre être soumis à l'autorisation de la Cnil.
- **La sécurité et la confidentialité des données** : tout responsable de fichier a l'obligation d'assurer la sécurité et la confidentialité des données contre la destruction, la diffusion ou l'accès non autorisé.
- **L'information des personnes** : toute personne a le droit de savoir si elle est fichée et dans quels fichiers elle est recensée.
- **La finalité des traitements** : un fichier doit avoir un objectif précis. Les informations exploitées dans un fichier doivent être cohérentes par rapport à son objectif.
- **La conservation des informations** : le responsable d'un fichier fixe une durée de conservation raisonnable en fonction de l'objectif du fichier.

Le non-respect de ces obligations peut engager la responsabilité civile et pénale du responsable du traitement ou de son employeur.

Je reste à votre disposition pour toute autre information complémentaire.

Dossier 3 La rupture du contrat

Les faits

Suite à un appel d'offres, la société ECOGYM a conclu un contrat administratif avec la commune de X. Cette dernière souhaite créer une crèche dans d'anciens locaux de la mairie. La société ECOGYM fournira l'ensemble des équipements nécessaires au fonctionnement de la crèche.

Lors des premiers travaux d'aménagement, des fragilités importantes dans les infrastructures ont été découvertes. La commune de X a décidé d'abandonner le projet qui est devenu trop coûteux. En conséquence la commune de X a décidé de rompre le contrat administratif conclu avec la société ECOGYM.

Le problème de droit

Une commune est-elle fondée à rompre unilatéralement un contrat administratif conclu avec un partenaire privé ?

Règles de droit applicables

Dans l'intérêt général, l'administration détient à l'égard de l'exécution du contrat administratif des prérogatives exorbitantes qui dérogent à la règle de droit commun. Elle dispose en particulier d'un droit de résiliation du contrat pour un motif d'intérêt général ou suite à une faute grave du cocontractant. Cependant, le cocontractant a un droit de paiement du prix et à l'indemnisation du préjudice subi en cas de résiliation ou de modification unilatérale du contrat par l'administration.

D'après la jurisprudence (Conseil d'État, 2 mai 1958), l'administration dispose d'un droit de résiliation unilatérale des contrats administratifs en arguant d'un motif légitime. "*L'administration contractante peut en tout état de cause et en vertu des règles générales applicables aux contrats administratifs, mettre fin avant terme aux marchés publics, sous réserve des droits à indemnités des intéressés*".

Par ailleurs, le Conseil d'état, dans son arrêt du 23 avril 2001, considère que l'abandon d'un projet en raison des difficultés techniques rencontrées en cours d'exécution est un motif de résiliation pour intérêt général.

Solution appliquée au cas

La commune de X comme toute administration, dispose d'un droit de résiliation unilatérale des contrats administratifs pour un motif d'intérêt général.
Or, la commune de X a abandonné le projet de crèche en raison des difficultés rencontrées en cours d'exécution, ce qui constitue un motif de résiliation pour intérêt général.
Donc, la commune de X est fondée à rompre unilatéralement le contrat administratif conclu avec la société ECOGYM. Elle devra cependant verser des indemnités à la société ECOGYM.

Achevé d'imprimer en août 2015
N° d'impression 1507.0236
Dépôt légal, août 2015
Imprimé en France